# Neu-England

## Christine Metzger

Boston und die Staaten Connecticut – Massachusetts –
Rhode Island – Vermont – New Hampshire – Maine

DUMONT RICHTIG REISEN

# Inhalt

## Wo Amerika Europa am nächsten ist

# Städte und Reiserouten in Neu-England

## Boston – die ›heimliche Hauptstadt‹ Neu-Englands

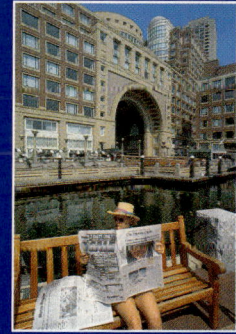

# Siedler, Schlösser und Studenten – Durch den Süden Neu-Englands: Massachusetts, Rhode Island und Connecticut

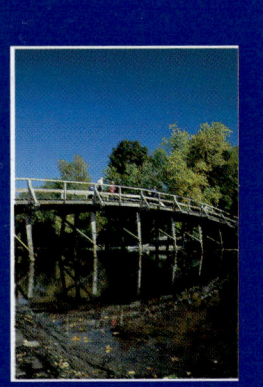

# Die grüne Seite Neu-Englands – Ins hügelige Hinterland: Massachusetts, Vermont, New Hampshire

## Im Reich des Hummers – Nach Norden entlang der Küste: Massachusetts, New Hampshire, Maine

## Tips & Adressen

## Verzeichnis der Karten und Pläne

# Wo Amerika Europa am nächsten ist

# Das ist ja wie bei uns

Ein »leidenschaftliches Rätsel« hat es Thomas Wolfe genannt – Leidenschaften hat Neu-England schon immer geweckt. Der englische Seefahrer John Smith war so hingerissen, daß er dem Küstenstreifen den Namen seiner Heimat gab und 1616 schrieb, »von allen vier Teilen der Welt«, die er gesehen habe, möchte er »lieber hier als irgendwo anders« leben. Und das wollte etwas heißen, denn mehr als vier Teile der Welt kannte man damals noch nicht.

»Neu-England, so denke ich manchmal, ist mein ummauertes Haus und mein Garten«, schrieb David McCord, ein ›Zugereister‹ aus Pennsylvania. »Ich bin mir noch nicht ganz sicher, wie ich die Räume aufteilen würde, doch ganz bestimmt wäre Massachusetts meine Bibliothek, Maine mein Schlafzimmer, das sich zum Meer hin öffnet, Boston mein Bulfinch-Speisezimmer, Connecticut und Rhode Island wären meine Gästezimmer, New Hampshire wäre meine Veranda und Vermont mein weitläufiger Garten.«

Neu-England provoziert Liebeserklärungen. Vor allem Europäer können sich seinem Charme nicht entziehen. In einem Land, das durch seine Dimensionen, durch endlose Ebenen, Wüsten und kilometertiefe Canyons überwältigt, wirkt Neu-England wie ein europäisches Zitat: kleine Dörfer, in Grün gebettet, Seitenstraßen, die sich irgendwo in den Bergen verlieren, tief eingeschnittene Buchten, in denen Fischerboote dümpeln – es ist überschaubar, freundlich,

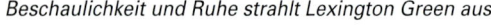

*Beschaulichkeit und Ruhe strahlt Lexington Green aus*

fein gegliedert; seit langem besiedelt, aber nicht verwohnt. »Mir ist, als hätte ich mein halbes Leben dort verbracht ...«, schreibt Carl Zuckmayer über Vermont, wo er als Emigrant nicht nur überleben, sondern tatsächlich leben konnte.

Nicht nur Landschaft, Klima und Vegetation Neu-Englands sind uns vertraut, das Gefühl, daß es hier ›wie bei uns‹ ist, vermittelt auch ein Besuch von Old Sturbridge Village (s. S. 203), einem Freilichtmuseum, das den dörflichen Alltag des frühen 19. Jahrhunderts rekonstruiert. Da stehen Heuschober, die genausogut aus den Walliser Bergen stammen könnten, viele der Gebäude wirken ausgesprochen englisch, wie überhaupt das Dorf mit dem *Common* – einer freien Rasenfläche als Zentrum – nach britischem Vorbild angelegt ist. Und die gleichen Werkzeuge, deren Funktion Besenbinder, Schmiede und Kerzenzieher hier vorführen, liegen ›bei uns‹ in jedem Heimatmuseum in der Vitrine.

Verwunderlich sind diese Parallelen nicht, schließlich ist die Vergangenheit Neu-Englands ein Stück europäischer Geschichte. Die ganze Ostküste unterstand ja bis zur Unabhängigkeit 1776 der englischen Krone, Europäer waren es, die hier siedelten und ihre Erfahrungen, Sitten und Gebräuche mitbrachten.

Trotz allem, Neu-England ist kein Abziehbild Europas. Man hätte Leben und Wohnen von damals nicht in Old Sturbridge Village konservieren müssen, wenn es noch in den heutigen *american way of life* integriert wäre.

Seit die ersten Siedler in dem neu erschlossenen Land Fuß faßten, fand eine schrittweise Ablösung von der Alten Welt statt; in Amerika konnten Ideen und Vorstellungen verwirklicht werden, für die Europa keinen Raum hatte – aus dem europäischen Erbe entstand eine

eigenständige Kultur. Dieser Prozeß läßt sich in keinem Teil der USA so gut nachvollziehen wie in Neu-England; paradox, daß das Gebiet, das bis heute europäischen Charakter bewahrt hat, am aktivsten an der Loslösung von Europa beteiligt war. Bis ins 19. Jahrhundert hinein war der Nordosten politische Bühne, geistiges Zentrum, industrielles Kernland Amerikas, er trug ganz entscheidend dazu bei, das Gesicht der jungen Nation zu prägen.

Wer sich nicht vordergründig dem Charme des Vertrauten überläßt, sondern Neu-England mit offenen Augen bereist, wird überall Spuren dieser Entwicklung finden, Vertrautes im Andersartigen entdecken und das Eigenständige sehen in dem, was auf den ersten Blick ›wie bei uns‹ erscheinen mag – und er wird spüren, was Thomas Wolfe meinte, als er vom »leidenschaftlichen Rätsel Neu-England« sprach.

# Wälder, Küste und Seen – Naturraum und Klima

»Was bot sich den Kolonisten? Grüne Weiden, grüne Hügel, grüne, holzreiche Wälder, Ströme, breit einladend zu Schiffahrt und Entdeckung, ein freundliches, ein Nahrung, ein Heimat verheißendes Bild, und doch war das Land von großer, erschreckender Unheimlichkeit, ein Erdteil voller Tücke. Auch Europa hat seine Weiden, auch Europa hat Ströme und Wälder. Aber diese hier waren nie bezwungen worden, sie wuchsen, sie wucherten fort, sie verschlossen sich, sie waren maßlos gefräßig, sie hatten sich nie ganz in die Hand des Bürgers begeben, sie drohten immer noch, den Menschen zu verschlingen«, schreibt Wolfgang Koeppen in ›Amerikafahrt‹.

Wer seine Amerikafahrt heute in Neu-England beginnt, hat andere Bilder im Kopf: Gemütliche kleine Dörfer, in grüne Hügel gebettet, Fischerboote an der rauhen, felsigen Küste Maines, stille, lapislazuliblaue Seen, die aus den herbstlich bunt gefärbten Wäldern leuchten. Das Klischeebild, das Neu-England von sich zeichnet, ist durch und durch romantisch, und dazu paßt die statistische Meldung gar nicht, daß dies der am dichtesten bevölkerte Teil der USA ist, daß die Neu-England-Staaten überwiegend von Industrie leben – für den Mitteleuropäer eine erschreckende Vorstellung! Neu-England, der Ruhrpott Amerikas? Wie läßt sich das mit dem Bild vom idyllischen, unberührten Neu-England vereinbaren?

Unberührt ist der Naturraum Neu-England ganz bestimmt nicht: Es ist eine

*Im Hafen von Gloucester wird heute wesentlich weniger Fisch angelandet als früher*

Die Holzindustrie ist in Maine ein wichtiger Wirtschaftszweig

seit über 300 Jahren besiedelte und kultivierte Region, kultiviert im besten Sinn des Wortes: *Cultus* heißt im Lateinischen nicht nur ›Bearbeitung, Anbau‹, sondern auch ›Pflege, Wartung‹. Was die Bevölkerungsdichte betrifft, so ist dieser Begriff relativ zu sehen: In den USA leben etwa 25 Menschen auf einem Quadratkilometer, in Neu-England sind es im Durchschnitt 70, wobei in Vermont 20,5 Einwohner auf einen Quadratkilometer kommen, in Maine 12,5. Jemand, der sich in Nordrhein-Westfalen dieselbe Fläche mit 247 Menschen, in Bayern und Niedersachsen mit 149 Zeitgenossen teilen muß, wird den Nordosten der USA also bestimmt nicht als ›übervölkert‹ empfinden: Natur, Einsamkeit, Wander- und Campingmöglichkeiten findet man vor allem in Vermont, New Hampshire und Maine, es gibt klare Bergseen, Biberteiche, Tümpel, aus denen vermoderte Baumstämme ragen, wilde Flüsse für Kanufahrten, Pfade, die

man tagelang begehen kann, ohne einem der anderen Menschen zu begegnen, der statistisch ebenfalls Anrecht auf den Quadratkilometer hat.

Die Industriegebiete liegen an der Südküste Neu-Englands, ziehen sich von der Küste Connecticuts bis ins Landesinnere, konzentrieren sich um Boston und im südlichen New Hampshire. Hier war und ist allerdings keine Schwerindustrie angesiedelt – dazu fehlt es dem Nordosten an Rohstoffen. Wo früher Textil- und Schuhmanufakturen dampften, sorgen heute die High-Tech-Industrie und andere hochspezialisierte Industriezweige für Arbeitsplätze und Einnahmen.

Nur sechs Prozent der Landesfläche werden gegenwärtig agrarisch genutzt; Maine ist nach Idaho und Washington der bedeutendste Kartoffel-Lieferant der USA, außerdem versorgt es die Nation mit Blaubeeren; Cape Cod steuert die landesweit größte Cranberry-Ernte bei –

Cranberries sind Preiselbeeren. Im Connecticut Valley gedeiht Tabak, Obstplantagen findet man in nahezu jedem Staat, für den lokalen Bedarf werden Kürbisse und Mais gezüchtet. Die bedeutendsten tierischen Produkte sind Geflügel und Milch, vor allem in Vermont sieht man im Sommer überall schwarz-weiß gescheckte Kühe auf den Weiden. Die einst für Neu-England lebenswichtige Fischindustrie hat an Bedeutung verloren; einzig der Hummer aus Maine ist noch ein wichtiger Wirtschaftsfaktor und wird in alle Landesteile sowie nach Übersee exportiert.

70 Prozent Neu-Englands sind – wieder – mit Wald bedeckt. Das war nicht immer so: Im 19. Jahrhundert waren 60 Prozent des Landes kultiviert, Vermont zum Beispiel war damals zu 80 Prozent abgeholzt. Die Bauern, die in den kleinen *Hill Farms* ein karges Leben führten, verließen Neu-England nach der Öffnung des Westens. Nicht nur, daß sie mit ihren Produkten nicht mehr konkurrenzfähig waren, seit der 1825 fertiggestellte Erie-Kanal den Transport der Güter aus dem Westen erleichterte, dort lockten auch riesige, fruchtbare Anbauflächen – warum sollte man sich im hügeligen Neu-England abrackern, wo die beste Ernte Steine sind?

Diese Steine sind ein Relikt der letzten Eiszeit, die der gesamten Landesnatur des Nordostens ihren Stempel aufgedrückt hat: Als das Inlandeis vor 12 000 Jahren zurückwich, rundete es Hügel, formte Seen und ließ riesige Felsbrocken liegen, eben jene, die den Farmern das Leben zur Hölle machten. Der Frost treibt sie an die Oberfläche, jedes Frühjahr mußten sie eingesammelt und zu Mauern um die Felder geschichtet werden. Noch heute sieht man, wenn man durch die Wälder wandert, ab und zu bemooste, überwucherte Steinwälle zwischen den Bäumen, hie und da auch verwilderte Obstbäume: All das, was sich wieder als undurchdringlicher Mischwald zeigt, war früher Ackerland.

Da die Appalachian Mountains, der Gebirgszug, der parallel zur Küste von Neufundland bis nach Alabama verläuft, sich in Nord-Süd-Richtung erstrecken, konnte sich die Vegetation nach der Eiszeit Schritt für Schritt ihren Lebensraum wieder zurückerobern – es gab keine Ost-West-Riegel, die sich ihr in den Weg stellten. Das ist der Grund, warum es in Neu-England noch bestimmte Ahorn- und Eichenarten gibt, die in Europa, wo die Alpen einen solchen Riegel bilden, ausgestorben sind. Diese Bäume sind es, die in ihren Blättern ganz bestimmte Farbstoffe enthalten, die im Herbst dafür sorgen, daß sich die Wälder so wunderbar bunt entfalten (s. S. 222).

Ansonsten erscheint uns die Pflanzen- und Tierwelt des Nordostens vertraut, sie gleicht der Mittel- und Nordeuropas mit der Ausnahme, daß im nördlichen Teil des Landes noch Bären leben, die bei uns längst der Zivilisation zum Opfer gefallen sind. Heimische Tiere sind außerdem Stachelschweine, Waschbären und Stinktiere, sowie die kleinen *Chipmunks,* eine Eichhörnchenart, die man auf jedem Campingplatz trifft und die nicht zögern, sich sofort über den Proviant herzumachen.

Die Appalachians, die durch Vermont, West-Massachusetts und West-Connecticut verlaufen, erreichen in Neu-England im Durchschnitt Mittelgebirgshöhe; nur wenige Gipfel in den Green Mountains von Vermont sind höher als 1000 Meter: Mt. Mansfield (1339 m), Killington Peak (1293 m), Mt. Ellen (1260 m), Camel´s Hump (1245 m). Hochgebirge findet man in den White Mountains in New Hampshire; hier liegt der höchste Berg Neu-Englands, der Mt. Washington

(1917 m). Im Gegensatz zu den runden, bewaldeten Appalachians wirkt die Gegend um Mt. Washington rauh und stellenweise alpin, gegliedert durch tiefe Schluchten und Pässe. Der höchste Berg Maines, des flächenmäßig größten Staates der Region, ist der Mount Katahdin (1606 m), Endpunkt des Appalachian Trail, eines Wanderweges, der von Georgia bis in den Norden führt.

Maine ist zu 90 Prozent von Wald bedeckt – hier und im Norden New Hampshires wird er kommerziell genutzt, die Papierindustrie spielt noch immer eine große Rolle. Der nördlichste Staat Neu-Englands ist seenreich und von einer grandiosen Steilküste gesäumt, die mit ihren tief eingeschnittenen Fjorden an Landstriche Skandinaviens erinnert. Badefreuden sind wegen des rauhen Klimas eingeschränkt zu genießen, dafür kann man sie an der weiten sandigen Küste von Cape Cod in Massachusetts ungetrübt erleben. Auch die vielen tausend Seen und Teiche im Landesinneren, in Vermont, Massachusetts und New Hampshire laden zum Schwimmen ein, sofern sie nicht in Sumpfgebieten liegen.

Wie Mitteleuropa liegt auch Neu-England in der gemäßigten Klimazone – es herrscht also im großen und ganzen das Klima, das wir auch in unseren Breiten gewöhnt sind, mit dem Unterschied, daß sich in Neu-England jede Jahreszeit gründlich austobt, mit all ihren Schönheiten und Schrecken: Die Winter können sehr kalt werden, die Sommer heiß und feucht. Frühjahr und Herbst sind demnach die besten Reisezeiten.

*Zu Halloween werden die Läden mit Kürbissen, Hexen und Spinnweben dekoriert*

# Neu-England auf einen Blick

Neu-England ist Amerikas traditionelle Seite, nicht seine grelle. New York mag Modetrends setzen, Kalifornien ›Gesundheitswellen‹ auslösen und den Weg zum ewig jungen, durchtrainierten Körper finden – das ist Neu-Englands Sache nicht. Mit dem Schnellsten, Höchsten, Größten, Modernsten sollen die andern prahlen, Neu-Engländer haben ihre eigenen Superlative: das Älteste, Erste, Traditionsreichste.

Neu-Englands Geschichte ist fast so alt wie die Amerikas. Die erste dauerhafte englische Siedlung entstand zwar 1607 in Virginia, die ›Helden‹ jedoch, die von den Amerikanern an den Anfang ihrer Geschichte gesetzt werden, sind die ›Pilgerväter‹; sie landeten 1620 an der neu-englischen Küste. Stattlich, was Neu-England unter der Rubrik ›Amerikas Erstes und Ältestes‹ sonst noch vorweisen kann: die ersten Schulen, die älteste Universität … Die ersten entscheidenden Handgreiflichkeiten im Rahmen der Unabhängigkeitsbewegung fanden hier statt, die industrielle Revolution nahm in Neu-England ihren Anfang, und hier auch wurde die erste Eisenbahn gebaut.

Kein Wunder also, daß die Neu-Engländer stolze, traditionsbewußte Leute sind. Traditionsbewußt, aber keineswegs auf dumpfe Weise konservativ, im Gegenteil. Auch auf dem Gebiet des Liberalismus sind sie der Geschichte verpflichtet. So setzten sich die Staaten im Norden zum Beispiel im 19. Jahrhundert für die Abschaffung der Sklaverei ein, der Name Kennedy ist eng mit Massachusetts verbunden. Immer noch finden in Neu-England die traditionellen *Town Meetings* statt, Bürgerversamm-

lungen, in denen über die Verteilung der Finanzen in den Gemeinden abgestimmt wird, über Bebauungspläne, Schulpolitik.

Neu-England besteht aus sechs Staaten: Massachusetts, Connecticut, Rhode Island, New Hampshire, Vermont und Maine. Es ist gar kein so abwegiger Gedanke, sich die sechs zu einem souveränen Staat Neu-England vereint vorzustellen – es gab tatsächlich eine Zeit, in der sich der Nordosten vom Rest der Union abspalten wollte. Die sechs Staaten bedecken zusammen eine Fläche von 172 514 km$^2$. Das ist nur ein Vierundfünfzigstel des gesamten Territoriums der USA, ein Klacks auf dem riesigen amerikanischen Kontinent. Auf europäische Verhältnisse übertragen, sind 172 514 km$^2$ allerdings eine stattliche Größe, man kann immerhin Portugal und Österreich auf dieser Fläche unterbringen. So gesehen könnte sich ein Staat Neu-England also durchaus auf der Landkarte behaupten. Er könnte sich wahrscheinlich auch wirtschaftlich und politisch durchsetzen, seinen Bewohnern ein Auskommen und sich selbst eine relativ unabhängige Existenz sichern. Meer, Ackerland und Wald haben die Neu-Engländer 200 Jahre lang ernährt, und das nicht schlecht. Ein fiktiver Staat Neu-England hätte auch eine Hauptstadt: Boston. Und er müßte im Staatshaushalt keinen Etat für ein Umerziehungsprogramm einplanen, um aus den Bewohnern der sechs Staaten eine Nation zu machen – die Neu-Engländer haben durchaus eine Identität, sie sehen sich als Einheit mit eigener Geschichte und gemeinsamen Charakterzügen und

grenzen sich selbstbewußt von den Bewohnern der übrigen Staaten ab.

In den ersten 170 Jahren lebte Neu-England hauptsächlich von der See. Durch den Handel mit Europa, Afrika, den Westindischen Inseln und – nach der Unabhängigkeit – mit China und Indien kamen einige Kaufleute zu enormen Reichtümern, die sie Anfang des 19. Jahrhunderts u. a. in die Textil-, Schuh- und Lederindustrie investierten. Die großen Fabriken entstanden im Süden, entlang des Connecticut und Merrimack River und um die Narragansett Bay. Der Norden blieb agrarisch und arm, entvölkerte sich, als der Westen erschlossen wurde und Kalifornien mit Gold winkte: Vermont zum Beispiel verlor zwischen 1850 und 1900 fast 40 Prozent seiner Bewohner.

Neu-England verfügt kaum über Rohstoffe, Kohle und Erdöl fehlen ganz; so mußte es im Lauf des 20. Jahrhunderts seine führende Stellung in der verarbeitenden Industrie aufgeben. Nach dem Ersten Weltkrieg begann die Abwanderung der Textilindustrie, die bislang das wirtschaftliche Rückgrat des Gebietes gewesen war – noch 1920 arbeiteten drei Fünftel aller Fabrikarbeiter von Rhode Island in den Baumwoll- oder Wollspinnereien und -webereien. Die Textilindustrie zog in den Süden der Vereinigten Staaten, dort lockten billigere Arbeitskräfte, günstigere Produktionsbedingungen, bessere Energieversorgung. Und Neu-England schlitterte in eine schwere wirtschaftliche Depression. Die Gesundung kam mit der Elektroindustrie; sie schuf vor allem um Boston und im südlichen New Hampshire Arbeitsplätze. In den 80er Jahren setzte eine Entwicklung ein, die noch vor 30 Jahren niemand für möglich gehalten hätte: Die Wirtschaft boomte, Neu-Englands Städte erholten sich – und nicht nur das, sie mauserten sich zu wahren Schmuckstücken Amerikas. In Stadt und Land restaurierte man Gebäude, alles, was mit der Vergangenheit zusammenhängt, wurde gewienert und poliert.

Die Ende der 80er Jahre einsetzende Rezession traf Neu-England besonders hart: Viele der kleinen Computer-Gesellschaften gingen nach dem Kollaps der New Yorker Börse 1987 bankrott, mit dem Niedergang der Bank of New England wurde auch die zweite Stütze der Wirtschaft Neu-Englands, das Bankwesen, erschüttert. Auch das Ende des Wettrüstens trug dazu bei, daß Arbeitsplätze verlorengingen – vor allem Connecticut war stark in diesem Bereich engagiert. Das Blatt wendete sich Mitte der 90er Jahre. Seitdem geht es mit der US-Wirtschaft bergauf, und die Bilanz, mit der das Land unter Präsident Clinton ins neue Jahrtausend eintrat, ist beeindruckend. Dieser Trend macht sich natürlich auch in Neu-England bemerkbar. Nicht nur in Boston als Zentrum von Finanzwesen, Medizin, Kommunikation und High-Tech, sondern auch in anderen Städten, die von der Entwicklung im Bereich der New Technologies profitieren.

## Massachusetts

Massachusetts ist das Produkt einer geglückten Verbindung von religiösem Fanatismus und Geschäftssinn. Es nahm von Anfang an eine Sonderstellung unter den Kolonien ein. Sie beruhte auf einem kleinen formalen Fehler in der Charta, dem Vertrag, in dem der englische König Charles I. 1629 die Besiedlung des Gebietes zwischen Merrimack und Charles River mit der Aktiengesellschaft Massachusetts Bay Company regelte. Das Dokument legte keinen Ort für die jährlichen Versammlungen der Aktionäre fest; das erlaubte den Puritanern, die sämtliche Anteile hielten, ihre

Charta mit sich zu nehmen und den Sitz der Gesellschaft nach Neu-England zu verlegen. Und es hieß, daß sie sich selbst regieren konnten, sofern sie nicht dem geltenden englischen Recht zuwiderhandelten.

Die Puritaner errichteten eine Theokratie, beispiellos in ihrer Strenge und der – für viele Häretiker tödlichen – Konsequenz. Erst die zweite Charta von 1691, in der der König sich das Recht sicherte, verschiedene Schlüsselpositionen selbst zu besetzen, unter anderem auch den Gouverneur zu benennen, setzte der Theokratie ein Ende. Die zweite Charta sprach Massachusetts die von den Pilgervätern gegründete Kolonie Plimoth (s. S. 45) und Maine zu. Maine mußte es 1820 wieder abtreten, es wurde ein selbständiger Staat, seine Stellung als kommerzielles und kulturelles Zentrum Neu-Englands hat Massachusetts – trotz einiger wirtschaftlicher Rückschläge – bis heute beibehalten.

*Nantucket war einst der Heimathafen einer großen Walfängerflotte*

Massachusetts ist der vielseitigste und sowohl von seiner Geschichte als auch vom touristischen Angebot her interessanteste Staat Neu-Englands. »Massachusetts ist Neu-England, es ist die Erde der Pilgerväter, die Küste der Mayflower, der Wald des strengen Glaubens von Salem und der Rasen der Liberalität von Cambridge, und Boston ist die Stadt der Tradition und der großen amerikanischen Revolution.« (Wolfgang Koeppen, ›Amerikafahrt‹).

Boston, die unbestrittene Königin Neu-Englands, ist die einzige Stadt nördlich von New York, die sich neben der Sieben-Millionen-Metropole behaupten kann. Es konkurriert nicht mit New York, das wäre von Anfang an eine verlorene Schlacht, sondern ignoriert es und zieht sich auf ein Feld zurück, das ihm keiner streitig machen kann: Tradition und Geschichte. Mit seinen krummen Straßen und der rotwangigen Gemütlichkeit seiner Backsteinhäuser könnte Boston in Europa liegen, irgendwo in England. Es ist eine liebens- und lebenswerte Stadt, in der Vergangenheit und Moderne harmonieren, eine junge Stadt, mit einer Vielzahl von Universitäten – stolz, intellektuell und selbstbewußt.

Salem, an der Nordküste von Massachusetts gelegen, steht zu Unrecht im Schatten Bostons. Nachdem es den Ruf als ›Hexenstadt‹ (s. S. 232f.) einfach nicht los wurde, hat es das beste gemacht, was man mit einem schlechten Ruf anfangen kann: sich zu ihm bekennen und ihn ausnützen. Salem hat aber weitaus mehr zu bieten als touristisch vermarktete Hexen; zur Zeit des Asien- und Sumatrahandels war es eine der reichsten Städte Amerikas. Museen, Luxusvillen der Kaufleute und Kapitäne, voll von Trophäen aus aller Welt, zeugen hier wie in Marblehead, Ipswich, Newburyport und anderen Städten der Nordküste von Neu-Englands Goldenem Zeitalter des Seehandels.

West-Massachusetts, das Gebiet jenseits des Connecticut River, tat sich immer etwas schwer, mit dem Reichtum mitzuhalten, der den Küstenstädten aus dem Westindien- und Asienhandel und den großen Industriezentren im Osten des Staates zufloß. Ein bißchen von dem Glanz färbte jedoch ab, zum Beispiel durch die Sommerfrischler, die alljährlich in die kühleren Berkshire Hills flüchteten und prachtvolle Häuser in die grünen Hügel setzten. Im 19. Jahrhundert, als von Concord die ersten entscheidenden Impulse einer eigenständigen amerikanischen Literatur ausgingen (s. S. 206), bildete sich auch in den Berkshires eine Literaten- und Künstlerkolonie; hier finden noch immer jedes Jahr im Sommer Konzerte (Tanglewood) und Theateraufführungen statt.

Das Tal des Connecticut River heißt Pioneer Valley; die fruchtbaren Böden dort zogen schon früh Siedler an, die allerdings bis 1763, als der French and Indian War (s. S. 51) endete, mit ständigen Grenzkonflikten, Massakern und der Zerstörung ihrer Dörfer zu leben hatten. Die Geschichte von Deerfield, einer der ersten Niederlassungen (1666 gegründet), gibt darüber Auskunft. Auch heute noch wird in dieser Gegend Pionierarbeit geleistet, wenn auch auf anderem Gebiet: Atomwaffengegner, Ökologiebewegte, Aussteiger, kurz, die Alternativen, sind hier besonders aktiv, viele der Farmen werden biologisch-dynamisch bewirtschaftet.

Wie ein Kleiderhaken ragt südlich von Boston eine Halbinsel ins Meer, Cape Cod, Naherholungsgebiet der Bostoner

*Cape Cod, National Seashore*

# Massachusetts

**Name:** Der Name Massachusetts – abgeleitet von dem Indianerwort *mass adchu ut* (bei den großen Hügeln) – taucht zum ersten Mal in Captain John Smith's Buch ›A Description of New England‹ (1616) auf.

**Beiname:** Bay State

**Fläche:** 21 386 km²

**Bevölkerung und ihre Zusammensetzung:** 6, 2 Mio. Einwohner, davon 83,9 % Weiße, 6,4 % Schwarze, 6,1 % Hispanier, 3,6 % Asiaten

**Hauptstadt:** Boston, 558 400 Einwohner

**Die drei größten Städte:** Worcester, 169 800 Einwohner; Springfield, 157 000 Einwohner; Lowell 103 400 Einwohner

**Landesnatur:** Westlich des Connecticut River liegen die Berkshire Hills, Ausläufer der Green Mountains (höchster Berg Mount Greylock 1064 m), östlich erstreckt sich hügeliges Flachland. Connecticut, Charles und Merrimack sind die wichtigsten Flüsse. Massachusetts besitzt über 1200 kleinere und größere Seen und 2415 km Küste; im Norden ist dies Felsküste, im Süden liegen die Halbinsel Cape Cod und die vorgelagerten Inseln Nantucket und Martha's Vineyard (Sanddünen). 70 % der Fläche des Staates sind Waldland.

**Wirtschaft:** Massachusetts ist ein Industriestaat; die ehemals bedeutende Textil- und Schuhindustrie beschäftigt heute allerdings weniger als 5 % der Industriearbeiter. An erster Stelle steht nun die Elektroindustrie, gefolgt von Maschinen- und Werkzeugmaschinenbau. Boston zählt zu den bedeutendsten Finanzzentren der USA und hat große Bedeutung in der medizinischen Forschung. Zudem tut sich der Staat in vielen innovativen Bereichen, z. B. der Software-Entwicklung, hervor, was vor allem der *Brain Power* der Universitäten zu danken ist.

und New Yorker. Kilometerlange Sandstrände, teilweise unter Naturschutz gestellte Dünenlandschaft, Hotels, Restaurants – es gibt alles, was die Freizeitindustrie zu bieten hat, und das wird an Wochenenden und in den Sommermonaten auch voll genutzt. Die Heftigkeit des Touristenansturms nimmt mit der Entfernung vom Festland ab, die Inseln Martha's Vineyard und Nantucket haben noch viel von ihrem Charme bewahrt. In der Nachsaison kann man sich hier den Traum von der einsamen Insel erfüllen, im Sommer träumt man kollektiv, zu keiner Zeit allerdings vor der Kulisse von Betonklötzen und Hochhäusern; strenge Baubestimmungen sorgen dafür, daß der Charakter der kleinen Städte und Fischerdörfer erhalten bleibt.

# Rhode Island

Wenigstens einen kleinen Teil der Touristen, mit denen Cape Cod und die Inseln fertig werden müssen, würde sich Rhode Island wünschen – aus finanziellen Gründen, versteht sich. Rhode Island hat den Verlust der Textilindustrie nicht so gut überstanden wie seine Nachbarn; Elektronik-Unternehmen zögerten länger, sich hier niederzulassen, unter anderem auch, weil der Staat angeblich zu arbeitnehmerfreundliche Gesetze hat.

Rhode Island wurde von denen gegründet, die mit der rigiden Theokratie der Puritaner von Massachusetts nichts anfangen konnten – und sie nichts mit ihnen: »Sintemal Mr. Roger Williams, einer der Ältesten der Kirche von Salem, neue gefährliche Ansichten entgegen die Autorität des Magistrats verbreitete; auch Schriften verfaßte, die Magistrat und Kirche diffamieren ... ergeht hiermit Order, daß besagter Mr. Williams unser Hoheitsgebiet verlassen soll ...« Die Grenze der Massachusetts Bay verlief drei Meilen südlich des Charles River; ›besagter‹ Mr. Williams floh 1635 etwas weiter nach Süden und legte den Grundstein für eine Siedlung, die er Providence nannte. Die gestrengen Herren in Boston sorgten dafür, daß er sich nicht einsam fühlte; 1638 verbannten sie Anne Hutchinson (s. S. 120). Sie erwarb von den Indianern eine Insel, die die Europäer von früheren Entdeckungsfahrten unter dem Namen Rhode Island kannten. In den nächsten Jahren kam es zwischen Anne Hutchinson und ihren Anhängern immer wieder zu religiösen Differenzen – jedem Streit um die Bibelauslegung folgte eine Stadtgründung. Eigentlich wollten die verschiedenen Gruppen den Individualismus, der sie hierher geführt hatte, auch ausleben und sich nicht auf eine gemeinsame Regierungs- und Verwaltungsform einlas-

# Rhode Island

**Name:** State of Rhode Island and Providence Plantations. Man ist sich nicht ganz sicher, ob die Bezeichnung Rhode Island vom holländischen *Roode Eyland* (wegen der rötlichen Färbung des Bodens) abgeleitet ist oder ob sie daher kommt, daß sich der Seefahrer Giovanni da Verrazano 1524 an die Insel Rhodos erinnert fühlte, als er hier vorbeisegelte.

**Beiname:** Ocean State

**Fläche:** 3144 km$^2$ (kleinster Staat der USA)

**Bevölkerung und ihre Zusammensetzung:** 990 000 Einwohner, davon 86,1 % Weiße, 5 % Schwarze, 6,6 % Hispanier, 2,3 % Asiaten

**Hauptstadt:** Providence, 160 700 Einwohner

**Die drei größten Städte:** Warwick, 85 400 Einwohner; Cranston, 76 100 Einwohner; Pawtucket, 72 600 Einwohner

**Landesnatur:** Der westliche Teil besteht aus hügeligem Flachland (durchschnittliche Erhebung 60 m), das sich an Ost-Connecticut anschließt. Narragansett Bay beherrscht den östlichen Teil, die Bucht reicht etwa 45 km ins Land hinein, in ihr liegen mehrere Inseln (u. a. die Insel Rhode Island). Rhode Island besitzt 644 km Küste mit Sandbuchten und guten Häfen. 5 % der Fläche werden als Weide- und Ackerland genützt, 64 % sind von Wald bedeckt.

**Wirtschaft:** Rhode Island ist einer der am stärksten industrialisierten Staaten der USA. Weniger als 1 % der Bevölkerung ist in der Landwirtschaft beschäftigt (bekannt die Hühnerzucht Rhode Island Red). Wichtigster Industriezweig ist die Schmuckindustrie (inklusive Tafelsilber).

*Blick auf Providence, die Hauptstadt von Rhode Island*

sen. Als sich aber die umliegenden Kolonien 1643 zur Neu-England-Konföderation zusammenschlossen, fürchtete Roger Williams um die Unabhängigkeit des Gebiets; er reiste noch in demselben Jahr nach London, um sich eine Charta ausstellen zu lassen, die dem losen Städtebund eine Rechtsgrundlage geben würde. Sie lautete auf »Rhode Island and Providence Plantations« – der kleinste Staat der USA hat noch heute den längsten Namen.

1647 einigten sich vier Städte auf eine gemeinsame, überaus liberale Verfassung, in der die Trennung von Kirche und Staat verankert war. Das war revolutionär, für die Alte wie für die Neue Welt: ein paar Kilometer weiter, in Con-

necticut, war 1644 die erste Hexe gehängt worden, in Massachusetts gab es ein Gesetz gegen Baptisten, und als 1656 die ersten Quäker nach Boston kamen, erging es ihnen auch nicht besser als in Europa: sie wurden eingesperrt, mißhandelt und schließlich verbannt. Rhode Island nahm sie alle auf, Quäker, Hugenotten, Juden. Unter denen, die nach Neu-England kamen, weil sie religiöse Freiheit für sich suchten, war Roger Williams der einzige, der diese Freiheit auch anderen gewährte.

Der kleinste Staat der USA hatte bis 1900 zwei Hauptstädte: die von Rhode Island – Newport – und die der Providence Plantations – Providence. Newport verdankte seine erste Blüte dem

Sklaven- und Westindienhandel (s. S. 49); nach der Belagerung durch die Briten während der Unabhängigkeitskriege verlor es seine Bedeutung, Providence wurde zum Zentrum des Asienhandels und der einsetzenden Industrialisierung. Prunkvolle Häuser zeugen von vergangener Größe, seit die Stadt ihre Downtown Anfang der 90er Jahre einem kompletten Lifting unterzogen hat, erstrahlt auch dieses ehemals desolate Viertel wieder in neuem Glanz, und die Hauptstadt des kleinen Staates präsentiert sich nach Boston als interessanteste Stadt der Region. Newport hatte im 19. Jahrhundert eine zweite Blütezeit, die indirekt für die dritte – den heutigen Tourismus – verantwortlich ist: es war die Sommerfrische der Reichen und Superreichen Amerikas.

Daß Rhode Islands Tourismusindustrie insgesamt nicht so floriert, wie es die Verantwortlichen gerne hätten, liegt nicht daran, daß der Staat nichts zu bieten hätte: Im Südwesten und bei Newport locken herrliche Strände; Block Island, eine vorgelagerte Insel, bietet Ruhe, Spaziergänge, Erholung; in Slater Mill, Pawtucket, dreht sich das Mühlrad wieder – der Ort, an dem die industrielle Revolution in Amerika begann, ist zum Museum geworden.

Nein, Rhode Islands Problem ist nicht, daß es seine Besucher langweilen würde; es liegt viel eher darin, daß es einen Nachbarn hat, der es in jeder Hinsicht aussticht. Strände, Inseln, Museen, historische Stätten, sportliche Aktivitäten, von der Hauptstadt ganz zu schweigen – »Massachusetts has it all«, versichert ein Werbespruch. Oder fast alles, denn Rhode Island hat eine Attraktion, die ihresgleichen in Neu-England, an der Ostküste und in den ganzen USA sucht: die Schlösser von Newport (s. S. 184)!

# Connecticut

Schon 1760 hat man Connecticut »mit einem Faß guten Likörs« verglichen, »das an beiden Enden angestochen ist; an dem einen zapft Boston und am anderen New York«.

Heute spricht man, weniger poetisch, vom Schlafzimmer von New York: in den Gemeinden westlich des Connecticut River leben überwiegend Pendler, Mittelständler, die in gehobenen Positionen in New York arbeiten und das hektische Großstadttreiben abends mit dem ›Landleben‹ vertauschen wollen– das natürlich schon deshalb kein solches mehr ist, weil die Grundstückspreise in die Höhe schnellen und die stadtmüden Städter die Bauern, die fürs Lokalkolorit sorgen sollen, vertrieben haben. Landwirtschaft spielt heute in Connecticut kaum mehr eine Rolle, von gewisser Bedeutung ist nur der Tabakanbau im Connecticut Valley.

So ein Zwitterdasein zwischen zwei Zentren bringt Probleme. Eingekeilt zwischen New York und Boston, hatte Connecticut immer Schwierigkeiten, einen eigenständigen kulturellen Mittelpunkt zu finden. Wie Rhode Island entstand es aus zwei Kolonien (Connecticut und New Haven, vereinigt unter der Charta von 1662) und hatte lange Zeit zwei Hauptstädte, Hartford und New Haven. Auch Connecticut wurde von Massachusetts aus besiedelt; die hierher kamen, stießen sich allerdings weniger an den religiösen Normen, die Boston setzte, die fruchtbaren Böden um den Connecticut River waren es, die die Siedler reizten. Daß dort die Pequot-Indianer lebten, war ein geringes Problem, das schnell und gründlich gelöst wurde: 1637 gab es kaum mehr einen Pequot.

Religiös oder politisch entwickelte Connecticut keine Alternativen; in den

# Connecticut

**Name:** Aus dem indianischen Wort *Quinnehtukqut* (an der Mündung des langen, den Gezeiten ausgesetzten Flusses) wurde Connecticut.

**Beiname:** Constitution State

**Fläche:** 12 973 km$^2$

**Bevölkerung und ihre Zusammensetzung:** 3,3 Mio. Einwohner, davon 80,4 % Weiße, 9,3 % Schwarze, 8,8 % Hispanier, 2,5 % Asiaten

**Hauptstadt:** Hartford, 133 100 Einwohner

**Die größten Städte:** Bridgeport, 141 700 Einwohner; New Haven, 130 500 Einwohner; Waterbury, 109 000 und Stamford, 108 100 Einwohner

**Landesnatur:** Der Connecticut River, der längste Fluß in Neu-England (650 km), teilt den Staat in zwei landschaftlich ähnliche Teile. Der Norden ist hügelig (höchste Erhebung Mt. Frissel mit 714 m), von Flüssen durchzogen. Die meisten größeren Städte liegen in der Küstenebene (405 km Küste); 70 % des Landes sind von Wald bedeckt.

**Wirtschaft:** Die Bedeutung der Landwirtschaft ist seit 1870 immer mehr zurückgegangen; man produziert Geflügel, Gemüse, Milchprodukte für den lokalen Markt, exportiert wird Tabak, der im Connecticut Valley angebaut wird. Connecticut ist ein Industriestaat (Präzisionsindustrie), es stellt Computer, Flugzeugmotoren, Hubschrauber, Uhren, U-Boote usw. her; Hartford gilt als ›Versicherungshauptstadt der USA‹. Der industrielle Gürtel verläuft von Hartford über New Britain, Bristol, Waterbury, Middletown, Meriden, New Haven, Bridgeport. Connecticut ist zwar ein wohlhabender Staat, allerdings besteht ein ausgeprägtes West-Ost-Gefälle: Der Osten, in dem früher die Textilindustrie angesiedelt war, ist ärmer als der Westen.

ersten Jahren etablierte sich hier eine Theokratie, die fast ebenso streng war wie die von Massachusetts. Auch heute steht das Land nicht in dem Ruf, besonders fortschrittlich zu sein, es gilt als »land of steady habits«, als ein Staat, der seinen Gewohnheiten treu bleibt. Seine Bewohner charakterisiert man als typische ›Yankees‹; Mark Twain, der 17 Jahre in Hartford lebte, läßt den Helden seines Buches ›A Connecticut Yankee in King Arthur's Court‹ (1889) sagen: »Ich bin Amerikaner. Geboren und aufgewachsen in Hartford, im Staat Connecticut … So bin ich der Yankee unter den Yankees, praktisch veranlagt und fast bar jeder sentimentalen Regung, oder, anders gesagt, prosaisch.«

Sparsam, genügsam, zielstrebig, mit gesundem Geschäftssinn und praktischer Begabung ausgestattet – ohne diese Yankee-Eigenschaften wäre ein Überleben in Neu-England sicher nicht möglich gewesen. Dichte Wälder, karge Böden, harte Winter – das ruft nahezu nach Tugenden! Und wenn man es übers bloße Überleben hinaus auch noch zu etwas bringen will, muß man sich durch Einfallsreichtum auszeichnen: die berühmte ›Yankee Ingenuity‹ ist in Connecticut besonders ausgeprägt. Eli Whitney legte hier zum Beispiel 1798 den Grundstock für die industrielle Serienfabrikation; seine Entdeckung war, wie alle großen Erfindungen, ganz einfach: Er führte das Prinzip der austauschbaren Teile in der Waffenfabrikation ein und konnte damit gleich 10 000 Gewehre für die Armee herstellen. Namen anderer Erfinder wecken ähnlich martialische Assoziationen: Samuel Colt hatte seine Fabrik in Hartford, Oliver F. Winchester stellte Gewehre in New Haven her – Connecticut ist das Arsenal der Nation, heute auf Flugzeugmotoren, Unterseeboote, Hubschrauber und ähnliches spezialisiert.

Es lebt aber nicht nur vom Auf- und Nachrüsten, sondern profitiert auch vom allgemeinen Sicherheitsbedürfnis – Hartford ist die ›Versicherungshauptstadt‹ der USA –, und es produziert so harmlose und nützliche Dinge wie Uhren, Nadeln, Schreibmaschinen …

Mit dieser Kombination fährt es sich offenbar nicht schlecht: Connecticut ist einer der reichsten Staaten der USA, die Zahl der Armen und Sozialhilfeempfänger liegt hier unter dem Durchschnitt. Statistische Angaben darüber, wie viele Büchereibücher oder Zeitungsabonnements auf einen Einwohner kommen, vermitteln das Bild eines kultivierten kleinen Staates, ein Eindruck, der sich bestätigt, wenn man durch die Vororte und Dörfer fährt, vorbei an makellos weißen Häusern und Kirchlein, blühenden Hecken und gepflegten Bauernhöfen. »Neu-England mag sich mit Recht seiner Dörfer rühmen! In ihrer Anlage und Unverdorbenheit vermitteln sie den Eindruck von Gefälligkeit und Bequemlichkeit und übertreffen bei weitem alles, was ich jemals gesehen habe, sogar im Mutterland; ich habe an einem Tag sechs oder sieben dieser wunderbaren, ruhigen und beneidenswert aussehenden Flecken passiert und war nicht in der Lage, mir auch nur für einen von ihnen etwas Vergleichbares aus meinen

*Mystic Seaport ist eine touristische Attraktion in Connecticut*

europäischen Reisen in Erinnerung zu rufen«, schrieb ›Lederstrumpf‹-Autor James Fenimore Cooper (1789–1851) nach einer Reise durch Connecticut. In den ländlichen Gegenden des Staates, vor allem im Hügelland um Litchfield und im Mündungsgebiet des Connecticut River bei Essex, hat sich der Charme Süd-Neu-Englands, diese Mischung aus Rustikalem und unterspieltem Reichtum, aus kultiviertem Land und wild wuchernder Natur, bis heute einzigartig erhalten. Die *Greens* oder *Commons* von Connecticut – Weide-, Versammlungs- und Militärübungsplätze im Herzen der Dörfer – zählen zu den schönsten, ästhetisch ausgewogensten Neu-Englands.

Connecticut ist ein Wohnstaat mit Vorortcharakter. Wer hier lebt, hat alles in greifbarer Nähe: Freizeit- und Sportmöglichkeiten, Strände, Seen, Wälder und nicht zuletzt das Angebot von Boston und New York. Was Connecticuts Einnahmen aus dem Tourismus betrifft, so schneidet es noch schlechter ab als Rhode Island. Mystic Seaport, die Rekonstruktion eines Seehafens, ist zwar ein vielbesuchtes Freilichtmuseum und in seiner Art einmalig in Neu-England, insgesamt aber hat Connecticut keine Attraktion, die Besucher aus Übersee oder den anderen 49 amerikanischen Staaten in Scharen anlocken würde – es hat kein Disneyland, keine Niagarafälle, nicht mal ein Newport, man muß nicht New Haven sehen und sterben.

Eigentlich schade, Connecticut ist ein Staat, für den man sich Zeit nehmen sollte – wenn man sie hat.

## Vermont

Das Paradies ist kaum größer als Hessen, allerdings leben dort nicht einmal so viele Menschen wie in Frankfurt.

Montpelier hat ca. 8200 Einwohner, wäre nicht die goldene, blitzende Kuppel des State House, man würde dem unscheinbaren Städtchen die Hauptstadt nicht glauben.

Die Vermonter übertreffen die Zahl ihrer Kühe nur um ein Drittel, 70 Prozent der Bevölkerung leben auf dem Land, in jenen gemütlichen Bauernhöfen – stabilen Holzschachteln, überspannt von weiten Dächern. Im Sommer in die grünen Hügel gebettet, wirken sie trutzig, erdverbunden, solide, ihre großen, blutrot bemalten Scheunen und Silotürme signalisieren Zuverlässigkeit, Vorratswirtschaft. Diesen Gehöften traut man zu, daß sie ihre Bewohner durch den Winter bringen, der in Vermont soviel Raum einnimmt wie der Sommer, sich aber völlig ungehemmt austobt, als gäbe es auf der ganzen Welt keinen anderen Fleck für seine Auftritte.

Alice Herdan-Zuckmayer schildert in ihrem humorvollen Bericht über die Emigrationsjahre in Vermont die Prozedur, die alljährlich erforderlich war, um die ›Farm in den grünen Bergen‹ winterfest zu machen: »Äußerlich wurden sie (Haus und Ställe) zum Schutz gegen den Schnee bis zur Fensterhöhe in starkes braunes Packpapier gehüllt und sahen aus wie halbfertig gepackte Pakete vorm Versand ... Die Stallwände und einige gefährdete Wandpartien im Haus wurden zuerst mit einem watteartigen Material bekleidet und dann mit Platten überdeckt, während sämtliche Wasserröhren in weiße Hüllen gesteckt wurden, eine poröse Masse, die wie ein Gipsverband aussah ... Wenn das Haus also in jeder Weise isoliert war, sah man geduldig und guter Dinge dem Winter entgegen, sah den Schnee fallen und sich häufen, spürte die arktischen Kälten im Januar und Februar und hörte staunend übers Radio, Moskau hätte nur 30 Grad unter

Null, zu einer Zeit, als wir auf 45 Grad unter Null gesunken waren.«

Was für einen Menschenschlag bringt so ein Gebiet hervor, oder besser gefragt, wer ist hier noch geblieben, in den abgeschiedenen Tälern, als im 19. Jahrhundert der große Exodus in den Westen begann, der Vermont und New Hampshire entvölkerte? Was sind das für Menschen, die die kargen Böden, deren beste Ernte die Steine sind, die zu Mauern aufgeschichtet die Weideflächen umgeben, den fruchtbaren Weiten im Westen vorzogen, die sich in den langen Wintermonaten nicht vom Gedanken an Kalifornien und seine Goldminen locken ließen? Sind es die passiven, weniger risikofreudigen? Oder die fanatischen, die ihr Land so lieben, daß sie es nicht verlassen wollten? »Was heute in Vermont, in dem es viele verlassene, langsam zerfallende und wieder vom Wald überwucherte Farmen gibt, noch auf seiner Heimstatt lebt, das sind die Nachkommen jener ursprünglichen Siedler, die zu eigensinnig und landverbunden waren, um den Aufbruch nach dem Westen, die große Völkerwanderung nach ›besseren Weidegründen‹, mitzumachen. Daher eignet diesen Leuten ein Zug von Starrsinn und Hartnäckigkeit, auch von Verkauztheit, der Europäern leichter verständlich ist als vielen Amerikanern. Ein sonderlich abgeschlossenes Volk mit einem schrulligen, oft etwas maliziösen Humor, nonkonformistisch bis in die Knochen, eigenwillig bis zur Eigenbrötelei, doch niemals ohne die natürliche Bindung in der Gemeinde, die selbstverständliche, phrasenlose Bereitschaft zu gegenseitiger Hilfe.« (Carl Zuckmayer, ›Als wär's ein Stück von mir‹)

Man schreibt ihnen Yankee-Tugenden zu – die Sparsamkeit ausgeprägt zur Knausrigkeit, Fleiß, ein ausgesprochenes Unabhängigkeitsbedürfnis. Und nennt sie mundfaul – Calvin Coolidge (1923–1929), der zweite und bislang letzte Präsident, den Vermont hervorgebracht hat, soll oft tagelang kein einziges Wort gesprochen haben – eine Tugend, die man manchem Politiker nur empfehlen könnte. Das Unabhängigkeitsbedürfnis der Vermonter hat seinen Grund in der Geschichte des Staates: Das Gebiet wurde verhältnismäßig spät besiedelt, erst nach dem French and Indian War wagten sich Farmer aus Connecticut und West-Massachusetts in die Green Mountains. Da sowohl New York als auch New Hampshire das Territorium beanspruchten, kam es zu Grenzstreitigkeiten. Die Green Mountain Boys zogen schließlich unter der Führung des legendären Ethan Allen gegen die New Yorker ins Feld. Diese Streitigkeiten überschnitten sich mit dem Unabhängigkeitskrieg gegen die Briten – 1777 erklärte sich Vermont zur unabhängigen Republik. Es verabschiedete eine Verfassung, die damals schon Sklaverei verbot und allen Männern, unabhängig von ihrem Besitz, das Recht zu wählen garantierte. 1790 wurden die Streitigkeiten mit New York beigelegt, und ein Jahr später trat Vermont als 14. Staat der Union bei. Der Freiheitskampf, den die Vermonter für die Unabhängigkeit ihres Waldstaates geführt haben, erinnert, so Carl Zuckmayer, »in manchen Zügen an den der Schweiz gegen ihre österreichischen Fronvögte ...«

Vermont hat überhaupt viel von einem Musterländli. Es ist seit Jahren vorbildhaft, was Umweltschutz und Landkonservierung betrifft, seine Bergseen sind klar, sauber und fischreich, das bißchen Industrie, angesiedelt um

*Lake Rescue* ▷

Springfield und Windsor, fällt kaum ins Gewicht. Wenn man nachts von Vermont über die Grenze nach New York State fährt, erschlagen einen plötzlich wieder flimmernde Neonzeichen und riesige Werbetafeln – dann merkt man erst, wie still und dunkel es in Vermont war, daß dort jede Werbung an den Autostraßen fehlt, Geschäftszeichen und Hinweistafeln diskret gehalten werden müssen.

Vermont ist ein Idyll, ein Traum. Die Bergkuppen sind einschmeichelnd rund, die Täler sanft, alte überdachte Holzbrücken öffnen den Weg zu abgelegenen Höfen. Von Steinmauern umfriedete Weideflächen, auf denen Kühe grasen, ab und zu eine hölzerne Mühle, ein weißes Kirchlein, ein Friedhof. Steigt man auf einen der Berge, öffnet sich der Blick über ein Meer von bewaldeten Hügelketten, das in sanften Wellen bis zum Horizont reicht. Der Himmel herrscht, in

einer Weite hingestreckt, wie man es sonst nur hoch im Norden findet; in den schwülen Sommermonaten liegt er diesig und schwer auf dem Land, die grünen Konturen zerfließen im Blau, im Herbst dagegen wird das Licht schärfer, und in den ersten klaren Frostnächten, wenn der ›Himmlische Jäger‹ den ›Großen Bären‹ erlegt, dessen Blut durch die Wälder dringt, verwandelt sich das Hügelmeer in eine Palette aus Gelb, Rot und Violett. Vermont ist zu jeder Jahreszeit paradiesisch schön, im Herbst ist es einzigartig.

Der Traum Vermont verursacht denen, die dort leben, bisweilen Alpdrücken. In den letzten Jahrzehnten ging die landwirtschaftlich genutzte Fläche drastisch zurück, Wanderwege, Golfplätze und Skilifte fressen sich in die grünen Berge, Hotels und Restaurants mit Namen wie Rehkitz, Kitzbühel und Alpenrose lassen befürchten, daß Ver-

*Der Weston Village Store in Vermont*

# Vermont

**Name:** *Les verts monts* – die grünen Berge, der Name soll auf den französischen Entdecker Samuel de Champlain zurückgehen (›Vermont‹ wird auf der zweiten Silbe betont).

**Beiname:** Green Mountain State

**Fläche:** 24 887 km²

**Bevölkerung und ihre Zusammensetzung:** 600 000 Einwohner, davon 97,8 % Weiße, 0,5 % Schwarze, 0,9 % Hispanier, 0,8 % Asiaten

**Hauptstadt:** Montpelier, 8200 Einwohner

**Die drei größten Städte:** Burlington, 39 100 Einwohner; Rutland, 18 200 Einwohner; Bennington, 9500 Einwohner

**Landesnatur:** Die Green Mountains, ein bewaldeter Mittelgebirgszug, ziehen sich wie ein Rückgrat in Nord-Süd-Richtung durch den Staat. Nur 15 % der Gesamtfläche Vermonts sind eben; Wald bedeckt 75 % des Staates. Höchster Berg ist Mt. Mansfield mit 1339 m. Den Gebirgszug durchschneiden nur wenige Flußtäler, die Flüsse fließen westwärts zum Lake Champlain, einem etwa 200 km langen See, den sich Vermont mit dem Staat New York im Westen teilt. (Lake Champlain ist mehr als doppelt so groß wie der Bodensee.) Insgesamt gibt es in Vermont etwa 400 Seen. Es ist der einzige Neu-England-Staat, der keinen Zugang zum Meer hat.

**Wirtschaft:** Vermont ist ein Agrarstaat, 70 % der Bevölkerung leben auf dem Land. Milch- und Milchprodukte (Cheddar) werden in Boston und im südlichen Neu-England abgesetzt, als Lieferant von Ahornprodukten ist Vermont führend in den USA. Außerdem werden Obst und Gemüse angebaut. Bedeutende Granitvorkommen um Barre; Marmor wird an der Westseite der Green Mountains abgebaut. Industrie: Werkzeugmaschinen, Elektroindustrie, Papier- und Holzverarbeitung. Zweitwichtigste Einkommensquelle ist der Tourismus, Wintersport spielt eine bedeutende Rolle.

mont binnen kurzem ein ähnliches Schicksal erleiden wird wie Tirol oder Kärnten. Das Paradies liegt zu nahe vor den Türen der Großstadt, naturhungrige New Yorker haben reihenweise Farmen aufgekauft und in Wochenendhäuser umgewandelt, Woodstock ist heute schon ein Millionärsvorort der Millionenstadt.

Seit in den 60er Jahren die ersten Hippiekommunen hier eingerichtet wurden, hat Vermont neben den Touristen auch einen steten Zustrom von Alternativen und Aussteigern zu verzeichnen, jungen Leuten, denen mehr an einer intakten Umwelt gelegen ist als an einem gut bezahlten Job in der Stadt und die, genauso wie die alteingesessenen Vermonter, daran interessiert sind, den ländlichen Charakter und die Sozialstruktur des Staates zu erhalten. Vermont ist kein reicher Staat, und Tourismus gehört zu den wichtigsten Einnahmequellen – ob es gelingen wird, den Ausverkauf der Schönheit zu verhindern, ist fraglich.

# New Hampshire

Auf den ersten Blick könnte man sie für Zwillingsbrüder halten: Vermont und New Hampshire bilden auf der Landkarte ungefähr ein Rechteck, das diagonal in zwei fast deckungsgleiche Flächen zerfällt. Daß es mit der Kongruenz nicht ganz klappt und die Westgrenze des Staates nicht so schnurgerade und exakt gezogen ist wie seine Ostgrenze, daran ist der Connecticut River schuld. Er entspringt im äußersten Norden von New Hampshire, einem weitgehend unberührten Wald- und Seengebiet, in dem nur vereinzelt eingestreut Dörfer liegen. Über 650 Kilometer führt ihn seine Reise durch vier der sechs Neu-England-Staaten, er liefert Wasserkraft, füllt Reservoirs, nimmt Abwässer auf, fließt durch malerische fruchtbare Täler, er trennt die Green von den White Mountains und ist eben auch für die Zickzackgrenze zwischen Vermont und New Hampshire verantwortlich.

Vermont und der nördliche Teil von New Hampshire haben viel gemeinsam; sie wurden zur selben Zeit, nach dem French and Indian War, besiedelt, erlebten einen anfänglichen Einwandererboom und später einen ebenso raschen Bevölkerungsschwund, als offensichtlich wurde, daß die Landwirtschaft ihre Leute nicht ernähren konnte, im Süden Neu-Englands aber Fabriken entstanden, die zahlreiche Arbeitskräfte brauchten. Der Lockruf des Westens und der Sezessionskrieg, für den jeder Staat Soldaten stellen mußte, taten ein übriges, die ärmeren Gebiete von Vermont, New Hampshire und Maine zu entvölkern.

Fährt man von den Green in die White Mountains, fallen einem auch landschaftliche Ähnlichkeiten auf; allerdings würde man New Hampshire für den rauhbeinigeren der beiden Brüder hal-

The Old Man of the Mountains

Unzerstörte Natur bei Canaan

ten, die Berge sind höher, schroffer, Granit herrscht vor. Vermont ist sympathisch, offen, lieblich – New Hampshire dramatisch schön. Das Wahrzeichen des Staates ist ›The Old Man of the Mountain‹, eine Felsformation, die die Gesichtszüge eines Mannes trägt, der streng nach Süden blickt, in ein Gebiet, das mit Vermont überhaupt nichts mehr gemeinsam hat. Hier scheinen eher verwandtschaftliche Beziehungen zu Massachusetts und den industrialisierten Staaten Süd-Neu-Englands zu bestehen. Entlang des Merrimack River entstanden im 19. Jahrhundert Textil-, Schuh- und Lederfabriken, Amoskeag war zu seiner Blütezeit kurz nach 1920 die größte Textilfabrik der Welt.

Aus den Trümmern der aufgelassenen Fabrikationsstätten ist New Hampshire nach dem Zweiten Weltkrieg wie der Phönix aus der Asche gestiegen: Die Industrie fühlt sich wohl hier – eine Reihe Elektronikunternehmen haben Boston den Rücken gekehrt, um das niedrigere Lohnniveau, den Vorteil schwacher Gewerkschaften und die lascheren Umweltschutzbestimmungen auszunutzen. Privatleute kommen in dem Glauben, ein Paradies ohne Steuern zu betreten: New Hampshire ist der einzige Staat in den USA, in dem es keine Umsatz- und Einkommenssteuer gibt. Dafür stand es unter den 50 Staaten Ende des 20. Jahrhunderts auch an letzter Stelle, was öffentliche Leistungen, Krankenhäuser, Schulen und Wohlfahrtseinrichtungen betrifft. Washington sah sich schließlich zum Eingreifen veranlaßt – die mangelnde Chancengleichheit im Bildungssystem rief den Obersten Gerichtshof auf den Plan. Und 1996 übernahm Jeanne Shaheen die Geschicke des Staates, regte eine Reform des Gesundheitswesen an, konzentriert sich besonders auf Familien- und Bildungsangelegenheiten und versucht die Umweltproblematik in den Griff zu bekommen, wobei sie allerdings auf Freiwilligkeit und Good Will der Industrie setzt.

New Hampshire hat keine puritanische Tradition; es ist die einzige der im 17. Jahrhundert in Neu-England entstandenen Kolonien, die nicht aus religiösen Motiven gegründet wurde. John Mason, ein Mann, der an Fellhandel, Geld und einer semifeudalen Domäne in der Neuen Welt interessiert war, erhielt 1629 das Land südlich des Piscataqua River zugesprochen, das er, nach Lust und Laune und ohne viel Kenntnis der Geographie, weitervergab, so daß sich die Ländereien überschnitten und keiner der Siedler sich seiner Rechte recht sicher war. Es entstanden ein paar Niederlassungen, die sich aber, wohl mangels eines gemeinsamen Ideals, nie zusammenschlossen, so daß die etwa 1000 Siedler 1641 darum baten, unter die Fittiche von Massachusetts genommen zu werden; erst 1741 bekam New Hampshire einen eigenen Gouverneur. Vielleicht ist es mit dem Mangel an religiösen Bindungen zu erklären, daß New Hampshire sich nichts dabei denkt, den Löwenanteil seiner Staatseinnahmen aus sogenannten ›Sündensteuern‹ zu beziehen: Pferde- und Hunderennen, Lotterie, vor allem aber Alkohol und Zigaretten, die grenznah und unter Preis an die Bürger von Massachusetts verkauft werden, sind mit ihnen belegt.

New Hampshire ist eine Ausnahme – aber nicht unbedingt eine, deren Neu-England sich rühmt. Von Ralph Waldo Emerson (1803–1882), einem Philosophen und Schriftsteller aus Massachusetts, stammt der Satz: »Der Gott, der New Hampshire schuf, verhöhnte die erhabenen Berge durch kleine Menschen.« Es ist nicht so sehr der moralische Aspekt, die Tatsache, daß die Wirtschaft des Staates auf ›sündigen‹ Fundamenten ruht, weswegen sich die Nachbarstaaten distanzieren, als der Vorwurf mangelnden Verantwortungsgefühls in sozialer und ökologischer Hinsicht. »Wenn man sich das öffentliche Leben von New Hampshire in der Zeit nach dem Zweiten Weltkrieg ansieht, so findet man eine erschreckend selbstgefällige und unkreative Atmosphäre, in vielem verkörpert es unter den 50 Staaten den Prototyp der abgestumpften, unverantwortlichen Gesellschaft.« (Neal R. Peirce, ›The New England States‹).

Peirce sieht den Grund für diese Sonderstellung unter anderem auch darin, daß sich New Hampshire in seiner Bevölkerungszusammensetzung von allen anderen Staaten der Union unterscheidet: Hier leben viele Frankokanadier, die zu Zeiten der Industrialisierung zuwanderten und sich damals schon als dankbare Arbeiter auszeichneten, die sich zwölf Stunden täglich ohne zu murren ausnützen ließen, Gewerkschaften ablehnten und gegen alles eingenommen waren, was mit den Angelsachsen zusammenhing, auch deren Besteuerungssystem.

Alle vier Jahre rückt New Hampshire ins Zentrum des nationalen Interesses: Hier wird die erste Vorwahl *(Primary)* der USA abgehalten – die Bevölkerung nominiert die Präsidentschaftskandidaten, die die Parteien dann ins Rennen schicken; in Amerika existiert kein festgefügter Parteiapparat, der diese Personalentscheidung fällt. »Der kernige Yankee des hohen Nordens, der dem Land seinen nüchternen Rat bezüglich des nächsten Mannes im Weißen Haus erteilt, ist zu einer Art nationalen Saga geworden.« (Peirce/Hagstrom, ›The Book of America‹). Es liegt schon eine gewisse Ironie darin, daß die Wetterfahne der nationalen Politik genau in einem Staat gehißt wird, der in seiner ethnischen Zusammensetzung und Landespolitik so wenig repräsentativ für den Rest der Nation ist.

Was den Tourismus betrifft, liegt New Hampshire unter den sechs Neu-England-Staaten sehr gut im Rennen: Seine zahlreichen Berge und Seen können durchaus mit denen Vermonts konkurrieren, in Portsmouth, der interessantesten Stadt des Staates und einzigen Hafenstadt an dem schmalen Küstenstreifen, wurde ein hervorragendes Hausmuseum eingerichtet (Strawberry Banke) und die Gegend um Mount Monadnock im Süden zählt zu den beliebtesten Naherholungsgebieten der Bostoner. Vor allem aber sind es die White Mountains mit Mount Washington, dem höchsten Berg Neu-Englands, die Bergsteiger und Kletterer, Wanderer und Skifahrer sowie, im Herbst, ›Blättergucker‹ anziehen (s. S. 221f.). So hat New Hampshire, nach Massachusetts und vor Vermont, unter den sechs Staaten die zweithöchsten Einnahmen aus dem Tourismus zu verzeichnen.

# New Hampshire

**Name:** Von John Mason, dem Charles I. 1629 das Land zuwies, nach Hampshire in England benannt.

**Beiname:** Granite State

**Fläche:** 24 097 km$^2$

**Bevölkerung und ihre Zusammensetzung:** 1,2 Mio. Einwohner, davon 96,6 % Weiße, 0,7 % Schwarze, 1,5 % Hispanier

**Hauptstadt:** Concord, 36 000 Einwohner, 1,2 % Asiaten

**Die größten Städte:** Manchester, 99 600 Einwohner; Nashua, 79 700 Einwohner; Portsmouth 25 900 Einwohner

**Landesnatur:** Gebirgiger, zu 84 % bewaldeter Staat. Mt. Washington, in den White Mountains gelegen, ist mit 1917 m der höchste Berg Neu-Englands und der dritthöchste östlich des Mississippi. New Hampshire ist besonders reich an Seen, hat allerdings nur 29 km Atlantikküste. Der Connecticut River bildet die Westgrenze. Bedeutender für die Industrie ist der Merrimack River, der in Nord-Süd-Richtung nach Massachusetts fließt.

**Wirtschaft:** Trotz des kaum industrialisierten Nordens ist New Hampshire kein Agrarstaat, es rangiert unter den zehn am meisten industrialisierten Staaten der USA, nur Rhode Island und Alaska haben weniger landwirtschaftlich genutzte Fläche und geringere Einnahmen aus der Landwirtschaft. Industrieller Ballungsraum ist der Süden, in dem fünf Sechstel der Gesamtbevölkerung leben; auch hier hat die Umschichtung von der Textil- zur Elektroindustrie stattgefunden. New Hampshire zog in den letzten Jahren eine große Anzahl Unternehmen an, so viele, daß die Gemeinden dem Ansturm infrastrukturell nicht mehr gewachsen sind. Neben der Elektroindustrie sind wichtig: Maschinenbau, Textilindustrie, Leder, Papier und Holz. Der Bergbau ist zurückgegangen. New Hampshire ist wichtiger Lieferant von Ahornprodukten.

# Maine

Maines Helden sind keine Pilgerväter mit hohen schwarzen Hüten, keine bibelauslegenden Freidenker, keine erfinderischen, schrulligen Yankees. Die Mainer haben einen Naturburschen aufs Podest gehoben; kraftstrotzend, aufrecht, im karierten Hemd, eine Axt geschultert, steht er mitten in Bangor. Zehn Meter groß ist die Statue, und sie läßt den bärtigen Paul Bunyan noch riesenhafter und unbesiegbarer erscheinen, als ihn die Legende ohnehin zeichnet. Paul Bunyan hat nie gelebt, er soll die Schöpfung des Werbefachmanns einer Holzgesellschaft sein; die Publizität, die der legendäre Holzfäller erreicht hat, spricht für die fachlichen Qualitäten des Werbemannes. Diejenigen, nach denen die Figur modelliert ist, aber hat es gegeben: Die Bangor Tigers waren die Holzfällerelite vom Penobscot River – rauhe Burschen, die sich durch die Geschicklichkeit, mit der sie Tausende von Stämmen aus den winterlichen Wäldern von Maine holten und im Frühjahr über den reißenden Fluß nach Bangor transportierten, ebenso einen Namen machten wie bei Schlägereien. Wenn sie ausbezahlt wurden, ging es in den Saloons und Bordellen von Bangor nicht weniger wild her als in irgendeiner Grenzstadt im Wilden Westen. »Es gab wenige Gesetze und wenig Achtung vor dem Gesetz ... Rum war Volksgetränk, und Schnaps wurde zu jeder Gelegenheit getrunken ...« (WPA Guide on Maine). Wäre Bangor nicht 1911 einem Feuer zum Opfer gefallen, so könnten heute mehr als die Statue, ein paar Villen reicher Holzhändler und ein Museum Zeugnis von der Geschichte der

Stadt ablegen, die in der zweiten Hälfte des 19. Jahrhunderts der führende Holzhafen der Welt war.

Maine lebt noch heute von seinen Wäldern – es ist eine riesige ›Papierplantage‹; das Rückgrat des wirtschaftlich schwachen Staates bildet die Papierindustrie. Ein Drittel der gesamten Fläche ist in den Händen von sieben Papiergesellschaften, wobei die größte, Great Northern Paper Company, ein Zehntel von Maine besitzt. Weite Teile des Waldgebietes sind nicht ans öffentliche Straßensystem angeschlossen, man fährt lange Kilometer über geschotterte Waldwege; kein Dorf, keine Tankstelle, keine Hamburgerbude, ab und zu ein Lastwagen, mit Stämmen beladen. Seit 1970 dürfen die Bäume nicht mehr übers Wasser transportiert werden, und so bleibt als einziger Weg der zwar weniger romantische, aber auch weitaus weniger gefährliche über die Waldstraßen.

Der Charakter des ›Wilden Nordens‹ hat sich in Maine bis heute erhalten. Im Landesinneren spürt man nichts vom Neu-England der Schulmeister und der weiß gepflegten Dörfer; da stehen, so schief ins Bild gesetzt, als hätte der Wind sie hingedrückt, ein paar einstöckige Häuser, zwei Benzinzapfsäulen – die Tankstelle ist zugleich General Store. Die Männer in den karierten Flanellhemden und den dicken Daunenjacken erinnern eher an ihre Nachbarn jenseits der Grenze in Kanada als an die wohlbehüteten Privatschüler auf dem Rasen von Andover, Groton oder Concord in Massachusetts. Sie sind wortkarg, dabei freundlich und hilfsbereit. Das Gewehr gehört ebenso zu diesem Landstrich wie der Pickup Truck, ein kleiner Transporter, zur Jagdzeit sind auf die Ladefläche Rehböcke und Elche geschnürt.

Maine ist so groß wie Rhode Island, Connecticut, Massachusetts, Vermont

*Der Leuchtturm von Pemaquid Point*

und New Hampshire zusammen, und doch leben hier nur 9 % aller Neu-Engländer; zu 90 % bewaldet, ist dies der Staat mit der geringsten Bevölkerungsdichte östlich des Mississippi, 7 % der Fläche sind von Wasser bedeckt. Den besten Eindruck vom unberührten Maine, seiner Flora und den wilden Tieren – Elchen, Bibern, Bären – erhält man im Baxter State Park oder, als Wildwasserfahrer, auf dem Allagash Wilderness Waterway. Mount Katahdin, heiliger Berg der Indianer und nördlichster Punkt des Appalachian Trail, eines Wanderweges von Georgia nach Maine, ist eine Herausforderung für den Bergsteiger, das Wetter kann schnell umschlagen, die Felswände sind glitschig und tückisch (s. S. 261).

Die Küstenregion ist nicht weniger faszinierend: 5600 km felsige Buchten, tief eingeschnitten, von Leuchttürmen bewacht. Hier hat sich die letzte Eiszeit ausgetobt, Fjorde und Inseln hinterlassen. Eine der schönsten ist Mount De-sert Island mit dem einzigen National-park Neu-Englands, der die einmalige Kombination von Bergen und Küste unter Landschaftsschutz stellt. Bar Harbor, lange Zeit ›rustikale‹ Sommerfrische der Reichen der Ostküste (s. S. 257), wirkt fast ›weltmännisch‹ im Vergleich zu den Städten im Landesinneren.

Maine war im 19. Jahrhundert führend im Sardinenfang, im Eishandel – im Winter wurden Eisblöcke von den Flüssen ›geerntet‹ und in den Süden transportiert – und im Schiffbau; zwischen 1841 und 1857 kamen die meisten der in den USA gebauten Schiffe aus dem Hafen von Bath. Dieser Industriezweig erlebte seinen Aufschwung um 1730, als sich auch das Zentrum des Masthandels von Portsmouth, New Hampshire, ins heutige Portland verlagerte. Die Masten waren für den englischen König bestimmt – bis zum Ende der Kolonialzeit gehörten alle Bäume, deren Stämme mehr als 60 cm im Durchmesser hatten, der Krone und

*Ländliche Idylle bei Rumford*

# Maine

**Name:** Der Name Maine ist 1622 zum ersten Mal belegt; er wurde vermutlich von Seeleuten eingeführt und kennzeichnet das Festland (*mainland)* im Gegensatz zu den vorgelagerten Inseln.

**Beiname:** Pine Tree State

**Fläche:** 86 027 km² (so groß wie alle übrigen fünf Neu-England-Staaten)

**Bevölkerung und ihre Zusammensetzung:** 1,3 Mio. Einwohner, davon 97,7 % Weiße, 0,7 % Schwarze, 0,9 % Hispanier, 0,7 % Asiaten

**Hauptstadt:** Augusta, 21 300 Einwohner

**Die drei größten Städte:** Portland, 64 400 Einwohner; Lewiston, 39 800 Einwohner; Bangor, 33 200 Einwohner

**Landesnatur:** Maine ist der am dünnsten besiedelte Staat östlich des Mississippi und der waldreichste aller amerikanischen Staaten (zu 90 % bewaldet). Westen und Norden sind gebirgig und seenreich (Appalachian Mountains, Mt. Katahdin ist mit 1606 m der höchste Berg in Maine). Im Gebiet südlich und südöstlich des Gebirgszugs bestimmen Hügel und breite Flußtäler das Bild: Saco River, Androscoggin River, Kennebec River, Penobscot River; der St. Croix River bildet die Grenze zu Kanada. Maine besitzt über 2500 Seen – der größte ist Moosehead Lake mit 300 km² –, über 5000 Flüsse und Bäche und 5600 km Felsküste mit etwa 1200 vorgelagerten Inseln. Auf Mount Desert Island befindet sich Acadia National Park.

**Wirtschaft:** Maine hat das niedrigste Pro-Kopf-Einkommen Neu-Englands. Die wichtigsten landwirtschaftlichen Produkte sind Geflügel und Kartoffeln (größtes Kartoffelanbaugebiet: Aroostook County); bis auf Hummerfang kommt der Fischerei keine wirtschaftliche Bedeutung zu; wichtigster Industriezweig ist die Holz- und Papierindustrie, an zweiter Stelle steht der Tourismus. Das wirtschaftliche Leben konzentriert sich auf die Stadt Portland.

durften zu nichts anderem verwendet werden, als um des Königs Schiffe zu zieren. Daß Maine nach der Unabhängigkeit kein selbständiger Staat wurde, sondern Teil von Massachusetts blieb, entsprach ganz den Interessen der Kaufleute. Nachdem sich die Bevölkerung von Maine aber im Krieg von 1812 (gegen England) von Massachusetts im Stich gelassen fühlte, entschied sie sich schließlich doch – mit überwältigender Mehrheit – für die Gründung eines eigenen Staates. 1820 wurde Maine als 23. Staat in die Union aufgenommen.

Wenn man sich vor Augen führt, daß die Sardinen heute abgefischt sind, jeder Haushalt einen Eisschrank besitzt, Schiffe nicht mehr aus Holz gebaut werden und Maine über keine bedeutende Industrie – außer der Papierverarbeitung – verfügt, erhält man ein Bild der wirtschaftlichen Situation des größten Neu-England-Staates: Maine ist einer der ärmsten Staaten Amerikas mit einem Pro-Kopf-Einkommen, das weit unter dem Durchschnitt liegt, und nicht gerade sehr rosigen Aussichten für die Zukunft.

# Es begann mit der ›Mayflower‹ –
# Die Geschichte Neu-Englands

## Der Weg zur Seligkeit –
## Die Puritaner besiedeln
## Neu-England

*»Schwester,..., weißt du vielleicht, wa-
rum sie sich morden?... Machen viel-
leicht die Bettler, die ich abends ihre
Lumpen in meinem Wasser waschen
sehe, den Reichen den Garaus?«*
*»Nein«, raunte das steinerne Weib, »sie
morden sich, weil sie nicht einig sind,
über den richtigen Weg zur Seligkeit.« –
Und ihr kaltes Antlitz verzog sich zum
Hohn, als belache sie eine ungeheure
Dummheit...*
Conrad Ferdinand Meyer, ›Das Amulett‹

## Rom Ade –
## Scheidung auf Englisch

Der englische König Heinrich VIII. (1509–
1547) war bekanntlich nie um eine Lösung verlegen, wenn es galt, sich von
einer seiner – insgesamt sechs – Ehe-
frauen zu trennen. Mit Katharina von
Aragon, seiner ersten Frau, hielt er es
am längsten aus. Daß er sich schließlich
von ihr scheiden lassen wollte, hatte
persönliche wie politische Gründe. Der
persönliche hieß Anne Boleyn; politisch
stand die Verbindung mit Katharina
einer für England gerade opportunen Allianz mit Frankreich im Wege. Außerdem
war Katharina schuld, daß Heinrich keinen männlichen Erben gezeugt hatte...
Der König wandte sich an Papst Klemens VII. und bat ihn, die Ehe zu annullieren. Unter normalen Umständen
wäre das auch keine Schwierigkeit ge-

wesen, nur hatte Klemens just zu diesem Zeitpunkt die kaiserlichen Truppen
Karls V. in Rom stehen, und Karl war ein
Neffe Katharinas und hätte sicher un-
wirsch reagiert, wenn seine Tante mit
päpstlichem Segen vor die englische
Tür gesetzt worden wäre. Eine ver-
zwickte Situation! Klemens ging auf
Nummer Sicher und verärgerte den, der
weiter weg war: Er stimmte der Schei-
dung nicht zu. Kaufmännisch gesehen
war das ein Fehler, denn Heinrich nützte
die Gelegenheit, mit der Frau nun auch
gleich den Papst loszuwerden, der ihm
schon lange viel zu teuer gewesen war.
Mit der Supremtsakte (1534) löste er
die englische Kirche von Rom und
brachte sie unter die Kontrolle des Staates. Der König wurde Oberhaupt der Kirche, die Einnahmen gingen nach London statt nach Rom, Heinrich allein bestimmte die kirchliche Ordnung und
Doktrin. Der Hochzeit mit Anne Boleyn
stand nichts mehr im Wege, und wenn
er sich in Zukunft von einer Frau trennen
wollte, fragte Heinrich nicht lange, sondern köpfte gleich.
Auf dem Kontinent war zu dieser Zeit
die Reformation in vollem Gange: 1517
hatte Luther zu Wittenberg seine 95 The-
sen angeschlagen, 1536 war Calvins ›In-
stitutio religionis christianae‹ erschie-
nen. Heinrich VIII. war weder Lutheraner
noch Calvinist, er war überhaupt kein
Anhänger der Reformation. Er wehrte
sich gegen die Macht des Papstes, nicht
gegen die katholische Doktrin, und als
Oberhaupt der anglikanischen Kirche
ließ er Protestanten wie Katholiken
gleichermaßen hinrichten: die einen,
weil sie nicht an die katholische Lehre

glaubten, die anderen, weil sie den Papst und nicht ihn für das Oberhaupt der Kirche hielten. Im übrigen gehörte er der großen Gemeinschaft der Opportunisten an, seine Reformen waren wesentlich davon bestimmt, wessen politische Unterstützung er gerade brauchte.

Als das Königshaus in Geldschwierigkeiten war, suchte und fand er moralische Verfehlungen bei den Mönchen und löste daraufhin sämtliche Klöster auf. Hierbei allerdings stieß er auf Widerstand in der Bevölkerung, denn die Reformation war in England damals noch keine Bewegung, die in der breiten Masse verankert war und von ihr getragen wurde. Die Klosterländereien wurden an Adelige, Höflinge, Kaufleute, Spekulanten, kleinere Landbesitzer oder größere Bauern verkauft, und damit entstand eine einflußreiche Gruppe, die starkes Interesse daran hatte, daß der Schritt vom Papismus weg nicht wieder rückgängig gemacht wurde.

Unter Edward VI. (1547–1553) war die Fortführung und, durch seine Berater Cranmer und Latimer, auch eine gewisse theoretische Fundierung des Reformationskurses gewährleistet; nach Edwards frühem Tod allerdings kam Mary (1553–1558), die Tochter von Katharina von Aragon, auf den Thron – verständlich, daß sie als Scheidungsopfer gegen alles, was mit der anglikanischen Kirche zu tun hatte, einen Groll hegte. Sie ging religiös wie politisch auf katholischen Kurs; durch eine Allianz mit dem katholischen Spanien zog sie England in einen Krieg gegen Frankreich. England verlor Calais (1558), und damit wurde der Antikatholizismus erst wirklich zur nationalen Angelegenheit. In die Geschichte ging Mary als »die Blutige« ein – sie brachte innerhalb von vier Jahren 300 Menschen ins Jenseits, weil sie ihre Auffassungen vom rechten Weg zur Seligkeit nicht teilten. Eine große Zahl Andersdenkender verließ England, das Exil auf dem Kontinent wurde zur eigentlichen Schule der reformatorisch gesinnten Theologen. Es waren vor allem die Schweizer – Calvin und Beza, Bullinger und Walter –, die nachhaltigen Einfluß auf die englischen Protestanten ausübten.

## Die Priesterkleidung – »das befleckte Kleid des Antichrist«

Sie kamen aus dem Exil zurück, als Elizabeth I. (1558–1603) den Thron bestieg und die anglikanische Kirche damit wieder Staatskirche wurde. So wenig einheitlich die protestantische Bewegung auf dem Kontinent war, so wenig einig waren sich auch die Anhänger der Reformbewegung, die nun in England einsetzte. »Puritaner« nannte man sie, denn das Ziel, das sie alle gemeinsam vertraten, war die anglikanische Kirche zu purifizieren, zu reinigen von dem, was sie für katholischen Pomp, für Reste von Aberglauben hielten. Das Knien beim Abendmahl, das Kreuzzeichen bei der Taufe, Orgel- und Kirchenmusik, die Priesterkleidung bis auf das einfache Chorhemd… sollten nach Meinung der Puritaner abgeschafft werden. Die Königin, das Oberhaupt der anglikanischen Kirche, war nicht bereit, auf diese Forderungen einzugehen, das hatte sie bereits 1559 in ihrer Uniformitätsakte deutlich gemacht. Sie war an einer straff organisierten romfreien Staatskirche interessiert und entschlossen, Konformität notfalls zu erzwingen. 1565 erging ein dementsprechender Befehl. Vor allem in der Frage, was der Herr Pastor trage, wollte Elizabeth keinen Deut von der rechten Lehre abweichen! Und so entbrannte der Kleiderstreit: Chorhemd oder Priesterkleidung? – Das hielt die Kirche jahrelang in Atem und führte zu tiefen Spaltungen.

Auch diejenigen, die anfangs geglaubt hatten, sie könnten die Kirche von innen reinigen, wurden langsam eines Besseren belehrt; der Puritanismus trat immer mehr in Opposition zur anglikanischen Kirche. In den puritanischen Reihen schob sich der Streit um die Kirchenverfassung in den Vordergrund, wobei sich zwei Gruppen herausbildeten: die Presbyterianer und die Kongregationalisten. Es ging ihnen um die rechte, das heißt schriftgemäße Ordnung der Kirche. Für die Gruppe um Thomas Cartwright war das die presbyterianische. Er lehnte die weltliche Gewalt über die Kirche ab und plädierte dafür, alle Kirchenbeamten ihres Amtes zu entheben; nach calvinistischem Vorbild sollten statt dessen zwischen der Gemeinde und Gott Presbyterien und Synoden, aus Laien und Geistlichen zusammengesetzte Gremien, stehen. Die Kongregationalisten gingen noch einen Schritt weiter, sie wehrten sich gegen jede Art von Zwang und empfanden nicht nur königliche und bischöfliche Autorität als solchen, sondern auch Presbyterien und Synoden. Die Gemeinde selbst, also alle, die sich im Glauben zusammenschließen, sollte direkt die der Kirche Christi verliehenen Rechte ausüben, Glaubensfragen lösen, Priester wählen.

Für die Staatskirche waren die Kongregationalisten natürlich noch gefährlicher als die Presbyterianer – verfolgt und als Verbrecher bestraft wurden sie beide. Am Ende der Regierungszeit von Elizabeth hatte etwa ein Drittel der Geistlichen seine Ämter verloren. Die Hoffnung, die die Puritaner auf den neuen König, James I. (1603–1625), setz-

ten, machte dieser sofort und gründlich zunichte. »Wenn das die Forderungen eurer Partei sind, so will ich die Leute zur Konformität bringen oder aber aus dem Land jagen oder noch Schlimmeres tun«, sagte er, als ihm 1604 eine von 800 Puritanern unterzeichnete Petition vorgelegt wurde. Die meisten warteten nicht auf das ›Schlimmere‹ – sie gingen freiwillig.

## Sprungbrett Niederlande

Robert Brown, der führende Kongregationalist, war schon Ende des 16. Jahrhunderts emigriert und hatte sich mit seiner Gemeinde in Amsterdam niedergelassen. Zu ihnen stieß 1608 eine Gruppe Separatisten aus der englischen Ortschaft Scrooby, die England heimlich und unter großen Schwierigkeiten verlassen hatten. In Leiden, einer Stadt mit einer großen protestantischen Universität, fanden sie eine Bleibe, fanden auch, schlecht und recht, ein Auskommen und durften ihre Religion frei ausüben. Die Frage, wie lange dies noch möglich sein werde, stellte sich allerdings immer drängender, je näher das Jahr 1621 heranrückte; dann nämlich sollte der Waffenstillstand, den die Niederlande 1609 mit Spanien geschlossen hatten, auslaufen – ein möglicher Sieg der Spanier, die zu Hause noch immer Häretiker verbrannten, war keine sehr angenehme Aussicht für die Puritaner in Leiden.

Außerdem sorgten sich die Frommen aus Scrooby um den Bestand und den spirituellen Zustand ihrer Gemeinde. Die Puritaner waren im wesentlichen Calvinisten, sie glaubten an die Prädestination und wußten sich auf der Seite der Auserwählten. Die Gewißheit, im Zustand der Gnade zu sein, bezog jeder einzelne aus einem individuellen Erleuchtungserlebnis, das in der Regel durch eine Predigt, durch Verständnis des geschriebenen Wortes also, ausgelöst wurde. Diese Erfahrung hob den Puritaner aus der Masse seiner Mitmenschen heraus und stattete ihn mit Privilegien, zugleich aber auch mit den Pflichten dessen aus, der auserwählt ist. Sein Leben lang sollte er versuchen, die göttlichen Gesetze zu verstehen und nach ihnen zu leben – das verlangte höchste Disziplin, Selbstzucht und Selbstverleugnung. In ständiger Auseinandersetzung mit der Schrift mußte der Erwählte den Willen Gottes erforschen und sich durch ein moralisch untadeliges, arbeitsames Leben seiner besonderen Stellung würdig erweisen. Materieller, äußerer Erfolg war dabei sehr wichtig, denn ob man zum Heil oder zur Verdammnis vorbestimmt war, erfuhr man auch durch Erfolg – oder Mißerfolg – im Leben. (Auf die Folgen, die diese protestantische Ethik für die Entwicklung des Kapitalismus hatte, hat Max Weber in seinen Schriften hingewiesen.)

Strenge, Schlichtheit, Sittsamkeit, Enthaltsamkeit – verständlich, daß die Jungen der Scroobyer Gemeinde, die in Leiden aufwuchsen, sich lieber am freieren Lebensstil ihrer niederländischen Freunde orientierten. Statt die Bibel auszulegen, zogen sie es vor, zur See zu fahren, in der Stadt Amsterdam das Leben zu genießen. Und so sahen die Älteren der Gemeinde den Fortbestand ihrer Kongregation gefährdet. Wer sollte die geistige Führung übernehmen, wer die Bibel studieren und durch Predigten zur Umkehr mahnen, Wissen verbreiten, Errettung bringen?

Die Gemeindeältesten – ihr Führer war William Brewster – begannen, sich nach einer neuen Bleibe umzusehen, einem Land, das sie alle ernähren konnte und in dem sie nach ihrer Fasson leben und selig werden konnten.

Wie übermächtig muß die Angst um Leib und Seele gewesen sein, wie brennend das Bedürfnis, sich im rechten Glauben entfalten zu können, daß die Gemeinde schließlich beschloß, Europa den Rücken zu kehren und sich dem ›Abenteuer Amerika‹ zuzuwenden? »Und so verließen sie diese gute und angenehme Stadt, die ihnen fast zwölf Jahre lang ein Rastplatz gewesen war; aber sie wußten, sie waren Pilger und gaben nicht viel auf solche Dinge, sondern erhoben die Augen zum Himmel, ihrer liebsten Heimat, und besänftigten ihren Geist«, schrieb einer von ihnen, William Bradford, über den Abschied aus Leiden.

## Auf zu neuen Ufern

Obwohl England schon seit 1497 Ansprüche auf Nordamerika erhob – gegründet darauf, daß der Seefahrer John Cabot Land, das ihm nicht gehörte, zu dem seines Königs erklärt hatte –, war bis zum Ende des 16. Jahrhunderts keine ernsthafte Kolonisationspolitik betrieben worden. Innereuropäische Schwierigkeiten hatten Englands ganze Konzentration verlangt; erst nachdem mit der Vernichtung der Armada (1588) die spanische Hegemonie in Europa gebrochen war, konnte sich Großbritannien dem Gebiet jenseits des Atlantiks zuwenden. Die erste englische Siedlung von Dauer war Jamestown, Virginia, gegründet 1607. Alle anderen Versuche, seßhaft zu werden, waren gescheitert. Und so kursierten zu der Zeit, als Brewster und seine Gemeinde die Karte des neuen Kontinents studierten, die wildesten Gerüchte: Gruselmärchen von der grauenhaften Überfahrt, den bitterkal-

*›Mayflower II‹ ist der Nachbau jenes Schiffes, das die Puritaner nach Neu-England brachte*

ten Wintern, den wilden Indianern, aber auch solche Geschichten, die – zwar weniger gruslig, dafür jedoch um so märchenhafter – von Gold, Land und Reichtümern handelten und wohl von denen in Umlauf gesetzt worden waren, die Interesse daran hatten, Siedler, sprich Arbeitskräfte, nach Amerika zu locken. Die Kolonisierung wurde in den Anfangsjahren ja von Privatunternehmen betrieben, von Aktiengesellschaften, die unter königlicher Aufsicht standen.

An eine dieser Gesellschaften, die Virginia Company, wandte sich Brewster; er hoffte, das Unternehmen, das so dringend Siedler suchte, könne beim König erwirken, daß er ihnen freie Religionsausübung zusichere, denn offiziell war natürlich auch in den englischen Kolonien die anglikanische Kirche Staatskirche. James I. zögerte zwar nicht, Strafgefangene freizulassen, wenn sie als Siedler in die Wildnis gingen, Andersdenkenden gegenüber aber war er nicht bereit, irgendwelche Zugeständnisse zu machen. Er zog sich auf die vage Formulierung zurück, sofern sie nicht gegen das Gesetz verstießen, werde er sie in Ruhe lassen.

Der König ist weit weg, mag sich Brewster gedacht haben. Und Virginia schien ideal, nach allem, was sie gehört hatten. Nach einigem Hin und Her einigte sich die Gemeinde über einen Unterhändler mit der Virginia Company. Das Geld für das Unternehmen kam zum Teil aus London – Investoren konnten für 10 £ einen Anteil erwerben –, zum Teil von den Siedlern, die, da sie ja ihre Arbeitskraft einsetzten, zwei Anteile für 10 £ erhielten; eine dritte Gruppe investierte nur ihre Arbeitskraft und sollte dafür mit einem Gewinnanteil entschädigt werden. Kapital und Profit sollten sieben Jahre im Besitz der Aktiengesellschaft bleiben und dann proportional aufgeteilt werden. Am 20. Juli 1620 verließ die ›Speedwell‹ Delft; in Southampton, England, wartete die ›Mayflower‹ auf sie. Beide Schiffe setzten am 15. August Segel Richtung Amerika – nach kurzer Zeit stellte sich heraus, daß die ›Speedwell‹ nicht seetüchtig war. Der Schaden war irreparabel – auf der ›Mayflower‹ wurde es sehr eng; 101 Passagiere plus Besatzung auf einem Schiff von 180 Tonnen.

Es war eine bunte Gruppe, die da am 16. September endgültig in See stach. Beileibe nicht alles fromme Pilger, nur etwa ein Drittel gehörte zur Scroobyer Gemeinde, die übrigen waren ›Fremde‹. Das Unternehmen war ja aus kommerziellen Gründen organisiert worden, es waren Anteile an Kaufleute, darunter auch Mitglieder der anglikanischen Kir-

che, verkauft worden, und es kamen Leute an Bord, die als Kapital ihre bloße Arbeitskraft eingebracht hatten und die Überfahrt abarbeiten mußten.

Man kann spekulieren, ob die Reise harmonischer verlaufen wäre, wenn ausschließlich fromme Männer an Bord gewesen wären. Wahrscheinlich hätte es aber nur eine Schar Engel geschafft, bei der Enge, den hygienischen Verhältnissen, den Gefahren und der langen Überfahrt – fast zwei Monate! – nicht aggressiv zu werden.

Verständlich, daß am 11. November, als Cape Cod in Sicht kam, nur noch ein Wunsch vorherrschte: an Land zu gehen, ganz gleich, ob dieses Gebiet in den Bereich fiel, für den die Siedler ein Patent hatten oder nicht. Viele der »Fremden«, vor allem die, die noch für ihre Fahrt zu arbeiten gehabt hätten, argumentierten, daß man hier ohne bindende Rechtsgrundlage sei und sie somit frei wären. Um eine Meuterei, ein Auseinanderbrechen der Gruppe zu verhindern, setzten die Pilger und die Fremden daraufhin einen Vertrag auf: der Mayflower Compact legte die Bildung einer Regierung fest, die »gerechte und gleiche Gesetze« erlassen sollte. 41 erwachsene Männer unterzeichneten das Dokument – Frauen durften sich zur ›gerechten‹ und ›gleichen‹ Regierung nicht äußern. Der Mayflower Compact gilt als erstes Beispiel einer von freien Männern geschaffenen Selbstregierung in der Geschichte der USA.

## Das erste Jahr

Der Ort, an dem sich die ›Mayflower‹-Passagiere nach einigen Entdeckungsfahrten an der Küste niederließen, hatte schon einen englischen Namen: »Plimoth«. Captain John Smith hatte 1616 eine Karte des Gebietes veröffentlicht, das er »New England« getauft hatte, und darauf munter englische Namen verteilt: »Oxford«, »London«, »Charles River«..., wohl nach dem Grundsatz: Benennen ist Besitzen oder umgekehrt. Daß das Land besiedelt war und die Dinge schon einen Namen hatten, war für Smith und seine Zeitgenossen nicht relevant. Für die Pequot, Narragansett, Wampanoag, Pawtucket, Abenaki und die Massachusetts schon. Sie alle machten früher oder später die Bekanntschaft des Weißen Mannes, die meisten kostete es das Leben, für alle bedeutete es das Ende ihrer Kultur. »Die Indianer wurden durch ihren Umgang mit den Weißen täglich auf wunderbare Weise immer kultivierter. Sie fingen an, Rum zu trinken und zu handeln. Sie lernten betrügen, lügen, fluchen, spielen, streiten und sich gegenseitig die Kehle durchschneiden, kurz, sich in all den Vollkommenheiten auszuzeichnen, die ursprünglich die Überlegenheit der christlichen Besucher ausgemacht hatten.« (Washington Irving)

Die Pilger trafen auf die Wampanoag, die im Süden des heutigen Massachusetts und einem Teil von Rhode Island lebten. Ihr Glück, daß die Wampanoag friedlich eingestellt waren und das waffenklirrende Imponiergehabe der Engländer nicht in derselben Sprache beantworteten. Das mag daran gelegen haben, daß die Einheimischen hier noch keine schlechten Erfahrungen mit Weißen gemacht hatten, oder daran, daß sie auf Grund einer erst einige Jahre zurückliegenden Pestepidemie zu geschwächt waren, um sich auf Kampfhandlungen einzulassen. Es fand sich ein Indianer vom Stamm der Abenaki (aus dem heutigen Maine), der von Fischern (die reichen Fischgründe hatten schon im 16. Jahrhundert Europäer an-

gelockt) Englisch gelernt hatte, und so konnte man sich verständigen. Ein Vertrag wurde geschlossen, der gegenseitige Hilfe und Achtung des Eigentums versprach. Mit diesem Schriftstück in der Tasche konnten es sich die Weißen dann auf indianischem Eigentum bequem machen. Es dauerte etwa 50 Jahre, bis es sie nach mehr Land gelüstete und sie den Vertrag brachen.

Historiker nennen den Winter 1620/21 »mild«. Das schreibt sich natürlich leicht in der Rückschau, in einer lehmverschmierten Holzhütte, geschwächt von der Überfahrt, hat man das anders empfunden: »...heute (24. Dezember) stirbt Soloman Martin, der sechste und letzte, der in diesem Monat stirbt. 29. Jan., Rose, die Frau von Captain Standish, stirbt. N. B. diesen Monat acht an der Zahl gestorben. 21. Feb. Es sterben Mr. William White, Mr. William Mullins und

*Schauspieler in Plimoth Plantation zeigen, wie ihre Vorfahren lebten und arbeiteten*

zwei weitere; und am 25. stirbt Mary, die Frau von Mr. Isaac Allerton. N. B. diesen Monat 17 an der Zahl gestorben. 24. März. Stirbt Elizabeth, die Frau von Mr. Edward Winslow. N. B. diesen Monat sterben 13 an der Zahl. Und in den drei vergangenen Monaten ist die Hälfte unserer Gruppe gestorben... Von einhundert Personen bleiben kaum fünfzig, die Lebenden sind kaum in der Lage, die Toten zu begraben.« Soweit die Aufzeichnungen der Betroffenen zum Thema milder Winter.

Dabei war es weniger die Kälte, die die Zahl der Siedler dezimierte, als Krankheit, Fieber und Skorbut. Im Gemeinschaftshaus, dem ersten Gebäude, das Ende Dezember errichtet worden war, wurde die Krankenstation eingerichtet. Ein Teil der Passagiere fand auch auf der ›Mayflower‹ Zuflucht; deren Rückkehr war auf April verschoben worden. Daß das Schiff verspätet und leer in England eintraf, brachte den Siedlern schwere Vorwürfe der Londoner Investoren ein. Mangel an gutem Willen wollte man entdeckt haben, schließlich warte man in London auf Ware, um die Kosten des Unternehmens decken zu können! Es sollte noch ein paar Jahre dauern, bis die Bürger von Plymouth diesen Klotz am Bein loswurden: Erst 1626 konnten sie, wirtschaftlich auch durch den Zustrom neuer Siedler gestärkt, die Londoner Partner abfinden.

Schon im Frühjahr 1621 ging es bergauf. Die Freundschaft mit den Indianern erwies sich als lebenswichtig, die Städter aus Leiden und London lernten von ihnen Jagen, Fischen und Mais anbauen. Nach dem Tod des ersten Gouverneurs nahm William Bradford diesen Posten ein; unter seiner Führung entstand ein Kirchenstaat mit direkter Partizipation der Gemeinde. Im Gegensatz zu denen, die die Massachusetts Bay Co-

lony gründeten, glaubten die Pilger nicht an Hierarchie oder zentralisierte Gewalt; sie bauten einen Staat auf, der durchaus demokratische Züge trug.

Im Herbst 1621 fuhren sie die erste Ernte ein. Sie fiel so reichlich aus, daß die Pilger dem zweiten Winter in der neuen Heimat nicht nur mit Gottvertrauen, sondern auch mit gefüllten Speisekammern entgegenblicken konnten. Das war selbst für die gestrengen Puritaner Grund genug, ein Fest zu feiern. Der Mangel an Bier, den sie schon auf der ›Mayflower‹ beklagt hatten (s. S. 95), war zwar noch nicht behoben, es gab aber Wein aus Beeren, den sie ihren Gästen vorsetzen konnten, und Mais, Kürbis, Truthahn, Wild, Fisch, Preiselbeeren im Überfluß. Geladen waren die Indianer, die ja ganz wesentlich zum Gelingen der Ernte beigetragen hatten, und Siedler wie Einheimische begingen in schönster Harmonie das erste Erntedankfest in der Neuen Welt. Wenn auch die Harmonie inzwischen dahin ist, das Fest wird alljährlich in Amerika gefeiert, und die Kinder in der Schule verkleiden sich als Indianer und teilen mit den Siedlern den Mais und die Kartoffeln – Thanksgiving.

# Die Seehandelsmacht Neu-England in der Kolonialzeit

»Ich hielt die Amerikaner für scheinheilig. Ich glaubte, wenn sie ›Gott‹ sagen, so meinen sie ›Baumwolle‹. Nein. Wenn sie ›Gott‹ sagen, so meinen sie ›Gott‹. Das Wunder ist nur, daß immer wieder Baumwolle daraus wird.«

Max Scheler

Ein Fisch im State House von Massachusetts?! Da hängt ein riesiger Kabeljau von der Decke, ›Sacred Cod‹ nennt man ihn, ›Heiliger Kabeljau‹, und wie ein richtiger Heiliger ist er auch vergoldet!

Mit dem Fisch als christlichem Symbol hat das nichts zu tun, obwohl diese Assoziation durchaus paßt; die Neu-Engländer haben es schon immer verstanden, eine enge Beziehung zwischen der höheren Ehre Gottes und ihrem wirtschaftlichen Wohlergehen herzustellen – »ad majorem dei prosperitatem« –, und auch der Kabeljau verdankt seine Heiligsprechung der eminenten wirtschaftlichen Bedeutung, die er für die nordöstlichen Kolonien hatte: Der ›Sacred Cod‹ hängt im State House stellvertretend für seine Milliarden Brüder, die gesalzen und getrocknet den Weg nach Europa und in die Karibik antraten, als erste und lange Zeit wichtigste Exportware Neu-Englands.

Im Nordosten Amerikas fanden die ersten Siedler weder ausreichend fruchtbares Land noch die nötigen klimatischen Bedingungen vor, um, wie die Kolonisten im Süden, Plantagen anzulegen und exzessive Landwirtschaft zu betreiben. Die neu-englischen Farmer waren in den ersten Jahrzehnten froh, wenn sie genug anbauen und ernten konnten, um sich selbst zu ernähren. Agrarprodukte zu exportieren und damit die dringend benötigten Waren in England einzukaufen war also nicht möglich. So mußte man sich mit dem behelfen, was man im Überfluß hatte – und das war Fisch.

Nun war es aber keineswegs so, daß England unbedingt versessen war auf Fisch. Kolonien, so hieß es in der merkantilistischen Theorie, seien dafür da, Güter zu liefern, die im Mutterland verarbeitet und/oder mit Gewinn weiterverkauft werden konnten. Kolonien hielt man sich, um reich zu werden, und reich war, wer möglichst viel Edelmetall angehäuft hatte. Also bitte keinen Fisch, sondern Indigo, Tabak, Zucker, Reis, Baumwolle. Und auf dem Heimweg trugen die Schiffe all das, was man jenseits des Atlantik so brauchte, eingekauft bei der treusorgenden Mutter England: Kolonien waren nicht nur Lieferanten, sie waren auch Markt. Alle Gesetze, die Großbritannien bezüglich seiner Gebiete in Übersee erließ, sind unter dem Gesichtspunkt dieser Doppelfunktion zu sehen. So war es zum Beispiel ausschließlich unter englischer Flagge segelnden Schiffen erlaubt, Häfen in England oder seinen Besitzungen anzulaufen; bestimmte Güter durften die Kolonien nur nach England ausführen (Zucker, Tabak, Indigo, später wurde die Liste um Reis, Melasse, Schiffszubehör erweitert); europäische Waren, die für die Kolonien bestimmt waren, konnten nur auf dem Umweg über England dorthin geschifft werden. Auch der interkoloniale Handel war Beschränkungen unterworfen, und da die englischen Manufakturen produzieren und Steuern für Staat, Heer und Verwaltung abwerfen mußten, durften die Kolonisten selbst nichts herstellen, sondern mußten ihre Fertigprodukte aus Großbritannien beziehen.

Neu-England mußte also mit England Handel treiben, ob es wollte oder nicht. Aber da sich England um die einzige Exportware der nordöstlichen Kolonien, den Fisch, nicht riß, hieß es für Neu-England, sich jemanden suchen, der den Fisch mit weniger spitzen Fingern nahm. Spanien zum Beispiel und Portugal waren erfreut, zahlten gut und erhielten Kabeljau erster Wahl. Die zweite Wahl ging auf die portugiesischen Atlantikinseln und nach Jamaica, und auch für den Ausschuß fanden sich Abnehmer: Auf den Karibischen Inseln arbeiteten Tausende von Sklaven, für die tat es dritte Wahl auch. So wurden die Neu-Engländer auf der Suche nach Absatzmärkten zu Seefahrern und Kaufleuten. Während in den südlichen amerikanischen Kolonien Plantagenbesitzer abhängigen Bauern bzw. leibeigenen Sklaven gegenüberstanden, entwickelte sich im Norden eine auf Handel basierende, moderne frühkapitalistische Gesellschaft.

Sehr bald schon, bereits in der ersten Hälfte des 17. Jahrhunderts, stellte sich heraus, daß die Westindischen Inseln ein idealer Handelspartner waren: Sie brauchten Holz und Lebensmittel aller Art und boten dafür Güter, die sich wiederum in England absetzen ließen. Und sie hatten etwas, das für Neu-England bald von weitaus größerer Bedeutung

sein sollte als der Kabeljau: Melasse. Melasse entsteht als Nebenprodukt bei der Zuckergewinnung aus Zuckerrohr, sie wurde zum Süßen verwendet und, was noch wichtiger war, zur Rumherstellung.

An der neu-englischen Küste schossen die Rumdestillerien wie Pilze aus dem Boden. Newport in Rhode Island, Medford, Marblehead, Boston und andere Städte in Massachusetts verdanken ihren Reichtum direkt oder indirekt dem Rum. Die Schiffbauindustrie erlebte einen Aufschwung, Werften, Seilereien, Lagerhäuser bestimmten das Bild der Küstenstädte. Chronisten behaupten, die Kolonien im Nordosten wären ohne Melasse und Rum verödet – eigentlich müßte also ein vergoldetes

*Marblehead ist eine der vielen Städte, die ihren Reichtum der Rumproduktion verdanken*

Rumfaß im State House hängen, ›Sacred Barrel‹ statt ›Sacred Cod‹.

Ein respektloser Gedanke. Und etwas, an das die Neu-Engländer nicht gern erinnert werden. Nicht nur, weil diese Schlüsselposition des Alkohols nicht ins puritanische Image paßt, sondern vor allem, weil der Rumhandel bald Konsequenzen hatte, die zwar viel Profit abwarfen, die aber, gerade für den Norden der USA, der stolz auf seine Haltung in der Sklavenfrage ist, recht demaskierend sind. Rum fand nämlich nicht nur in England guten Absatz, das größte Geschäft machten die Kaufleute beim Handel mit Afrika, sprich beim Sklavenhandel: 500 Liter Rum kostete 1762 ein kräftiger männlicher Neger. Die Schwarzen schiffte man, in Boote gepackt wie Heringe in die Büchse, über den Atlantik und verkaufte sie an Plantagenbesitzer in den südlichen amerikanischen Kolonien oder auf den Westindischen Inseln. Dafür erhielt man Melasse, aus der Rum wurde, den man nach Afrika gegen Sklaven verkaufte usw. Das ist der Dreieckshandel und die Grundlage des Reichtums der ehrenwertesten neuenglischen Familien, die, wohlgemerkt, selbst kaum Sklaven hielten – Rhode Island hatte schon 1652 ein Gesetz gegen Sklaverei erlassen, trotzdem wäre Newport ohne seine Rumdestillerien nie zu Ansehen und Reichtum gekommen. Mehr als 106 000 Menschen, das sind zwei Drittel aller Afrikaner, die den Weg in die Sklaverei antraten, wurden auf Schiffen aus Rhode Island transportiert.

Wenn man die wirtschaftliche Bedeutung des Dreieckshandels und der Melasse kennt, kann man ermessen, was der 1733 vom britischen Parlament erlassene Molasses Act bedeutet hätte – wenn er durchgesetzt worden wäre: Er belegte ausländische, das heißt von den holländischen oder französischen Karibischen Inseln importierte Melasse mit Prohibitivzöllen. Hinter diesem Gesetz stand die Lobby der westindischen Plantagenbesitzer, die ihren eigenen Rum brauen und auf den Markt bringen wollten; es zielte ganz klar darauf ab, die neu-englische Rumindustrie – und damit die neu-englische Wirtschaft – zu ruinieren. Der Import von den britischen Westindischen Inseln deckte nicht einmal ein Viertel des Bedarfs Neu-Englands.

Die neu-englischen Kaufleute dachten nicht daran, ihren lukrativen Handel einzuschränken. Sie dachten auch nicht daran, Zölle zu zahlen. Die neu-englischen Kaufleute schmuggelten.

Was denn, all die netten, kleinen Küstenstädtchen mit den weißen Kirchlein Schmugglernester? Kriminelle Elemente in Boston, der »Stadt auf dem Hügel«?

Nun, so einfach darf man das natürlich nicht sehen. Die feine moralische und juristische Differenzierung, die heute in der Be- (nicht Ver-)urteilung von Steuerhinterziehung größeren Ausmaßes zum Ausdruck kommt, kannte man auch damals schon, und so schadete es zum Beispiel dem Ansehen des reichen Kaufmanns John Hancock nicht, daß er ein Schmuggler war. Auch Großbritannien drückte beide Augen zu und machte vorläufig keine Anstalten, den Molasses Act durchzusetzen.

Und so produzierten die Schiffswerften weiter, die Rumdestillerien dampften munter wie eh und je, und im Bauch neu-englischer Schiffe wechselten Holz, Fisch, Rum, Melasse und Menschen die Kontinente. Dann aber kam der Siebenjährige Krieg, der für England zwar mit dem »großartigsten Sieg der Geschichte« endete, aber auch mit einem ebensolchen Defizit in der Staatskasse. Das Mutterland konnte sich die Nachsicht mit dem illegalen Treiben der Kolonien nicht mehr leisten: 1764, ein Jahr nach Kriegsende, wurde der Sugar Act erlassen, grob gesagt eine Neuauflage des Molasses Act. Nur sollte diesmal dafür gesorgt werden, daß das Geld auch eingetrieben wurde, Schiffe der britischen Marine patrouillierten die Küste. Vorbei die Zeiten, da Schmuggeln ein Kavaliersdelikt war!

## Schritt für Schritt in die Unabhängigkeit

Für die Kolonisten sah die Situation nach dem Friedensschluß von 1763 folgendermaßen aus: Sie waren, da die Bedrohung durch die Franzosen aufgehört hatte, nicht mehr auf den militärischen Beistand der Engländer angewiesen, zudem hatten sie während des French and Indian War (wie man die nordamerikanische Phase des Siebenjährigen Kriegs nennt) im Kampf an der Seite der Briten erste Erfahrungen in der Kriegsführung gesammelt, die ihnen später in den Revolutionskriegen zugute kamen, und, was vielleicht noch wichtiger war, sie hatten sich zum ersten Mal als Einheit erlebt, als Kolonisten mit gemeinsamen Interessen, statt wie bisher als Bewohner verschiedener, weit auseinanderliegender Kolonien. Der Boden für die Loslösung vom Mutterland war also bereitet, es bedurfte nur noch einer Kleinigkeit, eines äußeren Anlasses – und der kam in Form neuer Steuern, die England erhob.

Zentrum des sich anbahnenden Konflikts war Boston, drittgrößte Hafenstadt Britisch-Amerikas, Umschlagplatz für Waren aus Europa, der Karibik und den übrigen amerikanischen Kolonien, ausgestattet mit über 40 Piers, Lagerhallen,

mehr als einem Dutzend Schiffswerften, Seilereien. Boston war eine schmucke Stadt, eine wohlhabende Stadt, auch wenn es »eine große Zahl Armer...« gab, »die sich selbst und ihre Familien kaum Tag für Tag mit dem täglichen Brot versorgen« konnten, wie es in einer offiziellen Schrift aus dem Jahr 1757 hieß. Die sozialen Gegensätze hatten sich seit 1700 ständig verschärft, mitunter war es zu offenen Auseinandersetzungen gekommen, Unzufriedenheit und Spannung waren in allen sozialen Schichten spürbar.

Der Sommer 1764 wurde ein heißer Sommer in Boston. Im Mai wandte sich James Otis öffentlich gegen eine Besteuerung der Kolonien durch ein Parlament, in dem sie nicht vertreten waren: »No taxation without representation«. Empörung und Unruhe blieben nicht nur auf Boston beschränkt, es war, als ob ganz Massachusetts vor Aufregung schwirrte; die Bauern, die mit ihren Produkten in die Hauptstadt kamen, verließen sie beladen mit Neuigkeiten, Gerüchten, Meinungen, Parolen. James Otis war es auch, der die Vermutung äußerte, daß dieses Gesetz »die Leute innerhalb von sechs Wochen mehr zum Denken anregt, als sie es ihr ganzes Leben vorher getan haben«. Ganz im Gegensatz dazu scheint das britische Parlament keinen Denkprozeß durchgemacht zu haben, denn klug war es bestimmt nicht, in dieses Pulverfaß noch ein Streichholz zu werfen: Im März 1765 erließ es den Stamp Act, alle Dokumente – Zeitungen, Schiffspapiere, Spielkarten – wurden mit einem Steuerstempel versehen und mit Gebühren belegt. »Honi soit qui mal y pense« stand auf dem königlichen Stempel – die Bostoner dachten Schlechtes darüber, nur Schlechtes. Und ehrlos war es sicher auch, das Haus des Steuereintreibers mit Steinen zu bewerfen, zumindest in den Augen des Leidtragenden, Thomas Hutchinson (s. S. 138).

Auf Initiative von Massachusetts wurde 1765 der erste interkoloniale Kongreß in New York einberufen (Stamp Act Congress); man beschloß einen Boykott aller europäischen Güter. Der britische Export ging darauf drastisch zurück – nicht zuletzt wegen dieses wirtschaftlichen Drucks hob Großbritannien den Stamp Act 1766 wieder auf. Die Entwicklung, die das ›Kind Unabhängigkeit‹ genommen hatte, war nicht mehr rückgängig zu machen, es war, wie Edmund Burke vor dem britischen Parlament verkündete: »Durch diese Akte der Unterdrückung haben Sie Boston zum Bürgermeister von Amerika gemacht!«

Warum eigentlich Boston? Warum nicht New York oder Philadelphia? Daß die revolutionäre Saat hier auf so fruchtbaren Boden fiel wie in keiner anderen amerikanischen Stadt, hat zwei Gründe: Einmal bekamen die Bostoner, respektive die Neu-Engländer, als Seefahrer und Kaufleute die Auswirkungen der britischen Handelsbeschränkungen stärker zu spüren als die Kolonisten im Süden, die vorwiegend von der Landwirtschaft lebten. Außerdem hatte Boston eine Reihe sozialer Probleme. Ein Blick auf die Steuerunterlagen aus dem Jahr 1771 zeigt, daß 29 % der erwachsenen männlichen weißen Bevölkerung kein zu versteuerndes Einkommen besaßen. Das hieß, sie durften auch nicht wählen. Ein Viertel derjenigen, die Steuer zahlten, kontrollierte 78 % des gesamten Vermögens. Nun war zwar die Zahl der Besitzlosen und Notleidenden zum Beispiel in Philadelphia genauso groß, in Boston aber gelang es den Wortführern der Unabhängigkeitsbewegung, Angehörigen der Oberschicht, die aber zu den regierenden, England nahestehenden Kreisen keinen Zutritt hatten, die generelle Unzufriedenheit des Großteils der Bevölkerung auszunützen und zu kanalisieren – gegen Großbritannien.

Eine der interessantesten Persönlichkeiten dieser Zeit war Samuel Adams (1722–1803), ein brillanter Redner und begeisterter Anhänger der Sache der Kolonien. Daß er sie aus Idealismus und nicht nur um seines Geldbeutels willen vertrat, machte ihn um so sympathischer und glaubwürdiger. Der kleine, schmalschultrige Mann mit dem Eierkopf schaffte es, ganz Faneuil Hall zu faszinieren; wenn er sprach, war Old South Meeting House voll. An der Gründung der Sons of Liberty (1765), einer patriotischen Geheimorganisation, war er maßgeblich beteiligt, er war es auch, der den ersten entscheidenden Schritt unternahm, die Bewegung über die Grenzen von Massachusetts hinauszutragen: 1768 verfaßte er den Circular Letter, ein Rundschreiben, das sich an alle Kolonien und gegen die erneuten Besteuerungsmaßnahmen Großbritanniens richtete, den 1767 erlassenen Townshend Act, der Glas, Papier, Blei, Farben und Tee mit einer Importsteuer belegte.

Die Resonanz auf den Circular Letter war umwerfend; als Bostoner Kaufleute im Sommer 1768 den Boykott aller von Steuern betroffenen Güter ausriefen, schlossen sich die übrigen zwölf Kolonien an. Natürlich blieb auch die Reaktion Englands nicht aus: Als erstes wurde die Volksvertretung von Massachusetts aufgelöst, dann landeten zwei Regimenter in Boston, die britischen Soldaten mußten sogar von der Bevölkerung verpflegt und untergebracht werden. Das gab böses Blut. Es wurde unerträglich eng auf der Halbinsel. Auf dem Common, unterhalb des prachtvollen Hauses von John Hancock, einem reichen Kaufmann und Führer der Un-abhängigkeitsbewegung, hatten briti-sche Soldaten ihre Zelte aufgeschlagen. Schlägereien mit den Arbeitern der na-heliegenden Seilereien waren an der Ta-gesordnung. Am 5. März 1770 schließ-lich kam es zum ersten blutigen Zusam-menstoß zwischen den Bostonern und den britischen Soldaten: Im Boston Massacre (s. S. 125) wurden fünf Bosto-ner getötet.

Im April 1770 stimmte der englische König George III. dem Widerruf des Townshend Act zu; dabei lenkte ihn we-niger die Stimme der Vernunft als das Gesetz der Marktwirtschaft: Durch die Boykottmaßnahmen war der Import bri-tischer Waren innerhalb eines Jahres um die Hälfte zurückgegangen. Mit dem Boston Massacre stand die Entschei-dung in keinerlei Zusammenhang, sie war bereits im Mai 1769 ins Auge gefaßt worden. Die mangelnde politische Klug-heit von Parlament und König zeigt sich darin, daß man, um das Gesicht zu wah-ren, eine Steuer beibehielt: die auf Tee. Als ob die Kolonien kein Gesicht zu wah-ren hätten! Der nächste Konflikt war damit schon vorprogrammiert.

Vorläufig jedoch kehrte erst einmal Ruhe ein, eine verhaltene Ruhe, der kei-ner so recht traute, so daß die Nachricht, die Boston im Juni 1772 erreichte, wie ein Gewitter nach einem langen, schwü-len Sommertag wirkte: Vor der Küste von Rhode Island war ein britisches

*Darstellung des Boston Massacre*

Schiff gestürmt und in Brand gesteckt worden. Es passierte noch mehr, noch im selben Jahr. Ort der Handlung war wiederum Massachusetts. Man hat das Gefühl, das ›Mutterland‹ wollte an diesem, dem aufmüpfigsten seiner Kinder, ein Exempel statuieren: Gouverneur und Richter sollten in Zukunft von der

aufeinander abstimmten: ›Korrespondenzkomitees‹ wurden eingerichtet, sie entstanden in den Jahren 1772 und 1773 erst auf lokaler, dann auf kolonialer und schließlich auf interkolonialer Ebene.

Zum entscheidenden Zusammenstoß mit Großbritannien kam es am 16. Dezember 1773. Es gibt Historiker, die in

*The Boston Tea Party*

Krone direkt besoldet werden, das heißt, sie wurden von der Volksvertretung von Massachusetts unabhängig – die Selbständigkeit der Kolonie war in Gefahr.

Wenn man überlegt, daß die 13 Kolonien ein Gebiet einnahmen, das etwa von der heutigen kanadischen Staatsgrenze bis nach Georgia reicht, kann man ermessen, mit welchen Kommunikationsproblemen die Organisatoren der Bewegung zu kämpfen hatten. Es war wiederum Samuel Adams, der erkannte, wie wichtig es war, daß die Aufständischen der verschiedenen Kolonien in Verbindung blieben und ihre Aktionen

der Boston Tea Party (s. S. 122ff.) den Auftakt zur amerikanischen Revolution sehen, einen recht feuchten Auftakt; 342 Kisten Tee landeten an diesem Abend im Bostoner Hafen, handfester Protest der Kolonisten gegen die Teesteuer.

Parlament und König tobten. Es war der ausdrückliche Wunsch Georges III., Massachusetts zu bestrafen – nicht nur wegen des verschütteten Tees, sondern grundsätzlich wegen seiner aufsässigen Haltung. 1774 wurde eine Reihe von Gesetzen erlassen, sie trugen den Namen Coercive Acts, die Kolonisten nannten sie Intolerable Acts; daß der Hafen von

Boston geschlossen wurde und Massachusetts seiner Rechte als Kolonie beraubt wurde, war ja auch intolerabel! Erwartete der König, daß sich nun die anderen Kolonien voll Abscheu von dem gebrandmarkten Massachusetts abwenden würden? Daß er den Unruheherd isolieren könne?

Ganz im Gegenteil! Im Herbst 1774 fand der erste Kontinentalkongreß in Philadelphia statt. 56 Delegierte aus zwölf Kolonien nahmen teil, sie solidarisierten sich mit Massachusetts und erklärten die Coercive Acts für verfassungswidrig. Der Bevölkerung wurde nahegelegt, sich zu bewaffnen, man beschloß wirtschaftliche Sanktionen gegen Großbritannien, Export- wie Importstopps. Flammende Reden erklangen, Resolutionen wurden verabschiedet. Die Abschlußerklärung vom 26. Oktober richtete sich an den König sowie das britische und amerikanische Volk – das Parlament wurde ganz bewußt übergangen. Die Kolonisten erkannten zwar den König als Souverän an, nicht aber die Autorität des Parlaments, in dem sie nicht vertreten waren. Unabhängigkeit, die Loslösung von Großbritannien, war zum Zeitpunkt des ersten Kontinentalkongresses noch kein Thema, die Kolonisten verstanden sich als britische Staatsbürger und kämpften als solche um ihre Rechte.

›Die Kolonisten‹ – ein einig Volk von Rebellen also? Natürlich nicht. Loyalisten, Tories, Anhänger der britischen Krone gab es genug, im Herbst 1774 schlossen sie sich zusammen, auch im ersten Kontinentalkongreß waren konservative Delegierte vertreten, sie wurden aber überstimmt.

Man ging in Philadelphia mit dem Beschluß auseinander, im Mai 1775 einen zweiten Kongreß abzuhalten, für den Fall, daß die Forderungen der Kolonisten in London kein Gehör finden sollten. Dieser Fall trat ein; das Parlament verhielt sich abweisend, Vermittlungsversuche scheiterten.

Neu-England bereitete sich inzwischen auf militärische Auseinandersetzungen vor. Die Patrioten hatten in Concord, etwa 35 Kilometer vor Boston, ein Waffenlager angelegt, das 700 britische Soldaten durch einen ›Überraschungsangriff‹ zerstören sollten. Die Überraschung dürfte auf seiten der Briten gelegen haben, als sie am Morgen des 19. April 1775 in Lexington ankamen und dort von der Miliz der Patrioten, den Minutemen, in Empfang genommen wurden: Paul Revere und William Dawes (s. S. 133f.) hatten die Farmer gewarnt.

Die ersten Schüsse fielen bereits in Lexington. Die Briten marschierten weiter nach Concord. Dort, an der North Bridge, griffen die Amerikaner an. Es gab Tote, Verwundete. Der Rückzug nach Boston wurde für die Briten zum Spießrutenlauf: Aus allen Dörfern tauchten aufgebrachte bewaffnete Farmer auf, von allen Seiten wurden sie attackiert.

Fazit: Verluste auf beiden Seiten. Boston wurde noch am 19. April von den Briten besetzt. Der Revolutionskrieg hatte begonnen.

Die Belagerung Bostons dauerte fast ein Jahr. Im Juni 1775 versuchten die Kolonisten einen Befreiungsversuch; er schlug zwar fehl, stärkte aber das amerikanische Selbstbewußtsein ungemein, da es den schlecht ausgerüsteten Truppen gelang, drei Angriffen der britischen Armee standzuhalten (Schlacht bei Bunker Hill, s. S. 141). Seine Rolle als revolutionäres Zentrum hatte Boston damit natürlich ausgespielt, wer konnte, verließ die Stadt, die Aktivitäten verlagerten sich nach Philadelphia.

Im Juli 1775 übernahm George Washington den Oberbefehl über die Truppen, die vor Boston lagen und die Belagerer der Stadt belagerten – man nannte sie »Kontinentalarmee«. Es war kein leichtes Amt, das Washington antrat, mit viel Idealismus und für nichts als Gottes Lohn. Er hatte 15 000 Mann zur Verfügung, größtenteils Soldaten ohne Kriegserfahrung und Offiziere, von denen er wußte, daß unter ihnen etliche Anhänger des Königs waren. Es war nicht genug Geld da, die Männer zu besolden, auszurüsten oder auch nur ordentlich zu verpflegen. Die Kolonien waren mehr um ihre eigene Verteidigung besorgt und schickten nur zögernd Truppen für die gemeinsame Armee.

Während er so zum Kampf rüstete, versuchte der Kongreß andererseits, mit George III. zu einer Einigung zu kommen. In einer Schrift vom Juli 1775 wurde die Treue zum König ausdrücklich betont, und noch im Dezember versicherte der Kongreß, er habe nicht die Absicht, die Souveränität des Königs zu mißachten, wehre sich jedoch dagegen, dem Parlament zu unterstehen.

Ein kluger König hätte die Situation vielleicht noch retten können, George III. nicht. Im Dezember verkündete er, daß ab März 1776 der Handel mit den Kolonien untersagt sein werde. Damit nahm er den Kolonisten jede Möglichkeit, sich am Leben zu erhalten, ohne gegen britische Gesetze zu verstoßen. Und trieb sie in die Arme Frankreichs, das seit 1763 darauf gewartet hatte, England den Siebenjährigen Krieg heimzuzahlen. Frankreich öffnete amerikanischen Schiffen seine Häfen und bot materielle Hilfe.

Mit den netten Grußadressen an den König, mit der Versicherung der Hochachtung, die der Kongreß bislang nie vergessen hatte den Resolutionen beizufügen, war es damit vorbei. Es wurden andere Töne angeschlagen: Im Januar 1776 erschien Thomas Paines

›The Spirit of 76‹, Gemälde von A. M. Willard, 1876

Schrift ›Common Sense‹. In noch nie dagewesener Form wurden darin George III. und die Monarchie angegriffen. Es war das erste Mal, daß die Forderung nach Unabhängigkeit laut wurde, daß eine breite Öffentlichkeit sich mit dem Gedanken vertraut machte: 100 000 Exemplare des Pamphlets fanden innerhalb kürzester Zeit in den Kolonien Verbreitung.

Noch widersetzten sich die gemäßigten Mitglieder des Kongresses dem endgültigen Bruch mit England, erst im Mai 1776 gewannen die radikaleren Kräfte die Oberhand. Im Juni begann ein Komitee unter dem Vorsitz von Thomas Jefferson eine Unabhängigkeitserklärung zu verfassen. Der Kongreß nahm sie am 4. Juli 1776 an: »Wenn der Ablauf menschlicher Ereignisse ein Volk zwingt, die politischen Bande zu lösen, welche es mit einem anderen Volk verbunden haben, um unter den Mächtigen der Erde die gesonderte und ebenbürtige Stellung einzunehmen, zu der die Gesetze der Natur es berechtigen, dann erfordert es die gebührende Achtung vor der Meinung der Menschheit, daß dieses Volk die Gründe auseinandersetze, die es zu einer solchen Trennung zwingen.

Folgende Wahrheiten halten wir für selbstverständlich: daß alle Menschen gleich geschaffen sind; daß sie von ihrem Schöpfer mit gewissen unveräußerlichen Rechten ausgestattet sind; daß dazu Leben, Freiheit und das Streben nach Glück gehören; daß zur Sicherung dieser Rechte Regierungen unter den Menschen eingesetzt werden, die ihre rechtmäßige Macht aus der Zustimmung der Regierten herleiten; daß, wann immer irgendeine Regierungsform sich für diese Zwecke als schädlich erweist, es das Recht des Volkes ist, sie zu ändern oder abzuschaffen und eine neue Regierung einzusetzen und sie auf solchen Grundsätzen aufzubauen und ihre Gewalten in der Form zu organisie-

ren, wie es ihm zur Gewährleistung seiner Sicherheit und seines Glückes geboten zu sein scheint.«

Wie müssen diese Worte damals in Europa gewirkt haben? Nicht, daß die Ideen so neu gewesen wären, ein gebildetes Publikum in Europa war mit den Gedanken von Locke, Rousseau, Voltaire und Montesquieu durchaus vertraut. Doch was bislang nur philosophische Spielerei gewesen war, wurde auf einmal politische Wirklichkeit. Da ging eine Gruppe von Männern tatsächlich hin und setzte die Lehre von der Volkssouveränität, vom kündbaren Staatsvertrag in die Tat um: »Die Geschichte des gegenwärtigen Königs von Großbritannien ist die Geschichte wiederholten Unrechts und wiederholter Übergriffe, die alle auf die Errichtung einer absoluten Tyrannei … zielen … Er hat …« – es folgt eine schier endlose Aufrechnung der Verfehlungen des Herrschers –, und »daher tun wir …, im Namen und kraft der Autorität des rechtlichen Volkes dieser Kolonien, feierlich kund und erklä-

*Die Unterzeichnung der Unabhängigkeitserklärung*

ren, daß diese Vereinigten Kolonien freie und unabhängige Staaten sind und es von Rechts wegen sein sollen ...«

Müßig die Frage, die Politologen heute stellen, ob man die Unabhängigkeitsbewegung als Revolution bezeichnen kann oder nicht! Ist es nicht genug, daß hier, 13 Jahre vor der Französischen Revolution, zum ersten Mal die Ideen der Aufklärung verwirklicht wurden, auf ihrer Grundlage ein neuer Staat entstand?

## Von der Unabhängigkeit zur Union

### Majestät schlagen zurück – der Unabhängigkeitskrieg

Daß es das Mutterland nicht so einfach hinnahm, daß ihm seine flügge gewordenen Kinder mit derart harschen Worten den Rücken kehrten, liegt auf der Hand: Schließlich ging es um Landbesitz, um wirtschaftliche Interessen. Die Antwort des Königs auf die Unabhängigkeitserklärung war dementsprechend geharnischt: Er schickte Truppen. Die Kolonisten indessen rüsteten sich zum Kampf, das heißt, nicht alle Kolonisten. Der Großteil der Königstreuen, die »Tories«, hatte bereits während der Verlesung der Unabhängigkeitserklärung die Koffer gepackt und war nach England oder Kanada geflohen.

Schon im August 1776 landete der britische General Howe mit 32 000 Soldaten auf Staten Island, das heute ein Teil von New York City ist. In seinem Söldnerheer befanden sich auch etwa 9000 Deutsche, junge Männer, die von ihren Landesherren eingefangen und an den britischen König verkauft worden

waren. Sie hatten nicht die geringste Ausbildung für den Kriegsdienst, entsprechend groß war die Verlustrate in ihren Reihen. Den Briten waren sie dennoch willkommenes Kanonenfutter: Da sie kein Englisch konnten, stand nicht zu befürchten, daß sie sich mit den in ähnlicher Weise gepreßten Iren, Schotten oder Briten verbündeten und eine Meuterei anzettelten; noch war anzunehmen, daß sie zu den Amerikanern überliefen, deren Kampf ja viel eher im Interesse der Unterdrückten gewesen wäre. Viele der Deutschen, die den Krieg überlebten, blieben übrigens in Amerika; sie gingen als »Hessians« in die Geschichte ein – die Landgrafen von Hessen-Kassel waren nämlich besonders aktiv im lukrativen Verkauf ihrer Landeskinder.

Howe wurde von Washington empfangen, der seit 1775 die Kontinentalarmee befehligte, jedoch in der ersten Auseinandersetzung mit den Briten den kürzeren zog: Sie eroberten New York und schlugen dort ihr Hauptquartier auf. Der ursprüngliche britische Plan war, Neu-England einzunehmen – dort vermutete man das Zentrum der Rebellion und glaubte, das Problem lösen zu können, indem man den Nordosten von den übrigen Staaten trennte. Im Norden hatten die Briten jedoch wenig Glück, dafür sah es im Süden besser für sie aus: Howe schlug Washington vor Philadelphia und besetzte auch diese Stadt. Der Kongreß, der in Philadelphia getagt hatte, mußte fliehen. Verluste auf der ganzen Linie für die Amerikaner.

Das Kriegsglück war ihnen erst wieder in Saratoga hold: Hier, im Norden des Staates New York, zwangen die Amerikaner den Befehlshaber der gegnerischen Truppen am 17. Oktober 1777 zur Kapitulation. Und damit trat Frankreich auf den Plan: Ludwig XVI., noch immer verärgert darüber, daß sein Land

1763 Kanada verloren hatte, erkannte die junge Republik an und verbündete sich im Frühjahr 1778 mit den Amerikanern: Französische Truppen landeten in Newport, um die Kontinentalarmee zu unterstützen.

Auch wenn Neu-England in den nächsten Jahren nicht unmittelbar als Kriegsschauplatz in Mitleidenschaft gezogen wurde – die Kämpfe fanden im Süden statt – litt es wirtschaftlich unter dem Krieg genauso wie der Rest der ehemaligen Kolonien: Obwohl Frankreich, Spanien und die Niederlande mit Anleihen halfen, verschlechterte sich die finanzielle Situation des Landes drastisch, was nicht zuletzt auch zu Meutereien unter den Soldaten führte. So, wie sich das die Kaufleute gedacht hatten – Mutterland abschütteln und dann fröhlich frei handeln – ging es nicht: Die erklärte Unabhängigkeit mußte erst erkämpft und finanziert werden. 1781 kam der Krieg zu einem Ende: Im Oktober kapitulierten die britischen Truppen nach der Belagerung von Yorktown, Virginia. Die Friedensverhandlungen zogen sich zwei Jahre hin: Am 3. September 1783 erkannte Großbritannien im Frieden von Versailles die Unabhängigkeit Amerikas an.

## Gemeinsam oder getrennt – der Weg zur Staatsgründung

Bilanz des Krieges: Tausende Tote. Und: Schulden, Schulden, Schulden. Frankreich, die Niederlande, Spanien und private Kaufleute forderten das Geld zurück, das sie in den Krieg gesteckt hatten. Die Soldaten der aufgelösten Kontinentalarmee warteten auf ihren Sold. Das Papiergeld, das während des Kriegs gedruckt worden war, besaß überhaupt keinen Wert mehr. In Massa-

George Washington, dargestellt von Roy Lichtenstein, 1962

chusetts probten bewaffnete Farmer, die durch die Finanz- und Steuerpolitik des Staates in den Ruin getrieben wurden, den Aufstand.

Innenpolitisch sah die Situation so aus: Alle 13 Staaten hatten sich inzwischen Verfassungen gegeben – nur Massachusetts hatte über die Vorlage übrigens Bürgerversammlungen der Gemeinden entscheiden lassen, ein damals revolutionärer Schritt. Auf Bundesebene gab es weiterhin den Kongreß, der sich 1777 über eine Form des Zusammenschlusses geeinigt und die *Articles of Confederation* verabschiedet hatte, die allerdings erst 1/81 von allen Staaten unterzeichnet wurden. Diese Konföderationsartikel verliehen dem Kongreß jedoch kaum Macht, so daß er beschlossene Maßnahmen nicht durchsetzen und vor allem weder im Bereich der Handelsbeziehungen agieren, noch Steuern erheben konnte. Dies aber waren genau die beiden zentralen Probleme: Die Finanzierung der Revolution und die Koordinierung des Außenhandels. Neue Märkte mußten erschlossen werden – im Jahr 1784 segelte das erste Schiff von New York nach Kanton und eröffnete den Handel mit China –, es galt aber auch, die eigene Produktion drastisch zu erhöhen, denn die Importabhängigkeit Amerikas war immer noch so groß, daß seine Zahlungsfähigkeit sofort nach der Wiederaufnahme der Handelsbeziehungen zu England erschöpft war.

Nicht alle Bürger und Politiker waren hingegen von der Notwendigkeit einer starken Bundesregierung überzeugt. Es wäre ja auch durchaus denkbar und möglich gewesen, daß jeder der 13 Staaten für sich existierte. Der lose Staatenbund, der nach dem Krieg entstanden war, war den Föderalisten zu wenig, den Anti-Föderalisten nicht genug. Nachdem das koloniale Joch endlich abgeworfen war, zögerten die Staaten, Teile ihrer Rechte an eine zentrale Regierung abzutreten. Andererseits gab es gute Gründe, die für einen Zusammenschluß mit einer handlungsfähigen Zentralregierung sprachen; der Kaufmann und Publizist Peletiah Webster faßte sie 1783 in einer Flugschrift zusammen: »Wenn sie sich unter einer natürlichen, angemessenen und effektiven Regierungsform vereinigen, sind sie eine starke, reiche und wachsende Macht mit großen Ressourcen und Mitteln, sich zu verteidigen. Keine fremde Macht wird sobald wagen, sie zu überfallen oder zu beleidigen. Sie werden bald Respekt genießen.«

Erst nach langen und zähen Verhandlungen konnte 1787 in Philadelphia die verfassungsgebende Versammlung zusammentreten; im Lauf des nächsten Jahres wurde die Verfassung von fast allen Staaten ratifiziert. Mit der Zustimmung New Hampshires, das 1788 als neunter Staat sein Placet gab, galt sie als angenommen. 1790 wurde George Washington als erster Präsident des Landes in New York vereidigt, im selben Jahr klärte der Kongreß auch endlich die Hauptstadtfrage: Um keinen der Staaten zu bevorzugen, sollte eine neue Stadt auf neutralem Gebiet gegründet werden: Washington.

# Expansion auf der ganzen Linie – Das 19. Jahrhundert

## Landkauf und Seekrieg

Das 19. Jahrhundert begann vielversprechend für die junge Nation, wenn auch nicht unbedingt für den Präsidenten derselben, denn der mußte im Sommer des Jahres 1800 umziehen und in einem White House Quartier nehmen, dessen Wände noch feucht waren. Sonst aber standen alle Zeichen auf Aufschwung: 1790 hatte die erste mechanische Baumwollspinnerei in Pawtucket, Rhode Island, ihren Betrieb aufgenommen. Die industrielle Revolution in Amerika war damit eingeläutet und das Ziel, unabhängig von Importgütern zu werden, nähergerückt. Im Jahr 1803 hatte ein finanziell bedrängter Napoleon den Amerikanern Louisiana verkauft; das Territorium des jungen Staates hatte sich damit auf einen Schlag verdoppelt, der Weg nach Westen war frei, und es wurden auch gleich zwei Männer, Lewis und Clark, losgesandt, ihn zu erforschen.

Allerdings hatte die Finanznot des kleinen Franzosen mit dem gleichnamigen Komplex nicht nur positive Folgen für den jungen Staat: Sie resultierte aus einem Krieg, den England und Frankreich seit 1793 führten und in den, je nach Koalitionsbündnissen, auch andere Mächte involviert waren. Handelsblockaden waren eine Folge, schlimmer noch aber die Kaper- und Piratenschiffe der Briten, Franzosen und Korsaren, die die Meere unsicher machten und amerikanische Staatsbürger zum Militärdienst unter fremder Flagge zwangen. In den Anfangsjahren hielten die Amerikaner sich heraus, als der Verlust von Menschen, Schiffen und Waren jedoch zunahm, mußte Präsident Jefferson eingreifen; Krieg wollte er vermeiden, und so konterte er mit einer Handelssperre: Das 1807 verhängte Embargo verbot amerikanischen Schiffen jeden Handel mit fremden Nationen. Für Neu-England und New York war das fatal: Ihr Lebensnerv, Handel und Seefahrt, war getroffen. Aber auch der agrarische Süden litt unter dem Embargo: Es gab ein Überangebot an Getreide, die Preise fielen. Um der amerikanischen Wirtschaft keine bleibenden Schäden zuzufügen, sah sich Jefferson gezwungen einzulenken.

Während der folgenden Jahre wurden Embargos erlassen und widerrufen, die Kaperer kaperten weiter, der Seehandel litt und Neu-Englands Wirtschaft ebenso. Trotzdem kamen die Rufe nach Krieg nicht aus dem Nordosten – im Gegenteil; sie ertönten vielmehr im Süden und Westen, denn dort sah man die Chance, die Auseinandersetzung mit Europa dazu zu nützen, sich das britische Kanada und Florida, das noch den Spaniern gehörte, einzuverleiben. 1812 trat Amerika in den Krieg mit England ein. Wie unpopulär diese Maßnahme in Neu-England war, zeigt die Hartford Convention, die im Dezember 1814 stattfand: Vertreter aller fünf Staaten – Maine gehörte damals noch zu Massachusetts

– trafen sich zu geheimen Verhandlungen mit dem Ziel, die Verfassung zu ändern, damit sich so etwas wie dieser Krieg nicht mehr wiederholen würde. Es war dabei sogar vom Austritt aus der Union die Rede. Der Friedensvertrag von Gent, der im selben Monat unterzeichnet wurde, setzte dem Ganzen ein Ende, und die Frage, ob es einzelnen Staaten gestattet sein sollte, die Union zu verlassen, wurde vertagt und erst im Sezessionskrieg 1861–1865 auf blutige Weise gelöst.

## Im Westen viel Neues

Innerhalb der ersten 50 Jahre des 19. Jahrhunderts änderten sich die Verhältnisse in den Vereinigten Staaten grundlegend: Zu den beiden konkurrierenden Kräften Nord und Süd trat eine dritte, die politisch und wirtschaftlich zunehmend Bedeutung gewann: der Westen. Die Erschließung dieses riesigen fruchtbaren Gebietes führte zu einer Entvölkerung von Vermont und New Hampshire: Die Bauern tauschten die kargen Böden Neu-Englands gegen die fruchtbaren Weiten *out west* – schon 1860 lebte bereits die Hälfte der Bewohner der Vereinigten Staaten westlich der Appalachian Mountains. Neu-England verlor damit seine ohnehin nicht bedeutende Rolle als Agrarland, festigte dafür aber seine Stellung als Industriestandort. Das Kapital zur Verkehrserschließung des Westens kam aus dem Nordosten und mehrte sich – sei es durch den Kanal- oder Eisenbahnbau. Die Agrarprodukte, die die westlichen Staaten lieferten – Weizen und Mais, Rinder und Schweine – wurden anfangs direkt nach Süden transportiert, wo sie auf den Plantagen Absatz fanden. Nachdem aber 1825 der Erie-Kanal eröffnet worden war, der die

# Schwimmende Fabriken
# Die Walfangschiffe

Zu der Zeit, als zu Land die Fabriken aus dem neu-englischen Boden gestampft wurden, boomte auch zu Wasser eine Industrie. Sie erreichte den Höhepunkt ihrer Blüte zwischen 1820 und 1860 und trug viel dazu bei, den Reichtum der Neu-Engländer zu mehren. Nantucket, New Bedford, New London, Provincetown, Fairhaven, Mystic, Stonington und Edgartown lebten von diesem Gewerbe, und was das Beste war: Sie bekamen die sauber verpackten Endprodukte geliefert und hatten mit dem Gestank des Entstehungsprozesses nichts zu tun. Der nämlich war bestialisch – Melville meinte, er sei nur dem vergleichbar, der sich am Tag des jüngsten Gerichts verbreiten werde, wenn die Verdammten bestraft würden, und Melville muß es wissen, denn der ›Moby-Dick‹-Autor war lange auf einem Walfangschiff zur See gefahren.

Ihren Anfang nahm die Geschichte des Walfangs im 17. Jahrhundert in Nantucket (s. S. 177f.); damals arbeitete

man noch mit verhältnismäßig primitiven Mitteln: Der Wal wurde an Land gezogen, die stinkige Prozedur des Auskochens seines Fetts, des *Blubber*, fand in riesigen Bottichen am Strand statt. Nachdem aber die ersten Pottwale entdeckt worden waren, die sich als noch wertvollere Beute erwiesen als die Bartenwale, rüstete man ab 1730 die Schiffe so um, daß die Tiere bereits auf hoher See verarbeitet werden konnten. Die Mannschaft kehrte erst zurück, wenn alle Fässer mit Walöl, Walrat oder Ambra gefüllt waren, wenn genug Barten an Bord waren, um die Damenwelt mit Korsettstäbchen zu versorgen. Je rarer die Wale wurden, desto länger waren die Schiffe unterwegs, ihre Fahrten konnten bis zu fünf Jahren dauern und erstreckten sich über alle Meere: Der Walfang war weltweit fest in der Hand der Neu-Engländer. »Zwei Drittel des Erdballs aus Land und Wasser gehört dem Manne von Nantucket. Denn sein ist die See…«, schrieb Melville emphatisch.

Der Alltag auf so einem Schiff war eintönig und erhielt nur dann etwas Farbe, wenn vom Ausguck der Ruf *»Thar she blows«* ertönte, der anzeigte, daß einer der Meeressäuger gesichtet worden war. Dann sprangen die Männer in kleine Ruderboote und näherten sich dem riesigen Tier. Im rechten Moment wurde die Harpune eingestoßen und dann begann das, was in der Walfängersprache »Nantucket Schlittenfahrt« genannt wurde: Der Wal versuchte, den Fremdkörper loszuwerden, bäumte sich auf, tauchte unter, floh – das Boot in rasender Fahrt hinter sich herziehend. Gewann die Besatzung, konnte sie das Tier nach stundenlangem Kampf erlegen. Der tote Wal wurde nun zum Hauptboot geschleppt; man befestigte seinen Körper an der

Breitseite des Schiffes und schnitt den *Blubber* spiralenförmig heraus. Mit Hilfe einer Hebevorrichtung gelangte er in den Arbeitsraum und wurde dort in kleine Stücke zerteilt, die man dann auf Deck in riesigen Kesseln erhitzte. Hatte man Beute gemacht, rauchten die ›Schlote‹ auf den Walfangfabriken Tag und Nacht, Rauch und Gestank erfüllten die Luft. Dann begannen wieder Tage und Wochen des Wartens, eine Zeit, die immer länger wurde, je gründlicher die Neu-Engländer die Ausrottung der Wale vorangetrieben hatten.

Die Dezimierung des Walbestandes war denn auch einer der Gründe des Niedergangs der Industrie; andere Fakten, die mitspielten, waren Naturkatastrophen, die die Flotte dezimierten, Zwischenfälle im Sezessionskrieg, bei denen Schiffe zerstört wurden. Den wenigen Walen, die die über hundertjährige Jagdzeit überlebt hatten, rettete die Entdeckung von Petroleum 1859 in Pennsylvania das Leben; nun war ihr Öl nicht mehr das einzige Produkt, das sich zu Beleuchtungszwecken oder in der Industrie verwenden ließ.

*Das Lexington-Regiment im Sezessionskrieg*

Verbindung zwischen den Großen Seen und dem Atlantik herstellte, profitierte der Norden vom Handel mit dem Westen und konnte damit seine Position gegenüber dem Süden stärken.

Neu-England wurde zum Industriezentrum des Landes; an seinen Flüssen entstanden riesige Fabrikstädte, die ihre überwiegend weiblichen Arbeitskräfte aus den ländlichen Gegenden von Vermont und New Hampshire bezogen. 1802 begann in Connecticut die Massenfabrikation von Uhren. 1813 wurde die erste Textilfabrik in Waltham, Massachusetts, eröffnet. Tonangebend im Nordosten war eine etablierte Kaufmannsschicht, alert und mit allen Wassern des Kapitalismus gewaschen, die ihre Gewinne in immer neue Industriezweige investierte: Asienhandel, Walfangindustrie (s. S. 62f.), Fabrikation von Textilien, Schuhen, Lederwaren, Möbeln, Papier, Werkzeugen – Neu-England wurde zur Produktionsstätte der

Nation. Der Süden des Landes hingegen blieb agrarisch und lebte von der Plantagenwirtschaft, deren Voraussetzung die Sklavenhaltung war. Dort herrschten Großgrundbesitzer über ein Heer von leibeigenen Sklaven – und im Norden mehrten sich die Stimmen, die die Abschaffung der Sklaverei forderten. Zwei Gesellschaftssysteme mit unterschiedlichen Wertvorstellungen und konkurrierenden wirtschaftlichen Interessen standen einander gegenüber.

## Ein Krieg und eine Propagandalüge

Zündstoff erhielt die Sklavenfrage, nachdem im Zug der Besiedlung des Westens neue Staaten entstanden, die um eine Aufnahme in die Union ansuchten. Bis 1819 gelang es den Politikern, die Zahl der ›freien‹ und der ›sklavenhaltenden‹ Staaten im Gleichgewicht zu halten – Missouri war das Zünglein an der Waage. Aufgrund dieses Präzedenzfalles schuf man den sogenannten ›Missouri Compromise‹, der Staaten oberhalb von 36° 30' nördlicher Breite verbot, Sklaven zu halten. Kurz nachdem Missouri Teil der Union geworden war, stellte Maine den Antrag auf Aufnahme – das Gleichgewicht zwischen den freien und den sklavenhaltenden Staaten war wiederhergestellt. Auf die Dauer jedoch ließ sich der schwelende Konflikt nicht unterdrücken, vor allem deshalb, weil es sich bei der Auseinandersetzung nicht nur um hehre menschliche Werte handelte, sondern um handfeste wirtschaftliche Interessen.

In den 30er Jahren tauchte das Problem der Schutzzölle wieder auf. Der Norden drängte auf ihre Einführung, der Süden war strikt dagegen, da er ökonomische Nachteile befürchtete. Das Gesetz wurde trotz heftiger Proteste des Südens verabschiedet, worauf der Staat South Carolina es für seinen Bereich 1832 außer Kraft setzte. Ein Staat, so argumentierte South Carolina, habe durchaus das Recht, ein Bundesgesetz, das ihm Schaden zufüge, zu annullieren. Fast wäre es schon damals zum Bürgerkrieg gekommen; ein Kompromiß vertagte ihn allerdings noch einmal. Die Vertreter der ›Nullifikations‹-These aber entwickelten ihre Theorie weiter – im Wahlkampf des Jahres 1860 traten die Demokraten mit der Forderung nach dem Recht auf ›Sezession‹ an, dem Recht eines Staates, aus der Union wieder auszutreten. Sie konnten sich dabei auf die Verfassung berufen, denn die äußerte sich nicht zu der Frage, was geschehen solle, wenn der Bund Entscheidungen fällt, die den Interessen der Einzelstaaten widersprechen. Hat ein Staat in so einem Fall das Recht, die Union wieder zu verlassen?

Gegenspieler der Demokraten war Abraham Lincoln, Kandidat der 1854 gegründeten Republikanischen Partei und absoluter Verfechter der Erhaltung der Union um jeden Preis. Er zog mit einem Bibelwort in den Wahlkampf: »Ein geteiltes Haus kann nicht bestehen bleiben.« Seine Gegner, die Demokraten, machten den Fehler, einen Nord- und einen Südkandidaten aufzustellen, anstatt die Stimmen auf einen Mann zu vereinen. Lincoln gewann die Wahl – er erhielt keine einzige Wahlmännerstimme aus dem Süden. Daraufhin traten elf Südstaaten aus der Union aus und schlossen sich zu den *Confederate States of America* zusammen. 1861 begann der Krieg, in Amerika *Civil War,* im Deutschen sehr viel korrekter Sezessionskrieg genannt.

Denn darum ging es in diesem Krieg: Nicht um die Entrechteten des Südens, die der gute weiße Mann aus dem Norden befreit, sondern darum, die Sezession des Südens zu verhindern, die den wirtschaftlichen Interessen des Nordens widersprochen hätte. Abraham Lincoln hat das klar formuliert. In seiner ersten Botschaft an die Nation sagt er: »Ich verfolge weder direkt noch indirekt die Absicht, die Institution der Sklaverei anzugreifen... Ich habe keine gesetzlichen Rechte, das zu tun, und ich habe auch keine Neigung, das zu tun.« Und bei anderer Gelegenheit: »Wenn ich die Union dadurch retten könnte, daß ich alle Sklaven befreie, würde ich es tun. Wenn ich die Union retten könnte, ohne einen einzigen Sklaven zu befreien, würde ich es auch tun.«

Die schöne Geschichte von der Menschlichkeit war nichts als eine Propagandalüge, die erst zwei Jahre nach Ausbruch des Krieges thematisiert wurde, um die Moral der Truppen des Nordens zu stärken. Wie gut diese Lüge war, zeigt, daß sie sich über hundert Jahre lang in der offiziellen Geschichtsschreibung halten konnte. Damit soll nicht gesagt sein, daß es nicht viele Menschen ehrlich meinten mit ihrer Empörung über die Sklaverei – den politisch Verantwortlichen aber ging es darum, die wirtschaftlichen Interessen des Nordens an der Erhaltung der Union durchzusetzen und letztlich mit Waffengewalt einen Verfassungskonflikt zu lösen.

Der Krieg dauerte fünf Jahre und endete mit dem Sieg des Nordens. Verfassungsrechtlich war damit für alle Zeit die Überlegenheit des Bundes über die Einzelstaaten gefestigt. Wirtschaftlich und infrastrukturell kam der *Civil War* einer Zerstörung des Südens gleich; der industrielle Norden konnte seine Stellung als Nummer eins in der Union festigen. Alle wichtigen Kämpfe hatten im Süden stattgefunden, der Norden wurde als Kriegsschauplatz nicht in Mitleidenschaft gezogen.

Noch heute ist im Süden eine Bitterkeit den Nordstaatlern gegenüber zu spüren, die man mehr als 130 Jahre nach dem Krieg nicht für möglich halten würde. In Neu-England ist der *Civil War* kein Thema: Die Sieger sprechen nicht mehr von ihrem Triumph, den sie aber auf ganzer Linie auskosteten: Moralisch standen sie fein da – schließlich waren sie es, die die Sklaven befreit hatten – und wirtschaftlich hatte sich das Gemetzel voll gelohnt: Textilien, Waffen, Eisenbahnen, Schiffe, Lebensmittel – das gesamte Material, das beide Seiten in dieser Schlacht benutzten, kam aus dem Norden. Die Reichen waren noch reicher geworden, ob sie Rockefeller, Vanderbilt, Carnegie oder Morgan hießen, an diesem Krieg hatten sie alle verdient – wieviel, kann man in den Schlössern von Newport mit eigenen Augen sehen.

# Niedergang und Wiedergeburt – Das 20. Jahrhundert

Wer an eine ausgleichende Gerechtigkeit des Schicksals glaubt, mag es diesen Kräften zuschreiben, daß Neu-England seine wirtschaftliche Bedeutung im 20. Jahrhundert genau an den Süden verlor: Nach dem Ersten Weltkrieg begann die Abwanderung der Textilindustrie, die sich dort, wo die Sonne scheint und die Arbeitskräfte weniger streikfreudig sind als im aufgeklärten Norden, neue Standorte suchte. Vom Süden herauf kamen – ebenfalls nach dem Krieg – Tausende von Schwarzen, die sich in den Ostküstenstädten niederließen, wo sie in Slums zusammenlebten und einen Teil des städtischen Proletariats bildeten. Neu-England war von dieser *Great Migration* nicht so unmittelbar betroffen wie zum Beispiel New York – die Zahl der Afroamerikaner ist heute noch sehr gering in den Staaten des Nordostens. Die Depression der 30er Jahre, die ganz Amerika in eine Wirtschaftskrise stürzte, traf Neu-England, das den Verlust der verarbeitenden Industrie noch nicht überwunden hatte, besonders hart. Fabriken verfielen, Innenstädte wurden zu schwarzen Löchern, die Mittelschicht entdeckte Suburbia und kehrte ihren Cities den Rücken.

Von dieser Entwicklung war ganz Amerika betroffen, nicht nur der Nordosten. Auch das Comeback der Innenstädte als teure und begehrte Wohnviertel für die Besserverdienenden ist ein Phänomen, das landesweit zu verfolgen ist. Innerhalb dieser Trends nimmt Neu-England nur insofern eine Sonderstellung ein, als dort wirklich die Wiedergeburt der Totgesagten stattfand. Sie ist zum einen der Computer-Industrie zu verdanken, die die Städte des Nordostens in den 80er Jahren als Standorte entdeckte und sich das Potential der guten Schulen und Universitäten mit qualifizierten Absolventen zunutze machte, und zum anderen dem Tourismus: Die Hinwendung zur Vergangenheit, die in Amerika allgemein zu beobachten ist und von Soziologen als das Phänomen einer Zeit gedeutet wird, in der man sich vor den aktuellen Schwierigkeiten flüchtet und sich lieber einer Welt zuwendet, die angeblich noch in Ordnung war, führte zur Wiederentdeckung Neu-Englands. Aus ehemaligen Fabrikgeländen wurden Museen, kleine Dörfer wurden aufpoliert und mit einer Einheitssauce

aus Candy-, Kerzen- und T-Shirtlädchen überzogen. Antiquitätengeschäfte locken Käufer aus dem ganzen Land, die sich mit ›Altem‹ eindecken und ›Altes‹ in vollen Zügen genießen. Neu-England ist in vielem für Amerikaner noch immer die heile Welt, die Europa am nächsten ist: Es ist weiß, sicher, freundlich. Es ist, trotz der Krisen des 20. Jahrhunderts, wohlhabend – kleine Dörfer, grüne Wiesen, teure Geschäfte, ausgezeichnete Restaurants, kaum Slums. Und dies ist ein Kapital, das sich im Tourismus, immerhin einem der bedeutendsten Wirtschaftsfaktoren, gut vermarkten läßt.

## Zeittafel

| | |
|---|---|
| **1497** | John Cabot nimmt das Land zwischen Neufundland und dem heutigen Virginia für den englischen König Henry VII. in Besitz |
| **1620** | Die Passagiere der ›Mayflower‹ landen an der Nordküste und gründen die erste europäische Siedlung von Dauer in Neu-England (Plymouth) |
| **1629** | Das Gebiet zwischen dem Piscataqua und dem Merrimack River wird New Hampshire genannt |
| **1630** | John Winthrop, Gouverneur der Massachusetts Bay Company, gründet Boston |
| **1636** | Roger Williams gründet die Stadt Providence |
| **1637** | Pequot War, der erste einer Reihe von Indianerkriegen in Neu-England |
| **1638** | Harvard University nimmt den Betrieb auf |
| **1639** | In Cambridge wird die erste amerikanische Druckerei aufgebaut |
| **1641** | Die Siedlungen von New Hampshire kommen unter die Verwaltung von Massachusetts |
| **1643/44** | Roger Williams erhält eine Charta für Providence und Rhode Island |
| **1662** | Die Connecticut Charta vereinigt die Hartford- und die New Haven-Kolonie |
| **1679** | New Hampshire wird Kronkolonie |
| **1686/89** | London entsendet Sir Edmund Andros als königlichen Gouverneur von Neu-England, New York und New Jersey |
| **1691** | Massachusetts wird Kronkolonie; die Plymouth-Kolonie und Maine kommen zu Massachusetts |
| **1692/93** | Hexenverfolgung in Salem |
| **1701** | Die später (1718) Yale genannte Universität wird gegründet |
| **1713** | Massachusetts und Connecticut einigen sich auf eine gemeinsame Grenze |

| | |
|---|---|
| **1733** | Molasses Act |
| **1754–1763** | French and Indian War |
| **1759** | Fall von Quebec |
| **1763** | Friede von Paris |
| **1764** | Sugar Act |
| **1765** | Stamp Act |
| **1767** | Townshend Acts |
| **1770** | Boston Massacre |
| **1773** | Boston Tea Party |
| **1774** | Erster Kontinentalkongreß in Philadelphia |
| **1775** | Paul Reveres Ritt; Zusammenstoß in Lexington und Concord; Schlacht bei Bunker Hill |
| **1776** | Unabhängigkeitserklärung |
| **1777** | Die unabhängige Republik Vermont entsteht |
| **1781** | Der Revolutionskrieg endet mit der Kapitulation Großbritanniens |
| **1783** | Friede von Versailles; Anerkennung der amerikanischen Unabhängigkeit |
| **1784–1788** | Wirtschaftliche Depression |
| **1785** | Eröffnung des Chinahandels |
| **1788** | Ratifizierung der Bundesverfassung |
| **1789** | Als erster Präsident tritt George Washington sein Amt an |
| **1790** | Beginn der industriellen Revolution; Slater Mill in Pawtucket, Rhode Island, nimmt den Betrieb auf |
| **1791** | Vermont tritt als 14. Staat der Union bei |
| **1793** | Die Bundeshauptstadt Washington wird gegründet |
| **1793–1807** | Wirtschaftliche Prosperität; Amerika verdient an den Napoleonischen Kriegen in Europa |
| **1807** | Schiffahrt und Export leiden unter dem Jefferson-Embargo |
| **1812–1814** | Krieg zwischen Amerika und Großbritannien; er endet mit dem Frieden von Gent |
| **1813** | Die erste Textilfabrik wird in Waltham, Massachusetts, errichtet |
| **1820** | Maine tritt als 23. Staat der Union bei |
| **1820–1860** | Die große Zeit des Walfangs |
| **1823** | Monroe-Doktrin; Beginn des Isolationismus |
| **1835** | Die erste Eisenbahnlinie Neu-Englands (zwischen Boston und Lowell, Massachusetts) wird in Betrieb genommen |
| **1842** | Massachusetts erkennt als erster Staat das Streikrecht für Arbeiter an. Die Grenze zwischen Maine und New Brunswick, Kanada, wird endgültig festgelegt |
| **1845/46** | Kartoffelfäule in Irland; die Zahl der irischen Einwanderer nimmt rapide zu |
| **1848** | In Kalifornien wird Gold gefunden |
| **1861–1865** | Sezessionskrieg; Sieg der Nordstaaten und Abschaffung der Sklaverei |
| **1870** | Die schwarze Bevölkerung erhält das Wahlrecht |
| **1876** | Alexander Graham Bell erfindet in Boston das Telefon |
| **1880** | Boston ist der zweitwichtigste Einwandererhafen der USA |

| | |
|---|---|
| **1890–1914** | Goldenes Zeitalter von Newport, Rhode Island |
| **1905** | Auf Vermittlung von T. Roosevelt finden in Portsmouth, New Hampshire, Friedensverhandlungen statt, die zum Ende des Russisch-Japanischen Krieges führen |
| **1912** | Streik der Textilarbeiter in Lawrence, Massachusetts |
| **1918** | Nach dem Ersten Weltkrieg setzt die Abwanderung der Textilindustrie aus Neu-England ein |
| **1919** | Polizeistreik in Boston; als erster Nationalpark östlich des Mississippi wird Acadia National Park, Maine, eingerichtet |
| **1920** | Frauen erhalten das Wahlrecht |
| **1920–1933** | Prohibition – Herstellung, Verkauf, Transport und Import alkoholischer Getränke wird verboten |
| **1925** | Durch eine Tankexplosion wird Boston von einer 7 m hohen Melasseflut überschwemmt; Gebäude stürzen ein, 21 Menschen sterben |
| **1927** | Schwere Überschwemmungen in Vermont; in Boston werden Sacco und Vanzetti hingerichtet |
| **1929** | Börsenkrach und wirtschaftliche Depression |
| **1937** | Unter Präsident F. D. Roosevelt langsame Abwendung vom Isolationismus |
| **1938** | Ein Hurrikan richtet an der Ostküste Verwüstungen an |
| **1944** | In Bretton Woods, New Hampshire, treffen sich 44 Nationen zu einer Konferenz, auf der der Internationale Währungsfonds und die Internationale Bank für Wiederaufbau und Entwicklung eingerichtet werden |
| **1952** | John F. Kennedy aus Massachusetts wird in den Senat gewählt |
| **1954** | Der Oberste Gerichtshof erklärt Rassentrennung in den Schulen für verfassungswidrig; das erste atombetriebene U-Boot der Welt läuft in Groton, Connecticut, vom Stapel |
| **1960** | John F. Kennedy wird Präsident |
| **1963** | Ermordung John F. Kennedys in Dallas, Texas |
| **1970** | Vermont verabschiedet eine Reihe von Umweltschutzgesetzen; der Black Panther-Prozeß löst in Yale, Connecticut, schwere Studentenunruhen aus |
| **1972** | Das Atomkraftwerk ›Yankee‹ in Maine nimmt den Betrieb auf |
| **1973** | Newport, Rhode Island, erleidet einen schweren wirtschaftlichen Schlag durch den Verlust der Marinebasis; in Boston kommt es in den 70er Jahren zu Rassenunruhen |
| **1978** | Die Landforderungen der Penobscot- und Passamaquoddy-Indianer werden durch Kompromiß mit dem Staat Maine geregelt |
| **1991** | Die 90er Jahre beginnen mit einer schweren wirtschaftlichen Rezession, die sich in allen Bereichen des Lebens bemerkbar macht. Nach dem Zusammenbruch der Bank of New England leidet besonders der Immobilienmarkt |
| **1998** | Seiji Ozawa feiert sein 25jähriges Jubiläum als Dirigent des Boston Symphony Orchestra |
| **2000** | Amerika tritt bravourös ins neue Jahrtausend: Im September wird die niedrigste Arbeitslosenrate seit 30 Jahren vermeldet |

Geschichte

69

# Schöpferische Kräfte – Kunst und Alltagskultur

## Der Walfisch auf dem Dach, die Ananas über der Tür – Volkskunst

»Amerika hat moralisch und künstlerisch noch nichts hervorgebracht. Seltsamerweise scheint es nicht zu bemerken, daß die Vorbilder der Personen, Bücher, Sitten und Gebräuche etc., die in frühere Verhältnisse und europäische Länder paßten, hier nur Verbannte sind und Fremde.« Dieser Satz stammt von Walt Whitman (1819–1892), einem der ersten Dichter, dessen Werk in der Literaturgeschichte als »völlig eigenständig und amerikanisch« bezeichnet wird.

Man kann Whitmans Statement nur dann zustimmen, wenn man, wie nicht nur zu seiner Zeit üblich, einen ganzen Bereich der Kunst ausläßt, der durchaus Eigenständiges, Amerikanisches vorzuweisen hat: die Volkskunst. Natürlich wurden auch hier Techniken und Motive aus der europäischen Tradition übernommen, das war nun mal das Vokabular, das die Auswanderer beherrschten und bei dem sie auch bleiben mußten, denn sie waren ja nicht gewillt, von den Einheimischen etwas zu übernehmen. Da aber Volkskunst immer unmittelbar mit der Lebens- und Alltagssituation derer verbunden ist, die sie schaffen und benützen, änderte sie sich, den Bedürfnissen und Anregungen der neuen Umgebung entsprechend, schnell und verlor damit den Charakter des ›Fremden‹. So tauchen auf Gebrauchsgegenständen, zum Beispiel *Quilts* (Steppdecken, meist mit Applikationen verziert), neu-englische Alltags- und Dorfszenen auf, bemalte Wände, Simse und Kaminbretter zeigen Landschaft, Flora und Fauna Amerikas. (Eine exzellente Quilt-Sammlung mit Stücken vom 17. Jahrhundert bis heute besitzt das Shelburne Museum, Vermont, Hat and Fragrance Unit, s. S. 220.) Wer kein Geld für Tapeten hatte, schmückte seine Räume mit *Stencils*, Schablonen, mit deren Hilfe man regelmäßige, farbige Muster auf die weißen Wände auftrug. Diese Technik war im 19. Jahrhundert sehr beliebt, es gab wandernde Handwerker, die sich darauf spezialisiert hatten (interessant: das Stencil House, Shelburne Museum).

Bestimmte Symbole setzten sich durch, der Adler als Zeichen amerikanischer Unabhängigkeit, Glocken und Herzen signalisieren Freude, Weidenbäume Trauer – ein Bild, das auf Psalm 137 zurückgehen soll, in dem es heißt: »An den Flüssen von Babylon saßen wir

und weinten,/da wir deiner gedachten, o Sion./An den Weiden in jenem Lande,/ da hängten wir unsere Harfen auf.« Trauerweiden sind ein geläufiges Motiv auf Grabsteinen. Auch auf den sogenannten *Mourning Pictures*, Trauerbildern, die die älteste Tochter bei einem Todesfall in der Familie sticken mußte, sind die Leidtragenden meist unter den herunterhängenden Ästen einer Weide dargestellt.

Aus der Zeit des Westindienhandels stammt ein Symbol, das man auf Gartenzäunen, über Haustüren usw. findet: die Ananas (ein schönes Beispiel: Hunter House, Newport, Rhode Island). Schiffskapitäne brachten von den Karibischen Inseln tropische Früchte mit nach Hause. Als Zeichen ihrer glücklichen Heimkehr und Aufforderung, diese seltenen Köstlichkeiten mit ihnen zu teilen, steckten sie eine Ananas sichtbar vor dem Haus auf – so wurde die Frucht das Symbol für Gastfreundschaft.

Eine seefahrende Nation muß wissen, woher der Wind weht, und auch für den Farmer war das Wetter von allergrößtem Interesse: Aus Holz oder später Metall wurden *Weathervanes* (Wetterfahnen) gefertigt. Natürlich gibt es auch bei uns Wetterhähne – aber Wetterheuschrecken, wie auf Faneuil Hall in Boston, oder Wetterindianer? Pferde, Schweine, Ochsen drehen sich auf Farmhäusern nach dem Wind, Seeschlangen, Kapitäne, Walfische, Seejungfrauen überblicken von exponierter Stelle die Küste, mit der Unabhängigkeit bestiegen Uncle Sam und der Adler die Dächer, und als die Eisenbahn kam, thronten Lokomotiven auf den Bahnhöfen.

Prächtige Galionsfiguren und geschnitzte Heckbretter zierten die neuenglischen Schiffe, die die Weltmeere kreuzten (das Peabody Museum in Salem, Massachusetts, zeigt einige hübsche

*Ship Figureheads*, u. a. eine *Lady with Portrait Medaillon*, die dem Architekten Samuel McIntire zugeschrieben wird). Die Landratten konnten sich an ähnlich gearbeiteten Figuren vor Geschäften oder Handwerksbetrieben erfreuen; die teils lebensgroßen Statuen machten symbolisch deutlich, wofür sie warben, vor Tabakläden standen meist Indianerfiguren (Das Shelburne Museum, Vermont, besitzt eine schöne Sammlung).

»Jahrelang kennt er das Festland nicht, und kommt er endlich dorthin, atmet er den Geruch einer anderen Welt, fremder als der Mond für einen Erdenbewohner wäre«, schreibt Herman Melville In ›Moby Dick‹ über die Walfänger aus Nantucket, von denen er behauptet, zwei Drittel des Erdballs gehörten ihnen, erobert auf den langen Fahrten über die Weltmeere. Die große Zeit der neu-englischen Walfänger lag zwischen 1820 und 1860 – die Tiere wurden ihres Specks wegen abgeschlachtet und fast ausgerottet. Die Verwertung

*Scrimshaws fertigten die Walfänger aus Zähnen oder Kieferknochen ihrer Opfer*

tue es, weil ich der Meinung bin, daß sie ein wichtiges Kriterium der Volkskunst erfüllen: Funktionalität.

Die Shaker, eine religiöse Sekte, so genannt nach den ekstatischen Tänzen, die sie aufführten, kamen 1774 nach Amerika (s. S. 211). Sie gründeten autonome Gemeinden, alles, was sie zum Leben brauchten, stellten sie selbst her – mit erstaunlichem handwerklichem Können und großer technischer Erfindungsgabe. Einfachheit in allen Lebensbereichen war eine ihrer Maximen, und sie kennzeichnet auch ihre künstlerischen Arbeiten, die geometrischen, graphisch sehr exakten Zeichnungen und vor allem die formvollendeten, schlichten Möbel, die heute auf dem Antiquitätenmarkt zu hohen Preisen gehandelt werden. (Das Shaker-Dorf Hancock Village in Massachusetts ist als Museum zu besichtigen, s. S. 210.)

Zu voller Blüte entfaltete sich die amerikanische Volkskunst nach der Unabhängigkeit, mit der fortschreitenden Industrialisierung Ende des 19. Jahrhunderts bahnte sich der Niedergang an. Erst heute beginnt man langsam, dieser genuin amerikanischen Kunst den Stellenwert einzuräumen, der ihr zukommt; selbst in klassischen Kunstmuseen, wie dem Museum of Fine Arts in Boston oder dem Museum of Art der Rhode Island School of Design in Providence, findet man vereinzelt Exponate aus dem Bereich der Volkskunst. Jedes der alten Häuser, die man besichtigt, sei es irgendwo unterwegs oder in den Hausmuseen (etwa Old Sturbridge Village, Massachusetts, s. S. 203; Strawberry Banke, New Hampshire, s. S. 241f.), bietet eine Fülle, oft überbewerteten, Materials. Scrimshaws, Galionsfiguren, Heckbretter und alles, was mit Seefahrt und Fischerei zu tun hat, zeigen das Peabody Museum in Salem, Massa-

des Trans fand an Bord statt, die Schiffe kehrten erst an Land zurück, wenn sie genug Öl ›erjagt‹ hatten. Das konnte fünf Jahre dauern oder mehr. Wenn den Walfängern an Bord die Zeit zu lang wurde – und die wurde ihnen, je mehr sie den Walbestand dezimierten, desto länger –, schnitzten sie aus Walkieferknochen kleine Plastiken oder fertigten Schmuck- und Gebrauchsgegenstände aller Art: Wäscheklammern, Notenständer, Spazierstöcke, Vogelkäfige, Nähkästchen. In Walfischzähne gravierten sie Muster, Szenen aus dem Walfängerleben oder das Konterfei ihrer Angebeteten. (In den Whaling Museums in New Bedford, s. S. 178 und Nantucket, s. S. 177, beide Massachusetts, sind den *Scrimshaws* ganze Abteilungen gewidmet.)

Puristen mögen darüber streiten, ob es gerechtfertigt ist, in diesem Kapitel auf die Shaker-Arbeiten einzugehen; ich

# Seht, wie sie ihre Toten beerdigen, und ihr wißt, wie sie leben

Den Globus zieren zwei Henkel, bauchige Enten, die Schnäbel in entgegengesetzte Richtung gereckt. Auf dem Erdball steht, leicht geneigt, eine Kerze, darüber strahlt die Sonne – oder ist es der Vollmond, auf einen zackigen Stern projiziert?

Plötzlich nähert sich ein knochiger Arm, ein zuckerhutförmiges Gefäß schiebt sich über die Kerze, schwebt bedrohlich über der Flamme, wird sie auslöschen – »Memento Mori«, Bedenke, daß du sterblich bist! Ein breitbeiniges Skelett, die Beckenknochen ganz unanatomisch durcheinandergewürfelt, starrt

uns aus leeren Augenhöhlen an, im Hintergrund eine Sense, mit dünnen Strichen in den Stein geritzt. Von rechts tritt ein bärtiger, geflügelter Mann ins Bild. »Vater Zeit«, in knielangem Faltengewand. Er greift den Arm des Todes, dirigiert ihn Richtung Kerze; vor dem Körper hält er ein Stundenglas, abgelaufen.

Von weitem vermutet man gar nicht, daß sie so ein Repertoire an Geschichten haben: graue, oben abgerundete Steinplatten in verwilderten Wiesen, teils eingesunken, schief, teils verwittert, mal in Reih und Glied, mal scheinbar

*Friedhof bei Kennebunkport in Maine*

wahllos irgendwo in die Erde gepflanzt. So ein kleiner, schmuckloser Friedhof gehört zu fast allen älteren neu-englischen Dörfern. Oft sind die Reliefs auf den Grabplatten ausgewaschen, auf einigen sind nur Namen und Daten eingeritzt, andere zeigen Rosetten, symbolisch nach oben weisende Hände, geflügelte Engelsköpfe – eine Ornamentik, die in vielem die Renaissance-Tradition fortführt.

Nicht alle Geschichten sind so dramatisch wie die oben erzählte, die auf dem Grabstein von John Foster dargestellt ist; er starb 1681 in Dorchester (Mass.). Auf der Granitplatte, die Timothy Lindalls Grab in Salem (Mass.; 1699) markiert, findet die Begegnung von Tod und Zeit wesentlich statischer statt: im linken Feld der Tod, fein und exakt, Knöchelchen für Knöchelchen graviert. Er hat die Handflächen nach außen gekehrt und sieht fast so aus, als zucke er bedauernd die Schultern. Ihm gegenüber, durch die Inschrifttafel getrennt, Vater Zeit im Profil, auf dem kahlen Schädel balanciert er das Stundenglas. Dieses mittelalterlich anmutende Motiv findet man vor allem in Darstellungen aus der frühen Zeit Neu-Englands. Der Tod war ja das Thema, das die Puritaner virtuos beherrschten. Während sie tonangebend waren, konnte sich als einzige Form religiöser Volkskunst die Grabmalkunst entwickeln; Kirchenschmuck, Pomp jeder Art, Heiligendarstellungen hatten in der puritanischen Kirche keinen Platz, ein strafender, unbestechlicher Gott läßt sich nicht durch liebevolle Votivgaben oder einen Vorzugsplatz auf dem Hausaltar gewinnen.

Die Grabsteinkunst war auch lange Zeit die einzige Form der Skulptur in Amerika – die erste freistehende Plastik stammt aus der zweiten Hälfte des 18. Jahrhunderts. Die dargestellten Motive wurden mit der Zeit variiert; so tritt im 18. Jahrhundert an die Stelle des geflügelten Engelskopfes das Portrait des Dahingeschiedenen. Reverend Jonathan Pierpont beispielsweise blickt gleich stereo von seinem Grabstein in Wakefield, Massachusetts (1709), ondulierte Löckchen rahmen sein Gesicht, in kleinen, stilisierten Händen hält er die Bibel.

Im Lauf des 19. Jahrhunderts änderten die Friedhöfe ihr Gesicht. Sie zogen an den Stadtrand, die riesigen klassizistischen Monumente, Reliefplatten und Grabmäler, die nun en vogue waren,

chusetts (s. S. 233) und die Whaling Museen in Nantucket und in New Bedford, Massachusetts. Am besten sortiert und ein wahres Dorado für den Volkskunstliebhaber ist das Shelburne Museum in Vermont: Spielzeug, Windräder, Wetterfahnen, Quilts, Keramik, Möbel, eine Sammlung von über 1000 *Decoys* (Lockvögel, ursprünglich zur Jagd verwandt, später zu dekorativen Zwecken hergestellt), Tavernen- und Geschäftsschilder, Ladenfiguren, Kaminbretter usw.

## Interieurs und Exterieurs: Baustile und Wohnen

1620. Die Pilgerväter besteigen die ›Mayflower‹. Velazquez malt den ›Wasserverkäufer von Sevilla‹, van Dyck den ›Hl. Sebastian‹. In London baut Inigo Jones, der Architekt, der den Palladianismus in England populär gemacht hat, das Banqueting House des Whitehall Palace.

brauchten Platz. Wuchtige, heroische Monumentalfiguren bestiegen die Gräber, Obelisken krönten sie, ägyptische Torbögen als Eingangsportale zu den Friedhöfen kamen in Mode (ein bekanntes Beispiel: Grove Street Cemetery in New Haven, Connecticut) – die Ägypten-Manie, die um 1800 in Europa ausbrach, verschonte auch Amerika nicht.

Weitläufig angelegt sind die Friedhöfe noch heute; man spürt, da ruht eine Nation, die Platz hat, die sich nicht auf engem Raum zusammendrängen muß, weder im Leben, noch im Tod. Von den vorwiegend weißen, steinernen Monumenten geht Kälte aus, die durch kein Beet, keinen Blumenstrauß gemildert wird – nichts, das eine Verbindung der Lebenden zu ihren Toten vermuten läßt. Die Anlagen sind meist menschenleer, ab und zu kurvt ein Auto zwischen den Gräbern – »ans Grab gegangen«, »zu Grabe getragen« wird hier motorisiert. Breite, asphaltierte Wege laufen zwischen den Grabmonumenten. Der Leichenzug, eine Prozession aus Autos, jeder Trauernde in seiner Blechkiste verpackt, das ist eine Vorstellung, die mich immer seltsam berührt – kann man denn nicht mal den letzten Schritt zu Fuß tun?

Memento Mori heute. Andere puritanische Maximen mögen erhalten geblieben sein, diese ganz bestimmt nicht. Der Gedanke, daß wir sterblich sind, wird hier perfekt verdrängt. Wenn es so weit ist, fährt ein diskret kaschiertes ›Totentaxi‹ vor, Bestandteil des Kundendienstes jener Neontrost spendenden *Funeral Homes,* denen man alles weitere überläßt. »Dort gibt der Tote, ehe man ihn beerdigt, seine letzte *party:* sein Gesicht ist in schreienden Farben geschminkt, im Knopfloch trägt er eine Gardenie oder eine Orchidee, und seine Freunde kommen, ihn ein letztes Mal zu begrüßen. Was mich betrifft, so lassen mich diese freundlichen *homes* erschauern, die zwischen einem *drug-store* und einer Bar liegen. Immer glaube ich, daß ihnen im nächsten Augenblick irgendein *zombie* oder Vampir entschlüpfen wird; denn die Wirklichkeit des Todes wird hier vergebens abgeleugnet, aber sie offenbart sich in den Friedhöfen und das verleiht den Gärten der Trauer einen unerwarteten Reiz.«
(Simone de Beauvoir,
›Amerika Tag und Nacht‹)

Als die Pilger in der Neuen Welt an Land gingen, verband sie nichts mehr mit der Kultur Europas. Der dort gerade populäre Barockstil, mit dem die katholische Kirche im Rahmen der Gegenreformation ihren Propagandafeldzug zur Rückgewinnung der Seelen durchführte, hatte den Calvinisten ohnehin nie gefallen. Sie führten ein betont puristisches Leben, schmückten ihre Kirchen nicht mit Bildern, erlaubten keine Musik zum Gottesdienst. Die schlichten,

klaren Formen eines Palladio hätten ihrer Denkweise schon eher entsprochen – aber wer denkt an Palladio, wenn er an einer Küste vor dichtem Wald steht und ein Dach über dem Kopf braucht?

Diese Notwendigkeit, in der Wildnis zu überleben, bestimmte den Baustil der ersten Häuser, die in Neu-England entstanden: Es waren einfache, einstöckige Holzhäuser, die aus einem Raum bestanden, der Kamin war an der Außenwand angebracht.

Funktionalismus und Schlichtheit prägen den **Kolonialstil**, auch die ersten Kirchen der Puritaner, die *meetinghouses*, waren völlig schmucklos, sie sahen aus wie große quadratische Scheunen, deren Mitte ein kleiner Turmaufbau zierte. Gute Beispiele der frühen Bau- und Lebensweise findet man in Plimoth Plantation (s. S. 168f.), wo man auch Gelegenheit hat, die Inneneinrichtung der Häuser zu sehen: ein offener Herd, roh zusammengezimmerte Möbel, hölzerne Truhen, das Spinnrad. Die Pioniere waren Selbstversorger, alles, was man für den täglichen Bedarf brauchte, mußte vor Ort hergestellt werden, Importware aus England war teuer und kaum erhältlich. Zu jedem Dorf gehörte daher auch eine Mühle, die erste Neu-Englands wurde 1631 in Plymouth gebaut; es war eine Kornmühle, mit der die Siedler den Mais verarbeiteten, der ihr Hauptnahrungsmittel war, Getreide wollte nicht recht gedeihen an den fremden Gestaden.

Ein etwas elaborierteres Beispiel kolonialer Architektur findet man in Boston im North End; dort steht das älteste Holzhaus der Stadt, das Paul Revere House (s. S. 133f.). Es stammt aus dem Jahr 1677, wurde aber Mitte des 18. Jahrhunderts umgebaut. Typisch für diese Epoche sind die kleinen, mit Butzenscheiben verglasten Fenster, die dunklen, niedrigen Räume und das vorkragende Obergeschoß. Den zweistöckigen kolonialen Häusern wurden oft einstöckige Anbauten hinzugefügt, die vom Dachfirst aus mit einer steil nach unten verlaufenden Dachfläche gedeckt wurden; da sie in der Form an damals übliche hölzerne Behältnissse zum Aufbewahren von Salz erinnern, nennt man diese Häuser *salt boxes*.

*Schmucklos und funktionell präsentiert sich der Kolonialstil wie hier in York, Maine*

Zu Beginn des 18. Jahrhunderts sah die wirtschaftliche Situation der Kolonien schon besser aus. In den Städten lebten Kaufleute und Kapitäne, die es zu etwas gebracht hatten und das auch zeigen wollten. Noch immer orientierte man sich an England. Dort hatte 1714 gerade ein König George den Thron bestiegen; da ihm noch drei weitere desselben Namens folgten, nannte man den Baustil, der zu dieser Zeit in London modern war und auch bald von den Kolonisten übernommen wurde, **Georgian Style**. Nun kam Palladio zu seinem Recht, dessen Formensprache vor allem die repräsentativen Bauten in Amerika bis ins 19. Jahrhundert bestimmte. Als Bauvorlage diente den Architekten des 18. Jahrhunderts James Gibbs' ›A Book of Architecture‹. Ihn kopierten die Baumeister in den Kolonien hemmungslos. Nur einer hatte zwei Bücher mehr: Peter Harrison. Er besaß Andrea Palladios ›Four Books of Architecture‹ und Colen Campbells ›Vitruvius Britannicus‹ und ging aufgrund dieses Vorsprungs als bedeutender Mann in die Architekturgeschichte ein. Der Brite war der erste Berufsarchitekt, der in Neu-England baute, von ihm sind die King's Chapel in Boston (s. S. 118) sowie die Redwood Library (und die Touru Synagogue in Newport, Rhode Island (s. S. 187).

Der Georgian Style steht in krassem Gegensatz zum Colonial Style: Er zeigt sich elegant, formal und repräsentativ. Symmetrie und klassische Elemente kennzeichnen ihn. Seine Feinheiten lassen sich zum Beispiel am Longfellow House in der Brattle Street in Cambridge bei Boston (s. S. 162) sehen: Ein Portikus über dem Eingang legt optisch die Mittelachse des 1759 gebauten Hauses fest, das abgeflachte Dach krönen zwei Kamine, zwei Veranden halten die Harmonie zu ebener Erde aufrecht. Die Innen-

einrichtung dieser Häuser zeugt nun ebenfalls von Affluenz: holzgetäfelte Wände, prächtige Eingangshallen und schmucke Treppenhäuser sind typisch für die Zeit. Noch kommen die meisten Möbel aus England, es gibt aber bereits amerikanische Schreiner, die sich mit einem eigenen Stil einen Namen machen, so zum Beispiel Townsend und Goddard aus Newport. Sie orientieren sich am Chippendale-Design, bereichern es aber durch eigene Ornamentik. Bekannt und in jedem Museum zu sehen sind ihre hochbeinigen Kommoden, die ein Muschelmotiv ziert.

Auch als man sich formal vom Mutterland losgesagt hatte, blickten die Künstler aller Sparten noch immer nach Europa, um sich inspirieren zu lassen. In England war damals gerade Robert Adam der Stararchitekt; seinen Stil übernahmen die amerikanischen Baumeister, nannten ihn aber **Federal Style** – Ausdruck des neuen Selbstbewußtseins der föderalen Republik. Schlichte Fassaden kennzeichnen den Federal Style, die Dächer sind flach, die Proportionen klassisch-harmonisch. Ziegel wird neben Holz als Baumaterial verwendet; man baut meist dreistöckig, säulengetragene Vorbauten akzentuieren das Eingangsportal. Sehr schöne Beispiele des Federal Style findet man in Salem, Massachusetts. Der Baumeister, der sich dort einen Namen machte, heißt Samuel McIntire (1757–1811). In Boston gelangte ein Sohn der Stadt zu Ruhm, der als der erste bedeutende amerikanische Architekt gilt: Charles Bulfinch (1763–1844). Sein Entwurf für das State House in Boston (s. S. 114) fand soviel Anerkennung, daß er nach Washington berufen wurde und dort das neue Kapitol baute, die Faneuil Hall (s. S. 127) erhielt durch seine Hand ihr heutiges Aussehen und zu seinen vollendetsten Werken

Das Custom House in Salem, ein Beispiel für den Federal Style

Das Wedding Cake House in Kennebunk repräsentiert den viktorianischen Stil

zählt das erste Haus, das er 1796 für Harrison Gray Otis errichtete (s. S. 146). In der Ornamentik der Zeit findet man immer wieder den Adler, den amerikanischen Wappenvogel, auf Spiegelrahmen oder anderen dekorativen Elementen. Seit der Asienhandel eröffnet wurde, schmücken die Reichen ihre Häuser mit Asiatika – Geschirr, Truhen, Tapeten mit fernöstlichen Motiven.

In den 30er und 40er Jahres des 19. Jahrhunderts wurden die Griechen wieder modern; die junge Nation fühlte sich zu den Idealen der klassischen demokratischen Gesellschaft hingezogen und manifestierte diese Sehnsucht in tempelartigen Bauten mit Portiken und Säulen; typische Gebäude dieser Zeit sind die Markthalle von Boston (Quincy Market, s. S. 130), ein schmaler, langgestreckter Bau, der im Zentrum von einer Kuppel gekrönt wird, und die Arcade in Providence, Rhode Island (s. S. 181). Im **Greek Revival** wurden in den nächsten Dekaden Hotels, Theater und Kirchen erbaut, ein besonders schönes Beispiel, wie der Stil im Bereich des privaten Wohnens Verwendung fand, bietet der Louisburg Square in Boston (s. S. 144).

Das fortschreitende 19. Jahrhundert schließlich brachte eine Vielfalt von Stilformen: Man kopierte die Griechen, die Römer, die Renaissance und die Gotik, man kopierte sogar sich selbst und schuf den **Neo-Colonial**, den **Neo-Georgian** und den **Neo-Federal Style**. Den besten Einblick in diese Vielfalt bietet das Viertel Back Bay in Boston (s. S. 146ff.). Es ist eine wahre Spielwiese des Eklektizismus, ein Puzzle aus allen Stilrichtungen, die in der zweiten Hälfte des 19. Jahrhunderts gerade en vogue waren.

Erst Ende des 19. Jahrhunderts kann man von einer wirklich eigenständigen amerikanischen Architektur sprechen: Die Impulse dazu gingen von Chicago aus. Nach der Erfindung von Stahlskelettkonstruktionen Ende des 19. Jahrhunderts wurde es möglich, Gebäude in bisher nie erreichter Höhe zu bauen – der Wolkenkratzer war geboren. Die Bostoner fühlten sich 1915 durch ihr erstes Hochhaus schockiert: Das Custom House (s. S. 131), ein Gebäude in staatlichem Besitz, mußte sich um die von der Stadt vorgegebene maximale Bauhöhe nicht kümmern und setzte einen sechzehnstöckigen Turm in die Hafengegend. Die Architekten waren Ammi Burnham Young und Peabody and Sturns, letztere schufen den turmartigen Spitzenaufsatz. Das Custom House war lange das höchste Gebäude in Boston, das sich, wie die übrigen Städte in Neu-England auch, nicht eben durch revolutionäre moderne Bauten einen Namen machte. Vereinzelt gibt es Art-déco-Gebäude, wie das Paramount Theatre an der Washington Street in Boston, das Arthur Bowditch in den Jahren 1930–1932 errichtete, insgesamt aber hat Neu-England weitaus mehr interessante Bauten aus der Kolonialzeit und dem 18. und 19. Jahrhundert vorzuweisen als Gebäude, die bahnbrechend für die Moderne wirkten.

Schaukästen für die architektonische Entwicklung des 20. Jahrhunderts sind die Gelände der großen Universitäten: MIT und Harvard in Cambridge und Yale in New Haven. Sie alle unterhalten Lehrstühle für Architektur und teilten fortschrittlichen Architekten Baugründe zu. So kann man zum Beispiel auf dem Campus von MIT das Baker House von Alvar Aalto aus den Jahren 1947–1949 bewundern, auch Eero Saarinen hat für MIT gebaut: Kresge Auditorium und Kresge Chapel (1954–1955). In Harvard hatte Walter Gropius einen Lehrstuhl, er errichtete 1950 Harvard Harkness Commons and the Graduate Center. In Harvard steht auch das einzige Gebäude, das Le Corbusier in Amerika gebaut hat: das Harvard Carpenter Center for the Visual Arts (1961–1963). In Yale bauten Louis Kahn, Eerino Saarinen und Philip Johnson. In verschiedenen Städten ist schließlich I. M. Pei präsent, der u.a. den John Hancock Tower in Boston (s. S. 151), die John F. Kennedy Library bei Boston (s. S. 162f.) und den Neubau des Kunstmuseums von Portland, Maine (s. S. 248f.) schuf.

So spröde sich gerade Boston der Moderne gegenüber gezeigt hatte, umso begeisterter hieß es die Postmoderne willkommen. Die Stadt war in den 80er Jahren ein attraktiver Wirtschaftsstandort geworden, die Geschäfte liefen gut und der Immobilienmarkt boomte. Und so begann man sich postmodern auszutoben, eine Entwicklung, unter der vor allem das Finanzviertel litt. Hier bauten Kohn Pederson Fox, das 101 Federal Street (1988) ist von ihnen – in seinem Inneren ist eine Original Art-déco-Lobby erhalten –, hier verewigten sich Philip Johnson und John Burgee mit dem International Place (1985). Auch die Back Bay bekam ihren Teil an Postmoderne ab, hier bereichert sie aber eher das Bild durch bunte Tupfer in dem Stilmischmasch des 19. Jahrhunderts.

# Zwischen Naturbetrachtung und Skurrilität – Literatur

Die Frage, wann sich Amerika vom europäischen Vorbild löste und – sei es in der Malerei, Musik, Architektur oder Literatur – eine eigenständige Sprache fand, wird in Fachkreisen viel diskutiert und hat schon manchem Ame-

rikanistik-Studenten zu seinem Schein und seinem Professor zu einer Publikation verholfen. Obwohl allein schon die Fragestellung von gönnerhaftem Eurozentrismus zeugt, soll dem Leser die Antwort aus berufenem Munde hier nicht vorenthalten bleiben; so schreiben Schirmer/Esch in ›Kurze Geschichte der englischen und amerikanischen Literatur‹: »Erst mit der allmählichen Entwicklung der amerikanischen Nationalität... entstand auch eine amerikanische Literatur. Wenn sie in dem romantischen Zeitraum nur mit wenigen Autoren und Werken zur Erwähnung kommt, so deshalb, weil – infolge des *cultural lag* des ehemaligen Koloniallandes – erst der Transzendentalismus der folgenden Generation zu einer charakteristisch amerikanischen Schule führte, in der sich der demokratische Freiheitsbegriff und der ethische Subjektivismus der Romantik auf eigenartige Weise verknüpfen. Im Transzendentalismus erneuert sich der religiöse Impuls des Puritanismus, der in Verbindung mit den Ideen der Aufklärung formbildende Kraft der amerikanischen Geschichte wurde.«

›Cultural lag‹, also kultureller Rückstand. So kann man es natürlich sehen, wenn man meint, die Kultur gepachtet zu haben, wie dies viele Europäer noch immer tun. Andererseits kann man die Sache auch materialistischer angehen und mit Bert Brecht sagen: »Erst kommt das Fressen, dann kommt die Moral.« Mit anderen Worten: Wer ums blanke Überleben kämpfen muß, wie die Pioniere, hat keine Zeit, erbauliche Literatur zu schreiben. Wer seine Untertanen mit Schreckensberichten über Tod und Verdammnis bei der Stange halten muß, wie die Puritaner, wird sich im Bereich der Schönen Künste nicht hervortun. Und wer darum kämpft, eine Kolonialmacht abzuschütteln, verfaßt Flugschriften und keine Gedichte. Es muß eine Zeit der Konsolidierung kommen, des wirtschaftlichen Wohlergehens, damit sich ein paar Leute in eine Ecke setzen und philosophieren können, und die war erst im ersten Drittel des 19. Jahrhunderts erreicht. Interessant trotzdem, daß der literarische Impuls von Neu-England ausging und nicht von den mittleren oder den südlichen Kolonien, die ja sogar noch früher als Neu-England besiedelt wurden. Dafür ist sicherlich der »religiöse Impuls des Puritanismus« verantwortlich; Neu-England wurde von Männern der Schrift besiedelt – Frauen der Schrift gab es damals noch nicht –, von Menschen, die es bereits 1638 »nach der Förderung des Lernens« verlangte, die ein Jahr später – vor anderen Maschinen – eine Druckpresse bauten.

Zentrum des Transzendentalismus war nicht Boston, sondern Concord (s. S. 206f.), ein kleiner Ort nahe der Hauptstadt. Hier, in der ländlichen Umgebung, die den romantischen Idealen der Gruppe entsprach, versammelten sich Henry David Thoreau, Bronson Alcott, Margaret Fuller und Nathaniel Hawthorne um die zentrale Figur der Bewegung, **Ralf Waldo Emerson** (1803–1882). Emerson stammte aus Boston, war Harvard-Schüler, arbeitete als Lehrer und Geistlicher; Gewissensgründe zwangen ihn, sein Amt aufzugeben. Nach einer Europa-Reise ließ er sich 1835 in Concord nieder. Ein Jahr später erschien ›Nature‹, ein Prosawerk, in dem die Grundzüge des Transzendentalismus dargelegt sind; im selben Jahr wurde der ›Transcendental Club‹ gegründet, dessen Mitglieder sich regelmäßig in Emersons Haus zu philosophischen, theologischen und literarischen Gesprächen trafen.

Egon Friedell hat Emerson einen »milde überredenden Pastor« genannt und schreibt in der ›Kulturgeschichte der Neuzeit‹: »Es ist zwecklos, ja unmöglich, Emersons Philosophie zu reproduzieren oder zu erläutern, denn wie ein Kristall oder eine Landschaft beschreibt und kommentiert er sich selbst. Seine Sätze sind da, unvorbereitet, undiskutierbar, gleich Matrosensignalen aus einer nebelhaften Tiefe. Er trat zu einer Zeit auf, wo Amerika bereits vor der Gefahr stand, völlig amerikanisiert zu werden, und setzte gegen die Realität der Maschine die Realität des Herzens... Er ist Amerikaner und schreibt für ein Volk der *selfmademen,* er ist der Philosoph der ›Neuen Welt‹. Er sieht den Dingen mit dem gesunden kerzengeraden Blick eines Menschen ins Gesicht, der nicht durch gelehrte Überlieferungen eingeschüchtert ist und für junge Köpfe denkt. Er wird niemals abstrakt, sondern nimmt seine Beispiele und Gleichnisse aus dem Reichtum des täglichen Lebens, das er von Grund aus kennt. Seine Sprache hat die Bildkraft eines Menschen, der nicht nach Bildern sucht.«

*Ralph Waldo Emerson*

Emerson war Theoretiker. Die überschwenglichen Versuche seiner Anhänger, die Ideen des Transzendentalismus zu leben – sie starteten Experimente alternativen Zusammenlebens wie Brook Farm (1841–1847) in West Roxbury bei Boston und Fruitland Farm (1842) in Harvard – verspottete er. Einzig sein Freund und Schüler Henry David Thoreau erhielt seine Unterstützung und Anerkennung, als er sich an den Walden Pond zurückzog.

**Henry David Thoreau** (1817–1862) wurde in Concord geboren; auch er studierte in Harvard und war Lehrer an der Concord Public School. Da er sich mit der Prügelstrafe als Erziehungsmittel nicht anfreunden konnte, quittierte er den Dienst und verbrachte den Rest seines Lebens in Concord, das er nur verließ, um Ausflüge in die nähere Umgebung zu unternehmen, die zu einer Reihe von ausführlichen, naturschwärmerischen Berichten über Maine, Cape Cod, den Concord und Merrimack River führten. Seine beiden Hauptwerke sind ›On the Duty of Civil Disobedience‹ (1849) und ›Walden, Or Life in the Woods‹ (1854). Beide Werke erlangten internationalen Ruhm, ›Civil Disobedience‹, das Traktat über die Pflicht, dem Staat den Gehorsam zu verweigern, hat keinen geringeren als Mahatma Gandhi beeinflußt. Thoreau lebte nach seinen Maximen; so weigerte er sich Steuern zu zahlen, weil er einen Staat, der die Sklaverei befürwortete, nicht unterstützen wollte und wanderte dafür ins Gefängnis. Auch sein Bericht ›Walden‹ beschreibt eigene Erfahrungen; es ist das minutiös geführte Tagebuch über die Zeit vom 7. Juli 1845 bis zum 6. September 1847, die Thoreau in einer selbstgebauten Blockhütte am Walden Pond bei Concord verbrachte. Nicht als Eremit – er spazierte fast täglich nach Concord,

*Nathaniel Hawthorne*

aber doch ganz mit sich und von der Natur lebend. »Ich bin nicht einsamer... als der Walden Pond selbst«, schreibt er. »Welche Gesellschaft hat denn dieser einsame See? Und doch spiegelt sich nicht Trübsinn, sondern Himmelheiterkeit in dem Azur seines Wassers. Die Sonne ist allein, Gott ist allein, aber der Teufel ist sicher nicht allein, der hat viele Kameraden! Der ist Legion!«

Der Dritte der Concorder Gruppe, der über die Landesgrenzen hinaus bekannt wurde, war der Romancier **Nathaniel Hawthorne** (1804–1864). Er stammte aus Salem – einer seiner Vorfahren war der berüchtigte Hexenrichter Hathorne – und verbrachte auch den Großteil seines Lebens in der Hafenstadt, wobei er einige Jahre lang den langweiligen Job eines Zollbeamten innehatte. Seine literarischen Themen passen zu Salems traumatischer Vergangenheit, die so eng mit der Familiengeschichte des Autors verknüpft ist. Er setzt sich in seinen

Werken mit dem Puritanismus Neu-Englands auseinander, mit der Verstrickung des Menschen in sein Schicksal, mit Schuld, Sühne, Reue. Einer seiner bekanntesten Romane ›The Scarlet Letter‹ (1850) spielt im Boston des 17. Jahrhunderts; es ist die Geschichte einer Frau, die aufgrund eines Ehebruchs – pikanterweise mit dem Priester der Gemeinde, der seine Schuld aber nicht bekennt – verstoßen wird und zeitlebens ein rotes A (*adultery* = Ehebruch) auf der Brust tragen muß. Direkt mit dem Thema Hexenverfolgung steht ›The House of the Seven Gables‹ (1851) in Zusammenhang. Schauplatz ist das Neu-England des 19. Jahrhunderts, die Nachkommen der Hexenjäger werden mit den Folgen eines Fluches gegen ihre Vorfahren, mit den Konsequenzen begangenen Unrechts, konfrontiert.

Dieses Buch entstand in den Berkshires (s. S. 210), damals eine beliebte Künstlersommerfrische, die Hawthorne auch in den ›Tanglewood Tales‹ (1851) beschrieb. Hawthorne lebte 18 Monate in den Berkshires und lernte dort unter anderem auch **Herman Melville** kennen. Melville (1819–1891), ein geborener New Yorker, ließ sich 1850 auf einer Farm in der Nähe von Pittsfield nieder. Hier lebte er bis 1863, bewirtschaftete sein Anwesen ›Arrowhead‹ selbst, kombinierte diese körperliche Arbeit mit geistiger Tätigkeit und ausgedehnten nächtlichen Kneipengängen – und schieb hier sein Meisterwerk, das er Hawthorne widmete: ›Moby Dick‹ (1851). Es ist die Geschichte von Kapitän Ahab, der von dem Gedanken besessen ist, sich an dem Wal Moby Dick zu rächen und damit sich und seine Mannschaft ins Verderben stürzt. Die Anregung zu dem Roman lieferte ein Bericht über den Verlust der ›Essex‹, eines Walfangschiffes aus Nantucket, das 1820 von einem Wal angegriffen und irreparabel beschädigt wurde – angeblich handelte der Wal mit voller Absicht und ohne, daß ein Kampf vorausgegangen wäre. Melville schrieb auf Arrowhead auch noch weitere Werke, die teilweise in den Berkshires spielen, wie ›Pierre‹ (1852), und einige Kurzgeschichten ›The Piazza Tales‹ (1856).

Neben den Berkshires etablierte sich in der zweiten Hälfte des 19. Jahrhunderts noch eine zweite Intellektuellen-Kolonie in der Nähe von Hartford, Connecticut: Nook Farm. 1873 zog **Harriett Beecher Stowe** (1811–1896) hierher, ein Jahr später folgte ihr Mark Twain. Während Mark Twain ein ›Zugereister‹ war, stammt Harriett Beecher Stowe aus Neu-England. Sie wuchs in Litchfield, Connecticut in einem liberalen Prediger-Haushalt auf, in dem die Themen, die sie später in dem bewegenden Roman ›Uncle Tom´s Cabin‹ verarbeitete, schon zu ihrer Kindheit Gesprächsstoff waren. »Die kleine Frau, die das Buch schrieb,

*Harriet Beecher Stowe*

Frau Harriet Beecher - Stowe.

das diesen großen Krieg auslöste«, formulierte Abraham Lincoln, nicht ganz frei von Chauvinismus. ›Die kleine Frau‹ verkaufte ihre ergreifende Geschichte über die Unmenschlichkeit der Sklaverei immerhin allein in Amerika 300 000mal in einem Jahr, und der Norden konnte sie ganz vortrefflich für die Kriegspropaganda einsetzen.

Im 20. Jahrhundert verlor Neu-England seine Stellung als literarisches Zentrum der Nation. Zwar etablierte sich in den 20er Jahren in Provincetown auf Cape Cod die bedeutendste Künstler-Kolonie der USA, doch trafen sich dort hauptsächlich New Yorker, unter ihnen Maler wie Charles Demuth, Stuart Davis, Ben Shahn, Edward Hopper, George Grosz, Hans Hofmann, Jackson Pollock, Larry Rivers, Barnett Newman, Mark Rothko, Robert Motherwell und Schriftsteller wie Eugene O'Neill, Sinclair Lewis, John Dos Passos, Norman Mailer. Im Provincetown Playhouse erlebte ein Großteil der Stücke von Eugene O'Neill ihre Uraufführung. 1916 zog die Truppe nach New York und eröffnete im Village das Provincetown Theater; dort in der MacDougal Street fanden die Aufführungen im Winter statt. Eugene O'Neill verbrachte die Sommer seiner Kindheit in der Monte Cristo Cottage in New London, das Haus ist in zwei Werken verewigt: ›A Long Day's Journey into Night‹ und ›Ah, Wilderness!‹

Eine literarische Randerscheinung dieser Zeit ist der 1890 in Providence, Rhode Island geborene **H. P. Lovecraft**. Er starb 1937; gesundheitliche Probleme hinderten ihn am Studium oder ausgedehnten Reisen, wie sie zu seiner Zeit eigentlich üblich waren. Seine Geschichten sind im Übernatürlichen angesiedelt, die bekannteste ›The Haunter of the Dark‹ (1936) handelt von einem Mann, der in Providence in einer alten verlasse-

nen Kirche dunklen üblen Mächten aus grauer Vorzeit auf die Spur kommt und an dieser Entdeckung zugrunde geht. Diese Thematik – Neu-England als Schauplatz magisch-mystischer Kräfte, die sich außerhalb der Welt des modernen Menschen entfalten – zieht sich durch die Literatur des gesamten 20. Jahrhunderts. Vor allem die Hexenverfolgung von Salem ist ein Thema, das immer wieder behandelt wurde, teils politisch, teils als Beweis des noch immer lebendigen Bösen: Arthur Miller schrieb 1953, zu Zeiten der Kommunistenverfolgung durch McCarthy, ›The Crucible‹, auch der Deutsche Lion Feuchtwanger griff das Thema auf. 1948 publizierte er in Kalifornien ›Wahn oder Der Teufel in Boston‹. Stephen King – ›Salem‹, John Updike ›The Witches of Eastwick‹ – das Thema läßt auch zeitgenössische Autoren nicht los. **Stephen King**, 1947 in Portland, Maine geboren, ist, wenn nicht der bekannteste, so doch der bestbezahlte Autor aller Zeiten. Seine Horror-Geschichten wurden reihenweise verfilmt, seine Inspiration zieht der Autor aus den Wäldern von Maine, wohin er sich zum Arbeiten zurückzieht. Daß hier auch der Autor von E. T., **William Kotzwinkle**, lebt, paßt ins Bild des »leidenschaftlichen Rätsels Neu-England«, das der Autor Thomas Wolfe schuf – der Landstrich scheint die Auseinandersetzung mit Außer- und Überirdischen zu provozieren.

Die literarisch beachtlichste Figur unter den zeitgenössischen Autoren Neu-Englands ist **John Irving**, 1942 in New Hampshire geboren und heute wohnhaft in Vermont in der Nähe von Manchester. Seine bekanntesten Romane, wie ›Garp‹ und ›Hotel New Hampshire‹ spielen in Neu-England und setzen sich in komisch-skurriler Weise mit dem Schulsystem, dem Alltagsleben und der Identität der Menschen in der Region auseinander. Wer sich dem Neu-England der Gegenwart literarisch nähern möchte, dem sei die Lektüre Irvings empfohlen. Besonders interessant ist das 1989 erschienene ›Owen Meany‹, die Geschichte einer Freundschaft zweier Jungen und zugleich eine Auseinandersetzung mit den gesellschaftlichen und politischen Ereignissen in Amerika seit den 50er Jahren.

## Neue Ufer – Alte Küche?

*Es war einmal ein König, der lebte in einem Land, das war so groß und reich, daß es ihm an nichts mangelte. Trotzdem war der König immer muffig und unzufrieden, denn es gab in seinem Reich keinen Koch, der ihm etwas Rechtes zu essen vorsetzen konnte. Eines Tages, als er wieder nach einem haarsträubenden Mahl vom Tisch aufstand, beschloß er, diesem Zustand ein Ende zu machen. Und er ließ in allen Ländern verkünden, daß ein jeder in seinem Reich willkommen sei, sofern er aus seiner Heimat die Speisen mitbrächte, die er am besten zubereite und am liebsten esse. Nicht lange, und sie strömten von überall her. Sie brachten Gewürze und Rezepte, ihre Töpfe und Pfannen, sie brutzelten, probierten und lernten voneinander, und der König, inzwischen wesentlich ausgeglichener und rundlicher geworden, konnte seine Rezeptsammlung jeden Tag erweitern und sich rühmen, die beste Küche der Welt zu haben...*

Es dauerte mehr als 350 Jahre, bis dieses Märchen – ansatzweise – wahr wurde. Amerika hat zwar heute bestimmt nicht die beste Küche der Welt,

in den letzten zehn Jahren hat sich aber in Küche und Keller unendlich viel getan. Die Zeiten des verkochten Gemüses und des süßen Weißweins sind endgültig vorbei – die Gesundheitswelle der letzten Jahre hat das Ihre dazu beigetragen, außerdem nahmen und nehmen die Amerikaner mit großer Offenheit und Experimentierfreude fremde Einflüsse auf, verwenden exotische Gewürze, probieren zu Hause und in Restaurants karibische oder asiatische Rezepte aus.

Lange genug hat's gedauert. Die ersten 200 Jahre Amerikas standen – was die Entwicklung der nationalen Kochkunst betrifft – unter denkbar ungünstigen Vorzeichen: Bis 1820 war die Mehrheit der Bevölkerung britischer Abstammung, und damit nicht genug, sie waren auch noch Puritaner! Was wunder also, daß die amerikanische Küche so viele Züge der britischen aufweist, die ja bekanntlich keine ist. »Die Kolonisten haben in der Neuen Welt genau die Kochweise wiederaufgenommen, an die sie in der Alten gewöhnt waren. Dazu gehört ein gewisses Maß an Hartnäckigkeit. Das, was sie in England gegessen hatten, gab es in Amerika nicht, als sie dort ankamen. Und das, was sie in Amerika vorfanden, war unbekannt in England. Eine neue, unabhängige Küche hätte sich entwickeln können. Die Kolonisten entschieden sich anders: Sie kehrten den meisten neuen Speisen den Rücken, lehnten oft ab, sie zu essen, bis Europa sie akzeptiert hatte und sie ins Land ihres Ursprungs reimportierte.« (Waverly Root, ›Eating in America‹).

Ab 1830 nahm dann die Zahl der deutschen, irischen und – später – süd- und osteuropäischen Einwanderer zu, und man könnte meinen, daß damit frischer Wind in die Küchen kam; Namen wie ›Frankfurter‹, ›Danish Pastry‹ (ein Gebäck), ›Pretzel‹, ›Liverwurst‹ und nicht zuletzt die Pizza, die in der Form, wie wir sie heute kennen, von Italo-Amerikanern erfunden wurde, zeugen davon. Die meisten Immigranten waren aber so erbärmlichen wirtschaftlichen Verhältnissen entflohen, daß sie froh waren, überhaupt zu essen zu haben. Feinschmekkerische Mäkeleien an der Landesküche lagen ihnen fern.

Kritik an der amerikanischen Essensweise leisteten die, die es sich leisten konnten: europäische Reisende, die im 19. Jahrhundert von dem neuen Staat angezogen wurden, dessen Regierungsform zu so viel Hoffnung oder Skepsis berechtigte – je nach politischem Standpunkt des Betrachters. Politische Kriterien sind es dann auch allzu oft, die in die Beurteilung der Eßgewohnheiten miteinfließen. Die Engländerin Frances Trollope zum Beispiel findet, in einem Land, in dem alle Menschen gleich seien, könne auch der »vollkommene Mangel an Manieren« nicht erstaunen. Auch Heinrich Heines bekannte Äußerung über die »schlechte Gleichheitsküche« der Republik, in der man keinen Sinn für feinere Genüsse des Lebens habe, ist eher Ausdruck der ideologischen Wende des Dichters (er hatte in früheren Jahren ein durchaus positives Amerika-Bild) als ein Zeichen verfeinerter Geschmacksnerven: Heine war und aß nie in Amerika.

Ähnliches kann man übrigens auch heute beobachten: Die Meinung, Amerikaner lebten ausschließlich von Hamburgern mit Ketchup, wird am vehementesten von denjenigen vertreten, deren Amerika-Reise nie weiter geführt hat als bis zur McDonalds-Filiale an der Ecke. Wer sich nicht nur von diesen Vorurteilen nähren will und sich auf einer Reise mit Küche und Keller auseinandersetzt, wird angenehm überrascht

sein: Die Wandlung in der Einstellung zum Essen, die sich in den letzten Jahren vollzogen hat, macht sich positiv bemerkbar; man ist gesundheits- und qualitätsbewußter geworden, die Tendenz, den Eigengeschmack der Speisen zu erhalten, hat zugenommen. Statt des allamerikanischen *Steak and potatoe dinners* servieren vor allem die kleineren, unscheinbareren Restaurants erstaunlich kreative Gerichte, Seafood-Variationen wie Jakobsmuscheln auf Nudeln, Kreationen mit rohem Fisch (Sushi und Sashimi), die vor allem in den vielen japanischen Restaurants angeboten werden, die in den letzten Jahren aus dem Boden geschossen sind. Der Einfluß der asiatischen Küche macht sich bemerkbar; auf Gesundes wird mehr und mehr Wert gelegt. Natürlich gibt es immer noch viele, allzuviele, phantastisch herausgeputzte Essenspaläste, in denen man einen Haufen Geld zahlt und sich spätestens beim Nachtisch fragt, ob der Wirt nicht besser in den Koch als in den Innendekorateur investiert hätte. Insgesamt aber ist die amerikanische Küchenlandschaft farbiger geworden und auf jeden Fall positiver als sie, von der Hamburger-Theke aus gesehen, erscheinen mag.

## Das ABC des Essengehens

Restaurants sind in Amerika immer gut besucht, und wenn man in einem speisen will, das besonders gut oder gerade besonders angesagt ist, empfiehlt es sich, vorher telefonisch zu reservieren. Wo das nicht möglich ist, muß man mit Warteschlangen rechnen; die Zeit läßt sich allerdings in vielen Lokalen an der Bar verkürzen. Vergessen Sie nicht, Host oder Hostess beim Betreten des Restau-

rants Ihren Namen anzugeben, Sie werden dann aufgerufen, wenn ein Tisch frei ist.

Auch wenn ein Lokal halbleer ist, ist es nicht üblich, sofort auf einen Tisch zuzustürmen und ihn mit Beschlag zu belegen. Ein Fauxpas wäre auch, sich zu anderen Gästen an den Tisch zu setzen. Vor solchen Peinlichkeiten wird man aber meist durch ein Schild ›Wait to be seated‹ und eine freundliche Hostess bewahrt, die einen zu einem Tisch dirigiert. Nur ausdrücklich aufgefordert »Please seat yourself« kann man sich einen Platz aussuchen. Diese Regelung ist gar nicht so unsinnig, wie sie auf den ersten Blick erscheinen mag. Zum einen herrscht in den meisten Lokalen zu den Hauptessenszeiten Hochbetrieb, und das ›Empfangspersonal‹ hat die Aufgabe, für einen möglichst reibungslosen Ablauf der Essensschichten zu sorgen, zum anderen lebt die Bedienung hauptsächlich vom Trinkgeld, so daß auch hier eine gerechte Verteilung der Gäste – auch außerhalb der Stoßzeiten – vorgenommen werden muß.

Der Service in amerikanischen Restaurants ist immer wieder begeisternd: Die Bedienung ist schnell, aufmerksam und vor allem immer freundlich; das Glas Wasser gehört ebenso zum Dienst am Kunden wie der kostenlos nachgeschenkte Kaffee und der Hochstuhl für die Kinder. Für ausgezeichnete Leistungen zahlt man gerne entsprechend – in Amerika bezahlt der Gast die Bedienung direkt, vielleicht ist das mit ein Grund, warum man überwiegend auf Kellner stößt, die sich um den Gast bemühen. Üblich sind 15 bis 20 Prozent des Rechnungsbetrags, die man beim Verlassen des Lokals auf dem Tisch liegen läßt. Dies ist, wie gesagt, kein Trinkgeld im Sinne von ›Zubrot‹ für die Bedienung, sondern deren Verdienst; die Preise auf der Speisekarte sind keine Inklusivpreise. In Amerika wird kaum getrennt abgerechnet; man erhält pro Gruppe eine Gesamtrechnung, die man, wenn man mit amerikanischen Freunden essen geht, über den Daumen gepeilt teilt.

Die Portionen sind immer reichlich, vor allem beim Abendessen sind sie oft so bemessen, daß man sie kaum bewältigen kann. In diesem Fall verlangt man ein ›Doggy Bag‹ – der Ausdruck stammt wohl noch aus einer Zeit, als man sich die Reste nur ›für den Hund‹ einpacken ließ. Heute muß man nicht mehr mit der Hundeleine klappern, die angenehm natürlichen amerikanischen Umgangsformen haben sich auch hier durchgesetzt, und es ist gang und gäbe, mit dem Doggy Bag in der Hand aus dem Lokal zu gehen.

Wenn man die Rechnung erhält, ist es – einem ungeschriebenen Gesetz zufolge – an der Zeit, die gastliche Stätte zu verlassen. Wer dann noch stundenlang vor einem Bier sitzenbleiben möchte, hat seine Rechnung ohne die des Wirts gemacht: Der hat pro Abend eine bestimmte Anzahl von ›Schichten‹

eingeplant, die nächsten Gäste warten, und der Umsatz muß stimmen. Dafür, daß das alles reibungslos läuft und man gar nicht erst den Wunsch verspürt, nach dem Essen noch ewig sitzenzubleiben, sorgen auch die Architekten, die die Räumlichkeiten so konzipieren, daß sie zwar einladend wirken, aber nicht so anheimelnd, daß man sich festsetzen möchte. Nur in der Kalkulation sehr teurer Restaurants sind einige Stunden für ein Dinner vorgesehen, man zahlt dann sozusagen für den Sitzplatz mit – time is eben money.

Diese Maxime ernährt in Amerika einen ganzen Industriezweig, die sogenannten ›Fast-Food-Restaurants‹. Zeit wird hier wirklich keine verloren, weder beim Zubereiten noch beim Kauen, das man durch die Erfindung der matschigen Ham-, Cheese- und Fishburger ganz einfach wegrationalisiert hat. Ja, man muß nicht mal mehr den Weg vom Auto zum Tisch einkalkulieren: Direkt von der Straße weg zur Speisekarte, Bestellung

über ein Mikrofon, Ansteuern der Essensausgabe, und das alles, ohne sich aus dem Auto zu bewegen – das ›Drive in‹ macht's möglich!

Addiert man zur Zeitersparnis noch die Menge der Kalorien, die einem geboten wird, so ist ein Mahl in einem Fast-Food-Restaurant fast geschenkt: ein Big Mac hat 563 Kalorien und enthält 33 Gramm Fett. Sie erwarten von einer Mahlzeit mehr als die Erfüllung der Time = Money-Gleichung? Seien Sie versichert, daß es selbst seriösen Verbraucherzeitschriften immer wieder gelingt, bei ihren Tests irgendein überlebendes Vitamin in der verkochten Masse aufzuspüren und sie den Produkten sogar Nährwert attestieren. Sollten Sie allerdings soweit gehen wollen, mit Essen auch noch geschmackliche Qualitäten zu verbinden, dann müssen Sie in ein richtiges Restaurant gehen und bereit sein, ein Vielfaches des Betrags auf den Tisch zu legen, den die Computerkasse im Fast Food Restaurant für eine Mahlzeit anzeigt.

Eine Alternative zum Fast-Food-Restaurant sind die ›Diners‹, Restaurants, die wie Eisenbahnspeisewagen aussehen – flache, stromlinienförmige Bauten mit einer breiten Zugfensterfront, abgerundetem Dach und unglaublich viel Chrom. Die ersten Diners tauchten gegen Ende des 19. Jahrhunderts in Neu-England auf, damals noch mobile, pferdegezogene Imbißwagen. Seßhaft und zur Institution geworden, erfüllten sie im sozialen Leben der Städte eine ähnliche Funktion wie bei uns die Kaffeehäuser – mit Einschränkungen natürlich, denn, wie Alfred Polgar sagt, gibt es in Amerika »kein Kaffeehaus, in dem man stundenlang sitzt, und wenn es eines gäbe, wäre es nicht gemütlich, und wenn es gemütlich wäre, wäre es längst pleite«.

Wie dem auch sei, Diners sind heute fester Bestandteil amerikanischer Nostalgie, was allerdings die Stadtplaner nicht gehindert hat, die meisten in den Innenstädten Sanierungsmaßnahmen zu opfern. So findet man sie hauptsächlich noch an den Ausfallstraßen zwischen Motels, Geschäftsblöcken, Hochspannungsmasten und Tankstellen, die sich wie ein Gürtel von Trostlosigkeit um die Städte legen. Die Neonschrift signalisiert schon von weitem, daß es hier keine Sperrstunde gibt, da kann man den Morgen mit Eiern und Speck beginnen, mittags schnell ein Sandwich essen, monotone Nachtfahrten über die Highways mit Kaffee, Chrom und ein paar alten Hits aus der Tisch-Musikbox beleben. Die Bedienung im Diner wartet nicht mit dem Einheitshütchen und -lächeln ihrer Kollegin vom Fast Food Restaurant auf, an der Theke wird offen und noch ›per Hand‹ gekocht, Mikrowellenofen und pulverisierte Eier haben hier keinen Platz – kurz, hier ist die Essenswelt noch in Ordnung!

## Der kulinarische Tagesablauf

### Sunny side up, das Frühstück

»How would you like your eggs«? Dieser Frage muß man am frühen Morgen gewachsen sein, wenn man ein klassisches amerikanisches Frühstück – *two eggs any style*, Speck, Schinken oder Würstchen, Toast und Marmelade – bestellt. Die Antworten sind zum Glück beschränkt, so daß man sie auch als Morgenmuffel über die Lippen bringt: *Scrambled* (Rührei), *Sunny side up* (Spiegelei) und *Over easy* (auf beiden Seiten gebratenes Spiegelei); unseren weichen Eiern am ähnlichsten sind *Poached eggs*. Wer in einem der großen

Kettenrestaurants ißt und trotzdem Wert darauf legt, daß hinter seinem Frühstückei ein Huhn und nicht die chemische Industrie steht, sollte übrigens auf Rührei oder Omelettes verzichten. Viele dieser Abspeisungsunternehmen verwenden dafür nämlich gefrorene oder getrocknete Eier, deren Zusammensetzung sich wie ein Auszug aus ›Chemie für Fortgeschrittene‹ liest.

Der Kaffee kommt prompt und fließt reichlich. Etwaige geschmackliche Defizite werden durch die segensreiche Einrichtung des *Refill* wettgemacht: Man bekommt fast überall nachgeschenkt, sooft man will und bis man ganz bestimmt wach ist. Eine besondere Frühstücksspezialität sind *Pancakes*, ein Stapel kleiner, dicker Pfannkuchen, den man mit *Maplesyrup* (s. S. 214f.) übergießt. Als Amerikaner taucht man in den süßen Sirup auch noch Würstchen und Eier – aber es zwingt einen ja keiner, das nachzumachen. Ansonsten ist das Frühstück, ganz der englischen Tradition entsprechend, ein Lichtblick im Speiseplan. Vor allem wer budgetbewußt reist, sollte sich richtig sattessen, denn es ist auch die – verhältnismäßig – billigste Mahlzeit.

Seit Cholesterin in aller Munde ist und vor allem die Fitten und Erfolgreichen den Tag schon gesundheitsbewußt beginnen, findet man auf den Frühstücksspeisekarten auch Joghurt, Früchte und Beeren der Saison und ähnlich leichte, schmackhafte Dinge. Auch für Kaffeetrinker beginnt der Tag mit einem Lichtblick: In fast allen Lokalen kann man Espresso oder Cappuccino bestellen – das kostenlose *Refill* fällt dabei allerdings weg.

**Mittagessen Nebensache**

Die Kinder essen ein Sandwich in der Schule, Geschäftsleute sieht man an schönen Tagen mittags mit der Lunchtüte und einem Pappbecher Kaffee im Park sitzen, vor den Schnellimbissen bilden sich Warteschlangen – hier ein Joghurt, dort ein Sandwich, das ist das amerikanische Mittagessen: Nebensache. Wer genauer wissen will, was sich eine Nation aufs Brot schmiert, zieht die Statistik zu Rate: Hamburger und Thunfisch rangieren ganz vorne, dann folgt Erdnußbutter, vor allem bei Kindern beliebt.

Um mittags eine richtige Hauptmahlzeit zu bekommen, muß man in die großen Restaurants gehen; die kleinen und die Imbißstuben bieten hauptsächlich Sandwiches, Hamburger, Eier und Salate. Was nicht heißen soll, daß zum Beispiel so ein Sandwich nichts Sättigendes und Kalorienreiches ist, es wird dick belegt, mit Mayonnaise bestrichen und mit Pommes frites, Salat und Kartoffelchips serviert. Die Riesenauswahl an verschiedenen Brotsorten (*Rye, Whole wheat, Pumpernickle, White* oder *Kaiser roll* ...) braucht den Sprachunkundigen nicht zu schrecken. Denn die Unterschiede manifestieren sich weniger im Geschmack als in der Farb- und Formgebung der Teigmasse – ein Gebiet, auf dem die Nahrungsmittelindustrie ihre ganze Kreativität und Lebensfreude auslebt. Es hat allerdings den Anschein, als habe in den letzten Jahren der Kreis derer zugenommen, denen ihre eigene (Über-)Lebensfreude wichtiger ist – für sie gibt es in jeder größeren Stadt (in Vermont sogar in fast jedem Dorf) sogenannte Soup and Salad Restaurants. Hier ist alles selbstgemacht und selbstgebacken: das Brot, die Suppen, Quiche, Kuchen, dazu werden üppige Salate mit verschiedenen Dressings angeboten – in der Tat eine gesunde und schmackhafte Alternative zum üblichen Burger-Lunch.

# Die Freuden des Meeres –
# Neu-englische Muschelspezialitäten

### Clam Chowder
(*Clams* sind eine Muschelart)

*400 g Muschelfleisch*
*250 g gekochten Schinken*
*400 g gewürfelte Kartoffeln*
*1 gehackte Zwiebel*
*1/2 l Milch*
*1/4 l Sahne*
*2–3 Eßlöffel Mehl*
*Salz, Pfeffer*

Schinken fein schneiden und anbraten, Kartoffeln, Zwiebeln und gerade so viel Wasser zugeben, daß die Kartoffeln bedeckt sind. Bei kleiner Hitze garen lassen. Muscheln hinzufügen und zwei Minuten lang kochen. In etwas Wasser angerührtes Mehl hinzugeben. Topf vom Feuer nehmen und heiße Milch und Sahne einrühren, würzen.

Statt der Muscheln kann man auch dieselbe Menge Fisch (Schellfisch und/oder Kabeljau) nehmen, dann ist es allerdings kein Clam Chowder mehr, sondern ein Fish Chowder.

### Clambake
*Man nehme: 1 Ster Holz, eine Wagenladung Seegras, 1,5 Tonnen fußballgroße Steine ...*
Keine Angst, das ist kein Auszug aus einem makrobiotischen Kochbuch, es sind die Vorbereitungen für ein Clam-

bake nach einem Rezept, das die Siedler einst von den Indianern gelernt haben.

Aus Holz und Steinen errichtet man einen Scheiterhaufen, nachdem das Holz verkohlt ist, klaubt man die heißen Steine heraus und bedeckt sie mit Seegras. Darauf werden nun schichtenweise *Clams*, Würste, Fischfilet, Hummer, Mais, Kartoffeln und Zwiebeln gelegt: zuerst die Muscheln und ganz obenauf der frische, delikate Mais. Deckt man das Ganze nun mit einer Plane zu, erzielt man den Effekt eines natürlichen Dampfkochtopfes: Die Steine liefern die Hitze, die kleinen wassergefüllten Bläschen des Seegrases platzen auf, Dampf entwickelt sich und ein Aroma, daß einem das Wasser im Mund zusammenläuft! Nach etwa einer Stunde kann serviert werden.

So ein Clambake hat alle Attribute, die ein kulinarisches Urlaubserlebnis kennzeichnen: Es schmeckt herrlich, ist typisch neu-englisch, bietet was für die Kamera, und es ist ganz bestimmt nichts, was man sich zu Hause selbst auf dem Küchenherd zubereiten kann. Auch fürs Ambiente ist gesorgt, Clambakes werden im Sommer im Freien an der Küste veranstaltet. Manchmal sind Reservierungen empfehlenswert, Auskünfte erteilen die Informationsstellen der Ferienorte an der Küste.

## Abends dann richtig

Zur Monarchie hat Amerika ein gebrochenes Verhältnis – vielleicht konnte sich deshalb die Regel »Morgens wie ein Kaiser, mittags wie ein König und abends wie ein Bettler« nicht durchsetzen. Hier sitzt der Bettler am Mittagstisch, und der Kaiser diniert am Abend. Ernährungswissenschaftler sind darüber gar nicht glücklich. Daß immerhin 20 Prozent der Bevölkerung aus allen sozialen Schichten übergewichtig sind, führen sie unter anderem auch auf diese abendliche Hauptmahlzeit zurück.

Das Abendessen findet zwar relativ früh statt – die meisten Restaurants beginnen schon zwischen 17 und 18 Uhr zu reservieren –, dafür ist es aber um so reichhaltiger: Ein Dinner, das man im Lokal bestellt, besteht immer aus Salat, Brot und dem Hauptgericht, klassisch ist hier das Steak-Kartoffel-Menü. Mit Steak kann man in Amerika eigentlich nie fehlgehen: saftig, riesig und preiswert! Das klingt wie ein Werbeslogan der Fleischerinnung, aber es stimmt. Riesig deshalb, weil der Metzger Filet, Roastbeef und Flanke beim Zerlegen nicht trennt. Von der Keule des Rinds aus gesehen werden folgende Stücke geschnitten: *Sirloin (Rump-)Steak, Sirloin Strip, Porterhouse Steak, T-bone Steak, Club Steak. Prime Rib* ist besonders saftig, es ist eine dicke Scheibe zarten Rinderbratens aus dem Hochrücken. *Steak and Tail* kombiniert das Beste vom amerikanischen Speisezettel: Steak und Hummerschwanz. Wichtig bei diesem Fleisch ist die Garstufe: *rare* – innen blutig; *medium rare* – innen rot; *medium* – innen rosig; *medium well* – oder *well done* – ganz und gar durch.

Wenn man Salat bestellt, rasselt die Bedienung eine ganze Litanei verschiedenster Dressings herunter. Die beliebtesten sind *French* (Öl, Essig, Salz, Pfeffer, Zwiebeln, Tomaten, Senf, Knoblauch) und *Italian* (Öl, Essig, Salz, Pfeffer, Zwiebeln, Knoblauch, Kräuter); *Roquefort* und *Blue Cheese* sind mit Käse zubereitet. Allen ist gemeinsam, daß sie den Eigengeschmack des Salats aufs beste kaschieren. Man kann auch um *Oil and Vinegar* (Essig und Öl) bitten und sich den Salat selbst anmachen.

## Meeresfrüchte

Das Beste, was Neu-England auf den Tisch bringt, kommt aus dem Meer. Neben *Clam Chowder* und *Clambake* sind *Boston Scrod* (sehr junger, zarter Kabeljau) und *Scallops* besondere Spezialitäten. Scallops sind Jakobsmuscheln, Feinschmeckern als Coquilles Saint Jacques und Autofahrern als Tankstellensymbol bekannt. ›Scalloping‹ ist Neu-Englands fünftgrößte Fischindustrie, New Bedford, Massachusetts, der führende Scallop-Hafen der Welt. Kommerziell interessant ist dabei das Abfischen der *Sea Scallops*, sie werden auf hoher See mit Schleppnetzen gefangen und sind größer als die sogenannten *Bay Scallops*, die im Winter in der Cape Cod Bay gesammelt werden. (Nur dann, etwa von Oktober bis Januar, hat man die Garantie, frische Bay Scallops serviert zu bekommen.) In Amerika ißt man nur den Schließmuskel, der die beiden gefächerten Schalen zusammenhält, das helle, feste Fleisch hat kaum fischigen und schon gar keinen Muschelgeschmack.

Die neu-englische Küste ist ein Hummerparadies (s. S. 251) – ein Paradies allerdings weniger für den Hummer (die Spezies ist durch Überfischen und Umweltverschmutzung gefährdet) als für den Hummerliebhaber. Hummer so preiswert, daß man sich richtig überes-

sen kann, wo gibt es das schon? In den vielen Seafood-Restaurants an der Küste von Maine! *Lobster* (Hummer) wird zwar auch vor Rhode Island und Massachusetts gefangen, Maine Lobster aber genießt den besten Ruf, die kalten Küstengewässer sollen veredelnd auf den Geschmack wirken. Was die Knigge-gerechte Zerlegung des Schalentiers betrifft, braucht man sich keine Sorgen zu machen. Auf Etikette gibt man nicht viel, die Amerikaner lösen auch dieses Problem sympathisch praktisch und mit den Händen.

## Neu-englische Spezialitäten

### Boston Baked Beans

»Braune Bohnen, die man mit Zucker, Melasse und etwas Speck stundenlang auf dem Herd sitzen läßt« – wie diese ku linarische Entgleisung als besondere Bostoner Spezialität ihren Weg in alle Kochbücher und Souvenirläden fand, ist

ein Rätsel. Der Verdacht, daß es dafür zumindest eine historische Rechtfertigung geben müsse, bewahrheitet sich nicht. (Man könnte dem Geschmack nach auf eine mehrmonatige Belagerung der Stadt mit *Baked Beans* als einzigem Nahrungsmittel tippen.) In der einschlägigen Literatur wird lediglich erwähnt, daß das Originalrezept von den Indianern stammt, sie nahmen Ahornsirup zum Süßen und Bärenfett statt Speck. Der puritanischen Hausfrau war dieses Gericht ein willkommenes Sabbatessen: Baked Beans und das dazugehörige braune Brot konnten schon am Tag vorher zubereitet werden, der Sonntag, der ja ganz dem Herrn und dem mehrstündigen Kirchgang gehörte und an dem zu arbeiten verboten war, wurde somit nicht entweiht. Zudem wurde Genuß jeder Art am Sabbat als sündig empfunden – vielleicht erklärt das das Phänomen der Boston Baked Beans.

### Cranberries

»Die Indianer und Engländer machen viel Gebrauch von ihnen: mit Zucker kochen sie sie zu einer Sauce, die sie mit dem Fleisch essen, und es ist eine wohlschmeckende Sauce.« (John Josselyn, 1663).

Die ersten Siedler müssen buchstäblich über *Cranberries* gestolpert sein, diese großen Preiselbeeren wachsen auf den sandigen Dünen von Cape Cod und säumen auch jenen Küstenstreifen von Massachusetts, an dem die Pilger damals landeten. Noch heute liefert dieses Anbaugebiet die größte Preiselbeerernte der Welt, und noch heute ist Cranberry Sauce zum Truthahn ein fester Bestandteil des traditionellen Thanksgiving Dinner. Der Verwendung von Cranberries sind in der neu-englischen Küche keine Grenzen gesetzt: Cranberry Marmelade, Cranberry Eis, Cranberry Pie, Cranberry Pudding … Cranberry Saft wurde 1970 sogar zum Nationalgetränk des Staates Massachusetts gekürt.

Geerntet wird im September, Oktober. In Anbaugebieten, die eben genug sind, hat heute die ›Wasserernte‹ das klassische Pflücken mit dem Rechen ersetzt: Man überflutet die Plantage und durchkämmt sie mit Maschinen, die aussehen wie eine Kreuzung aus Rasenmäher und Raddampfer. Die Beeren werden so von den Büschen geschlagen und schwimmen wie ein roter Teppich auf der Wasserfläche – ein herrlicher Farbtupfer in der Herbstpalette Neu-Englands! (Nähere Information: Cranberry World Visitors Center, Ocean Spray Cranberries, Inc. Water Street, Plymouth, MA 02360; geöffnet von Anfang April bis Ende November. Anbaugebiet, Ausstellungen, Cranberry Produkte)

### Indian Pudding

*Indian Pudding* ist ein süßer Maisauflauf: Milch und Melasse werden mit

Maismehl angedickt, je nach Rezept fügt man Eier, Zucker, Butter, Zimt oder Ginger dazu. Er wird warm, manchmal mit einer Kugel Eis, serviert. Dieses Rezept stammt übrigens nicht von den Indianern; der Name kommt daher, daß die Briten den ihnen bis dato unbekannten Mais, das Hauptnahrungsmittel der Ureinwohner Amerikas, *Indian Corn* nannten.

### Pies

Pies sind flache, meist ungedeckte Kuchen mit einem dünnen Mürbeteigboden. Zum traditionellen Thanksgiving Dinner gehört Pumpkin Pie (Kürbis Pie), ansonsten gibt es Apple Pie, Cherry Pie, Blueberry Pie, Maple Pie ...; Boston Cream Pie ist eine Art Sahnekuchen. Was in Supermarkets angeboten und in vielen Restaurants serviert wird, ist leider eine ekelerregend süße Angelegenheit, Soup and Salad Restaurants und Vegetarische Restaurants verstehen sich meist eher auf die Kunst des Backens.

## Alkohol

»Wir konnten uns nun weder Zeit für weitere Suche noch Überlegung nehmen; unsere Lebensmittel waren zum Großteil aufgebraucht, besonders unser Bier«, schrieb ein Passagier der ›Mayflower‹ am 19. Dezember 1620. An Land tat man alles Menschenmögliche, diesen Mangel zu beheben: Da Getreide erst angebaut werden mußte, versuchten Verzweifelte aus Mais, Ahornsirup, Kürbis und sogar Fichtenrinde Bier zu brauen – nicht auszudenken, wie das geschmeckt hat! Allerdings ist für so manchen auch das heutige amerikanische Bier eher ein Grund zur Flucht als zum Ankerwerfen. Was muß den Herren Schlitz, Anheuser und Busch, Pabst u. a. auf der Überfahrt Entsetzliches passiert sein, daß sie die Brautradition ihres Landes so vollkommen verdrängten? ›Löwenbräu‹ zu kaufen ist übrigens keine Alternative, es wird in Lizenz in den USA hergestellt und schmeckt ge-

nauso, wie sein Name amerikanisiert klingt: »Loenbrau«. Selbst Biere, auf deren Etiketten »gebraut und abgefüllt in Deutschland« steht, werden vor der Reise derartigen Pasteurisierungsprozessen unterzogen, daß sie nur noch entfernt an ihre Namensvettern erinnern.

Zum Glück hat sich auch hier in den letzten Jahren sehr viel getan: Eine ganze Reihe kleiner, regionaler Brauereien schossen aus dem Boden, die sehr viel qualitätvollere Brauerzeugnisse anbieten als die Großkonzerne. Es lohnt sich also, nach *local brews* zu fragen, bevor man sich ein grauenvolles Budweiser in den Rachen gießt. In Mode sind in letzter Zeit auch Lokale gekommen, in denen das Bier direkt im Gastraum frisch gebraut wird – hier sind passionierte Biertrinker am besten aufgehoben.

Auch was die Weinkultur betrifft, so gibt es Erfreuliches zu vermelden: Wo man früher nur ›Liebfraumilch‹ – angeblich ein deutscher Wein – und den grauenvollen ›Mateus‹, ein süßes portugiesisches Export-Erzeugnis, auf der Karte fand, kann man heute unter einer ganzen Reihe ausgezeichneter importierter oder kalifornischer Weine wählen. Der Standard-Wein ist der kalifornische Chardonnay, er ist in fast jedem Lokal erhältlich, angenehm trocken und fruchtig und ein guter Begleiter zu Fischgerichten.

Die Liebe der Amerikaner zu Wein ist neu und gilt als Zeichen ›feinerer Lebensart‹; Volksgetränk wie in Italien oder Frankreich war Wein in Amerika nie. Die Mehrheit der trinkenden Bevölkerung hielt sich schon immer an Bier oder harte Sachen: Vor der Unabhängigkeit trank man Rum, der ja gerade in Neu-England eine ökonomisch wichtige und menschlich recht unselige Rolle spielte (s. S. 49f.). Im 19. Jahrhundert wurde dann durch neue Herstellungstechniken Whiskey besser, billiger und populärer.

Berichten und Quellen zufolge muß es noch im 19. Jahrhundert in Amerika recht feucht-fröhlich zugegangen sein. Stimmen zur »Mäßigung« wurden seit dem Ende des 18. Jahrhunderts laut und politisch zur Geltung gebracht (Temperance Movement) – wie und ob sie erhört wurden, hing nicht zuletzt mit der wirtschaftlichen Situation des Landes zusammen. Als man zum Beispiel für den Sezessionskrieg (Alkohol-)Steuergelder brauchte, verstummte die Bewegung hörbar. Welchen Profit Geschäftsleute dann aus der Prohibition (1920–1933) zogen, weiß man ja aus Chicagoer Gangsterfilmen.

Der Modergeruch der Prohibitionstage sitzt noch heute in vielen Winkeln Amerikas. Vor allem im traditionsbewußten und puritanisch belasteten Neu-England scheint man den Teufel immer noch im Glase zu sehen. *Dry Counties*, Gemeinden, in denen man Alkohol weder kaufen noch im Restaurant bekommen kann, sind vor allem in Massachusetts zahlreich. Jeder Staat hat eigene Gesetze, wer wo wann alkoholische Getränke erwerben und zu sich nehmen darf; das *Drinking Age* (Alkohol-Volljährigkeit) ist in den meisten Neu-England-Staaten 21 Jahre. (Viele Bars führen Kontrollen durch, nicht ohne Ausweis ausgehen!) Nicht alle Lokale dürfen Alkohol ausschenken, sie brauchen dazu eine besondere Lizenz, so gibt es zum Beispiel in Coffeeshops und im Diner nur Limo. Die Formel, mit der viele kleinere Restaurants dieses Lizenzproblem umgehen, heißt: B.Y.O.B.: *Bring your own bottle*. Man bringt sich seine Getränke selbst mit und bekommt Gläser und Korkenzieher serviert, mit Komplimenten des Hauses. Wo ein Durst ist, da ist auch ein Weg!

# Fallensteller der Meere – Hummerfischer in Maine

Wenn man es so liegen sieht, könnte man Bar Harbor immer noch für das kleine Fischerdorf im Norden Maines halten, abgeschieden und verträumt, das es vor seiner Entdeckung durch Maler, betuchte Sommerfrischler und den modernen Tourismus gewesen sein mag – aber wer sieht es schon so? An diesem Morgen im August bin ich auf jeden Fall der einzige Mensch auf der Uferstraße, kein Wunder, es ist 5.15 Uhr, und Sonnenaufgänge scheinen wohl doch nicht die rechte Massenanziehungskraft zu besitzen. Auch ich bin ja nicht wegen der Sonne da, sondern in Erfüllung meiner Pflicht: Ich möchte über eine Ausfahrt mit Hummerfischern in Maine schreiben. Allerdings muß sogar ich als Morgenmuffel zugeben, daß diese frühe Stunde einer gewissen Ästhetik nicht entbehrt, und so bemühe ich mich redlich um die Empfindungen, die Sonnenaufgänge angeblich seit Menschengedenken im Beobachter auslösen sollen ... ich sehe, wie sich die Nebel vom Wasser lösen und die dunklen Inseln freigeben, registriere, daß der Tag noch ohne Farben dasteht, finde die Metapher »Geisterboote liegen wie in dickflüssiges Öl eingegossen« und verwerfe sie wieder – und da plötzlich stellt sich doch eine echte Empfindung ein: Erleichterung. Die See ist nämlich so spiegelglatt, daß ich hoffen kann, den Ausflug zu überstehen, ohne seekrank zu werden, und das wird Bob sicher zu schätzen wissen – sein

skeptischer Blick, als ich ihn bat, mich zum Fischen mit hinauszunehmen, ist mir noch gewärtig.

Die Frage, wie man ein ›Gespräch mit Hummerfischern‹ journalistisch gekonnt eröffnet, liegt in diesem Fall auf der Hand: »Warum so früh?« Und während die beiden Männer Kisten voll Sardinen und Fischresten als Köder an Bord hieven, kommt die Erklärung, wenig biologisch, aber sehr plausibel: »Jeder mag Geld, je eher wir ausfahren, desto mehr können wir fangen.«

Bob hat einen Hummer- und Krabbenhandel am Rande von Bar Harbor, eine ausgebaute, mit riesigen Bottichen und Überlaufbecken vollgestellte Garage. Die Kunden waten durch eine zentimeterhohe Wasserschicht, um sich aus einem der Behälter ihr zappelndes Abendessen auszuwählen. Größe und die Frage »Softshell« oder »Hardshell« bestimmen den Preis. Als Softshell bezeichnet man die Hummer, deren Panzer noch weich und mit der Hand leicht einzudrücken sind – ein Zeichen, daß der Hummer noch nicht lange in dieser Schale steckt. Wenn er aus einem Panzer herausgewachsen ist, verläßt er ihn nämlich einfach durch die Gelenkstelle zwischen Hinterleib und Rückenschild. Nicht, daß er nun nackt und bloß auf dem Meeresgrund stehen würde, schon unter der alten Schale hat sich nämlich eine neue gebildet, die ihm nun für etwa ein Jahr Platz genug zum Wachsen bietet. In dieser Zeit wird er um

15 % größer und um 50 % schwerer, der Panzer wird härter, bis in die Spitzen mit festem Fleisch ausgefüllt. Das ist dann ein Hardshell und bringt Bob einen besseren Preis.

Den Touristen, die mit Hummern und Krabben in braunen Papiertüten abziehen, verschlägt es anscheinend nicht den Appetit, wenn sie die zappelnden Dinger in kochendes Wasser werfen müssen. Bob beliefert – indirekt – auch die anderen, Zartbesaiteten, die diesen Vorgang lieber dem Koch überlassen: Restaurants sind seine Hauptabnehmer. Der Bedarf ist groß, Touristen kommen zu Tausenden nach Bar Harbor in der Saison, und sie alle wollen ihren preiswerten Hummer, er gehört zu Maine wie die Weißwurst zu München. Der Sommer ist kurz im Norden Maines. Wenn es kälter wird, ziehen sich die Sommergäste in die Städte und der Hummer ins tiefere Wasser zurück. So muß man, wenn man Geld mag, die Zeit nützen und 10 bis 12 Stunden pro Tag auf dem Wasser verbringen. 350

Fallen hat Bob ausgesetzt, jede Falle wird alle zwei Tage geleert.

Bobs Gehilfe, ein 17jähriger Bursche aus dem Ort, der manchmal mit hinausfährt, hat inzwischen den Motor des kleinen Bootes angeworfen, wir durchschneiden die glatte Wasserfläche und bewegen uns tuckernd aus der Bucht.

Viel Platz ist nicht auf dem Boot, ich klemme recht unglücklich zwischen dem Führerhaus und Kisten mit aufdringlich riechendem Fisch und habe das Gefühl, ausgesprochen im Weg zu sein. Daß dieses Gefühl nicht trügt, merke ich, als wir nach einiger Zeit anhalten. »Duck dich«, hör ich, und schon saust ein Seil durch die Führung am Bootsrand, da rattert die maschinengetriebene Winde, und wie ein Seeungeheuer schiebt sich ein schwarzer Holzkasten über den Rand des Bootes. Die folgenden Handgriffe werden so schnell, so routiniert und perfekt ausgeführt, daß ich kaum mitkomme. In Nullkommanichts ist die Falle geöffnet, ein Seestern, der sich verirrt hatte, fliegt

wieder ins Meer, ein dicker, glotzäugiger Grundfisch kommt nicht so gut davon, er landet in der Kiste als Köder, kann's nicht fassen, liegt da und glotzt und hebt den Kugelbauch und die Kiemen. Zwei Hummer sind dabei, ihre schnappenden Scheren macht der Junge mit Gummiringen unschädlich, platsch, landen sie im Wasserbecken; und schon rattert der Holzkäfig wieder nach unten, gesäubert und versehen mit einem kleinen Netz voll Sardinen als Köder, schlägt auf dem Wasser auf, während wir schon wieder weiterfahren zur nächsten … Woher weiß Bob denn eigentlich, wo er hinsteuert, wo seine Fallen liegen? Er lacht und deutet auf die Bojen, die überall auf der Wasserfläche tanzen, jede markiert eine Falle, Farbe und Muster machen die Besitzverhältnisse deutlich.

Fünf Fischer teilen sich die Jagdgründe von Bar Harbor. »Rivalitäten?« Bob verneint entrüstet, und dann hebt er, bisher eher wortkarg, zu einer Suada an – da erklingt das hohe Lied der Kameradschaft rauher Männer, des Zusammenhalts gegen die Elemente, der Hilfsbereitschaft und der Freiheit der Meere. Die Seefahrerromantik schlägt solche Wogen, daß ich mich verstohlen umdrehe und erwarte, die Schwanzflosse eines Schwertwals hinter dem Boot zu sehen. Doch da ist nur die ruhige, von unserer Bugwelle leicht gekräuselte Wasserfläche, die Sonne hat inzwischen ihr Farbenspiel entfaltet, und der Fallensteller der Meere befördert gerade wieder einen Hummer in den Trog.

Nun gibt es ja die Freiheit der Meere wirklich, gerade für die Küstenfischer: Man braucht keine Erlaubnis, um an der Atlantikküste seine Angel auszuwerfen, und jeder Bürger Maines kann für ein paar Dollar eine *Lobster License* er-

halten. Wie, wenn nun ein sechster Mann aus Bar Harbor oder ein Sommergast aus Bangor auf die Idee käme, sich seinen Hummer selbst zu fangen?

Diese Frage öffnet keine Schleusen, Bob wird wieder der wortkarge Bob, er nagelt eine lose Latte auf eine Falle und murmelt: »Oh, we cut them off«, denen schneiden wir die Bojen ab – Faustrecht im wilden Norden!

So eine Hummerfalle ist ein raffiniertes Ding. Konstruiert von Menschen, die es verstehen, ihr Revier zu verteidigen, und dieselbe Eigenschaft beim Hummer einkalkulieren. Auch er ist nämlich nicht bereit, ein anderes Tier an den Köder in der Falle zu lassen, so daß man sich ein System ausdenken mußte, das den Hummer zwar in der Falle festhält, ihn aber doch vom ›Freßnapf‹ wegbringt, damit neue Opfer eintreten können: Die Falle hat sozusagen zwei Stockwerke; im oberen, über einen Netztunnel erreichbar, hängt der Köder. Wenn der Hummer satt und bereit ist

weiterzuwandern, bietet sich als einfachster Weg der ins Verderben an: Die Öffnung eines zweiten Tunnels führt in den Hauptraum des Holz- oder Drahtkäfigs, aus dem es keine Fluchtmöglichkeit mehr gibt.

Meist trifft der Hummer dort schon auf Gesellschaft, und wenn der Fischer seine Fallen nicht oft genug leert, besteht seine Beute nur noch aus invaliden oder halb aufgefressenen Tieren: Hummer sind Kannibalen, und sie sind erbarmungslose Kämpfer, von der Natur nicht nur mit zwei grandiosen Waffen ausgestattet, sondern auch mit dem beneidenswerten Privileg, daß ihnen fast alle Körperteile nachwachsen (daher sieht man oft Exemplare mit zwei unterschiedlich großen Scheren).

Wenn die Falle ans Tageslicht kommt, ist noch nicht das Schicksal aller Insassen besiegelt. »Bis nächstes Jahr!« ruft Bob einem Hummer nach – gemessen, und zu klein befunden. Im Zweifelsfall setzen die Männer einen bronzenen Maßstab an: Alle, die das Eichmaß unter- oder überschreiten, erhält Poseidon zurück – ein Opfer, um die Hummerfischerei vor dem Aussterben der Spezies zu bewahren.

Die wenigsten Fischer halten das allerdings für sinnvoll. »Da gibt's noch genug da unten«, knurrt Bob, »in Kanada und Massachusetts dürfen sie auch die großen nehmen.«

Maine ist wirklich besonders streng, hier ist auch nur das Fallenstellen erlaubt, Hummerfischen mit Schleppnetzen ist verboten – aus gutem Grund: Als im 19. Jahrhundert die Konservenindustrie aufkam, die auch die kleinsten Exemplare verarbeitete, wurde der Bestand fast abgefischt, so daß man sich 1895 gezwungen sah, die bis heute gültigen Gesetze zu erlassen. Die Konservenindustrie ging ein, dafür überlebte die Fischindustrie. Heute liefert Maine etwa 75 % der in den USA gefangenen Hummer.

Inzwischen ist es fast 9 Uhr, und ich bemerke plötzlich, daß wir uns nicht mehr stotternd von Boje zu Boje bewegen, sondern direkten Kurs zurück auf Bar Harbor nehmen. Der Motor läuft auf vollen Touren und macht einen Höllenlärm. »Wir lassen sie am Ufer!« schreit Bob dagegen an und deutet auf die Wasserbecken, das eine voller Krabben, im andern wimmelt's von braunen Hummern, die ihre bandagierten Scheren aufgeregt schwingen.

»Willst du aussteigen?« – und ob ich das will! Mir ist übel, trotz der glatten See; die Hände sind klamm, die Turnschuhe durchweicht, und ich rieche wie ein Fisch. Vermutlich seh ich auch so aus, der Junge streift mich mit einem mitleidigen Blick und beschließt wohl, etwas zu meiner Aufheiterung zu tun: Er hält einen dicken, schwer atmenden Fisch in die Luft und pfeift grell. Ich habe, wie befohlen, den Finger am Auslöser der Kamera. Nichts passiert. Der Seeadler, der mir auf diese Weise vorgeführt werden sollte, pfeift auf das Theater. Seemannsgarn? Lieb gemeint, auf jeden Fall. Besser wird mir davon noch nicht. Das kommt erst, als ich den Sprung vom Boot auf den Steg geschafft habe, mein Gott! Dabei war das heute ein Bilderbuchwetter! Wie viele Tage mit Regen, Herbststürmen und Kälte werden noch kommen? Die Hummerfischer sind in meiner Achtung ein ganzes Stück gestiegen, sie erwidern mein Winken freundlich und tuckern wieder ab in die Bucht.

In der Mt. Desert Street gibt es ein wunderbares Frühstückslokal: Café This Way – Blaubeerpfannkuchen, Kaffee, Eier, alles, nur nie mehr Hummer, Fisch oder Krabben – wenigstens heute nicht!

# Reisen in Neu-England

Die
›heimliche
Hauptstadt‹
Neu-Englands

# Boston – die ›heimliche Hauptstadt‹ Neu-Englands

**Tips & Adressen:** S. 271ff.
**Karten:** hintere Umschlagklappe, S. 115, 143, 148/149

■ Ein Dasein als heimliche Hauptstadt zu fristen, muß so ziemlich das Schlimmste sein, was einer Stadt widerfahren kann. Zu wissen, daß man eigentlich zu Höherem berufen ist – aber diesen Glanz nur klandestin erleben zu dürfen, das zerrt an der Psyche. Zum Glück für Bostons Selbstwertgefühl ist es nicht nur heimliche Hauptstadt, sondern auch tatsächliche. Zwar nicht von Neu-England, aber von Massachusetts, und kann sich so mit allen Attributen schmücken, die den Mächtigen vorbehalten sind: der goldenen Kuppel des State House; den Kennedys, die lange die Geschicke des Staates bestimmten; den vielen Beamten, die vom State House zum Government Center eilen, wobei letztere als schmückendes Beiwerk nicht besonders geeignet sind. Es sind die ewig gleichen Männer in Anzügen und Frauen im Business-Kostüm, die ihrer Erscheinung allenfalls dann etwas Komisch-liebenswertes zufügen, wenn sie Pumps und Lederslipper mit Joggingschuhen vertauschen und nach der Arbeit im Sturmschritt über den Common zur U-Bahn laufen.

Mit mehr als einer halben Million Einwohnern ist Boston die größte Stadt Neu-Englands, es ist das wichtigste Wirtschaftszentrum und zweifellos die schönste und interessanteste Stadt der Region – der Heimliche-Hauptstadt-Titel

◁ *Beacon Hill verströmt fast schon europäische Gemütlichkeit*

ist also verdient. Dabei ist es trotz dieser Superlative gar nicht so selbstverständlich, daß Boston auch die Kapitale von Massachusetts ist; einem Prinzip folgend, das man ›geographische Demokratie‹ nennen könnte, kürte man nämlich in Amerika nicht die wichtigste Stadt eines Staates zum Regierungssitz, sondern die am zentralsten gelegene. Also nicht New York City, sondern das farblose Albany. Nicht Portland/Maine, sondern das blasse Augusta. Nicht Portsmouth/New Hampshire, sondern Concord. Bei Boston wurde eine Ausnahme gemacht, und darüber können die Abgeordneten noch heute froh sein, sonst müßten sie ihre Regierungsgeschäfte in Worcester erledigen.

## Gegründet und zu Höherem berufen

So aber kann die Stadt am Charles River ihre historische Rolle in schöner Kontinuität fortführen: Einst wichtige Hafen- und Handelsstadt, heute bedeutendes Banken- und Finanzzentrum, Sitz international renommierter Universitäten und High-Tech-Metropole. Die Ambitionen des Stadtgründers John Winthrop haben sich also erfüllt: Er hob Boston im Jahr 1630 aus der Taufe mit den Worten, es solle »eine Stadt auf dem Hügel« werden, auf die »die Augen aller Leute gerichtet sind«. Das mit dem Hügel war nicht so wörtlich zu nehmen – es gab damals gerade drei kleine Erhebungen auf der Halbinsel ›Trimountain‹, Winthrop sprach symbolisch, er sprach von einem zweiten Jerusalem. Denn er und seine kleine Gruppe gehörten zu den Puritanern, die England verlassen hatten, um hier einen Staat nach ihrem Gutdünken und ihren eigenen Regeln zu errichten. Die waren freilich recht rigide – keiner der frommen Männer war bereit, die Toleranz, die er für sich und seinesgleichen forderte, auch anderen gegenüber zu gewähren. Das erste, was John Winthrop errichten ließ, war ein Pranger. Der Zimmermann, der ihn gebaut hatte, bekam auch gleich Gelegenheit, ihn auszuprobieren – als Strafe dafür, daß er für seine Arbeit angeblich einen zu hohen Preis verlangt hatte. Für schlimmere Sünder – Quäker und andere Häretiker – stand der Galgen bereit.

Zum Glück herrschten die Puritaner mit dieser tödlichen Konsequenz nur einige Jahrzehnte; als Boston ins 18. Jahrhundert trat, war die ›Stadt auf dem Hügel‹ schon wesentlich irdischer ausgerichtet als zur Zeit ihrer Gründung. Es war eine Kaufmannsstadt geworden, in der gesundes Gewinnstreben das Denken und Handeln bestimmte – daß der Handel mit Melasse und Rum indirekt Sklavenhandel war (s. S. 49f.), störte die sittenstrengen Bostoner wenig. Noch waren die Häuser einfach – wie einfach, kann man am Paul Revere House aus dem Jahr 1676 sehen (s. S. 133f.), doch die Stadt wuchs: 1760 lebten ca. 15 000 Menschen auf der Halbinsel. Das Zentrum des öffentlichen Lebens befand sich dort, wo heute das Old State House steht. Hier trafen die beiden wichtigsten Straßen zusammen, die eine, die zum Hafen führte (heute State Street), die andere (heute Washington Street), die über den schmalen Damm verlief, der die Halbinsel mit dem Festland verband und so überhaupt erst zur Halbinsel machte. Die ersten Wohnviertel lagen im Norden, in der Ebene zwischen dem Hafen und den drei Hügeln; im Süden,

an eine Brackwasserbucht grenzend, erstreckte sich eine weite unbebaute Fläche, die allen Bürgern gemeinsam gehörte und als Weide und für militärische Übungen benutzt wurde: der Common, der älteste öffentliche Park des Landes.

## Aufschwung und der Weg ins Wasser

Das Stadtbild änderte sich erst dann entscheidend, als die Kolonien das Joch der britischen Fremdherrschaft abgeschüttelt hatten. Gerade die Bostoner Kaufleute, denen die restriktive Handels- und Steuerpolitik der Briten ein besonderer Dorn im Auge war, hatten sich in der Unabhängigkeitsbewegung maßgebend und federführend hervorgetan. Der Freedom Trail, eine der wichtigsten Sehenswürdigkeiten der Stadt (s. S. 114ff.), erzählt die Geschichte des Wegs in die Freiheit. Die brachte erst mal eine wirtschaftliche Depression, dann aber ging es bergauf, so daß ein Besucher, der »1808 nach längerer Abwesenheit nach Boston zurückkehrte, bemerkte: ›Die große Zahl neuer und eleganter Gebäude, die innerhalb der letzten zehn Jahre in dieser Stadt errichtet worden sind, erfüllen das Auge mit Erstaunen und bezeugen die rasche Art und Weise, auf welche die Menschen Reichtümer erworben haben.‹ Die Schätze Chinas und Indiens, mit hölzernen Schiffen nach Hause gebracht, begannen, in Stein und Ziegel Blüten zu treiben.« (Russell B. Adams, ›The Boston Money Tree‹).

Nachdem 1795 der Grundstein zum New State House oberhalb des Common gelegt worden war, verließen die

*Blick auf Rowe's Wharf* ▷

Reichen ihre engen Häuser und erwählten sich Beacon Hill zur Bleibe. Bulfinch, der Stararchitekt dieser Tage, der das State House erbaut hatte und auch am Capitol in Washington mitwirkte, wurde engagiert, um prachtvolle Residenzen auf der Nordseite des Common zu erbauen, und auch der Common selbst wandelte sich durch diesen guten Einfluß: Aus der Kuhweide wurde ein eleganter Stadtpark.

Zu Beginn des 19. Jahrhunderts war Boston der Halbinsel entwachsen. Nicht nur, daß es keine Bedrohung durch Engländer oder Indianer mehr gab, die die Insellage strategisch wertvoll hätte erscheinen lassen, es lebten auch einfach zu viele Menschen zusammen, mehr als 24 000 waren es um die Jahrhundertwende. Um Platz zu gewinnen, blieb Boston nur ein Weg: Es mußte ins Wasser gehen, dem ›Meer Land abringen‹. Das Ringen mit dem Element ließ in der geschützten Bucht zwar an Dramatik vermissen, dafür aber sorgten Grundbesitzer und Interessenvertreter für ausreichend Gerangel um das Neuland.

# Eine Metropole europäischen Zuschnitts

Es dauerte etwa 80 Jahre, bis die birnenförmige Halbinsel vollkommen im Festland eingebettet lag. Im Jahr 1807 fiel die Entscheidung für das erste größere Projekt: Mill Pond, der Mühlenteich im Norden der Stadt, sollte zu Grund und Geld gemacht werden. Die Stadt gewann dadurch eine Fläche, so groß wie der Common, sie verlor eines ihrer Wahrzeichen: Trimountain. Der mittlere der drei Hügel, Beacon Hill, verschwand fast gänzlich im Mühlenteich.

Aus dem Mill Pond Projekt ergab sich logisch das nächste: Es mußte ein neuer

Standort für die Mühlen gefunden werden. Man entschied sich für Back Bay, jene Bucht, die an den Common grenzte. 1819 wurde der erste Damm von Beacon Street nach Brookline gebaut, durch ein Schleusensystem sollte der Gezeitenwechsel zum Antrieb der Mühlen ausgenützt werden.

Warnende Stimmen gegen die Eindämmung dieses abflußlosen Beckens hatte es von Anfang an gegeben, und einige Jahre später mag sich mancher Bostoner an diese Unkenrufe erinnert haben, wenn er abends jenseits des Common die Frösche quaken hörte – sie waren die einzigen, denen die verschlammte, übelriechende Bucht gefiel. Für alle übrigen war sie ein »Ärgernis, Anstoß erregend und schädlich für die, die in ständig wachsender Zahl dort wohnten«, wie die Gesundheitsbehörde 1849 formulierte. Zu dieser Zeit war schon ein erster Schritt westwärts in die Back Bay getan: 1839 war unterhalb des Common ein Botanischer Garten mit Vogelgehege entstanden, aus dieser Anlage wurde dann 22 Jahre später der Public Garden in seiner heutigen Form.

Als 1857 mit dem Auffüllen der Back Bay begonnen wurde, schlug städtebaulich gesehen Bostons große Stunde. Plötzlich hatte man Raum, konnte planen, großzügige Boulevards anlegen –

aus der zusammengedrängten, mittelalterlich anmutenden Stadt wurde eine elegante Metropole europäischen Zuschnitts.

Großes Vorbild war Paris, das damals gerade nach Plänen des Baron Haussmann modernisiert wurde. 32 gleichförmige Häuserblöcke sollten die Back Bay bedecken, symmetrisch um einen Parkboulevard angeordnet. Gleichförmig die Fassaden in regelmäßiger Aufreihung, gestaltet nach den Prinzipien der Axialität und Symmetrie, wie sie auch den französischen Klassizismus kennzeichnen. ›Champs-Élysées‹ wurde Commonwealth Avenue, die vom Public Garden aus westwärts verläuft. In ihrer Mitte entstand eine Grünanlage – Commonwealth Avenue Mall –, die den Public Garden mit einem weiteren Park, den Back Bay Fens, verbinden sollte. Große Namen erklingen in diesem Zusammenhang: Frederick Law Olmsted, der durch die Anlage des Central Park in New York bekannt wurde, schuf für Boston das berühmte *Emerald Necklace,* das smaragdgrüne Halsband, eine Kette von Grünanlagen und Parks, die sich durch die Stadt und ihre Vororte zieht.

Von den Eckpunkten des Public Garden aus verlängerte man Beacon und Boylston Street schnurgerade nach Westen, dazwischen wurden im Schachbrettmuster um die Symmetrieachse Commonwealth Avenue weitere Straßen gezogen. Begrenzt vom Fluß im Norden und der Eisenbahnlinie im Süden entstand ein Gebiet, das sich architektonisch und sozial homogen entwickeln konnte, und auf diesem Schachbrett tummelte sich bald alles, was in Boston Rang und Namen hatte. Elegante Ladies und Gentlemen ergingen sich auf der Commonwealth Avenue Mall und zeigten sich abends im Public Garden, der seit 1877 eine neue Attraktion hatte: ein Schwanenboot, mit dem man über den künstlich angelegten See gleiten konnte.

## Der Mittelpunkt des Sonnensystems und die, die es umkreisen

*The hub of the solar system,* ›den Mittelpunkt des Sonnensystems‹ hat der Arzt und Dichter Oliver Wendell Holmes Boston im 19. Jahrhundert genannt. Spätestens seit der Landung auf dem Mond ist dieser Beiname obsolet, daß der Spitzname *Hub* aber noch immer im Umlauf und Sprachgebrauch ist, wirft ein Licht auf die Selbsteinschätzung der Bürger der stolzen Stadt.

Nun haben die Bostoner ja wirklich allen Grund, den Kopf hochzutragen – vorausgesetzt, sie wenden ihn nach hinten und blicken auf ihre lange reiche Geschichte und auf die Rolle, die sie zu Holmes´ Zeiten im geistigen und wirtschaftlichen Leben der USA spielten. Damals florierten Hafen und Industrie, damals war Boston *das* kulturelle Zentrum der Vereinigten Staaten. Heute sieht die Situation etwas anders aus: Die Stadt hat sich zwar von der Rezession der späten 80er Jahre, die die traditionell starke Bostoner Finanzwelt erschüttert hatte, wieder erholt, mischt lebhaft im Bereich der New Technologies mit und ist in Bezug auf Wissenschaft und Bildung noch immer landesweit führend, doch kulturell kann es sich keine Lorbeeren mehr an den Hut stecken. Es gibt zwar gute Theater und ausgezeichnete Orchester – das Berklee College of Music gilt noch immer als Mekka der Jazz-Studenten –, was aber die zeitgenössische Kunst betrifft, so kommen aus dieser Stadt keine Impulse. Bezeichnend ist, daß man zwar über exzellente Museen Alter Kunst, aber nur über ein kleines Institut mit zeitgenössischer Kunst verfügt. Liegt das am Wetter, wie Leonard Bernstein meinte? »Das Temperament von Boston ist wie das Wetter dort: es macht schläfrig. Und vom vielen Schlafen ist Boston in seinen wachen Stunden in ungewöhnlich guter Form. Die Widerstandsfähigkeit dieser Stadt gegen Veränderungen und kulturellen Fortschritt ist phänomenal.«

Der meteorologischen ließe sich eine soziologische Erklärung entgegensetzen: Boston war und ist keine multikulturelle Stadt, die Impulse von außen aufnimmt und kreativ verarbeitet. Die Briten, die jahrhundertelang das Heft fest in der Hand hielten, schafften es, auf dem neuen Kontinent eine Welt zu etablieren, die so ganz die Züge der Alten trug: Die nach der Unabhängigkeit zu Geld gekommenen Familien organisierten sich in eng gewobenen Zirkeln und Clubs, die niemanden aufnahmen, der in ihren Augen außerhalb des Sonnensystems kreiste. Ausgestoßen war schon, wer sich nicht mit dem Titel ›Wasp‹ schmücken konnte, also nicht *white, anglosaxon and protestant* war. Diese Erfahrung mußte sogar Joseph P. Kennedy machen, der Vater von John F. Kennedy. Obwohl er einer der reichsten Männer der USA war und immerhin so geachtet, daß er sein Land als Botschafter repräsentieren durfte, gelang es ihm zeitlebens nicht, die Anerkennung der Bostoner Gesellschaft zu finden. Man verweigerte ihm die Aufnahme in exklusive Clubs, und die lokale Presse titulierte ihn hartnäckig als »Iren«, was Kennedy einmal zu dem Kommentar hinriß: »Ich wurde hier geboren. Meine Kinder wurden hier geboren. Was zum Teufel muß ich tun, um Amerikaner zu sein?«

Wenn schon ein in jeder Hinsicht privilegierter Kennedy derartige Schwie-

rigkeiten hatte, kann man ermessen, wie es den Tausenden von armen Iren ging, die ihr Land verlassen mußten, nachdem die Kartoffelfäule 1845/46 die Ernte und damit ihre Lebensgrundlage zerstört hatte. Sie stellten lange Zeit das verachtete städtische Proletariat (s. S. 139f.) und wurden erst hofiert, als es um ihre Wählerstimmen ging. Die setzten sie dann auch so wirkungsvoll ein, daß sie im politischen Leben zur dominanten Kraft wurden.

Seit den Krawallen von Los Angeles und Washington hat Boston den Ruf, eine der rassistischsten Städte der USA zu sein, verloren. Die letzten großen Rassenunruhen fanden in den 70er Jahren statt, als man versuchte, Schwarze und Weiße in den Schulen zu mischen. Das traditionelle Wohnviertel der Schwarzen ist Roxbury, ein Viertel, in dem man nicht unbedingt nachts eine Autopanne haben möchte, das aber trotzdem nichts von den Dimensionen anderer Ghettos an der Ost- oder Westküste hat. Ethnisch eng gewobene Gemeinden wie die der Italiener im North End und die der Iren in Charlestown – früher oft Schauplatz rassistischer Auseinandersetzungen – haben sich aufgelöst; beide Viertel sind heute begehrte Yuppie-Adressen. Noch immer sind 60 % der Bewohner Bostons weiß – das ist ein hoher Prozentsatz für eine Ostküstenstadt: In New York stellen die Weißen schon nicht mehr die größte Bevölkerungsgruppe, in Washington leben 70 % Schwarze.

Wer auf den üblichen touristischen Pfaden durch die Innenstadt spaziert, wird diese 40 % der Bevölkerung – die Asiaten, Hispanier und Schwarzen – nicht proportional vertreten finden. Im

*Lunch-Pause am Post Office Square Park*

Zentrum, im Finanzviertel, in Beacon Hill und Back Bay ist Boston weiß. Es ist sauber und es ist reich. Newbury Street ist nach dem Rodeo Drive in Los Angeles und bestimmten Abschnitten der Fifth Avenue in New York die teuerste Geschäftsadresse in den Vereinigten Staaten. Boston ist grün, europäisch und schön. Es ist die große alte Dame der Ostküstenstädte – charmant, ein bißchen altmodisch, aber mit jugendlichem Flair. Lebensqualität und Freizeitwert sind hoch. Im Grünen joggen die Jogger, auf dem Charles River strecken die Boote die weißen Segel in den Wind. In Boston ist die Welt insgesamt noch in Ordnung, hier ist Amerika noch so, wie es sein sollte: Überschaubar, freundlich, sauber. So, wie es sich gehört für eine heimliche Hauptstadt Neu-Englands.

## Ein Strich, auf dem sogar Puritaner gehen dürfen – Der Freedom Trail

Ein klar markierter, roter Strich auf dem Boden weist den Weg durch Bostons Innenstadt, das North End, Charlestown und – in Amerikas Freiheit: Der Freedom Trail streift alle historischen Stätten, die etwas mit dem Unabhängigkeitskampf der Kolonien zu tun haben. Gleichsam im Vorübergehen kann man sich so bei diesem Spaziergang mit den wichtigsten geschichtlichen Ereignissen und Zusammenhängen vertraut machen.

Ausgangspunkt ist der **Common** **1**; U-Bahnhaltestelle Park Street, grüne und rote Linie. Bei der Informationsstelle auf dem Common (etwa auf der Höhe Tremont/West Street) erhält man Material über den Freedom Trail.

Nördlich des Common erhebt sich an der Beacon Street das **State House** **2**, der Sitz der Regierung von Massachusetts. Wie fast alle Staaten hat Massachusetts eine Zweikammer-Legislative: das *House of Representatives* (in Massachusetts 160 Mitglieder) und den *Senate* (in Massachusetts 40 Mitglieder).

Die Exekutive liegt in der Hand des Gouverneurs *(State Governor)*, seine Stellung ist in vielem der des Präsidenten vergleichbar. Als sich die 13 Kolonien auf eine gemeinsame Verfassung einigten (sie wurde erst 1788 ratifiziert), waren sie darauf bedacht, möglichst wenige Rechte und Kompetenzen an die Bundesregierung abzutreten, so daß die Einzelstaaten im Vergleich zu den deutschen Bundesländern sehr viel mehr Eigenständigkeit besitzen. Das Strafrecht zum Beispiel ist Sache der Staaten, es kann also vorkommen, daß ein und dieselbe Tat in Massachusetts und Connecticut verschieden bestraft wird.

Die State Houses aller sechs Neu-England-Staaten sehen sich ähnlich; sie wurden etwa zur selben Zeit erbaut (Ende des 18., Anfang des 19. Jahrhunderts) und erinnern mit ihren klassizistischen Säulenfronten und den Kuppel-

### Der Freedom Trail

*1 Common   2 State House   3 Park Street Church und Old Granary Burying Ground   4 King´s Chapel und Burying Ground   5 Old City Hall   6 Old Corner Bookstore   7 Old South Meeting House 8 Old State House   9 Boston City Hall 10 Faneuil Hall und Quincy Market 11 Rowe´s Wharf und Waterfront 12 Union Oyster House   13 Paul Revere House   14 383 Hanover Street 15 Christ Church   16 Copp´s Hill Burial Ground   17 U.S.S. Constitution 18 Bunker Hill Monument*

*Das State House*

bauten an das Capitol in Washington, von dem Egon Erwin Kisch sagte, es sei »auf dem Umwege über die Londoner Pauls-Kathedrale der Peterskirche nachgebildet«. Die State Houses von Connecticut (in Hartford), Maine (in Augusta) und Massachusetts haben sogar denselben Architekten: Charles Bulfinch, den vielgefeierten Sohn der Stadt Boston, einen der berühmtesten Stadtplaner und Architekten seiner Zeit. Allerdings lag Bulfinchs Stärke nicht im Monumentalen; die Wohnhäuser, die er für betuchte Kaufleute errichtete (s. S. 79), sind bessere Beispiele seines Könnens und des Stils, in dem er baute (Federal oder Adamesque Style). Die Fassade des State House strahlt noch eine gewisse Eleganz aus, während der Giebel und die von einem Zuckerbäckeraufbau gekrönte Kuppel im wahrsten Sinne des Wortes ›aufgesetzt‹ erscheinen, wie eine Sammlung falsch angewandter Zitate aus der europäischen Architekturgeschichte.

Bulfinch vollendete den Bau 1798, Ende des 19. Jahrhunderts kam das Rückgebäude hinzu. Die beiden von der Ziegelfront zurückgesetzten weißen Marmorflügel wurden 1917 fertiggestellt.

Im *Archives Museum,* im Keller des State House, sind Dokumente aus der Geschichte von Massachusetts ausgestellt, unter anderem auch die Charta, die die Massachusetts Bay Colony 1629 von Charles I. erhielt. Wer Zeit hat und sich für Geschichte interessiert, sollte hier etwas stöbern.

Vor dem State House stehen Statuen, die verdiente oder verachtete Bürger der Stadt verewigen. Zu den honorigen zählt John F. Kennedy, der sich in voller Größe vor dem westlichen Flügel des

Gebäudes erhebt, zu denen, die weniger hoch in der Achtung ihrer Zeitgenossen standen, gehören zwei Frauen: Die Quäkerin Mary Dyer, die die Puritaner am Galgen erhängten, und Anne Hutchinson, die dem Tod am Strick die Verbannung vorzog und nach Rhode Island floh (s. S. 120).

Folgt man Park Street bergab, erreicht man **Park Street Church und Old Granary Burying Ground** 3. *Park Street Church* wirkt wie ein typisch neuenglisches Kleinstadtkirchlein mit seinem hübschen weißen Turm – ein Anachronismus an der verkehrsreichen Ecke von Tremont und Park Street, zwischen Verkehrsschildern, Autos, Ampeln.

Wie viele Architekten seiner Zeit orientierte sich auch Peter Banner an den Bauten von Christopher Wren; St. Bride's in London soll bei der Konzeption von Park Street Church Pate gestanden haben.

1829, 19 Jahre nach der Fertigstellung der Kirche, hielt William Lloyd Garrison hier seine erste Rede, in der er öffentlich die Sklaverei anprangerte. Garrison, Herausgeber der in Boston erscheinenden Zeitschrift ›The Liberator‹, wurde eine der führenden Persönlichkeiten im Kampf gegen die Sklaverei.

Direkt neben der Kirche liegt *Old Granary Burying Ground*. Man betritt den Friedhof von Tremont Street aus durch einen neo-ägyptischen Torbogen. Der Name erinnert daran, daß hier bis Anfang des 19. Jahrhunderts ein Kornspeicher *(Granary)* stand. 1660 ließ der Stadtrat an dieser Stelle, damals Teil des Common, einen Friedhof einrichten. Der Ort war klug gewählt, bei den vielen Hinrichtungen und Duellen, die auf dem Common stattfanden.

Old Granary Burying Ground wird ›eine Art Westminster Abbey der Proper Bostonians‹ genannt. Hier sind zum Beispiel John Hancock und Samuel Adams

*Der rote Strich markiert den Verlauf des Freedom Trail*

begraben, beide Streiter für die Sache der amerikanischen Unabhängigkeit (s. S. 52f.), jeder auf seine Weise: Hancock, sagt man, bezahlte das Porto, und Adams verfaßte die Briefe. Beide zählten zu den Unterzeichnern der Unabhängigkeitserklärung – Hancock setzte seinen Namen so groß unter das Dokument, daß ›Hancock‹ lange Zeit als Synonym für ›Unterschrift‹ im Sprachgebrauch war. Als er starb, trat Samuel Adams seine Nachfolge als Gouverneur von Massachusetts an.

Paul Revere, der Mitternachtsreiter und Silberschmied (s. S. 133f.), die Opfer des Boston Massacre (s. S. 53), die Eltern von Benjamin Franklin (s. S. 128f.)... sie alle werden hier täglich von Tausenden von Besuchern in ihrer letzten Ruhe gestört. Kinder laufen durch die Reihen dunkler Steinplatten und suchen den Grabstein von ›Mother Goose‹, deren Vers-Sammlung fester Bestandteil einer amerikanischen Kindheit ist.

Der nächste Stopp am Freedom Trail liegt an der Ecke Tremont Street/School Street: **King's Chapel and Burying Ground** 4. Man könnte meinen, daß hier jemand einen großen, grauen Granitblock für den Steinmetz zur Bearbeitung dagelassen hat; der Steinmetz kam nicht, dafür aber ein Trupp Arbeiter, der einen Säulenvorbau vor der Kirche abstellte, wohl statt der Kirchturmspitze.

Es gibt bessere Beispiele für den Georgian Style – sogar von demselben Architekten. Peter Harrison, der unter anderem auch Redwood Library, Brick Market und Touru Synagogue in Newport (Rhode Island) gebaut hat, galt als einer der hervorragendsten Architekten seiner Zeit – diesen Ruf verdankt er vermutlich der Tatsache, daß er zwei Bü-

cher mehr besaß als die anderen; professionelle Architekten gab es nämlich damals noch nicht, und die Amateure fertigten ihre Entwürfe nach Abbildungen aus Architekturbüchern, die in den Kolonien zirkulierten. Harrison kopierte Andrea Palladio (nach ›Four Books of Architecture‹, Auflage von 1715), oder er baute nach Abbildungen aus ›Vitruvius Britannicus‹ von Colen Campbell, während die meisten seiner Zeitgenossen nur James Gibbs' ›A Book of Architecture‹ zur Vorlage hatten.

Begeben wir uns aber ins wirklich hübsche, elegant ausgestattete Innere der Kirche. Rechts vom Eingang sehen Sie die Bank, auf der sich zum Tode Verurteilte ihre letzte Predigt anhören mußten, bevor sie auf dem Common hingerichtet wurden. Beachten Sie bitte die paarweise angeordneten korinthischen Säulen, die das Hauptschiff flankieren und die Galerien tragen, ja, und das Altarbild, das müssen Sie auch beachten, denn es ist ein Geschenk von King William und Queen Mary aus dem Jahr

thorne in ›The Scarlet Letter‹ verewigte (s. S. 83), alles drängte zu diesem Fleckchen Erde, bis es 1660 zu klein wurde und ein neuer Friedhof gefunden werden mußte: Old Granary Burying Ground.

1686 kam Sir Edmund Andros nach Boston. Was der nun wieder mit dem Gemüsegarten zu tun hat? Vorläufig noch nichts. Vorläufig kam Andros nur als königlicher Gouverneur – James II. meinte, man müsse den Kolonisten etwas auf die Finger schauen.

Andros bemerkte mit Mißbilligung, daß es dem anglikanischen Prediger in Boston noch nicht gelungen war, die englische Staatskirche zu etablieren, es gab noch nicht einmal ein Kirchengebäude!

Daß die Puritaner Andros haßten, versteht sich von selbst. Einmal wollten sie keinen Gouverneur, sondern ihre Ruhe, und eine anglikanische Kirche wollten sie schon zweimal nicht, vor der waren sie ja geflohen. Also verkauften sie Andros kein Land für sein Bauvorhaben. Der, nicht faul, beschlagnahmte das Bethaus der Puritaner und ließ dort seine Sonntagspredigten halten. Zwei Jahre lang. Nach deren Ablauf – und jetzt schließt sich der Kreis, er schließt sich natürlich im Gemüsegarten – annektierte Andros ein Stück von Isaak Johnsons Land und ließ neben dem Friedhof ein Holzgebäude errichten: King's Chapel.

Das war sozusagen sein Abschiedsgeschenk. Der Bau war kaum begonnen, da fand in England die ›Glorreiche Revolution‹ statt (1688), James II. wurde gestürzt, und die Bostoner warfen Andros hinaus.

James II. hatte King's Chapel mit einer kostbaren Kanzel ausgestattet, und auch die nachfolgenden Monarchen versäumten nicht, kleine, demonstrative

1696. Wenn Sie nun auch noch das Kirchengestühl beachtet haben, sollten Sie es sich in einer der Boxen, die man ›Pews‹ nennt, bequem machen, denn wir müssen weit ausholen, zum Thema King's Chapel gibt es eine lange Geschichte zu erzählen.

Beginnen wir bei Sir Isaak Johnson. Seine historische Bedeutung liegt in seinem Gemüsegarten. Nicht, daß er dort die größten Kohlköpfe gezogen hätte, dazu hatte er gar keine Zeit – er starb kurz nach der Gründung der Stadt und wurde, seinem Wunsch gemäß, in seinem Gemüsegarten begraben. Nun hätte ihm dieser letzte Schritt allein noch keinen Platz in den Annalen der Stadt gesichert. Er hatte es aber – wie, ist nicht überliefert – geschafft, daß wer immer von nun an starb, ausschließlich in Isaaks Gemüsegarten und nirgendwo anders beerdigt werden wollte.

John Winthrop, der Gründer Bostons und erste Gouverneur, William Dawes, der Reiter, auf dessen Name sich nichts reimt (s. S. 133), Elizabeth Pain, die Haw-

# Damen, auf den Sockel gehoben

Es mag ein schwacher Trost sein, aber inzwischen haben sie sogar ein Denkmal, und das an prominenter Stelle: Anne Hutchinson steht vor dem Westflügel des State House in Boston, Mary Dyer vor dem östlichen. Außer ihrem Standort ist beiden gemeinsam, daß sie mit den Autoritäten des puritanischen Boston in Konflikt gerieten. Für Mary Dyer, eine Quäkerin, endete das am Galgen, Anne Hutchinson hatte mehr Glück. Auch ihr wurde zwar vorgeworfen, vom rechten Glauben abgewichen zu sein, das Verdikt, das sie nach ihrem Prozeß erwartete, war aber nur die Verbannung, und aus der machte sie das Beste: Sie zog 1638 Roger Williams nach, den drei Jahre vorher dasselbe Schicksal ereilt hatte, und wurde damit Mitgründerin von Rhode Island.

MARY DYER
QUAKER
WITNESS FOR RELIGIOUS FREEDOM
HANGED ON BOSTON COMMON 1660
"MY LIFE NOT AVAILETH ME
IN COMPARISON TO THE
LIBERTY OF THE TRUTH"

Anne Hutchinsons Fall wird gerne angeführt, um den Puritanern ihre Intoleranz vorzuwerfen. Das ist sicher richtig, nur vergißt man dabei, daß die Puritaner nicht nach Amerika kamen, um ein Eldorado für Freidenker zu schaffen, sondern um kompromißlos ihre religiösen Vorstellungen zu verwirklichen. In der Theokratie, die sie in Massachusetts aufbauten, waren religiös Andersdenkende automatisch Staatsfeinde. Wenn Anne Hutchinson zum Beispiel die Meinung vertrat, Gott kommuniziere mit dem Menschen direkt und offenbare sich ihm auf diese Weise, so zweifelte sie damit die Existenzberechtigung des puritanischen Staates und der herrschenden Schicht in diesem Staat an. Denn ein Glaubensgrundsatz der Puritaner war, daß der Mensch göttliche Wahrheit nur in der Bibel und durch deren Auslegung finden könne; auserwählte Männer hatten die Schrift zu interpretieren und leiteten daraus Gesetze ab.

In den Vernehmungsprotokollen zeigt sich, mit wieviel Witz, Geist und Bibelkenntnis sich Anne Hutchinson verteidigte. Was muß das für eine Provokation für die autoritär-patriarchalische Gesellschaft gewesen sein, in der man zur selben Zeit die Frage diskutierte, ob das »Mulier taceat in ecclesia« (die Frau schweige in der Kirche) so ausgelegt werden könne, daß es den Frauen gestatte, Psalmen mitzusingen. Mitsingen, wohlgemerkt! Mitzureden hatten sie noch lange nicht, und wenn eine mitdachte, wurde sie verbannt!

Aufmerksamkeiten nach Boston zu senden – Teppiche, Silber, teure Stoffe, Kissen und Bilder, wie das Altarbild, das Sie eingangs beachtet haben.

Für die Puritaner war das eine Provokation, hatten sie sich doch gerade die Reinigung, die ›Purifizierung‹ der englischen Staatskirche von solchem ›katholischen Pomp‹ zum Anliegen gemacht (s. S. 43). 1713 bekam die Kirche sogar eine Orgel geschenkt, nur war in ganz Massachusetts kein Organist aufzutreiben, da die Puritaner auch Kirchenmusik ablehnten.

Der ursprüngliche Holzbau verfiel im Lauf der Jahre, etwas Solideres sollte an seine Stelle, und solider als Granit geht's ja wohl nicht. 1754 wurde die neue Kirche eingeweiht, der Säulenvorbau fehlte damals noch, der Turm fehlt bis heute. Es war eine große Zurschaustellung britischer Macht, mit viel Militär und glänzenden Orden, und der Priester hätte sich damals wohl nicht träumen lassen, daß er 22 Jahre später mit seinem Bündel, in das er das gesamte Kirchensilber gepackt hatte, und 30 weiteren königstreuen Familien auf dem Weg nach Kanada sein würde. Der neue Prediger, der nach der Revolution kam, machte aus King's Chapel die erste unitarische Kirche Amerikas, und unitarisch ist sie bis heute geblieben.

Man geht nun Tremont Street wieder ein paar Schritte zurück und biegt links in **School Street** ein. Wie der Name sagt, stand hier früher eine Schule, die First Public Latin School, die 1635 als erste Schule Bostons errichtet wurde. Das Gebäude selbst steht nicht mehr, es weist nur noch eine Plakette darauf hin, daß hier einst namhafte Bostoner die Schulbank gedrückt haben. Aufs Podest sind allerdings nur zwei davon gekommen: Benjamin Franklin (s. S. 128f.) und Josiah Quincy. Quincy war der zweite Bürgermeister Bostons und hat sich durch Quincy Market ein weiteres Denkmal gesetzt.

Die beiden Statuen stehen vor **Old City Hall** 5, dem Alten Rathaus Bostons. Kommt Ihnen der Bau bekannt vor? Richtig, der Neue Louvre in Paris! Nachdem sich die Bostoner über 200 Jahre an der Peripherie der britischen Architektur bewegt hatten, richteten sie ihr Augenmerk Mitte des 19. Jahrhunderts auf Paris. Old City Hall war das erste Gebäude in Amerika, das im Stil des Second Empire, des zweiten französischen Kaiserreichs, erbaut wurde; weitere Beispiele finden sich vor allem in der Back Bay (s. S. 146ff.).

Heute gibt es in dem Rathaus aus dem Jahr 1862 keine Amtsräume mehr, dafür aber – stilgerecht – ein gutes französisches Restaurant, Maison Robert. Im Sommer stehen hier Tische unter weißen Sonnenschirmen, die Küche ist ausgezeichnet und bietet auch Leichtes – ein ideales Plätzchen also, um eine Mittagspause einzulegen. Die meisten Angestellten, die in den umliegenden Bürohäusern arbeiten, haben weder Zeit noch Geld, um in der Mittagspause essen zu gehen, wenn aber die Sonne scheint, wissen sie es sich überall gemütlich zu machen. Der kleine gepflasterte Platz Ecke School/Washington Street ist so ein mittäglicher Treffpunkt. Wenn die Bänke besetzt sind, auf dem Pflaster ist immer noch genug Platz, formelle Bürokleidung oder Anzug sind kein Hinderungsgrund. Junge Männer mit offenem Hemd und gelockerter Krawatte verzehren Lunch aus der Tüte, Bürofrauen haben es sich auf dem Boden gemütlich gemacht, an die Bäume gelehnt löffeln sie ihren Joghurt und unterhalten sich.

Der Platz bildet die ideale Kulisse für diesen Plausch; er wird von zwei der hübschesten Gebäude von Downtown flankiert: dem **Old Corner Bookstore** 6 und dem Old South Meeting House. Die Geschichte dieser Buchhandlung reicht bis ins Jahr 1711 zurück. Damals wollte »ein armes schottisches Weib« Abfall in einem Hinterhof verbrennen – und legte die ganze Innenstadt Bostons in Schutt und Asche. Die First Church brannte lichterloh, das Stadthaus – ein stattliches dreigiebliges Holzgebäude mit Arkaden, unter denen sich die Kaufleute trafen – und eine ganze Reihe von Wohnhäusern fielen den Flammen zum Opfer.

Es war dies das achte Feuer innerhalb der letzten 58 Jahre, und die gebrannten Kinder gingen immer mehr dazu über, Ziegelbauten zu errichten (1722 waren schon etwa ein Drittel aller Häuser in Boston aus Stein). So auch Thomas Crease, der sich nach dem Brand ein zweistöckiges Haus mit Mansardendach baute und dort seine Apotheke einrichtete. Ecke School/Cornhill Street galt damals als gute Geschäftsadresse, aus Cornhill wurde später Washington Street, Geschäftsstraße ist sie bis heute geblieben.

1828 zog in das Gebäude eine Buchhandlung ein, in der sich Mitte des 19. Jahrhunderts alles traf, was damals in Neu-England literarisch Rang und Namen hatte: Longfellow, Emerson, Hawthorne, Holmes, Julia Ward Howe, Harriet Beecher Stowe und Gäste wie Charles Dickens und Frances Trollope.

1960 sollte das Haus einem Innenstadt-Kahlschlag zum Opfer fallen. Zum Glück bildete sich eine Bürgerinitiative, die es kaufte und restaurierte. Der ›Boston Globe‹, Bostons größte Tageszeitung, hat jetzt wieder einen Buchladen eingerichtet, Globe Corner Bookstore nennt er sich, und hier findet man wirklich alles, was zum Thema Neu-England

aktuell auf dem Markt ist, und nicht nur das, auch vergriffene Bücher, Stiche, Landkarten. Es ist die zu diesem Thema wohl bestsortierte Buchhandlung überhaupt.

Das Old Corner Bookstore ist allerdings nicht nur mit Erinnerungen an Zeiten literarischer Größe und intellektueller Aufgeschlossenheit verbunden. Dort, wo heute der Ziegelbau steht, hatte Anne Hutchinson von 1634 bis 1638 ihr Haus. 1638 wurde ihr der Prozeß gemacht, weil sie, wie es hieß, vom rechten Glauben abgewichen war. Sie wurde verbannt, mit ihr verließ eine Gruppe Gleichgesinnter Boston. Sie gingen, wie vier Jahre vorher William Blackstone, nach Süden, erwarben eine Insel – Rhode Island – und ließen sich in Providence nieder (s. S. 179f.).

Das schräg gegenüberliegende Haus entführt wieder in eine lichtere Epoche der Stadtgeschichte. Nicht mehr von Verbannung und Freiheitsentzug ist hier die Rede, sondern von Freiheit pur: Mit dem **Old South Meeting House** 7 steht eines der wichtigsten Ereignisse der Unabhängigkeitsbewegung in Zusammenhang, die *Boston Tea Party*. Die 1729 erbaute Kirche war in den Jahren vor 1776 nämlich zur Stätte der Bürgerversammlungen geworden – das eigentlich dafür gebaute Haus, Faneuil Hall (s. S. 127f.), konnte die vielen Empörten und Engagierten nicht mehr fassen. Peter Faneuil hatte ja auch nicht ahnen können, daß 30 Jahre nachdem er den Grundstein gelegt hatte, 5000 Menschen (ein Drittel der Gesamtbevölkerung Bostons!) zu den politischen Versammlungen strömen würden.

So auch am 16. Dezember 1773: Tausende drängten sich in der Kirche, standen lärmend, Parolen brüllend auf der Straße: Der König solle seinen gottverdammten Tee zurücknehmen und selbst saufen! Das war etwas viel verlangt, es lagen immerhin drei Schiffe mit 342 Kisten Tee im Bostoner Hafen, und nicht nur das, auch die Lagerhäuser der East India Company in England quollen über von Tee. Das war mehr, als selbst die Briten trinken konnten!

Schuld an dieser Situation waren die amerikanischen Kolonisten, oder, je nach Betrachtungsweise, der englische König: Er hatte – aus Prinzip – auf der Teesteuer als einziger Form der Besteuerung der Kolonisten bestanden (s. auch S. 54), worauf die amerikanischen Händler englischen Tee boykottierten und statt dessen von Holland geschmuggelten kauften. Auch aus Prinzip.

Zwischen diesen beiden Fronten, und demzufolge am Rande des Ruins, stand die East India Company: Sie blieb auf ihrem Tee sitzen. Um die Gesellschaft zu retten, erließ George III. ihr Abgaben, die an London zu entrichten gewesen wären, so daß sie nun in der Lage war, ihren Tee billiger als den von Holland geschmuggelten anzubieten. Das sollte den Boykott brechen.

Hatte man denn vergessen, daß es ums Prinzip ging? Nein, das hatte der König nicht. Denn so billig der Tee auch war, die Teesteuer war ausdrücklich beibehalten worden. Und auch die Kolonisten waren nicht bereit, ihre Position aufzugeben: Sie weigerten sich, die Ladungen der Teeschiffe zu löschen, die überall an der Ostküste lagen. Die meisten Schiffe kehrten unverrichteter Dinge nach England zurück.

Diese Lösung wäre auch den Bostoner Patrioten am liebsten gewesen. Doch der britische Gouverneur, Thomas Hutchinson, war finster entschlossen, ihnen den Tee einzuflößen: Er ließ die Hafenausfahrt sperren, schickte zwei Kriegsschiffe in die Bucht und ließ keinen Zweifel daran: Der Tee bleibt! Es

wird getrunken, was in den Hafen kommt!

Über 14 Tage gingen die Verhandlungen zwischen Gouverneur, Schiffsbesitzer und den Wortführern der Patrioten hin und her. Die Stimmung in der Stadt lud sich in der Zeit so auf, daß man glaubte, es knistern zu hören. Der Eklat war unausweichlich.

Er kam an jenem Abend des 16. Dezember 1773. Kaum war die endgültige Entscheidung des Gouverneurs bekannt geworden, daß die Schiffe den Hafen nicht verlassen dürften, als sich – auf das Stichwort von Samuel Adams – vor dem Old South Meeting House ein Kriegsgeheul erhob und etwa 90 ›Indianer‹, vermummte Angehörige der Sons of Liberty (s. S. 52), zur nahen Griffin's Wharf stürmten, wo die drei Teeschiffe lagen. Die Menge folgte ihnen und sah schweigend zu, wie die ›Wilden‹ die 342 Kisten öffneten und den Tee ins Meer schütteten.

Natürlich mußten die Bostoner den Tee auslöffeln, den sie sich eingegossen hatten: Die britischen Truppen in Boston wurden verstärkt, der Hafen gesperrt – er sollte es so lange bleiben, bis die Bostoner für den Verlust der East India Company aufgekommen waren. Und auch Old South Meeting House bekam die Rache der Engländer zu spüren: 1775 ließ General John Burgoyne das Kirchengestühl verheizen, Sägemehl auf den Boden streuen – und dann trainierte die britische Kavallerie ihre Pferde in dem ehemaligen Gotteshaus.

Das Innere der Kirche ist sehenswert. In Schaukästen sind Dokumente ausgestellt, die mit den historischen Ereignissen in Zusammenhang stehen.

Vom Old South Meeting House führt der **Tea Party Path** über Milk Street, Post Office Square, Congress Street zum Boston Tea Party Ship and Museum, der

Rekonstruktion eines der Teeschiffe, die damals an der Griffin's Wharf lagen. Zu Fuß sind es etwa 15 Minuten dorthin, das Museum bietet eine audiovisuelle Show und nicht nur das: Angefeuert von kostümierten Schauspielern kann man die Ereignisse der Nacht vom 16. Dezember 1773 nachspielen und dabei, mit einem Indianerkopfschmuck ausgestattet, selbst das revolutionäre Gefühl des Teeschmeißens erleben.

Wer den Umweg nicht auf sich nimmt, gelangt zum **Old State House** [8], auf dessen Giebel sich Löwe und Einhorn kämpferisch gegenüberstehen.

Daß sie, Symbol der britischen Krone, dort oben so unangefochten und dekorativ stehen dürfen, zeugt von Souveränität; daß es sich um Kopien handelt, davon, daß die Souveränität neueren Datums ist: Die Originalfiguren wurden nach der Revolution verbrannt. Es wäre ja auch absurd gewesen, wenn über dem Balkon, von dem 1776 die Unabhängigkeitserklärung verlesen wurde, die Insignien britischer Herrschaft gethront hätten.

Im Gegensatz zum Old South Meeting House hat das Old State House (erbaut 1712–1713) neben der historischen auch noch architektonische Bedeutung: Es ist das älteste erhaltene öffentliche Gebäude im Georgian Style in Amerika. Und im Gegensatz zur King's Chapel ist Old State House ein Beispiel dafür, daß diese Epoche auch hübsche, elegante Gebäude hervorbringen konnte. Der schlichte, rechteckige Ziegelbau mit dem aufgesetzten Türmchen erinnert an ein gemütliches Wohnhaus – ein Eindruck, der vielleicht dadurch entsteht, daß Old State House von allen Seiten von abweisenden Hochhausfassaden umgeben ist, zwischen denen es fast rührend wirkt, Puppenhaus-Dimensionen annimmt. Ob die Sonnenuhr jemals

*Old State House*

ihre Bestimmung erfüllen kann, in der Häuserschlucht?

Dort, wo heute die U-Bahn braust, war früher der Weinkeller der Briten, damals, als das Old State House noch Sitz der Stadt- und Provinzregierung war, hier Gericht gehalten wurde und die Kaufleute unter den Arkaden verhandelten. Im ersten Stock, zu erreichen über einen spiralenförmigen Treppenaufgang, sind Bilder, Möbel, Geschäftszeichen, Uniformen und anderes aus der kolonialen und revolutionären Vergangenheit ausgestellt. Im Erdgeschoß kann man Videofilme zur Geschichte Bostons sehen, hier wird, neben den üblichen Souvenirs, eine gut sortierte Auswahl an Literatur über Boston angeboten.

Im Hochhaus State Street 15 (gegenüber dem Eingang zum Old State House) ist das **Boston National Park Visitor Center** untergebracht (der Freedom

Trail wird vom National Park Service verwaltet). Hier erhält man Informationen aller Art, auch über die anderen vom National Park Service betreuten Stätten in Neu-England. Im ersten Stock finden wechselnde Ausstellungen statt, ein Film zur Geschichte Bostons wird gezeigt (beides kostenlos). Es sind Telefone und Toiletten vorhanden.

Auf der Ostseite des Old State House markiert ein Kreis aus Ziegelsteinen im Pflaster den Ort, an dem das *Boston Massacre* stattgefunden hat. Am 5. März 1770, nachdem die Stadt bereits fast zwei Jahre britische Truppen in ihren Mauern zu erdulden hatte, explodierten lang angestauter Haß und Aggressionen: Eine Gruppe Bostoner pöbelte ein paar Soldaten an, die pöbelten zurück, Beleidigungen, Steine und Schneebälle flogen, und schließlich feuerten die Soldaten in die Menge – fünf Männer wurden getötet. Den Patrioten paßte dieser Zwischenfall gut ins Konzept, er wurde zum ›Massaker‹ aufgebauscht und propagandistisch genutzt: Gedenkfeiern im Old South Meeting House fanden statt, und Paul Revere schmückte am Jahrestag die Fenster seines Hauses mit so furchterregenden naiven Darstellungen, daß »Vorübergehende in feierlichem Schweigen standen, die Mienen voll melancholischen Trübsinns« – eine Widerstandsbewegung hatte ihre Märtyrer!

Der rote Strich läuft nun entlang Congress Street und vorbei an einem modernen Gebäude: **City Hall** 9. Irgend jemand hat in dem Bau aztekische Stilelemente entdeckt, und wenn man die weiten Stufen emporschreitet und auf die riesige gepflasterte Plaza tritt, hat man wirklich das Gefühl, man müsse auf den Opferstein der Azteken stoßen. Es war auch ein Schnitt ins Herz der

*City Hall*

Stadt, als Ende der 50er Jahre das West End zerstört wurde, ein Eingriff, von dem sich die Innenstadt heute noch nicht erholt hat. Das West End war eines der älteren gewachsenen Viertel Bostons, Teil der ursprünglichen Halbinsel; hier wohnten die Vornehmen im letzten Viertel des 18. Jahrhunderts, bevor Beacon Hill erschlossen wurde. An diese Zeit erinnern nur noch Old West Church (1806 von Benjamin Asher errichtet) und das angrenzende Harrison Gray Otis House (s. S. 146) in Cambridge Street.

Zu Beginn des 20. Jahrhunderts kam die Gegend immer mehr herunter; Hafenkneipen und zwielichtige Absteigen bestimmten das Bild. Gegen sie richtete sich wohl der Anschlag der 50er Jahre, und dabei holte man gleich zum vollkommenen Kahlschlag aus: Als die Stadtplaner ihre infantile Zerstörungswut ausgetobt hatten, standen sie vor einem großen, leeren Sandkasten in der Innenstadt, einem schwarzen Loch, mit dem sie vorerst nichts anzufangen wußten. Erst Ende der 60er Jahre entstand

dann unter der Gesamtplanung von I. M. Pei (s. S. 80) das **Government Center**. Das architektonisch interessanteste Gebäude in diesem Komplex ist zweifellos City Hall, die anderen Bauten – Bürotürme, Regierungsburgen für Stadt, Land und Staat – beeindrucken eher in der Gesamtkomposition.

Zwischen Government Center und **Quincy Market Area mit Faneuil Hall**  liegen Welten, 20 Jahre trüber Erfahrung mit der Spitzhacken-Stadtplanungspolitik, aus denen man gelernt

hat. Das Ergebnis ist sehr erfreulich und gilt in ganz Amerika als Inbegriff geglückter Innenstadtbelebung, die landesweit als ›Faneuilization‹ in den Sprachschatz der Stadtplaner eingegangen ist. Ins Bürokratendeutsch übersetzt heißt das etwa: ›Revitalisierung historischer Viertel unter Beibehaltung der Bausubstanz zum Zweck kommerzieller Nutzung.‹

Zum Glück sieht, was sich hinter dem Begriff verbirgt, wesentlich freundlicher aus – Blumen, Straßentheater, Cafés, Verkaufsstände, Luftballons, eine Fußgängerzone, ein Einkaufs- und Kommunikationszentrum in der Innenstadt, das an die Tradition des Viertels anknüpfen will: 1742 entstand hier die erste Markthalle, ein Geschenk des französischen Hugenotten Peter Faneuil an die Stadt. Es war ein zweistöckiger Ziegelbau, ebenerdig die Markthalle, im Obergeschoß Amtsräume und eine Versammlungshalle. Hier fanden die Town Meetings statt, in denen sich in den Jahren vor der Revolution immer mehr der Widerstand der Bostoner gegen die britische Politik artikulierte und formierte – ›Cradle of Liberty‹ nennt man Faneuil Hall auch, die Wiege der Freiheit. Charles Bulfinch gab dem Gebäude 1805/06 sein heutiges Aussehen; der Heuschreck auf dem Dach stammt noch aus dem 18. Jahrhundert.

In den 20er Jahren des 19. Jahrhunderts wurde Boston dann verwaltungsmäßig zur Stadt und – was Attitüde, Aussehen und Selbstgefühl betrifft – zum *Hub* erhoben. Zu dieser Zeit zählte es etwa 60 000 Einwohner, Mill Pond war bereits aufgefüllt (s. S. 110), weitere Projekte, die Stadt zu vergrößern, standen an. Die ersten Dampfschiffe fuhren

*Quincy Market*

# »Dem Himmel entriß er den Blitz, dem Tyrannen das Zepter«

Weltweit bekannt wurde er durch seine Experimente mit Elektrizität und die Erfindung des Blitzableiters (1752). Daneben entwickelte er einen Ofen, der seinen Namen trägt, baute ein Musikinstrument (das Glassychord), schrieb politische Satiren, gab eine Zeitung heraus, veröffentlichte einen Almanach, baute ein Postsystem für die Kolonien auf, rief eine Akademie sowie Lese- und Debattiergesellschaften ins Leben, war Diplomat, Politiker, Staatsmann – Benjamin Franklin, Prototyp des Aufklärers des 18. Jahrhunderts.

Modernen Soziologen wie Max Weber gilt er als Prototyp des Kapitalisten, und auch seine Lebens- und Erfolgsgeschichte legt diese Deutung nahe: 1706 in Boston als 15. von 17 Kindern geboren – der Vater war Kerzenzieher –, trat er nach ein paar Jahren Schulbesuch ins elterliche Geschäft ein und wurde dann Lehrling in der Druckerei des Bruders, der die Zeitschrift ›New England Courant‹ herausgab. Private Reibereien, Eifersucht des Bruders auf Benjamins offensichtlich größere schriftstellerische Begabung führten schließlich dazu, daß er Boston 1723 heimlich verließ und über New York nach Philadelphia ging. Dort, in der Quäker-Stadt, gelang ihm in kurzer Zeit – und vielleicht leichter als in der Bostoner Gesellschaft? – der Aufstieg. Er kaufte eine Zeitung, wurde zur herausragenden Persönlichkeit im öffentlichen

und geistigen Leben der Stadt. Mit 42 hatte er sein Vermögen gemacht und zog sich aus dem Geschäftsleben zurück, um sich seinen wissenschaftlichen Experimenten und der Politik zu widmen.

Wenn eine Stadt einen Helden zur Welt brachte, will sie sich natürlich seinen rühmen, auch wenn er sie mit 17 Jahren verlassen hat. Benjamin Franklins Statue am Freedom Trail hat aber darüber hinaus ihre Berechtigung: Franklin hat Amerikas Weg in die Freiheit von Anfang bis Ende begleitet und bestimmt.

Bereits 1754, in dem Jahr, in dem der French and Indian War ausbrach und sich Vertreter von sieben Kolonien in Albany, New York, trafen, um über einen Vertrag mit den Irokesen zu beraten, unterbreitete Franklin einen Vorschlag zur Einigung der Kolonien. Der ›Plan of Union‹ wurde zwar sowohl von den Kolonien als auch von London abgelehnt, doch ein erster Schritt in Richtung Union war getan. In den darauffolgenden Jahren war Franklin als Vertreter verschiedener Kolonien in London tätig, als Delegierter Pennsylvanias hielt er eine gut fundierte, überzeugende Rede gegen den Stamp Act (s. S. 51f) der 1766 dann auch von London wiederaufgehoben wurde. Er war Mitglied des zweiten Kontinentalkongresses (1775 in Philadelphia), erhielt dort das Amt des ›General Postmaster‹ für die gesamten Kolonien, er war am Entwurf

*Benjamin Franklins Experiment mit dem Drachen führte zur Erfindung des Blitzableiters*

der Unabhängigkeitserklärung mitbeteiligt und ist auch einer ihrer Unterzeichner.

Während Amerika mit England Krieg führte, sorgte er in Frankreich für Kredite, Waffen und Verbündete. Berühmt durch seine wissenschaftliche Arbeit, altehrwürdiger Vertreter einer jungen Republik und deren revolutionären Ideen, wurde er bald zum Mythos. Er spielte »meisterhaft die damals so beliebte Rolle des schlichten Bürgers und geraden Republikaners … Seine schmucklose Kleidung, sein ungepudertes Haar, seine bescheidenen Manieren erregten das Entzücken aller Salons. Man verglich ihn mit Fabius und Brutus, Plato und Cato, sein Bild wurde überall verkauft, so daß sein Gesicht, wie er an seine Tochter schrieb, so bekannt war wie das des Mondes. Er wußte ganz genau, daß es sich nur um eine Mode handelte, und nutzte sie als schlauer Geschäftsmann für seine Zwecke«. (Egon Friedell, ›Kulturgeschichte der Neuzeit‹)

Im Jahr 1782 unterzeichnete er als einer von vier amerikanischen Unterhändlern in Paris einen vorläufigen Frieden mit England. Benjamin Franklins diplomatischem Geschick ist es zu verdanken, daß eine ernsthafte Verstimmung Frankreichs, das bei den Verhandlungen nicht konsultiert worden war, verhindert werden konnte. Nach Amerika zurückgekehrt, nahm Franklin 1787, 81jährig, an der Verfassungsgebenden Versammlung in Philadelphia teil, und auch hier vermittelte er zwischen den Staaten und deren unterschiedlichen Interessen. Als er am 17. April 1790 in Philadelphia starb, war die Verfassung von 12 der 13 Staaten ratifiziert worden, der Aufbau einer Zentralregierung des jungen Staates hatte bereits begonnen.

in den Bostoner Hafen ein, und der Fortschritt leuchtete in Form von Gaslaternen, die Bürgermeister Josiah Quincy installieren ließ. Von ihm ging auch die Anregung aus, Land vor Faneuil Hall aufzuschütten, um Platz zu schaffen für einen neuen Markt – Hallen, die den Reichtum des Umlands fassen konnten.

Eine neue Epoche, neues Selbstbewußtsein verlangen nach neuen Ausdrucksformen: Bulfinchs Federal Style hatte sich überlebt, um 1820 gab man sich klassisch. Der Architekt Alexander Parris leitete den Greek-Revival-Stil in Boston ein, in dem in der nächsten Dekade Hotels, Theater, Kirchen erbaut wurden und der sich im Bereich des privaten Wohnungsbaus sogar noch etwas länger hielt (z. B. Louisburg Square, S. 144).

1824 errichtete Alexander Parris Quincy Market, ein schmales, langgestrecktes Gebäude, im Zentrum von einer Kuppel gekrönt, auf der Ost- und Westseite je ein Portikus: vier Säulen, die einen Giebel tragen. Parris baute mit Granit, der ließ sich über einen 1803 eröffneten Kanal jetzt problemlos in die Stadt transportieren und wurde zum Baumaterial des Greek Revival.

Die Atmosphäre der Markthallen hat Thomas Wolfe in ›Mein Onkel Bascom‹ wunderbar eingefangen: »Auf dem Steinpflaster unter den Wellblech-Schirmdächern vor den Lagerhäusern erwachen Hunderte von Gerüchen irdischer Fruchtbarkeit und bestürmen den Vorübergehenden: der reine, scharfe Holzgeruch der Versandkisten mit dem heimwehkranken Duft von Orangen, Zitronen und Grapefruit; der Gestank eines verfaulenden Kohlkopfs mit dem einer verdorbenen Orange; dann der warme, rauhe Kalkgeruch von Hühnern, der schwere Geruch kalter Fische und Austern, die feuchtsauberen Ackergerü-

che und Gartendüfte von Salat, Kohl, neuen Kartoffeln und knirschendem Sellerie; dann der Geruch von reifen, goldenen Melonen, die in duftiges Stroh gebettet sind, und schließlich dieser warme Einschlag von Tropendüften: Bananen, Ananas und Avocado.«

Fühlt man sich da nicht an das pulsierende Leben, den Überfluß, die Sinnlichkeit der Pariser Markthallen erinnert? Quincy Market, der ›Bauch von Boston‹.

Thomas Wolfe und Emile Zola im Hinterkopf, schlendert man durch die langgestreckte Halle, bewundert die hübschen Geschäftszeichen, die über jedem Stand hängen und an die alten *Shop Signs* erinnern, erfreut sich an den überaus ästhetisch präsentierten Spezialitäten aus aller Welt. Da gibt es knusprige, gefüllte Croissants, Bratwürste am Holzsteckerl, griechische Salate, Bagels (eine jüdische Brotspezialität), Boston Baked Beans (s. S. 93), Nüsse, Obst, Wurst, Fleisch, Pizza, Süßigkeiten, es gibt alles,

*Quincy Market*

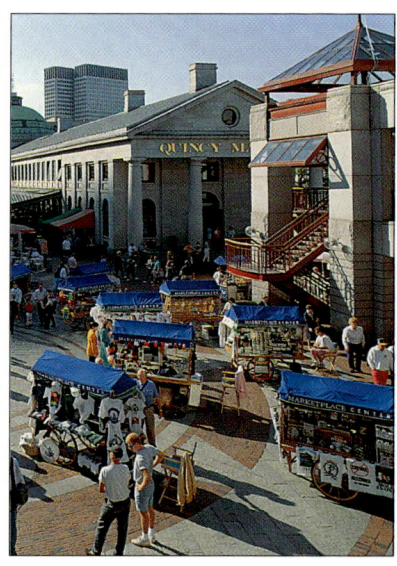

was das Herz begehrt. Und doch fragt man sich, wenn man schließlich mit seinem Imbiß an einem der Holztische im Zentrum der Halle steht, was die Atmosphäre hier so sehr von der auf dem Viktualienmarkt in München oder in den Markthallen von Florenz unterscheidet. Es ist nicht nur der Plastikteller, von dem man seinen Salat pickt, vielmehr, daß das Überquellende dem Delikaten weichen mußte. Die ›Faneuilization‹ hat sterilisierend gewirkt, Quincy Market hat seine Sinnlichkeit verloren, alles ist portioniert, verpackt, bakteriensicher eingeschweißt, die ›Gerüche der irdischen Fruchtbarkeit‹ können sich hinter der Plastikhaut nicht entfalten. Aus dem Bauch von Boston ist ein mit Hüttenkäse, Obsttagen und Aerobic kleingehaltenes Bäuchlein geworden.

Zu Faneuil Hall Marketplace gehören neben einer Reihe von postmodernen Bauten, die Ende des 20. Jahrhunderts entstanden, auch die zwei langgestreckten Gebäude, die Quincy Market parallel flankieren: North und South Market, ehemalige Lagerhäuser, die in das Revitalisierungsprogramm miteinbezogen wurden und mehr als 150 teure Boutiquen, Restaurants, Galerien, Bars beherbergen.

Die Offiziellen verweisen gerne darauf, daß Quincy Market mehr Besucher hat als Disneyland. Aber gerade das bereitet dem Architekten Benjamin Thompson Sorge: Die Akzeptanz unter den Touristen ist weitaus größer als unter den Einheimischen. Er wollte einen Treffpunkt für die Leute der Umgebung schaffen, der praktische und soziale Bedürfnisse erfüllte, klagte er anläßlich des zehnjährigen Bestehens der Anlage im August 1986 in der New York Times, nun sei ein Tummelplatz für Touristen daraus geworden.

In das Sanierungsprogramm hat man auch die *Waterfront* miteinbezogen. Ein Park wurde angelegt, architektonisch interessante Gebäude aus dem 19. Jahrhundert restauriert, Lagerhallen in Appartementhäuser und Bürogebäude umgewandelt. Ein Beispiel des Boston Granit Style findet man in der Commercial Street 75–117, das Mercantile Wharf Building, erbaut 1857. Man erreicht Park und Waterfront über den Hinterausgang von Quincy Market. Dort stehen auch immer Trolley-Busse bereit, mit denen man Stadtrundfahrten unternehmen kann (s. S. 275).

Im selben Stil wie Quincy Market, dem Greek Revival, wurde 1837 in der Nähe der Markthallen das Boston Custom House gebaut. In den Jahren 1911 bis 1915 setzte man auf den griechischen Tempel einen schlanken, grauen Turm mit einem Pyramidendach. Lange Zeit war er das höchste Gebäude der Stadt, heute verschwindet er fast hinter all den postmodernen Kreationen, die in den letzten Jahren um die Markthallen herum gewachsen sind. Farbenfroh und verspielt glänzen ihre Fassaden, längst nicht so wuchtig monumental wie im angrenzenden Finanzdistrikt, wo die Postmoderne mit marmornen Lobbies und phantasielosen Silos, wie dem International Place, vertreten ist. Der höchste Turm des Komplexes hat 46 Stockwerke, die Fassadengestaltung erschöpft sich in einer unendlichen Wiederholung derselben langweiligen Elemente. Ein bißchen mehr haben sich da schon die Architekten einfallen lassen, die **Rowe's Wharf** 11 bebauten, auch wenn sie kräftig bei Palladio Anleihen machten. Das Zentrum der Anlage, in der sich auch das Boston Harbor Hotel befindet, bildet ein riesiger Bogen, der sich zum Wasser hin öffnet. Hier sollte ein neuer Bezug zur See geschaffen werden, die Verbindung zum Wasser, dem Boston den Rücken gekehrt hatte, nach-

*Rowe's Wharf*

dem die Schiffahrt an Bedeutung verloren hatte, wiederhergestellt werden. Wenn man die Shuttle nimmt, die zwischen dem Flughafen und dem Hotel verkehrt, ist das auch wirklich ein sehr schönes Entree. Und wenn endlich die schon jahrelang andauernden Bauarbeiten beendet sein werden und die vielspurige Autostraße unterirdisch verläuft, kann hier vielleicht sogar ein interessantes urbanes Zentrum entstehen.

Um den Freedom Trail wiederaufzunehmen, muß man zurück zu Faneuil Hall. Die rote Linie führt nun entlang Union Street, vorbei am **Union Oyster House** 12, einem Backsteingebäude aus dem Jahr 1742. Im Fenster liegen Hummer, Krabben, Austern malerisch auf Eis und Steine drapiert – das Union Oyster House ist das älteste Restaurant in Boston, spezialisiert auf Fisch und Meeresfrüchte.

Die Straßen werden enger, wie im 17. Jahrhundert verlaufen sie hier noch, dann tritt man wieder auf einen freien Platz, hat vor sich ein paar Marktstände und – es lebe der Kontrast! – eine erhöhte brückenartig verlaufende Schnellstraße, Fitzgerald Expressway. So häßlich das wirkt – die Arbeiten, ihn unter die Erde zu bringen, stehen kurz vor dem Abschluß –, irgendwie stellt die Schnellstraße eine sinnvolle Trennung dar, denn das North End, das jenseits der Unterführung beginnt, war und ist ein ganz eigenes Viertel, das mit ›Boston Proper‹ und der ›revitalisierten‹ Geschichte nichts zu tun hat. Das North End ist heute noch ein Wohnviertel, kein Büroskelett wie die Innenstadt. Vor den Kirchen stehen blumengeschmückte gipserne Heilige, in den Schaufenstern Puppen mit schwarzen Haaren und vielen roten Unterröcken, Nudelmaschinen, metergroße Weinflaschen mit spiralförmig gedrehten Hälsen, Madonnenbildchen. Die Geschäftsbesitzer heißen Amadeo Gallo, Benetti, Luigi Pertoni. Und wenn man sie abends auf ihren Stühlchen vor den Häusern sitzen sieht, oder die Männer sich auf den steinernen Bänken im Paul Revere Mall zusammenfinden, dann ist das Bild wie in Verona oder Bologna – nicht ganz natürlich. Denn die Bauten haben nichts Italienisches, das sind die rötlichen Häuser Bostons, die weißen Kirchturmspitzen Neu-Englands. Das North End ist erst seit 1940 fast ganz in italienischer Hand, vorher war es ein jüdisches, irisches und – noch viel früher – ein britisches Viertel. In den letzten Jahren haben es die Yuppies entdeckt, und es setzte das ein, was man ›Gentrification‹ nennt, also die Umformung eines gewachsenen Viertels in eine schicke Gegend. An die Anfangszeit Bostons, in der das North End schon mal Adresse der feinen Leute war, erinnert noch das **Paul Revere House** 🔢 am North Square.

Paul Revere ist ein Held, er ist der Wilhelm Tell Amerikas. Er steht auf Denkmälern, blickt von Briefmarken, reitet über Gedenkmünzen und hat seinen Feiertag: Patriot's Day. Hier, am North Square, lebte er von 1770 bis 1800, und

diesen 30 Jahren verdankt es das Haus, daß es 1905 unter die Fittiche der Paul Revere-Gesellschaft genommen und so vor dem Abbruch gerettet wurde.

Paul Revere ist ein Held der amerikanischen Freiheit. Er ritt in der Nacht vom 18. zum 19. April 1775 von Charlestown nach Lexington und Concord, um die Patrioten zu warnen, daß britische Truppen, 700 Mann stark, von Boston aufgebrochen waren – entweder um die Führer der Bewegung, John Hancock und Samuel Adams, die sich beide in Lexington aufhielten, zu verhaften, oder um das Waffenlager der Patrioten zu zerstören. Was immer die Briten vorhatten, sie kamen nicht dazu, es auszuführen. Die Kolonisten standen, dank der Warnung, Gewehr bei Fuß; an diesem Tag fielen die ersten Schüsse der Revolution (s. S. 55).

Paul Revere ritt nicht als einziger los in dieser Nacht. Die Patrioten hatten, in kluger Voraussicht, zwei Leute losgeschickt, um sicherzugehen, daß die Botschaft ankam. William Dawes nahm einen anderen Weg und traf eine halbe Stunde später in Lexington ein als Revere.

Fast 100 Jahre vergingen, und die beiden gerieten in Vergessenheit. Bis Henry Wadsworth Longfellow auf den Plan trat, damals einer der bekanntesten Dichter Amerikas. In einer Zeit, die Helden nötig hatte – in den 60er Jahren des 19. Jahrhunderts herrschte in Amerika Krieg in Amerika zwischen den Nord- und Südstaaten (Sezessionskrieg) –, fühlte er sich berufen, eine Ballade über den Ritt für die Freiheit zu zimmern, die denn auch, sofort nach ihrer Veröffentlichung im ›Atlantic Monthly‹ 1861, ein durchschlagender Erfolg wurde. Sie reimt sich nett und erzählt in 14 Strophen die Ereignisse jener Nacht des 18. April:

»Listen, my children, and you shall hear
Of the midnight ride of Paul Revere, ...«

Wenn jemand einen Mythos kreiert,
kann er sich mit Kleinigkeiten wie den
geschichtlichen Fakten nicht aufhalten.
Es bleibt dann denen überlassen, die die
Entmythisierung vornehmen, nachzu-
weisen, daß vieles an Longfellows Darstellung nicht den historischen Tatsachen entspricht. So fiel zum Beispiel der
zweite Reiter vollkommen unter den
Tisch – kein Wunder, was reimt sich
schon auf William Dawes? Revere aber
zog ins amerikanische Pantheon ein. Er
wurde durch Longfellows Gedicht über
Nacht zum Volkshelden, 1884 bekam er
seinen Gedenktag, an dem seit 1915 alljährlich der historische Ritt nachgespielt
wird.

Paul Revere hatte außer seiner reiteri-
schen Begabung und der Fähigkeit, sich
zu reimen, noch andere Qualitäten: Er
war hauptberuflich Gold- und Silberschmied, einer der vielen kleinen Handwerker, die als Geschäftsadresse damals
das North End angaben. Im Boston Museum of Fine Arts kann man Kannen,
Schalen und anderes aus der Werkstatt
des Silberschmieds bewundern; dort
hängt auch ein Portrait Reveres von
John Singleton Copley, dem ›Hofmaler‹
des revolutionären Boston.

Nebenbei nahm er so ziemlich an
jeder Aktivität in Boston teil: Er war Soldat, Kaufmann, Zahnarzt, Politiker,
Künstler, Mechaniker, Erfinder. Er goß
Kirchenglocken, fertigte Gebisse, stellte
Schießpulver her und Kupferplatten für
die Kuppel des State House und die
U.S.S. Constitution (s. S. 141). Als begeisterter Kämpfer für die Unabhängigkeit
ritt er für Amerika – nach Concord, nach
Philadelphia –, mischte bei der Boston
Tea Party mit und kommentierte die politischen Ereignisse mit Karikaturen und
Zeichnungen, die er in den Fenstern seines Hauses zur Schau stellte. Es sind
noch ein paar Stiche von ihm erhalten,
sehr exakt, naiv gezeichnet, zum Thema
Boston Massacre zum Beispiel und zur
Landung der britischen Truppen im Bostoner Hafen 1768 – damals war Revere
übrigens der einzige, dem eine Einquar-
tierung britischer Soldaten nicht zuge-
mutet werden konnte, aus Platzgrün-
den. Er hatte 16 Kinder. Paul Revere war,
wie gesagt, auf allen Gebieten aktiv.

In der Geschichte des Hauses stellen
die 30 Jahre Revere nur ein Intermezzo
dar. Es wurde 1676 in der damals üblichen Rahmenbauweise errichtet, zwei-
stöckig, spitzgieblig, mit vorkragendem
Obergeschoß und vielen kleinen Fenstern; *Folk Gothic* nennt man diesen
Stil. Im 19. Jahrhundert änderte das
Haus sein Gesicht mit den verschiedenen Einwanderern: So teilten sich zum
Beispiel gegen Ende des Jahrhunderts
ein italienischer Zigarrenfabrikant und
ein jüdischer Schneider die Geschäfts-
räume.

Heute zeigt es sich wieder so wie im
17. Jahrhundert; die Inneneinrichtung
stammt aus dem 17. und 18. Jahrhundert. Es sind noch einige Gegenstände
aus Paul Reveres Besitz erhalten, wie
der eiserne Pfahl, an dem er seine Kuh
auf dem Common festband – der Common diente ja zu dieser Zeit noch als
öffentlicher Weidegrund.

Vom North Square führt der Freedom
Trail über Prince Street zur Hanover
Street. Und dort befindet sich eine Ge-
denkstätte ganz eigener Art, die in keinem offiziellen Führer ausgewiesen ist:
**383 Hanover Street** 14.

»Nicht länger würde Boston die Stadt
der Tea Party und der Schlacht von Bunker Hill sein; Boston, das würde der Ort
sein, wo Sacco und Vanzetti hingerichtet
wurden!«

# Running Boston

don't jog, I run!« wies mich ein New Yorker Freund empört zurecht, und er brachte ein Foto, auf dem er verschwitzt, Brust an Brust mit anderen durchnäßten, schwankenden Gestalten zu sehen war, auf dem T-Shirt eine Nummer: »341 – 1998 Boston Marathon«.

›Running Boston‹ ist das Ziel eines jeden fanatischen Langstreckenläufers, und wer in Boston einmal dabei war, lehnt es zu Recht ab, mit joggenden Büroangestellten oder pummeligen College Girls gleichgesetzt zu werden.

Um die Startnummer zu erhalten, das heißt, den Boston Marathon offiziell mitlaufen zu können, muß man nachweisen, daß man die Strecke von 42 Kilometern schon einmal in einem öffentlichen Rennen und einer bestimmten Zeit zurückgelegt hat – bei Frauen unter 40 Jahren sind das zum Beispiel 3 Stunden 20 Minuten, bei Männern unter 40 2 Stunden 50 Minuten. Die erste deutsche Gewinnerin des Boston Marathon,

Charlotte Teske, lief die 42 Kilometer 1982 in 2 Stunden 29 Minuten und 36 Sekunden.

Das große Ereignis findet jedes Jahr am Patriot's Day statt, das ist der Montag, der dem 19. April am nächsten liegt. Tausende von Läufern aus aller Welt sind angereist, Tausende von Zuschauern säumen die Straßen, feuern an und machen besonders den Schwächeren, die hinterherhecheln, Mut.

Von Hopkinton bis zum Prudential Center in Boston sind es genau 42 195 m, das ist das offizielle Marathon-Maß, das bei den ersten Olympischen Spielen der Neuzeit 1896 festgelegt wurde. Und fast so weit reicht auch die Geschichte des Boston Marathon zurück: Am 19. April 1897 ertönte der erste Startschuß, 15 Männer rannten vom Hopkinton Green aus los.

Und so hat der *Hub* sogar auf diesem Gebiet eine Tradition vorzuweisen, auf die er stolz sein kann: Boston lief schon, bevor Amerika joggte!

Upton Sinclair, der diesen Satz ins Schlußkapitel des Romans ›Boston‹ setzte, hat nicht recht behalten. Von den Tausenden, die alljährlich den Freedom Trail entlangpilgern, bringen wohl die wenigsten den Justizmord an Sacco und Vanzetti mit der Stadt der Freiheit in Verbindung. Man findet auch nirgends einen Hinweis darauf, daß hier zu Beginn der 20er Jahre ein Prozeß stattfand, der internationales Aufsehen erregte.

Sieben Jahre zog er sich hin; Die Nachricht von der Hinrichtung der beiden Anarchisten im August 1927 löste weltweit – in Berlin, Paris, London, in Australien, Südafrika, Japan – Demonstrationen aus. Intellektuelle und Gewerkschaftler verschiedener Länder hatten sich für Nicola Sacco und Bartolomeo Vanzetti eingesetzt, denen man einen Mord in die Schuhe schob, um sie – die Ausländer, die Anarchisten – an den Galgen zu bringen. Man gedachte ein Exempel zu statuieren, in einer Zeit, in der die sozialen Unterschiede immer krasser wurden und die Unzufriedenen sich immer deutlicher artikulierten (der Streik der Textilarbeiter in Lawrence, Massachusetts, hatte im Jahr 1912 landesweit Echo gefunden).

1977, zum 50. Todestag der beiden, veröffentlichte der Gouverneur von Massachusetts eine Erklärung des Inhalts, Sacco und Vanzetti seien nicht durch ein faires Verfahren abgeurteilt worden, da die Entscheidung des Gerichts von Ausländerfeindlichkeit und »Abneigung gegen unorthodoxe politische Ideen« bestimmt gewesen sei. Daraufhin setzte eine derartige Flut von Unmutsäußerungen ein, daß man den Plan, einen Sacco-und-Vanzetti-Gedenktag einzuführen, fallen ließ. Erst Ende der 80er Jahre wurden die beiden Justizmord-Opfer unter Gouverneur Dukakis rehabilitiert.

Auch Hanover Street Nummer 383 ist kein offizieller Besichtigungspunkt und nur insofern von Bedeutung, als dem Beerdigungsinstitut in diesem Haus die Körper der beiden Hingerichteten übergeben wurden und sich von hier aus der Trauerzug in Bewegung setzte – ein Demonstrationszug mit 50 000 Teilnehmern.

An der Ecke Clark Street/Hanover Street steht eine kleine Backsteinkirche, **St. Stephen's Roman Catholic Church**, erbaut von Charles Bulfinch (1804). Der Blick von hier auf Old North Church, deren weißer, spitzer Kirchturm hinter den dichten Bäumen des Paul Revere Mall hervorblitzt, im Vordergrund der Held, natürlich reitend, gehört zu den Postkartenansichten der Stadt.

**Christ Church** 15, ihr populärer Name ist Old North Church, ist die älteste noch erhaltene Kirche in Boston (er-

baut 1723). Vom Turm von »Old North« aus signalisierten die Patrioten am 18. April 1775, welchen Weg die Briten nach Lexington und Concord zu nehmen gedachten. »One if by land, two if by sea« – dieser Vers aus Longfellows Gedicht (s. S. 133f.) ist zum geflügelten Wort geworden. Daß Paul Revere die Signale empfangen hat, wie Longfellow es will, gehört aber wohl ins Reich der Legende; er ging nicht, den Blick nervös auf den Turm gerichtet, neben seinem Gaul auf und ab, sondern ließ sich gemütlich nach Charlestown rudern, wo sein Pferd bereitstand.

Hill Street führt vorbei am **Copp's Hill Burial Ground** 16, seit 1660 der Friedhof des North End. Seine prominentesten Toten sind die Mathers – Cotton, Increase und Samuel –, Geistliche, Politiker der frühen Jahre. Cotton Mather erwarb sich einen zweifelhaften Ruf als Hexenjäger in den Salemer Hexenprozessen (s. S. 232, 236). Eine Ecke des Friedhofs war für Sklaven reserviert, über 1000 sind hier begraben.

Hat man sich für den Freedom Trail nur einen Tag Zeit genommen, ist es meist spätestens jetzt so weit, daß die Füße nachdrücklich damit drohen, ihre tragende Stellung aufzugeben, der Magen knurrt und Bilder eines guten Fischgerichts alle noch so interessanten historischen Ereignisse überlagern. Angesichts der wenig einladenden Charlestown Bridge, die zum letzten Teil des Freedom Trail führt, fragt man sich, ob sich der Weg über den Charles River wirklich lohnt. ›Old Ironside‹, der Navy Yard und das Bunker Hill Monument sind für einen Europäer, den keine patriotischen Gefühle mit der amerikani-

*Quincy Market Hall*

# Dear Old North End

Dearo«, »Dear Old North End« – John ›Honey Fitz‹ Fitzgerald, der Großvater von John F. Kennedy, war es, der seine Wahlkampfreden mit dieser Liebeserklärung an das Viertel abzuschließen pflegte, in dem er lebte, geboren und aufgewachsen war, und aus dem er sich, last but not least, seine Wählerstimmen erhoffte. Die ›Dearos‹, die irischen Bewohner des North End, ließen ihren Landsmann nicht im Stich: Sie machten ihn zum Bürgermeister von Boston. Seine Tochter Rose wurde 1890 noch in der Nähe von North Square geboren, bald darauf aber kehrten die Fitzgeralds dem North End, trotz aller Liebe, den Rücken – wie viele ihrer Landsleute. Mit dem Auszug der Iren kam die zweite Phase in der Geschichte des ältesten Wohnviertels von Boston zu einem Ende; sie hatte nicht viele Höhepunkte gehabt, und die, die das North End verließen, gingen leichten Herzens.

Die ersten 150 Jahre waren glanzvoll gewesen. Bis zum Unabhängigkeitskrieg wohnte hier ein Drittel der Bevölkerung Bostons; um North Square, den kleinen, heute so unbedeutend hübschen Platz, an den Paul Reveres Haus grenzt, konzentrierte sich das wirtschaftliche und soziale Leben des Viertels. Am Sabbat strömten die Menschen hierher, um sich in der schmucklosen hölzernen Kirche, der zweiten, die in Boston errichtet wurde (1650), endlos lange Predigten anzuhören, an Markttagen kamen sie, um fürs leibliche Wohl zu sorgen, das wohl auch sonst, der

Zahl der Tavernen nach zu urteilen, nicht zu kurz kam. Bevor Land aufgefüllt wurde, verlief die Küste entlang North Street, die Werften in der Nähe machten die Gegend für Handwerker wie für reiche Kaufleute attraktiv.

So hatte zum Beispiel Thomas Hutchinson (von 1770 bis 1774 britischer Gouverneur), der sich besonders in der Teesteuerangelegenheit (s. S. 54) unbeliebt machte, hier, in Garden Court, seine Villa; sie war bereits 1765 Zielscheibe der Steinwürfe aufgebrachter Bostoner geworden, als Hutchinson, damals oberster Richter von Massachusetts, für den Stamp Act eintrat (s. S. 51f.).

Loyalisten wie Thomas Hutchinson verließen Boston nach der Belagerung (1776), sie gingen nach Kanada oder England. Über 1000 der reichsten und einflußreichsten Bewohner des North End waren darunter, und das Viertel verlor viel an Glanz und Eleganz. Die Prachtbauten standen leer, wer die Mittel gehabt hätte, sie zu unterhalten, hatte kein Interesse – ›man‹ zog in die neuen, schicken Wohnviertel: erst nach Beacon Hill und später in die Back Bay (s. S. 143ff. und S. 146ff.). Auch die Vororte, zum Beispiel Roxbury, boten sich als Alternative zum städtischen Leben an, seit in den 50er Jahren des 19. Jahrhunderts eine Pferdebahn die Verbindung aufrecht erhielt. Mit der Industrialisierung verschwanden die kleinen Betriebe selbständiger Handwerker, die bislang das Bild des North End bestimmt hatten, der Hafen expandierte,

Lagerhallen und Docks entstanden, Seeleute bevölkerten die Straßen.

Der Exodus der alteingesessenen britischen Bewohner wurde beschleunigt dadurch, daß sich ab 1824 Neueinwanderer, vorwiegend Iren, in Boston niederließen. Es waren die armen unter ihnen, die im North End hängenblieben und die einst prächtigen Häuser bezogen – ein Zimmer pro Familie. Vor 1846 stellte die Gruppe der deutschen, englischen und irischen Immigranten ein Drittel der 20 000 Bewohner des North End; die Zahl der Iren nahm ab 1846 rapide zu: In Irland herrschte Hungersnot, seit 1845/46 fast die gesamte Kartoffelernte der Kartoffelfäule zum Opfer gefallen war. Über eine Million Iren verließen ihr Land, 1847 kamen allein 30 000 nach Boston, in eine Stadt, die damals 114 000 Einwohner hatte. Um 1850 waren 50 % aller Bostoner keine gebürtigen Amerikaner, 1857 stieg die Zahl bereits auf 60 %, drei Viertel der Einwanderer waren irischer Abstammung.

Als Arbeitskräfte hieß man die Iren willkommen. Sie nahmen jeden Job – beim Eisenbahnbau, in der Fabrik, als Hausangestellte –, arbeiteten 15 Stunden pro Tag und das für weniger Lohn als die einheimischen Arbeitskräfte. Die meisten blieben an der Ostküste; sie hielten zusammen, lebten zusammen und bildeten das städtische Proletariat in den Hafen- und Fabrikstädten.

Irische Arbeiter füllten die Back Bay auf (s. S. 110), und während sich dort das städtische Leben prunkvoll und großzügig entfaltete, hausten im North End 1850 23 000 Menschen auf engstem Raum zusammen, 1855 waren es bereits 26 000, über die Hälfte davon Iren. 50 Jahre hatte es gedauert, das North End in ein heruntergekommenes Hafenviertel zu verwandeln, in den ersten Slum Bostons. Mitte des 19. Jahrhunderts bestimmten Bordelle, Spielhöllen, billige Absteigen, Tanzschuppen das Bild um North Square; die prächtigen Villen waren vier- oder fünfstöckigen Mietshäusern gewichen, billig zusammengezimmerter Wohnraum für die ständig wachsende Zahl von Immigranten.

Daß das keine Lebens- und Wohnverhältnisse waren, in denen die Kinder rotwangig heranwuchsen, muß wohl nicht extra gesagt werden. Es bedarf auch keiner besonderen Phantasie, sich die hygienischen Verhältnisse vorzustellen; Pocken, Tuberkulose, Cholerafälle gehörten zur Tagesordnung.

Katholiken haben es im puritanischen Boston nie leicht gehabt: Im 17. Jahrhundert wurden sie auf dem Common noch gesteinigt. Mit der wachsenden irischen Bevölkerung blieben natürlich auch religiöse Konflikte nicht aus. In den 30er Jahren des 19. Jahrhunderts kam es zu antikatholi-

schen Aufständen, ein Kloster in Charlestown wurde angezündet, und noch 1859 durfte – mit gerichtlicher Billigung – von katholischen Kindern in der Schule verlangt werden, daß sie die protestantische Version der Zehn Gebote aufsagten.

»Irish need not apply« (Iren brauchen sich gar nicht erst zu bewerben) – religiöse Vorurteile, Angst vor Überfremdung, die Iren waren bei niemandem in Boston gern gesehen. Die einen fürchteten, ihren Job an die neuen, billigen Arbeitskräfte zu verlieren, die anderen sahen ihre politischen Pöstchen durch die neuen Mehrheitsverhältnisse in der Stadt gefährdet. Zwischen 1840 und 1850 hatte die Bevölkerung durch die irische Einwanderung um 105 % zugenommen, und das blieb auf die Dauer nicht ohne Auswirkungen auf die Politik: 1885 wurde der erste irische Bürgermeister gewählt, im Laufe des 20. Jahrhunderts nehmen die Iren eine bedeutende Stellung in der Stadtpolitik ein.

Gegen Ende des 19. Jahrhunderts änderte sich die Bevölkerungsstruktur: 1860 war die erste kleine Gruppe Italiener ins North End gezogen, eine neue Unterschicht, auf die nun die Iren hinunterschauen konnten, es gab Straßenkämpfe, Konflikte, Bandenkriege. 1873

gründeten osteuropäische und russische Juden eine Gemeinde im North End – da war es für die ersten Iren, die sich ›arriviert‹ fühlten, an der Zeit, ihren Wohnsitz ins South End zu verlegen und den Slum den Neuankömmlingen zu überlassen. Bis 1905 nahm die Zahl der jüdischen Bewohner zu, dann wiederum begann eine erneute Umschichtung: In den Jahren bis 1930 zogen die Juden nach Roxbury und Dorchester, Italiener ergriffen vom North End Besitz.

An der Geschichte des North End wird ein interessantes Phänomen deutlich, das, zumindest teilweise, die vielzitierte ›Unrast‹, die ›Umzugsfreudigkeit‹ der Amerikaner erklärt: In der amerikanischen Gesellschaft fallen horizontale und vertikale Mobilität zusammen, das heißt, sozialer Aufstieg geht mit einem Ortswechsel einher; ethnische Gruppen, die sich assimiliert haben, ziehen, meist geschlossen, in neue, bessere Wohngegenden, und die Neueinwanderer übernehmen die Slums. Der ethnische Verband bleibt in der Regel nur in Unterschichtsiedlungen bestehen; Italiener, Iren, Slawen, die den Aufstieg in die gehobene Mittelschicht geschafft haben, leben in Vororten, wo das Zugehörigkeitskriterium nicht mehr die Nationalität, sondern der Geldbeutel ist.

schen Geschichte verbinden, weniger von objektivem Interesse als die anderen Sehenswürdigkeiten des Freedom Trail und als vieles andere, das Boston sonst noch zu bieten hat. Andererseits hat sich Charlestown in den letzten Jahren zu einem hübschen und begehrten Wohnviertel gewandelt, durch dessen alte Straßen zu spazieren sich durchaus lohnt. Auch für den Magen kann man dort Angenehmes tun: In der alten Bar

Warren Tavern locken ein Bier und ein Imbiß, ausgezeichnet speist man im Olives, wo man allerdings leider lange Wartezeiten in Kauf nehmen muß. Wer aber trotzdem beim Copp's Hill Burial Ground das Gefühl hat, er ist bereits gekommen, soweit die Füße tragen, geht Hull Street ein Stück zurück und biegt rechts in die Salem Street ein, an deren Ende er wieder auf die rote Führungslinie trifft.

Die Unentwegten folgen Hull Street in nördlicher Richtung, biegen links in Commercial Street ein, überqueren dann den Fluß und gelangen zur **U.S.S. Constitution und dem U.S.S. Constitution Museum** 17 im Charlestown Navy Yard.

Dort liegt die ›Old Ironside‹, ein altes Schiff, das aber nicht nur liegen kann, wie es jeden 4. Juli unter Beweis stellt. Am Unabhängigkeitstag dreht das Schlachtschiff U.S.S. Constitution, das seinen Kosenamen seiner Unbesiegbarkeit verdankt, eine Runde durch den Hafen von Boston, Wasserfontänen speiend, von kleinen Booten und Böllerschüssen begleitet. Die übrigen 364 Tage des Jahres verbringt das altehrwürdige Schiff – es lief 1797 zum ersten Mal aus – im Charlestown Navy Yard und läßt sich von Besuchern begehen und bestaunen. Das Museum auf der inzwischen stillgelegten Marinewerft ist der Geschichte des Schiffes gewidmet.

Über eine Schlacht, allerdings eine zu Land geschlagene, kann man sich auch im Bunker Hill Pavilion informieren, der zwischen der Brücke und der Anlegestelle der U.S.S. Constitution liegt. Die 30 Minuten dauernde Multimediashow schildert die Geschehnisse von unterschiedlichen Standpunkten aus: Ein Kolonist und ein britischer Soldat kommen zu Wort. Am Ort der Auseinandersetzung erinnert das **Bunker Hill Monument** 18 an die Ereignisse des Jahres 1775: Nach den Zusammenstößen in Lexington und Concord (s. S. 55) ziehen sich die britischen Truppen nach Boston zurück – strategisch eine denkbar ungünstige Position, sie sitzen auf der birnenförmigen Halbinsel wie im Bauch einer Flasche, vom Land her umringt und belagert von den amerikanischen Truppen. Die rücken ihnen immer mehr auf den Leib, in der Nacht vom 16. auf

den 17. Juni verschanzen sich die Kolonisten in Charlestown auf dem Bunker Hill. Die Briten entdecken sie im Morgengrauen; sie blasen Alarm, doch es dauert Stunden, bis sie vier ihrer auf dem Common stationierten Regimenter kampfbereit haben. Die Zeit brauchen die Soldaten vermutlich zum Packen, sie treten in voller Ausrüstung, mit Verpflegung für drei Tage, Rucksack, Munition und einem Marschgepäck von etwa 60 kg an – um über den Fluß zu setzen. Inzwischen ist es Mittag geworden, ein heißer Mittag im Juni. Etwa 3000 Mann stark (die Angaben über die Truppenstärke auf beiden Seiten variieren unendlich in den verschiedenen Quellen) landen die Briten unterhalb der Bastion, die etwa 1200 untrainierte, schlecht ausgerüstete Farmer aus den umliegenden Dörfern errichtet haben.

Trotz aller Tragik entbehrt die Situation nicht einer gewissen Komik: Die vier Regimenter formieren sich, wie es sich gehört – hübsch sieht es aus, das Rot der Uniformen –, und dann marschieren sie, formvollendet, wie im Lehrbuch für Truppenführung abgebildet, mit ihren 60 Kilogramm Gepäck in der Mittagshitze schnurstracks auf die verbarrikadierten Amerikaner zu. Diese, mit sehr begrenztem Munitionsvorrat ausgestattet, haben Befehl, erst zu feuern, »wenn man das Weiße in ihren Augen sehen kann«; sie lassen die Briten auf einen Meter herankommen und drücken ab … Die Truppen weichen zurück, formieren sich wieder und rennen erneut in die amerikanischen Kugeln. Noch ein drittes Mal läuft die Maschinerie von Form und Gehorsam ab, dann geht den Kolonisten die Munition aus. Die Stadt Charlestown brennt inzwischen schon, die Briten stürmen die Barrikaden, treiben die Kolonisten in die Flucht.

*Im Freien sitzen und essen ist bei Bostonians und Touristen gleichermaßen beliebt*

Die Verluste sind auf englischer Seite weit höher als auf amerikanischer, und der psychologische Erfolg ist enorm, trotz der formalen Niederlage der Kolonisten: Ist es doch einer zahlenmäßig unterlegenen, schlecht ausgerüsteten Gruppe von Farmern gelungen, der gefürchteten britischen Armee standzuhalten, sie stark zu dezimieren. Eine typische Begegnung der Alten und der Neuen Welt, von erstarrter Form mit dem Spontanen?

Die Briten ziehen sich wieder nach Boston zurück, die Schlacht bei Bunker Hill war der erste und einzige Versuch, die Belagerung zu beenden. Sie dauerte noch bis zum März 1776, der Winter ohne Heizmaterial, mit schrumpfenden Lebensmittelvorräten und sich ausbreitenden Krankheiten setzte den Engländern schwer zu. Die Folgen für die Stadt waren verheerend, der Hafen lag brach, Häuser wurden abgerissen und verheizt, und als die Briten die Stadt verließen, zählte Boston nur noch 3500 Einwohner, vor der Belagerung waren es 16 000 gewesen.

Auf Bunker Hill steht heute ein Obelisk, der Blick, den man von dort über die Stadt und den Charles River hat, lohnt den Aufstieg, auch wenn einem am Ende des langen Weges durch Bostons Geschichte der Sinn nicht danach stehen mag, 294 Stufen zu bewältigen.

# Kopfsteinpflaster und Klinkersteine – Beacon Hill

Beacon Hill, ein wunderbar erhaltenes, architektonisch geschlossenes Wohnviertel aus dem frühen 19. Jahrhundert – erbaut im Federal-Stil und Greek Revival-Stil –, wirkt mit seinen Gaslaternen, rotbraunen Backsteinhäusern, den begrünten Vorgärten und holprigen Kopfsteinpflasterstraßen wie eine Kleinstadt in der Großstadt. Es ist eine Gegend zum Spazierengehen, Schauen, Entdecken: An den Türen glänzen blank geputzte Messing-Klopfer, die Balkonverzierungen, Geländer, Feuerleitern sind aus schwarz schimmerndem Schmiedeeisen, ab und zu Glasfenster, ins Purpur changierend.

Bis Ende des 18. Jahrhunderts war das Gebiet nördlich des Common noch relativ wertloses Wiesen- und Weideland, als aber der Plan gefaßt wurde, das neue State House in dieser Gegend zu errichten, witterte Harrison Gray Otis, Kaufmann, Jurist, Politiker, ein gutes Geschäft: Mit vier Partnern kaufte er das Land auf, zu einem Spottpreis, versteht sich. Und ließ sich auch gleich von Charles Bulfinch ein wunderschönes, freistehendes Haus errichten (Mount Vernon Street 85; s. S. 146). 1800 zog er ein und kehrte damit dem West End, dem bis dato vornehmsten Viertel der Stadt, und seinem erst einige Jahre alten Haus dort den Rücken. Ursprünglich war geplant, großzügig zu parzellieren und freistehende Häuser mit Gärten zu errichten – diesen Gedanken mußte man allerdings bald aufgeben, Land auf der Halbinsel wurde immer teurer, mitten in der Stadt wie im Vorort zu wohnen, konnten sich nicht mal die reichsten Bürger leisten. So ging man immer mehr dazu über, Stadthäuser in Reihenhausbauweise zu errichten.

Die höher gelegenen Straßen auf dem Hügel wurden zuerst bebaut, Mount Vernon Street vermittelt noch heute mit den vielen Vorgärten und teil-

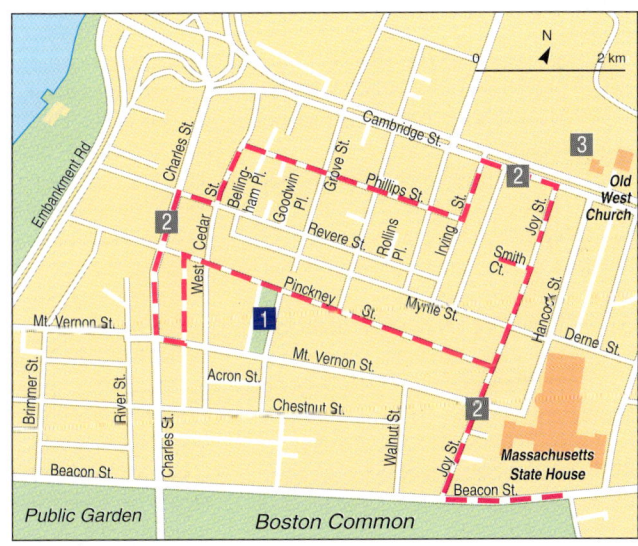

**Beacon Hill**
*1 Louisburg Square 2 Black Heritage Trail 3 Harrison Gray Otis House*

weise separat stehenden Häusern einen Eindruck des ursprünglichen Konzepts, an dem auch Bulfinch maßgebend beteiligt war. Einige Jahre nach der Erschließung des Gebiets schien es dann allerdings ›in‹ zu sein, direkt am Common zu wohnen, Harrison Gray Otis nämlich zog schon wieder um, Bulfinch entwarf 1806 ein drittes Haus für ihn, Beacon Street 45.

**Mount Vernon, Chestnut und Beacon Street** sind die elegantesten und prachtvollsten Straßenzüge; »Mount Vernon Street«, schrieb Henry James, ist »eine rüstige Dame mit roten Wangen, die die mittleren Jahre überschritten hat.« Wer hier lebt, gehört zu den Bestverdienenden der Nation. Wenn Sie **Charles Street** entlangspazieren, sollten Sie einen Blick in die Schaukästen der Immobilienmakler (Realtors) werfen, um eine Idee zu erhalten, was man es sich kosten lassen muß, wenn man hier wohnen will. Auch die Quartiere der gar nicht ›properen Bostoner‹, zum Beispiel die Häuser, in denen früher die Kutscher der Herrschaft wohnten, haben ihren Liebhaberpreis. Kein Wunder, sie liegen malerisch an einem Kopfsteinpflastergäßchen, **Acron Street** (zwischen Chestnut und Mount Vernon Street, über Willow Street oder West Cedar Street zu erreichen).

Auf der Höhe von Willow Street öffnet sich nördlich von Mount Vernon Street ein kleiner Platz: **Louisburg Square** **1** Drei- bis vierstöckige Backsteinhäuser, erbaut in den 30er und 40er Jahren des 19. Jahrhunderts, als gerade das Greek Revival triumphierte, säumen einen langgestreckten Park. Nirgends wirkt Boston britischer als hier, nirgends entfaltet sich der rotwangige Charme der Stadt besser. Und wenn man den schmiedeeisernen Zaun um den Park sieht, weiß man, daß sich auch das ›Pro-

pere Boston‹ nirgends besser darstellt als hier. Wer hier wohnt, und hier wohnt nur ›Boston Proper‹, hat den Schlüssel fürs Parktor, ihm gehört ein Teil des Parks und des ganzen Platzes. Louisburg Square, »The Hub of the Hub«, wie der Dichter Robert Lowell ihn nannte, ist Privatbesitz. Die 22 Eigentümer berufen jährliche Treffen ein, sie besteuern sich selbst und kommen so für die Pflege des Parks und der angrenzenden Straßen auf.

Schauen Sie sich auf Ihrem Bummel über den Platz die Fensterscheiben näher an, in vielen Häusern von Beacon Hill wurden Anfang des 19. Jahrhunderts Glasfenster installiert, die sich auf Grund einer Unreinheit im Glas verfärbten – das ›Purple Glass‹, purpur schimmernde Scheiben, ist ein Wahrzeichen von Beacon Hill, man sieht es auch noch in den Häusern Chestnut Street 29A und Beacon Street 63.

Der Häuserblock, der östlich von Louisburg Square liegt, ist außergewöhnlich langgestreckt, man muß bis Joy Street hinauflaufen, wenn man von Mount Vernon Street in die nördliche Parallelstraße **Pinckney Street** will, andere Querverbindungen gibt es nicht, und das hat seinen Grund: Hier war das ›schlechte Viertel‹. Bis 1823 lag nördlich des Louisburg Square der Rotlichtdistrikt, in dem sich die Seeleute und Nicht-Puritaner amüsierten. Die Bordelle mußten natürlich weg, als Beacon Hill sich mauserte, und jetzt zogen die Bediensteten und kleinen Handwerker in den nördlichen Teil; von denen wollten sich die ›Aristokraten‹ der sonnigen Südseite des Hügels absetzen. Sie schoben gleich einen ganzen Häuserblock als Riegel vor.

Es ist ungeheuer interessant zu beobachten, wie sich jenseits der Demarkationslinie die Architektur ändert, mich

*Louisburg Square*

erinnert der Norden von Beacon Hill immer an das North End von Boston, es riecht auch ähnlich. In Pinckney Street sollten Sie einen Blick auf das Haus Nummer 24 werfen, das ›House of Odd Windows‹. Es wurde 1885 nach dem Vorbild eines Stalles aus dem Jahr 1802 errichtet und ist ein Beispiel des Queen Anne-Stils, der sich in Boston um 1870 als eine der vielen Spielformen des Historismus der zweiten Hälfte des 19. Jahrhunderts durchsetzte – ausnahmsweise mal eine schlichte Variante, die sich auf die klare, handwerkliche Tradition Englands beziehen will.

Einen Eindruck, allerdings vielleicht einen etwas zu romantischen, vom Leben und Wohnen der kleinen Handwerker erhält man in **Revere Street:** Bellingham Place (Nummer 85), Sentry Hill Place (Nummer 79) und Goodwin Place (Nummer 73) sind kleine Innenhofe, gemütlich eng, von Backsteinhäusern gesäumt, mit Blumenkästen ge-

schmückt – sehen Sie sich auch das ›weiße Haus‹ genau an, das den Abschluß von Rollins Place, einem weiteren Hof (Nummer 27), bildet!

Zwischen 1800 und 1900 lebte der Großteil der schwarzen Bevölkerung Bostons in Beacon Hill – natürlich im Nordteil. Davon zeugen heute unter anderem noch einige Gebäude um **Smith Court** (Joy Street): das African Meeting House (1806), die Abiel Smith School (1834) und eine Reihe kleiner Wohnhäuser. Der ›**Black Heritage Trail‹** **2**, eine markierte und beschilderte Führungslinie zeigt weitere Gebäude, die mit der Geschichte der schwarzen Bostoner in Zusammenhang stehen. (Nach telefonischer Anmeldung gibt es die Möglichkeit, an Führungen teilzunehmen, s. S. 275).

Beacon Hill ist ein Wohnviertel, kein Museum. Man hat kaum Gelegenheit, einen Blick ins Innere der Häuser zu werfen, so sich hinter der eher schlichten

Fassade die Pracht des ›Properen Boston‹ entfaltet. Haus Nummer 55 in Mount Vernon Street ist zur Besichtigung geöffnet, meiner Meinung nach lohnt sich die Tour nicht. Dagegen ist das **Harrison Gray Otis House** 3 einen Besuch wert, es ist zwar kein Beacon Hill-Haus, vermittelt aber einen Eindruck, wie reiche Bostoner um 1800 gewohnt, gelebt, getäfelt haben. Das erste der insgesamt drei Häuser, die Bulfinch für Otis errichtete, ist ein kastenförmiger, schlichter Backsteinbau im Federal-Stil. Symmetrie war eines der obersten Gebote dieses klassizistischen Stils – sie wurde auch bei der Einteilung der Räume streng beachtet. Das ging so weit, daß man um der Ausgewogenheit willen blinde Türen und andere unfunktionelle Elemente einbaute. Die Möbel in Otis' Haus sind zum Großteil aus Europa importiert, das galt zu dieser Zeit immer noch als chic, obwohl man sich doch gerade erst mit Eklat von Europa losgesagt hatte und es in Neu-England eine eigene, qualitativ und künstlerisch beachtliche Möbelindustrie gab.

Sie erreichen das Harrison Gray Otis House, wenn Sie Joy Street in nördlicher Richtung folgen und dann **Cambridge Street** überqueren. Es ist das Haus Nummer 141 in Cambridge Street.

Wer nun müde ist oder Zeit sparen muß, hat die Möglichkeit, die U-Bahn zu nehmen. Folgen Sie Cambridge Street in östlicher Richtung – Sie haben dann den Blick auf City Hall und die anderen Regierungsgebäude (s. S. 127) –, und steigen Sie an der Haltestelle Government Center in die grüne Linie, die Sie bis zur Haltestelle Arlington Street nehmen. Dort beginnt der Spaziergang durch Back Bay.

Anregender ist es, zu Fuß durch Beacon Hill Richtung Common zu bummeln, vielleicht über Joy Street, Pinckney Street, Charles Street. **Charles Street** ist die Geschäftsstraße von Beacon Hill, hier gibt es Antiquitätengeschäfte, Galerien, Restaurants und kleinere Lokale, die z. B. Hamburger, Salat, Suppe anbieten. Machen Sie es wie die Amerikaner: Bestellen Sie ›to go‹ – man wird Ihnen alles – Salat, Sandwiches, Pizza – verpackt mitgeben, und Sie können sich's mit einem Kaffee auf dem Common gemütlich machen, den Eichhörnchen ein par Brocken zuwerfen und den Blick auf **Beacon Street** genießen. An den Fassaden von Nummer 45 und Nummer 42 läßt sich übrigens der Unterschied zwischen Federal-Stil (Nr. 45, Bulfinch 1805–1808) und Greek Revival-Stil (Nr. 42, Parris 1819) erkennen.

## Alte Grandezza mit postmodernen Flecken – Back Bay

Wenn man sich Back Bay nähert, sollte man sich ins Gedächtnis rufen, daß dieses Viertel nach Pariser Vorbild angelegt wurde, streng symmetrisch, im Stil des Zweiten Kaiserreichs. Daher sollte man Back Bay, gleich ob man zu Fuß oder per U-Bahn kommt, über **Commonwealth Avenue** betreten, sie ist das Rückgrat, die Symmetrieachse; ein etwa 80 m breiter Prachtboulevard, in dessen Mitte ein Park läuft, mit Statuen, vier parallelen Reihen von Laubbäumen. Acht Straßen schneiden Commonwealth Avenue rechtwinklig, und sie sind nicht nur in alphabetischer Reihenfolge benannt, es wechseln sich auch immer dreisilbige Straßennamen mit zweisilbigen ab. Parallel zu dieser Achse verlaufen im Norden Marlborough und Beacon Street, im Süden Newbury und Boylston Street; dazwischen liegen kleine Gassen, wo die Bäume unsymmetrisch schief über die Mauern wachsen dürfen, rostige Räder lehnen, Papiertüten liegen. Das sind die Dienstbotensträßchen, die zu den Hintereingängen der Herrschaftshäuser führten.

Ein Spaziergang durch Back Bay ist ein Ausflug durch die historischen Kapriolen des 19. Jahrhunderts. Zwar wurde die Bebauung mit den reinsten Intentionen begonnen, die ersten Blocks, die entstanden, während man ein paar hundert Meter weiter noch am Auffüllen der Bucht war, zeigten sich auch ganz den Ordnungsprinzipien des Second Empire-Stils verpflichtet: großräumige Planung, axial angelegte Fassaden, die sich in bestimmter Abfolge wiederholen, Unterordnung des einzelnen Gebäudes unter das Prinzip der Reihe. Beispiele der Bauweise der 60er Jahre des 19. Jahrhunderts kann man heute noch in der **Arlington Street** Nummer 1, 2 und 3 (1861) sehen, in **Bea-con Street** (Nummer 401–407 (1867), in **Marlborough Street** 110–130 (1868) und in der **Commonwealth Avenue** 20–36 (1860). Aus derselben Zeit stammen auch die Kirche Church of the Covenant (1866, Architekt: Upjohn) und das ehemalige Naturgeschichtliche Museum (1863, Architekt: Preston), die beide Ecke **Newbury/Berkeley Streets** stehen. Zwei typische Vertreter ihrer Zeit: Sakralgebäude wurden damals neugotisch gebaut, öffentliche Monumentalbauten im klassizistischen Stil errichtet.

Die Idee, Block für Block nach Pariser Vorbild einheitlich zu bebauen, mußte scheitern – hier stand kein Kaiser hinter dem Projekt, hier wurde nicht zentral gelenkt, sondern nach Laune und Mode gebaut. Und das macht das Viertel so liebenswert, lustig und lebendig. 1871 war man mit dem Auffüllen der Bucht nördlich der Commonwealth Avenue fast fertig, südlich war man erst etwas

*Die berühmten Schwanenboote im Public Garden*

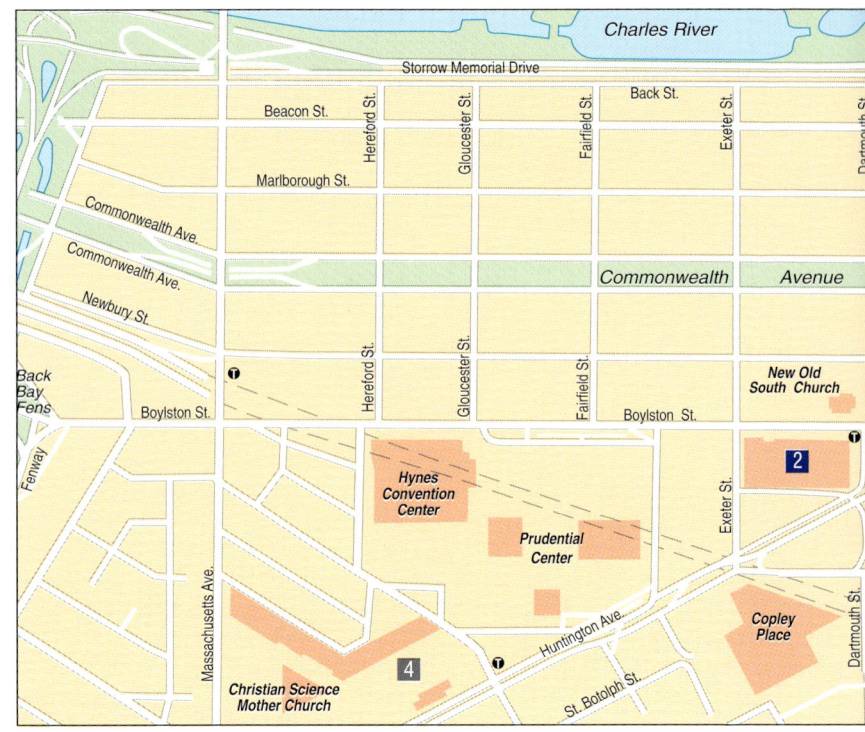

über Exeter Street hinausgekommen; der Stil des Zweiten Kaiserreichs hatte um diese Zeit schon wieder ausgedient, die Bostoner begannen ihre Vorliebe fürs Verspielte, Malerische zu entdekken. Vielleicht förderte die Tristheit der frisch aufgefüllten Bucht mit den vielen noch brachliegenden, nicht begrünten Grundstücken das Bedürfnis nach Nischen, Türmchen, Erkern, mittelalterlich trutzigen Fassaden, maurisch Fragilem. Ganz Back Bay ist eine Fundgrube, man darf sich ihr nur nicht mit streng puristischen Maßstäben nähern, sonst übersieht man das Vergnügliche, Liebenswerte dieser Stilverrücktheit. Die wildesten Beispiele des Eklektizismus der 70er und 80er Jahre findet man in der **Dartmouth Street**, zwischen Com-

monwealth Avenue und dem Copley Square: Da stehen noch ursprünglich im französisch klassizistischen Stil erbaute Häuser, die man, als sich die Mode änderte, einfach mit einem viktorianischen Zuckerguß versehen hat (etwa das Ames Webster House, nordwestliche Ecke **Commonwealth Avenue/Dartmouth Street**); da liegt an der Ecke **Newbury/Dartmouth Street** ein mittelalterliches Haus einem maurischen gegenüber, da sieht man ein Beispiel des Queen Anne-Stils, der wieder klassische Motive verwendet und sich dem Schlichten eher verpflichtet fühlt als die danebenstehende neugotische Kirche New Old South Church von 1874.

Der bedeutendste Architekt im Boston der 70er und 80er Jahre des 19.

schen Stil vorstieß«, wie Nikolaus Pevsner schrieb.

Für das Werk hat man ähnlich lobende Worte gefunden wie für den Meister. In Trinity Church wurde »der Bruch des Bostoner Geistes mit seiner puritanischen Vergangenheit gesehen«, für das Innere mußte sogar schon San Marco in Venedig zum Vergleich herhalten. Der Bau ist »in freier Anlehnung« an die französische Romantik der Auvergne entstanden, der Turm »eine meisterhafte Adaption« des Turms der alten Kathedrale von Salamanca, das Portal (hinzugefügt in den Jahren 1896 bis 1898) basiert auf dem von St. Trophime in Arles. Was daran so bahnbrechend, richtungsweisend und avantgardistisch ist, habe ich leider nicht erklärt gefunden.

Trinity Church gegenüber liegt die **Boston Public Library** 2, 1888 bis 1895 in Anlehnung an den italienischen Renaissancestil erbaut; der Auftrag wurde der Architektengruppe McKim, Mead and White erteilt, für den Entwurf zeichnet hauptsächlich McKim verantwortlich. Die Boston Public Library hat nun wirklich etwas ›Bahnbrechendes‹ vorzuweisen, wenn auch nicht unbedingt auf architektonischem Gebiet: Es war die erste freie, öffentlich zugängliche Stadtbibliothek der Welt, ein »Palast fürs Volk«, wie die Initiatoren 1888 verkündeten. Die Eingangshalle, von Copley Square aus betreten, wirkt wahrhaftig palastartig. Den Treppenaufgang aus gelbem, nach oben dunkler werdendem Marmor bewachen zwei Löwen. Im ersten Stock, unter einem hohen, runden

Jahrhunderts, der einzige, der sich über die Landesgrenzen hinaus einen Namen gemacht hat, war Henry Hobson Richardson (1838–1886). Seine wichtigsten Werke in der Back Bay sind die First Baptist Church an der Ecke **Clarendon Street und Commonwealth Avenue** (1870–1876), deren Turm ein Fries von Bartholdi, dem französischen Bildhauer, der auch die Freiheitsstatue in New York schuf, ziert, und **Trinity Church** 1 am Copley Square (1872–1877).

Henry Hobson Richardson gilt als bahnbrechender Architekt, er wird mit Louis Sullivan und Frank Lloyd Wright als einer der Amerikaner genannt, die richtungsweisend für die moderne Architektur waren, »der erste..., der vom Provinzialismus zu einem avantgardisti-

Gewölbe, liegt Bates Hall, ein alter, Behaglichkeit verbreitender Lesesaal.

Der Weg vom ursprünglichen Gebäude zum neuen Flügel der Bibliothek führt durch einen Innenhof, der Henry James wie »einer der unzähligen goldfarbenen Höfe des Vatikan« erschien. Hier kann man sich, fernab des Straßenlärms, unter den Arkaden erholen, bevor man sich der modernen Seite des Copley Square zuwendet. Dominant, majestätisch erhebt sich auf der Südostseite des Platzes der **John Hancock Tower** 3, der Parvenu im Reigen der alten Gebäude, den die Bostoner anfangs alles andere als willkommen hießen. Die Idee, genau in der großbürgerlichen, architektonisch geschlossenen Back Bay einen 60 Stockwerke hohen Wolkenkratzer aus dem Boden zu stampfen, stieß in der traditionsbewußten Stadt auf erhebliche Widerstand. Die Befürchtungen, der moderne Bau werde Copley Square zerstören, ging denn auch auf tragische Weise in Erfüllung: Kaum war 1968 die Baugrube ausgehoben, begannen sich die Straßen zu senken, Wasserleitungen und Kanalisation wurden beschädigt, der Public Library und der Trinity Church zog es buchstäblich den Boden unter den Füßen weg. Als der Turm dann stand, ein Meisterwerk des Architekten I. M. Pei, tat er nichts, um sich die Sympathien der Bostoner zu erwerben, im Gegenteil: Er warf mit Scheiben. Aus einem noch immer ungeklärten Grund lösten sich im November 1972 die Fenstergläser aus dem Rahmen und stürzten auf die Straße – kein kleines Problem angesichts der Tatsache, daß die gläserne Fassade aus 10344 Scheiben besteht. In einer stürmischen Nacht im Januar 1973 regnete es 65 Glasfenster aufs

*Blick über Back Bay*

Pflaster, Hunderte weitere wurden beschädigt. Die alten Fenster durch neue zu ersetzen brachte nur bedingte Erfolge: Die Scheiben sprangen noch immer aus dem Rahmen, nur daß sie jetzt den Anstand hatten, die Farbe zu wechseln, bevor sie sich in die Tiefe stürzten und so wenigstens Arbeitsplätze schufen: 1975 wurden sogenannte ›Glasmonitoren‹ angestellt, Menschen mit guten Augen, die den ganzen Tag nichts anderes zu tun hatten, als von der Straße aus die Fassade zu beobachten und jeden Farbwechsel im Glas unverzüglich anzuzeigen, damit die entsprechenden Scheiben innerhalb der nächsten 15–20 Minuten entfernt werden konnten.

Die ›Popping Windows‹ des John Hancock Tower sind heute Legende – irgendwie gelang es den Ingenieuren dann doch, das Problem in den Griff zu bekommen, so daß man keinen Schädelbruch mehr zu befürchten hat, wenn man sich dem Turm nähert, um mit dem Lift in dessen höchstes Stockwerk zu fahren, von dem aus man die beste Sicht über Boston hat. Neben dem Blick wird eine Fülle von Informationen geboten: Fotos der interessantesten Gebäude, erklärende Texte – wer gut Englisch spricht, sollte sich unbedingt die von Walter Muir Whitehall auf Band gesprochene Einführung »Skyline Boston« anhören –, Filme, ein Modell der Halbinsel, anhand dessen Paul Reveres Ritt und ein Kapitel der Unabhängigkeitsgeschichte erklärt werden, Sonderausstellungen, im wahrsten Sinne des Wortes ein umfassender Überblick über die Stadt! Besonders schön ist die Aussicht bei Nacht; man kann sie bis 23 Uhr genießen.

Nachdem die Moderne den Copley Square bereits verändert hatte, stand nun deren weiterem Siegeszug nichts mehr im Wege: 1980–1984 wurde Copley Place gebaut, ein opulent ausgestatteter Geschäfts- und Hotelkomplex, der das Gesicht der Stadt entscheidend verändert hat. So geht zum Beispiel die Aufwertung des angrenzenden South End, eines noch vor Jahren sehr heruntergekommenen Viertels, auch darauf zurück, daß sich hier ein neues Geschäftszentrum gebildet hat. Das South End ist – noch – ein ethnisch gemischtes Viertel, der Umbruch, der sich gerade vollzieht, ist deutlich zu sehen: Einige

Straßenzüge sind noch sehr ramponiert, andere wurden bereits von Yuppies aufgekauft. Restauriert sind sie durchaus denen von Back Bay und Beacon Hill zu vergleichen. Unbedingt sehenswert: Union Park, eine ovale Grünfläche mit Brunnen und Blumen, die von viktorianischen Häusern gesäumt wird.

Wer sich für moderne Architektur interessiert, sollte vom Copley Place hinüberspazieren zur Back Bay Station an Dartmouth und Clarendon Street, einer U-Bahn-Station aus Granit, Ziegel und

Stahlbögen, die durch eine Unterführung mit Copley Place verbunden ist. Wer sich in die Welt des Konsums stürzen will, findet im Copley-Square-Eingang zu Copley Place das passende Entree: Neben der Rolltreppe stürzt ein Wasserfall in die Tiefe, entlang marmorner Hallen und um ein dreistöckiges Atrium mit Wasserspielen gruppieren sich Geschäfte, in denen alle, die sich der in Welt der Mode oder Kosmetik einen Namen gemacht haben, vertreten sind.

Anfang der 90er Jahre wurde Copley Place durch ›Skywalks‹, überdachte oberirdische Passagen, mit dem Prudential Center verbunden, in dem sich die Reihe der Geschäfte und Restaurants fortsetzt. Trockenen Fußes und von der Witterung völlig unbehelligt gelangt man so zur Boylston Street, an der sich zwischen dem Hynes Auditorium und dem Park eine ganze Reihe postmoderner Gebäude bunt in die eklektizistische Welt des 19. Jahrhunderts fügen. Wunderbar restauriert präsentiert sich das Berkeley Building aus dem Jahr 1905 mit seinem tiefgezogenen Erkerfenster und der filigran verzierten Ballustrade. Bombastisch 500 Boylston Street, im neoklassischen Stil von den Architekten John Burgee und Philip Johnson entworfen. Angesichts dessen, was in den späten 80ern und frühen 90ern hier entstand, wirkt der John Hancock Tower, der einst für soviel Aufregung sorgte, nun wie ein Klassiker im Reigen der Moderne.

Den Abschluß des Spaziergangs sollte das **Christian Science Center** 4 an der Huntington Avenue bilden. Mary Baker Eddy gründete 1866 in Boston die Religionsgemeinschaft der Christlichen Wissenschaft, ein Unternehmen, das zu florieren scheint – einen derart pompösen, von den besten modernen Architekten ergänzten Kirchenkomplex in der Innenstadt muß man sich leisten können! Um einen rechteckigen Teich gruppieren sich die Mother Church, eine neuromanische Kirche aus dem Jahr 1894, die 1904 bis 1906 um einen kuppelgekrönten, in seiner klassizistischen Monumentalität die Mutterkirche fast erdrückenden Bau erweitert wurde, und das Haus der Publishing Society (1933). Das Colonnade Building, das Administration

*John Hancock Tower und Trinity Church*

Building und das Sunday School Building wurden in den 70er Jahren nach Plänen von I. M. Pei and Cossutta and Ponte begonnen. Die Anlage zählt mit zum Besten, was Boston auf dem Gebiet der modernen Architektur zu bieten hat.

Im Inneren des Hauptgebäudes befindet sich das Mapparium, eine riesige begehbare Glaskugel, deren Rund eine Weltkarte bedeckt, die einen Eindruck vermittelt, wie man die Erde sehen würde, stünde man in ihrem Zentrum .

## Kunst und Kuriositäten – Museen

Wie es sich für eine Stadt von Format gehört, verfügt Boston über eine Reihe von ausgezeichneten Museen für alle Alters- und Interessengruppen.

Direkt am Hafen auf der Museum Wharf, die eine über 13 m hohe hölzerne Milchflasche ziert, liegt das Dorado derer, die sonst auf langweiligen Stadtspaziergängen immer zu kurz kommen: der Kinder. Im **Children's Museum** können sie klettern und spielen, kleine Tiere aus ihren Terrarien nehmen, sich verkleiden und ganz nebenbei auch noch eine Menge lernen.

In die Welt der Technik entführt das **Museum of Science**, das auf dem Charles River Dam liegt, von dem aus man einen phantastischen Blick auf die Skyline von Boston hat. Im Thomson Theatre of Electricity blitzt es zweimal täglich, hier kann man – so man sich nicht vor dem Ergebnis fürchtet – auch die Reaktion des eigenen Gehirns testen. Zum Museum gehören das Mugar Omni Theater, ein Imax-Theater mit riesiger Rundleinwand, in dem naturkundliche Filme zu sehen sind, und das Charles Hayden Planetarium.

1999 übernahm das Museum of Science auch die Sammlung des Bostoner Computer Museum. Vielleicht haben Sie Glück und kommen hier endlich dem rätselhaften Innenleben Ihres PCs auf die Spur – Lern-, Erfahrungs- und Spielmöglichkeiten gibt es genug. So kann man durch einen riesigen Computer spazieren und sich ansonsten darüber freuen, daß die Technik Fortschritte gemacht hat und Computer heute freundliche kleine Hausgenossen sind: Eines der frühen Modelle, das zu besichtigen ist, nahm noch ein ganzes Zimmer ein.

Recht unterhaltsam ist ein Besuch des **Boston Tea Party Ship und Museum.** Im nachgebauten Schiff wird man durch Exponate und Filme über die Geschichte der Boston Tea Party informiert, darf sich dann unter der Leitung eines kostümierten Schauspielers als Indianer verkleiden und das revolutionäre Gefühl des Teeschmeißens erleben.

*Im Museum of Science*

# Filene's Basement

Sind Sie ein *Bargain Hunter*? Lieben Sie Schnäppchen? Gehören Sie zu den Menschen, denen fiebrige Röte ins Gesicht steigt, wenn sie sich im Schlußverkauf zum Nahkampf am Wühltisch rüsten können? Dann dürfen Sie Filene's Basement in der Washington Street 426 bei ihrem Boston-Besuch auf keinen Fall auslassen!

Es kursieren Geschichten, daß sich Texaner im Privatflugzeug einfliegen lassen, Käufer z. B. aus New York, Washington oder Philadelphia angejettet kommen, auf Spottpreise reduzierte Kommoden, Pelzmäntel, Lampen oder andere Schätze im Rolls-Royce verstaut werden und sich sogar die Lowells und die Cabots nicht schämen, an der Schlacht um die Sonderangebote teilzunehmen. Ob sie stimmen oder nicht, ihren Zweck haben diese Geschichten erfüllt: Filene's Basement ist zum Inbegriff für sagenhaft reduzierte Qualitätsware geworden, zum Paradies der Bargain Hunter.

Montag ist der große Tag. Da purzeln bei Filene's zum ersten Mal die Preise. Die Ware wird während der ersten 12 Verkaufstage erst einmal um 25 % reduziert, nach den folgenden sechs wieder um 25 %, und schließlich, nach 24 Tagen, beträgt der Preisnachlaß 75 %. Was nach 30 Tagen keinen Käufer gefunden hat, geht an wohltätige Organisationen.

Natürlich werden nicht nur Haute-Couture-Modelle, Orientteppiche und erlesene Seidenstoffe angeboten. Auf Riesentischen, über zwei Stockwerke verteilt, findet man alles, was so ein Warenhaus zu bieten hat: Unterteller, bunte Schlüsselanhänger, Socken in der Zehnerpakkung, Plastikbrieftaschen. Ramsch und Kitsch gehören genauso ins Bild wie das gemischte Publikum. Es gibt nur (nach Geschlechtern getrennte) Sammelumkleidekabinen, aber was soll's – bei der Jagd nach Sonderangeboten fallen sogar im prüden Amerika die Hüllen!

Wie es dort aussieht, wo 1773 die 342 Kisten Tee landeten, darüber gibt das **New England Aquarium** Auskunft. Wasserbecken, die das Habitat des Bostoner Hafens (mit all den Verschmutzungsproblemen) zeigen, gehören ebenso zur Ausstellung wie Einblicke in die Welt der Tiefsee. Das Zentrum bildet ein gigantischer Tank, der etwa 800 000 Liter Salzwasser enthält und diversen Fischen, Schildkröten und Haien Lebensraum bietet. Um den Tank führt eine spiralenförmig verlaufende Rampe, wenn man Glück hat, kann man die Taucher sehen, die die Haie füttern. Zum Programm gehören Seelöwen- und Delphin-Shows, im Sommer (April bis Mitte Oktober) veranstaltet das Aquarium auch Walbeobachtungsfahrten.

Das bedeutendste Kunstmuseum Bostons ist das **Museum of Fine Arts**, das 1909 an der Huntington Avenue sein

Museen

155

*Das Museum of Fine Arts*

Stammhaus, eine Art klassizistischen Tempel, erhielt. Um die großartige und umfangreiche Sammmlung unterzubringen, mußte der Bau mehrmals erweitert werden; 1981 fügte der bekannte Architekt I. M. Pei den Westflügel an. Das Museum of Fine Arts ist auch das bedeutendste Kunstmuseum Neu-Englands, seine Sammlung umfaßt Werke aller Länder und Epochen, und um sie wirklich kennenzulernen, müßte man mindestens einen ganzen Tag hier verbringen. Höhepunkte sind die Impressionisten-Sammlung im Evans Wing of European Paintings und die Sammlung amerikanischer Kunst mit Werken von John Singleton Copley und Gilbert Stuart.

Bevor das Museum of Fine Arts gebaut wurde, war die Kunstsammlung im **Boston Athenaeum** untergebracht, einem Musentempel des altehrwürdigen Boston in Beacon Hill. Die Bibliothek, in der heute noch Forschung betrieben wird, ist im Rahmen von Führungen zu besichtigen. Es ist ein wunderbares Gebäude mit einer großartigen Sammlung seltener Bücher und Folianten, dem Statuen, Bilder und erlesene Möbel noch immer die Atmosphäre der exklusiven Kultiviertheit der Bostoner Aristokratie des 19. Jahrhunderts verleihen.

Den besten Eindruck, wie die Bostoner Oberschicht im 19. Jahrhundert lebte, vermittelt das **Isabella Stewart Gardner Museum** am Fenway. Dieses Haus ist mehr als ein Museum, es ist ein Schrein – die Dame Gardner hinterließ ihr Anwesen den Bostonern unter der Bedingung, daß nichts daran verändert werden dürfe. Das respektierten die Erben auch, nur Diebe setzten sich über den letzten Willen der Verblichenen hinweg: 1990 wurden Kunstwerke im Wert von 200 Millionen Dollar entwendet. Trotzdem lohnt der Besuch des Hauses noch immer. Nicht nur wegen der Kunst, auch wegen der Geschichte seiner Bewohnerin.

Isabella Stewart Gardner (1840–1924) ist gewiß eine der schillerndsten Persönlichkeiten, die Boston für sich beanspruchen kann, es aber gar nicht unbedingt will – sie war geborene New Yorkerin und fügte sich auch sonst nicht recht ins propere Bild der Stadt. Zwar heiratete sie einen reichen Bostoner und lebte standesgemäß in Back Bay, wie man weiß, hat das aber im *Hub* nichts zu sagen. Im Jahr 1898, nach dem Tod ihres Mannes, erwarb sie ein Stück gerade aufgeschütteten Landes westlich von Back Bay, und während dort das Fundament ihres neuen Hauses gelegt wurde, reiste sie nach Europa – zum Einkaufen.

Angesichts der Schätze, mit denen sie zurückkehrte, mag es manchem properen Bostoner die Sprache verschlagen haben: Säulen, Balkone, Fenster, Vorhangstoffe, Möbelstücke, Torbögen aus allen Epochen und aller Herren Länder. Aus diesen Versatzstücken erbaute sie ihr Haus – nicht ganz stilecht, aber originell. Es erinnert noch am ehesten an einen venezianischen Palast, das Herzstück bildet ein Innenhof mit kunstvoll um ein römisches Mosaik arrangierten Blumenrabatten und Statuen.

Schlichtheit war nicht ihre Devise – beim Gang durch das Museum im Fenway Court glaubt man sich manchmal in dessen Lagerräume verlaufen zu haben; da sind Bilder, Möbelstücke, Statuen bunt durcheinandergewürfelt wie bei einer Kunstauktion – unvorstellbar, daß ein Mensch in dieser Fülle leben konnte! Isabella Stewart Gardner konnte es, sie verbrachte die letzten 22 Jahre ihres Lebens in dem Palast, gab Gesellschaften, veranstaltete Musikabende und brachte einen Hauch von New Yorker Atmosphäre ins ehrwürdige Boston.

Einen Großteil ihrer Kunstsammlung erwarb Mrs. Gardner selbst auf ihren Reisen, beraten von Bernard Berenson, der ihr Augenmerk vor allem auf die italienischen Maler lenkte. Neben Werken von Giotto, Botticelli, Tizian findet man Bilder von Fra Angelico, Bellini, Raffael, Rubens, Rembrandt, Vermeer, van Dyck, Holbein, Dürer, Degas, Manet, Matisse und anderen. ›Findet‹ ist hier der richtige Ausdruck, man muß sie neben anderen unbedeutenden Werken, hinter schweren Vorhängen oder in schattigen Ecken suchen, auf den gemusterten Tapeten kommen sie kaum zur Geltung – Puristen mögen sich daran stoßen. Das Isabella-Stewart-Gardner-Haus ist eben kein Museum im herkömmlichen Sinn, es ist der Wohn- und Lebensraum einer Frau, die es sich leisten konnte, für und mit Kunst zu leben, sich mit Stücken zu umgeben, die man sonst nur in der sterilen Atmosphäre öffentlicher Museen besichtigen kann.

## Moderner Geist in alten Mauern – Cambridge

**Tips & Adressen:** S. 276ff.
**Karte:** S. 158

Harvard Square ist immer verstopft. Zweimal im Jahr aber ist mit dem Auto überhaupt kein Durchkommen mehr, weder hier, vor dem Haupteingang zu Harvard Yard, noch sonstwo in Cambridge: Ende Mai, um Memorial Day, ziehen die Studenten aus; Anfang September, um Labor Day, strömen sie wieder zur Alma mater zurück. Die Bilder gleichen sich, ob Frühsommer oder Herbst: Sperrige Umzugswagen, die die Straßen blockieren, Kombis mit Nummernschildern aus allen amerikanischen Staaten, Wagenladungen ›Familie‹, die Kinder abholt oder abliefert, Tennisschläger, Lautsprecher, Bücherberge ein- oder auslädt. Matratzen, Regale, Kisten werden über den Rasen ge-schleppt, aus einem offenen Fenster dröhnt ein noch nicht eingepackter oder – je nach Jahreszeit – schon wieder an-geschlossener CD-Player.

Memorial Day und Labor Day, diese beiden Feiertage definieren für amerika-nische Studenten den Sommer. Die übrige Zeit leben sie auf dem Campus, oft Tausende von Kilometern von zu Hause entfernt. Studenten, die nach Harvard aufgenommen worden sind, haben nicht das schlechteste Los gezo-gen; abgesehen von dem Prestige, der hervorragenden Ausbildung und den beruflichen Möglichkeiten, die ihnen die Eliteuniversität bietet, leben sie nur ei-nige U-Bahnstopps von Boston entfernt, können am städtischen Leben teilneh-men und genießen, was eine Stadt zu bieten hat, in der mehr als 50 000 Stu-denten verschiedener Universitäten leben – eine Situation, die sich z. B. für einen in Yale Studierenden ganz anders darstellt (s. S. 191ff.).

Als Campus bezeichnet man alles, was zur Universität gehört; die Schlaf-säle, in denen die *Freshmen*, die ›Frisch-

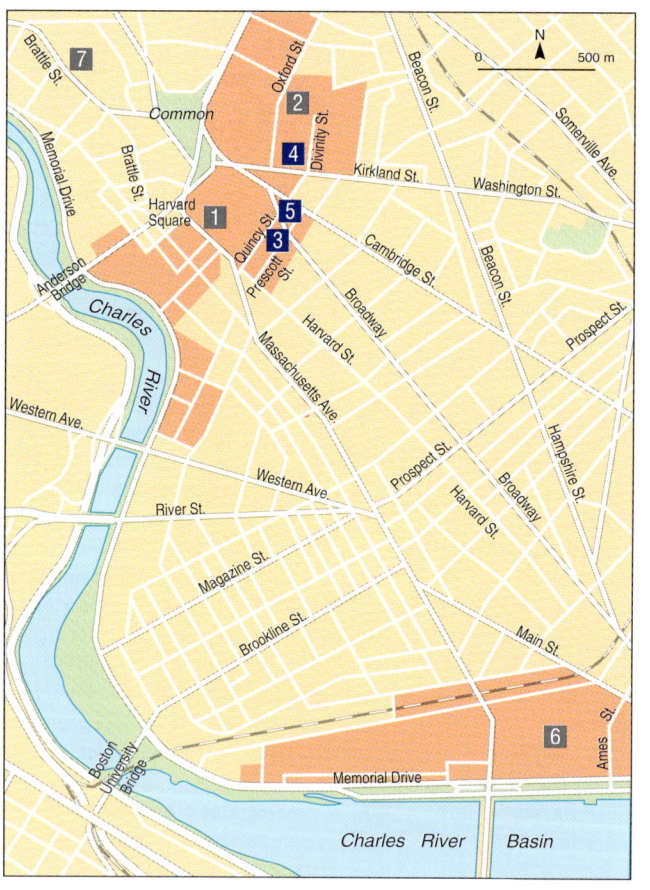

**Cambridge**
1 Holyoke Cen-ter  2 Harvard University Natural History Museums
3 Fogg Art Mu-seum  4 Busch-Reisinger Museum
5 Arthur M. Sackler Museum
6 MIT  7 Long-fellow House

*Der Lesesaal der Widener Bibliothek*

linge(, untergebracht werden, die Häuser, in denen die älteren oder verheirateten Studenten leben, Institutsgebäude, Bibliotheken, Sportplätze – in Cambridge summiert sich das, was Harvard und die andere bedeutende Universität MIT (Massachusetts Institute of Technology) besitzen, zu einem Großteil der Fläche des Stadtgebiets. Pointiert gesagt: Während andere Städte eine Universität haben, haben Harvard und das Massachusetts Institute of Technology Cambridge. Die beiden verfügen über beachtlichen Grundbesitz, diktieren Mieten und tragen andrerseits, außer indem sie für Ruhm und indirekte Einnahmen sorgen, nicht viel zum kommunalen Leben der Stadt bei. Universitäten sind von der Steuerzahlung befreit – damit erklärt sich auch das Phänomen, warum das Bildungs-Mekka Cambridge gar nicht sehr gut abschneidet, was das Niveau seiner öffentlichen, aus Steuergeldern finanzierten Schulen betrifft.

Bildung hat ihren Preis in Amerika. Etwa 30 000 $ jährlich muß aufbringen, wer sein Kind aufs College nach Harvard schicken will – und das vier Jahre lang. Sollte sich der Nachwuchs dann ambitioniert oder begabt genug zeigen, um Jura oder Medizin zu studieren, heißt das für die Eltern weiter löhnen: vier Jahre Medical School in Harvard kosten nochmal über 120 000 $.

Mit diesen Zahlen soll nun keineswegs das Vorurteil bestätigt werden, Harvard sei reicher Leute Kinder Universität. Etwa 66 % der College-Studenten erhalten finanzielle Unterstützung, mehr als ein Drittel gehören Minoritätengruppen an. Harvard und Yale wählen das Gros ihrer Studenten nicht nach der Finanzkraft der Eltern aus, sie legen auch nicht stur den Notendurchschnitt als Maßstab an, sondern sehen die Gesamtpersönlichkeit des Aspiranten, seine Haltung, sein Auftreten; sie berücksichtigen Kreativität, Neigungen,

*Alljährlich findet auf dem
Charles River eine Regatta statt*

einseitige Begabung, außerschulisches Engagement (s. S. 193ff.).

Die Geschichte Harvards, der ältesten Universität Amerikas, ließe sich als Geistesgeschichte Neu-Englands schreiben. Sie beginnt mit den Puritanern: »Nachdem Gott uns sicher nach Neu-England geführt und wir unsere Häuser gebaut, für die Notwendigkeit des Lebens gesorgt, angemessene Plätze für den Gottesdienst errichtet und eine bürgerliche Regierung eingesetzt hatten, war das nächste, wonach es uns verlangte, die Förderung des Lernens.«

Ein seltsames Verlangen, wenn man bedenkt, daß es sich 1636 äußerte, zu einer Zeit, als Boston gerade erst sechs Jahre alt war und es sicher andere Probleme in der Kolonie gab als den Mangel an Bildung. In dem Bedürfnis manifestierte sich jedoch nicht ein zweckfreies, hehres Bildungsstreben, sondern es ging darum, den Fortbestand der religiösen Elite zu sichern, der herrschenden Klasse in der Theokratie von Massachusetts: »... denn wir fürchteten, der Gemeinde eine ungebildete Priesterschaft zu hinterlassen, wenn unsere Geistlichen unter der Erde liegen werden.« So stellte der General Court der Kolonie 1636 ein Viertel der erhobenen Steuern des Jahres für die Gründung eines Colleges oder Konvikts zur Verfügung.

Harvard stand ganz in der pädagogischen Tradition Europas: Die Schüler wurden in den klassischen Schönen Künsten unterwiesen, Latein- und Griechischkenntnisse waren Aufnahmebedingung. Und als sich die Ideen John Lockes und anderer Aufklärer in Europa durchzusetzen begannen, ging auch das nicht spurlos an der Bildungsenklave jenseits des Atlantik vorüber. Ein paar Harvard-Schüler, denen dieser neue Wind nicht paßte, sagten sich von der Alma mater los und gründeten 1701 in Connecticut ein College, das seinen Sitz 1716 nach New Haven verlegte und Yale University genannt wurde.

In dieser den Ideen der Aufklärung gegenüber so aufgeschlossenen Atmosphäre Harvards wuchsen auch die Männer heran, die führend in der Unabhängigkeitsbewegung wurden: John Hancock, Samuel Adams und John Adams. Harvard-Schüler waren auch Ralf Waldo Emerson und Henry David Thoreau, die beiden herausragenden Figuren der literarisch-pilosophisch-romantischen Bewegung, die Mitte des 19. Jahrhunderts von Concord ausging. Unter den sechs Präsidenten, die Harvard hervorgebracht hat, sind drei Staatsmänner des 20. Jahrhunderts:

ihm benannt wurde – er hieß John Harvard. Spätere Mäzene mußten sich damit begnügen, ihren Namen auf Wohnheimen, Bibliotheken oder Sporthallen zu wissen.

Amerikanische Studenten bleiben ihrer Universität ein Leben lang verbunden. Es finden regelmäßig Treffen der Absolventen bestimmter Jahrgänge statt, die Schlafsäle der Jungen werden gereinigt, und dann ziehen die alten Damen und Herren ein, freuen sich des Wiedersehens, frischen Erinnerungen auf, nehmen an der Diplomverleihung der Graduierten und der damit verbundenen Feier (Commencement) teil – und werden zur Kasse gebeten.

Den besten Eindruck vom Campus-Leben erhalten Sie, wenn Sie sich einer der kostenlosen Führungen anschließen, die Harvard-Studenten durchführen. Sie geben einen kurzen geschichtlichen Überblick, weisen auf die wichtigsten Gebäude hin und sind offen für alle Fragen. Der Rundgang dauert etwa eine Stunde, im **Holyoke Center** 1, direkt am Harvard Square, befindet sich ein Informationsbüro, dort erhalten Sie eine Karte des Geländes und erfahren, wann die nächste Führung beginnt (s. S. 277).

Nach der Führung sollte man sich unbedingt Zeit nehmen, um die Museen der Universität kennenzulernen. Sehenswert sind die **Harvard University Natural History Museums** 2, die sich mit den Themen Zoologie, Mineralogie und Geologie, Anthropologie und Ethnologie beschäftigen. Besonders interessant ist das **Botanische Museum,** in dem sich die berühmte Glasblumen-Sammlung befindet. Der Deutsche Leopold Blaschka und sein Sohn Rudolf fertigten über 3000 originalgetreue Pflanzenrepliken, jedes Blütenblatt, jedes Staubgefäß ist aus Glas nachgebildet. Die beiden arbeiteten 50 Jahre (1887–

Theodore Roosevelt, Franklin D. Roosevelt, John F. Kennedy; die Schriftsteller John Dos Passos und Thomas Stearns Eliot drückten hier die Schulbank. Nimmt man noch diejenigen hinzu, die Harvard berufen hat, so ist der Liste der wohlklingenden Namen kein Ende: 29 Harvard-Professoren erhielten den Nobelpreis – man nimmt nur die besten und zahlt schlechtere Gehälter als andere Universitäten. Der Name, so heißt es, sei mindestens 10 000 $ wert – amerikanische Hochschulen sind Privatunternehmen, keine staatlich subventionierten Institutionen, sie kalkulieren sehr genau.

Ein beachtlicher Teil der Einnahmen der Universität kommt von privaten Spendern. Dem ersten, der sich um Harvard verdient machte, einem jungen Geistlichen, der 1638 starb und dem College seine Bücher hinterließ, widerfuhr noch die Ehre, daß die Universität nach

1937), um die Sammlung zu komplettieren.

Hervorragend bestückt sind auch die Kunstmuseen der Universität; im **Fogg Art Museum** ▣ findet man um ein zweistöckiges Atrium im italienischen Stil Kunst des Mittelalters und der Renaissance präsentiert, weitere Räume geben einen Überblick über die europäische und amerikanische Kunst der letzten Jahrhunderte. Unter den Klassikern der Moderne sind Degas, Cézanne, Renoir, Monet und Winslow Homer vertreten. Das **Busch-Reisinger** ▣ spezialisiert sich auf Kunst aus Mittel- und Nordeuropa, hier findet man u. a. Werke von Munch, Beckmann, Kandinsky.

Besonders durch seine Architektur besticht das **Arthur M. Sackler Museum** ▣, ein Bau aus dem Jahr 1985, an dem der Architekt James Stirling beteiligt war. Es beherbergt eine sehr feine Kollektion von Kunstwerken aus dem Nahen und dem Fernen Osten.

Obwohl man das in einer technischen Universität nicht unbedingt erwarten würde, beherbergt auch die zweite bedeutende Hochschule von Cambridge, das **MIT** ▣ (Massachusetts Institute of Technology), eine Kunst-Sammlung; sie ist im **List Visual Art Center** untergebracht. Bedeutender freilich ist das **MIT Museum**, das die Geschichte der Universität, also auch die Entwicklung von Wissenschaft und Technik dokumentiert. Auch im MIT übernehmen Studenten die Aufgabe, Fremde und potentielle Studenten über den Campus zu führen, den Bauten moderner Architekten zieren; besonders interessant sind Eero Saarinens Kresge Chapel und Auditorium sowie einige Werke von I. M. Pei.

Das studentische Leben von Cambridge spielt sich um Harvard Square herum ab; hier und in den Seitenstraßen findet man Restaurants aller Preisklassen, Cafés, Bars, Musikclubs und Geschäfte.

Über Brattle Square erreicht man von Harvard Square aus Brattle Street; sie wird von prachtvollen Bauten aus der Kolonialzeit und dem 19. Jahrhundert gesäumt. Nummer 90 ist das Stoughton House, H. H. Richardsons berühmtes Schindelhaus aus dem Jahr 1883. Auf Nummer 105 steht das **Longfellow House** ▣, in dem der Mann, der Paul Revere aufs Podest reimte, wohnte. Longfellow verbrachte die Hälfte seines Lebens in Cambridge, er hatte eine Professur in Harvard. Sein wunderschönes koloniales Haus aus dem Jahr 1759 lohnt den Besuch – weniger wegen der literarischen Qualität des Dichters als wegen der architektonischen Bedeutung des Gebäudes.

## John F. Kennedy Library

Südlich von Boston an der Dorchester Bay, nicht unbedingt in einer der besten Gegenden der Stadt, dafür aber großartig gelegen, steht ein architektonisch beeindruckender Bau, von dem aus man einen erhebenden Blick auf den Hafen und die Skyline von Boston hat: die John F. Kennedy Library. I. M. Pei entwarf die kristalline Schatulle aus Glas und Beton, Auftraggeber war die Familie des 35. Präsidenten der USA. Der Bau, der Museum, Bibliothek und Archiv umfaßt, ist John F. und seinem ebenfalls ermordeten Bruder Robert gewidmet. Ein Film über John F. Kennedys Leben leitet den Rundgang durchs Museum ein, es werden Dokumente, Fotos und Erinnerungsstücke aus Kennedys Besitz gezeigt. Ein Nachbau des Oval Office zeigt detailgetreu, wie das Büro aussah, als Kennedy es am 22. November 1963 in Richtung Dallas verließ. Auch wenn diese, wie alle anderen präsidentialen Bibliotheken im Lande, ein gehöriges Stück Personenkult verkörpert, so ist die Präsentation doch so interessant in den zeitgeschichtlichen Rahmen eingebunden, daß sich nicht nur ›Kennedy-Fans‹ angesprochen fühlen werden.

Apropos Personenkult: In Brookline, südlich von Boston, kann man das Geburtshaus von John F. Kennedy besichtigen. Das Haus Nummer 83 Beals Street, in dem die Familie in den Jahren 1914 bis 1920 lebte, ist heute ein National Historic Site.

*Die John F. Kennedy Library*

# Siedler,
# Schlösser
# und
# Studenten

# Durch den Süden Neu-Englands: Massachusetts, Connecticut und Rhode Island

»Go South!« Zweimal in der Geschichte Neu-Englands erklang dieser Ruf und beide Male hat er die Entwicklung der Region entscheidend beeinflußt: Im 17. Jahrhundert, als die strenge puritanische Theokratie Boston und Salem beherrschte, wandten sich alle, die den Weg zur Seligkeit nicht auf den dogmatisch vorgezeichneten Pfaden der Gründerväter sahen, in Richtung Süden und besiedelten die Küste zwischen Boston und New York. Häfen entstanden, urbane Zentren, in denen Rumdestillerien dampften; opulent ausgestattete Kapitänsvillen säumten die Straßen, lichtlose Arbeiterviertel breiteten sich um Fabrikgelände aus. Die industrielle Revolution Amerikas nahm in diesem Teil Neu-Englands ihren Anfang. Erfindungen wie Pistolen und Gewehre, aber auch so harmlos-segensreiche wie die des Korkenziehers, gingen von hier aus; zu welch immensem Reichtum einige wenige in dieser wirtschaftlichen Blüte-

zeit, die durch den Sezessionskrieg einen weiteren Auftrieb erfuhr, gelangten, zeigen noch heute die Schlösser in Newport.

Der zweite ›Go-South-Impetus‹ war weniger aufbauend für die Region. Er ging von der Industrie aus, die nach dem Ersten Weltkrieg entdeckt hatte, daß es im Süden billigere Arbeitskräfte gab, die zudem noch gewerkschaftliche Organisation ablehnten. So wurden Produktionszentren verlagert, und Neu-England rutschte in eine Krise, die durch die landesweit einsetzende ›Great Depression‹ der 30er Jahre noch verschärft wurde. Ehemals blühende Städte verfielen, die Schiffsbau-Industrie kam zum

Erliegen, Neu-Englands Glanzzeit war zu Ende.

Auch wenn heute durch die Elektronik-Industrie und nicht zuletzt durch den Tourismus eine Wandlung zum Besseren eingetreten ist, so werden diejenigen, die sich in Boston ins Auto setzen, um dem Ruf ›Go South‹ zu folgen, doch Zeitzeugen beider Epochen zu sehen bekommen: Die in Museen konservierte Vergangenheit – sei es das Dorf der ›Mayflower‹-Passagiere in Plimoth oder die maritime Vergangenheit in Mystic Seaport – und die Spuren des Verfalls in

*Durch den Süden Neu-Englands*

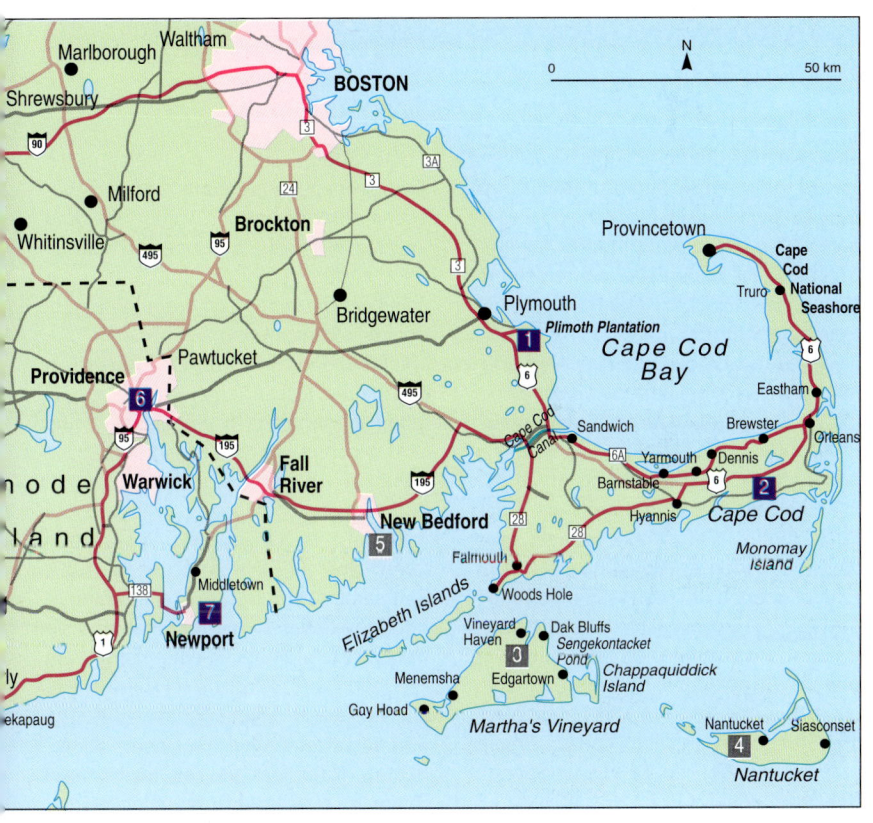

*Plimoth Plantation*

ehemals bedeutenden Städten wie New Haven oder New Bedford. Allerdings gibt es auch positive Beispiele: Providence, die Hauptstadt Rhode Islands, unterzog sich in den 90er Jahren einem Lifting, das das ganze ehemals desolate Geschäftszentrum umfaßt.

Insgesamt ist das südliche Neu-England eine urbane, industrialisierte Region, die wenige, dafür aber sehr beeindruckende landschaftliche Höhepunkte bietet: Auf Cape Cod wurde durch die Initiative von John F. Kennedy ein Stück Küste unter Naturschutz gestellt, das weite Dünen mit windgebeugten Kiefern und unendlich lange Sandstrände umfaßt; in Enklaven, wie dem Gebiet um den Unterlauf des Connecticut River und dem Housatonic River in Connecticut, kann man das dörfliche Leben Neu-Englands noch in seiner ganzen Pracht und seinem subtil zur Schau getragenen Reichtum erleben.

›Go South‹ beginnt auf vielspurigen Autobahnen und – wenn man ein Wochenende im Sommer wählt – im Stau auf dem Highway 3. Der erste Stopp jedoch entführt sofort in eine Zeit, in der es weder das eine noch das andere gab, und das konsequent. Denn die Schauspieler, die in der **Plimoth Plantation** 1 arbeiten, lassen keinen Lapsus zu: Sie leben in der Zeit, in der dieses kleine Dorf errichtet wurde, sie verkörpern die Personen, die damals Kräuter zogen und Kienspan fürs Feuer schlugen, sie tragen die Tracht der Zeit und sprechen deren Sprache. Die Zeit, das ist 1627. Seit sieben Jahren leben die Passagiere der ›Mayflower‹ nun schon hier, und sie haben's sich behaglich eingerichtet: Ein Palisadenzaun schützt den kleinen Ort, ein hölzernes Meetinghouse – Kirche und Versammlungsort in einem – ist errichtet. Natürlich gibt es auch einen Pranger – Zucht und Ordnung gelten viel in der puritanischen Gemeinde. In den Häusern duftet es nach Feuerholz, das Wasser wird vom Brunnen geholt, im Garten scharren die Hühner. Wie hart das Leben der Pilger war, bevor sie hier ein Heim und eine Bleibe fanden, davon kann man sich bei einem Besuch der ›Mayflower II‹ überzeugen. Das ›II‹ signalisiert, daß es sich bei dem Schiff, das da im Hafen von **Plymouth** (S. 297f.) vor Anker liegt, um einen Nachbau handelt. Trotzdem – der Bericht von der Überfahrt ist so lebendig, daß man meint, sie original mit Seekrankheit und Streitereien und allem Drum und Dran erlebt zu haben.

Die Geschichte der Pilgerväter begann nicht in Plymouth, sie begann in Cape Cod, der ›Bucht der Kabeljaue‹. Dort warfen die ›Mayflower‹-Passagiere zum ersten Mal Anker – ein Navigationsfehler war schuld daran, daß sie ihr ursprüngliches Ziel, Virginia, verfehlten. **Cape Cod** **2** (S. 278ff.) liegt etwa 22 Kilometer südlich von Plymouth; es ist eine 150 Kilometer lange Halbinsel, die wie ein Angelhaken in den Atlantik ragt. Der Sage nach befand sich hier früher einmal das Bett eines Riesen. Der schlief eines Nachts unruhig und strampelte so sehr, daß Sand in seine Mokassins drang. Wütend schleuderte er die Schuhe weg: Die beiden Inseln Martha's Vineyard und Nantucket entstanden.

Heute würde der Riese wohl gar keinen Schlaf mehr finden, denn Cape Cod ist zur Sommerzeit das beliebteste Naherholungsziel der Bostoner und der New Yorker, die sich Long Island nicht leisten können. Lange Autoschlangen bewegen sich entlang Route 6 und Route 28 und durch ein Spalier von Hot-Dog- und Imbiß-Ständen, vorbei an T-Shirt- und Hütchen-Geschäften, Billigrestaurants und Motels. Etwas ruhiger und kurviger ist Route 6 A, die an charmanten kleinen Dörfern wie Barnstable, Yarmouth, Dennis und Brewster vorbeiführt.

**Sandwich,** der erste Ort, der an der Route 6 A hinter der Brücke über den Cape Cod Canal liegt, ist es wert, daß man sich einen Parkplatz sucht. Wasser, Grün und makellos weiße Gebäude auf weiten Rasenflächen – Sandwich gehört zu den Bilderbuchorten von Neu-England. 1637 gegründet, ist es die älteste Siedlung auf der Halbinsel, einige frühkoloniale Bauten (Hoxie House, Dexter's Gristmill) stehen zur Besichtigung offen, die wichtigsten Sehenswürdigkeiten aber sind zwei Museen: Das Sandwich Glass Museum zeigt Stücke aus der Produktion der Boston and Sandwich Glass Company, die zwischen 1825 und 1888 arbeitete. Ihr Ende kam mit den letzten Bäumen, die hier abgeholzt wurden; damit war kein Feuerholz mehr vorhanden und die Konkurrenz im Mittleren Westen gewann die Oberhand. Berühmt

*Exponate des Sandwich Glass Museum*

und längst begehrte Sammelobjekte sind die Sandwich-Gläser mit ihren Spitzenmustern. Kerzenleuchter, Vasen, Geschirr und Haarschleifen ergänzen die Kollektion des Museums. Wer alte Autos, Gary Cooper oder Rhododendron liebt, sollte sich die Heritage Plantation of Sandwich ansehen, ein frühkoloniales Museumsdorf, das unter den Freilichtmuseen Neu-Englands zwar nur eine bescheidene Stellung einnimmt, im Mai oder Juni aber, eben wenn der Rhododendron blüht, seinen besonderen Reiz entfaltet. Die Automobile glänzen das ganze Jahr über im Round Stone Barn; es sind Modelle aus den ersten drei Jahrzehnten des 20. Jahrhunderts, unter anderem Gary Coopers 30er Düsenberg, der auch im Besitz des Präsidenten Taft und damit das erste offizielle Auto des White House war. Ebenfalls interessant ist das alte Karussell aus dem Jahr 1912, das im Art Museum seine Runden dreht. Wer hier aufsteigt, reitet auf wilden, wiehernden Rössern, die sich stark von den statischen Tieren unterscheiden, die die europäischen Karussellschnitzer fertigten.

Route 6 A führt vorbei an Buchten und Teichen, durch Marschland und Cranberry-Felder entlang der Nordküste des Cape, der Küste, die durch ihre geschützte Lage weniger den wilden, gischtenden Wellen des Atlantiks ausgesetzt ist und so zum Feriendomizil der Familien mit Kindern wurde: Das Wasser ist hier einige Grade wärmer als im Süden, die Sandstrände sind flacher und sicherer. In dieser Bucht gedeihen die sogenannten Bay Scallops, das sind Jakobsmuscheln, die kleiner sind als die auf offener See gefischten und intensiver schmecken. Die Cranberries, die das

Cape liefert, finden in ganz Amerika Liebhaber: Diese großen Preiselbeeren sind unverzichtbarer Bestandteil des Thanksgiving Dinners.

Wie alt Route 6 A ist, erkennt man nicht nur an den Bauten, die sie säumen – prächtige Kapitänsvillen und alte, schlichte *salt boxes* (s. S. 76) –, sondern auch am Namen der Straße: Sie heißt noch immer und allen antimonarchistischen Bewegungen zum Trotz ›Old King's Highway‹. Der Dichter Henry David Thoreau (1817–1862) bereiste sie, sah jede Menge gestrandeter Schiffe und ließ sich zu einer gigantischen Fehlprognose hinreißen: »Gegenwärtig kennt niemand aus der eleganten Welt diese Gegend«, schrieb er, »und wahr-

*Cape Cod National Seashore*

scheinlich wird auch nie jemand aus diesen Kreisen an ihr Gefallen finden.« Die Kennedys, die bei Hyannis Port ihren Sommersitz haben, die Filmstars und die vielen wohlsituierten Psychiater und Rechtsanwälte aus New York, die sich hier sommers aufhalten, strafen ihn posthum Lügen. Die wind-, sand- und sonnenhungrigen Sommergäste haben sich übrigens den schmalen Streifen Landes fein säuberlich aufgeteilt, auf daß keiner, der arm ist, sich mit Reichen mische, kein Hetero die Kreise der Schwulen störe, kein Prüder sich nackten Körpern ausgesetzt fühlen müsse: Die Familien bleiben, wie gesagt, an der Nordküste unter sich, die FKKler tummeln sich bei Truro, die College-Studenten suchen und finden in und bei Hyannis oder Falmouth Amüsement. Und die Schwulen konzentrieren sich in der hübschesten Stadt, in Provincetown.

Doch bevor man dorthin kommt, erreicht man erst einmal die Kreuzung, an der Route 6 A und Route 6 zusammenkommen und damit das Salt Pond Visitor Center, das in Eastham, nördlich des Ortes Orleans liegt. Dies ist eines der Informationszentren, in denen man alles Wissenswerte über Geschichte, Flora und Fauna und die Freizeitmöglichkeiten erfährt, die die **Cape Cod National Seashore** bieten. Und die ist nun eindeutig das landschaftlich schönste Fleckchen der Halbinsel: unverbaut und völlig naturbelassen, Brutstätte diverser Vogelarten, 70 Kilometer Sand, Dünen, Sümpfe, Wälder. Hier kann man schwimmen, wandern, radfahren oder einfach nur ganz faul in der Sonne liegen. Allerdings sollte, wer einen Tag am Strand verbringen will, nicht zu spät aufbrechen: Wenn die Parkplätze voll sind, ist der Zugang zum Strand nur noch Radfahrern oder Fußgängern erlaubt. Auf diese Weise wird die Zahl der Strandbesucher beschränkt, und das ist recht angenehm, wird es doch nie wirklich voll an den Gestaden des Atlantiks.

Ganz oben auf der Spitze von Cape Cod liegt dessen interessanteste Stadt: **Provincetown.** Zur Blütezeit der Walfangindustrie war der Ort nach Nantukket und New Bedford das drittgrößte Walfangzentrum des Kontinents – heute begnügt man sich damit, die wenigen Überlebenden der Spezies staunenden Touristen vorzuführen, die auf kleinen Booten zusammengedrängt in laute »Ahhs« und »Ohhs« (amerikanisch: »Wow!«) ausbrechen, wenn sich der gigantische Rücken eines der Riesen der Meere aus dem Wasser hebt. Neben den Stränden, die bis an die Stadt heranrei-

*Provincetown ist eine Hochburg der Gay-Szene*

chen, wird man *Whale Watching* als eine der Hauptattraktionen der Stadt erleben, außer man gehört zur *Gay Community* und partizipiert an dem offen zur Schau getragenen schwulen Leben, das ›P-Town‹, seine Geschäfte, Hotels und seine kulturellen Aktivitäten bestimmt.

An ein historisches Ereignis erinnert das Pilgrim Monument: Die Spitze des Kaps war der Ort, an dem die ›Mayflower‹ nach ihrer Reise über den Atlantik erstmals anlegte. Angeblich war die erste Handlung der sicher Gelandeten, daß sie ihre Wäsche wuschen; da dies an einem Montag geschah, wurde dieser Tag zum Waschtag auf Cape Cod.

Diejenigen, die sich nicht mit der Schmutzwäsche beschäftigen mußten, die Männer also, hatten Zeit, Bedeutenderes zu tun: Sie entwarfen und unterzeichneten den Mayflower Compact (s. S. 45) und gingen damit in die Geschichte der Demokratie ein. Warum man den britischen puritanischen Pil-

gern zur Erinnerung 1910 einen Glokkenturm erbaute, der als Campanile in jeder katholischen italienischen Stadt stehen könnte, bleibt eines der ungelösten Rätsel der Weltgeschichte. Wie dem auch sei: Der Blick von hier oben über das langgestreckte Zentrum der Stadt lohnt den Aufstieg.

Nach dem Niedergang der Walfangindustrie dämmerte Provincetown einige Jahrzehnte vor sich hin. Die unehrenhaften Bürger der Stadt verdienten ihr Brot, indem sie Seefahrer auf den falschen Weg lockten und ausraubten: Die Küste vor Cape Cod ist sehr schwer zu befahren und ein wahres Schiffsgrab. Das nützten die sogenannten *Mooncussers* aus; sie setzten falsche Leuchttürme und machten auf den auf Grund gelaufenen Schiffen Beute. Ehrenhafter ging es erst wieder zu, als die Künstler Cape Cod entdeckten und sich in Provincetown niederließen. Es war das besondere Licht, das vor allem die Maler lockte, jener Glanz, der im Sommer über dem hellen Sand und den Dünen liegt und den auch der Fotograf Joel Meyerwitz in seinen wunderbaren Bildern eingefangen hat. 1901 gründete Charles Hawthorne die erste Kunstschule, und in der Folge entwickelte sich Provincetown zur bedeutendsten Künstlerkolonie der Vereinigten Staaten. Charles Demuth, Stuart Davis, Ben Shahn, Edward Hopper, George Grosz, Hans Hofmann, Jackson Pollock, Larry Rivers, Barnett Newman, Mark Rothko, Robert Motherwell ... Die Liste der Maler, die hier lebten und arbeiteten, liest sich wie ein Auszug aus dem Kunstlexikon. Auch unter den Dichtern und Schauspielern, die sich zu den Malern gesellten, finden sich bedeutende Namen: Eugene O'Neill, Sinclair Lewis, John Dos Passos, Norman Mailer oder Marlon Brando. Das Provincetown Playhouse wurde bald über die Grenzen der Halbinsel hinaus bekannt; ein Großteil der Stücke von Eugene O'Neill erlebten dort ihre Uraufführung. 1916 zog die Truppe nach New York und eröffnete in der Village das Provincetown Theater; dort in der MacDougal Street fanden die Aufführungen im Winter statt.

Ein bißchen Fischerdorf, ein bißchen Künstlerkolonie und vor allem ein pulsierender Ferienort – so präsentiert sich die Stadt noch heute. Hauptstraße ist Commercial Street mit ihren Cafés, Bars, Restaurants, Clubs, Boutiquen, Galerien, Kitsch- und Kleinkunstläden.

Wer halbe Sachen nicht liebt, und statt der halben lieber eine ganze Insel besuchen möchte, begibt sich nach Woods Hole, um von dort mit der Fähre nach **Martha's Vineyard** 3 (S. 287f.) überzusetzen. Das Auto kann man beruhigt auf einem der bewachten Parkplätze bei Woods Hole stehen lassen; ein Shuttle Bus stellt die Verbindung zur Anlegestelle der Fähre her. Die Fahrt

nach Vineyard Haven dauert 45 Minuten; bereits am Pier empfangen einen die Radverleiher, die auch dem Autolosen Mobilität auf der Insel verschaffen.

Martha's Vineyard ist 32 Kilometer lang und an der breitesten Stelle 16 Kilometer breit. Die drei Hauptorte liegen an der Nordostseite: Vineyard Haven, Oak Bluffs und Edgartown. Sie unterscheiden sich sowohl in ihrer Architektur als auch in ihren Aktivitäten und der Art der Leute, die sie anziehen. Das ruhigste Städtchen ist **Vineyard Haven,** auch wenn man das nicht glauben möchte, wenn man vom Boot kommt und die Menschenmassen sieht, die im Sommer durch die Main Street flanieren. Seinen Ruf als stilles Örtchen verdankt Vineyard Haven wohl der Tatsache, daß hier kein Alkohol verkauft werden darf, was zur Folge hat, daß das Nachtleben sich auf ein nüchternes Minimum reduziert. Wer in einem der ausgezeichneten Lokale dinieren will, muß dabei übrigens nicht auf sein Fläschchen Wein verzichten: Man kauft es einfach in Oak Bluffs, die Wirte in Vineyard Haven sind tolerant genug, Gläser und Korkenzieher beizusteuern, manche nehmen sogar Wein- und Bierbestellungen auf und lassen aus dem Nachbarort liefern. Wenn man sich die Zusammensetzung der Bevölkerung von Vineyard Haven ansieht, kommt einem der Verdacht, daß die Botenjungen der Spirituosengeschäfte die Strecke von Oak Bluffs wohl regelmäßig zurücklegen: In den prächtigen Häusern abseits des Zentrums leben bekannte Künstler, Schriftsteller, Journalisten und – republikanische Politiker. Allenfalls letzteren würde man ein freudlos-trockenes Leben in den Sommerferien zutrauen.

**Oak Bluffs** ist das Ziel einer ganz anderen Gruppe von Gästen: Es ist die Sommerfrische reicher Afroamerikaner.

# Die Inseln der wilden Drahtesel

Im Sommer, wenn die Fähre Hunderte von Besuchern auf der kleinen Insel Nantucket entläßt, geht's am Pier zu wie auf einem Drahteselmarkt: Prüfend werden Reifen gedrückt, Bremsen getestet, Sattel verstellt. Dann ein fröhliches Klingeln, und los geht's! Die Insel gehört den Radlern, denn idealere Bedingungen kann man sich nicht denken: Radwege führen nach Madaket (ca. 10 km), zum Surfside Beach, wo auch die Jugendherberge liegt (ca. 6 km) und nach Siasconset (ca. 13 km). Das Terrain ist flach, und selbst auf den Autostraßen, die keine speziellen Radwege haben, läßt es sich angenehm und gefahrlos strampeln. Wer abends Muskelkater hat, sollte sich damit trösten, daß er gespart hat: Die Autofähre ist teuer, der Mietwagen noch teurer – mit dem Rad läßt sich die kleine Insel naturnah und kostengünstig kennenlernen.

Anders auf Martha's Vineyard. Auch dort findet man Radverleiher en masse, vor allem im Haupthafen Vineyard Haven, doch dem unsportlichen Radler erschließt sich hauptsächlich die Ostküste: Die 5 km von Vineyard Haven nach Oak Bluffs sind ein Klacks, so daß auch Ungeübte noch genug Energie haben, die Tour nach Edgartown (ca. 10 km) fortzusetzen. Der Radweg führt an der Küste entlang, er verläuft erfreulich flach, und es gibt immer wieder Stellen, wo man ins Wasser springen kann, um sich zu erfrischen. Will man allerdings andere Teile der Insel kennenlernen, wie zum Beispiel Gay Head, dann heißt es von Vineyard Haven 29 km auf der

Autostraße zurückzulegen. Die Erfahrung, daß Martha's Vineyard kein flacher Sandriegel wie Nantucket ist, wird sich dabei schmerzhaft in den Waden bemerkbar machen.

Gemütlich läßt sich das Innere der Halbinsel Cape Cod erkunden, denn die Verantwortlichen setzten hier eine gute Idee in die Wirklichkeit um: Die alten Zugtrassen, die naturgemäß kein steiles Auf und Ab der Streckenführung erlauben, wurden geteert und zum Radweg gemacht, der weite Teile des Landesinneren erschließt. Der Rail Trail ist 32 km lang und führt von Dennis bis zum Visitor Center der Cape Cod National Seashore. Dort schließt sich der weniger als 3 km lange Nauset Trail an, der bis zum Coast Guard Beach verläuft. Im Norden der Halbinsel kann man von Provincetown aus noch mal 11 km auf dem Province Lands Trail zurücklegen.

*Die bunten Holzhäuschen machen den besonderen Charme von Oak Bluffs aus*

Architektonisch ist dies das interessanteste Städtchen der Insel: Die Seeseite dominiert das Wesley House Hotel, ein mächtiger Bau aus dem Jahr 1879, auf den Piers drängen sich Kitsch- und Kleinkunstläden und Fast-Fisch-Restaurants, über denen der Geruch von Friteusen-Öl zweifelhafter Qualität schwebt. Dahinter aber verbirgt sich der Trinity Park, ein runder Platz, den viktorianische Häuschen säumen. In den 30er Jahren des 19. Jahrhunderts trafen sich hier jeden Sommer die Methodisten zu gemeinsamen Gottesdiensten; sie lebten anfangs in Zelten, gegen Ende des Jahrhunderts richteten sie sich dauerhafter ein und bauten hölzerne Häuser: bunt, wie aus dem Farbkasten eines Kindes bemalt, verziert mit Erkerchen, Balkonen und Giebeln, die wirken, als seien sie mit der Laubsäge gefertigt. *Gingerbread Houses,* Lebkuchenhäuser nennt man sie, und das paßt, auch wenn die strenggläubigen Methodisten hinter den Fassaden sicher keine Grimmschen Hexen duldeten.

**Edgartown,** die Dritte im Bunde der Ostküstenstädte, ist deren reichste und ansehnlichste. Das Geld kam mit dem Walfang und manifestierte sich in weißen, schmucken Villen aus den 20er und 30er Jahren des 19. Jahrhunderts. Im Thomas Cooke House aus dem Jahr 1765 wurde ein Museum eingerichtet, das sich mit der Geschichte der Insel beschäftigt, das Vineyard Museum of the Dukes County Historical Society.

In der modernen Geschichte der Insel spielt auch Hollywood eine Rolle: Ein Art Director der Universal Studios erkor Martha's Vineyard 1973 zum Drehort für den Film ›Der weiße Hai‹. Der Strand, an dem der computerisierte Menschenfresser am 4. Juli auftauchte, liegt zwischen Oak Bluffs und Edgartown beim Sengekontacket Pond. Für die filmischen Feierlichkeiten zum Nationalfeiertag wurde Edgartown festlich herausge-

putzt, wobei hoffentlich keinem Kino-
gänger auffiel, daß die Szene im Mai gedreht wurde – also noch keine Blätter an
den Bäumen waren. Ein 4. Juli war auch
der Schicksalstag, der die östlich von
Edgartown liegende **Chappaquiddick
Island** in die Schlagzeilen und Edward
Kennedy um seine Präsidentschaftskar-
riere brachte: Nach einer Party kam er
von der Straße ab, sein Wagen stürzte
ins Meer, und die Dame auf seinem Bei-
fahrersitz ertrank. Chappaquiddick kann
man per Fähre erreichen; die schönen
unberührten Strände und Naturschutz-
gebiete liegen auf der Ostseite der Insel.

Wer den Süden und Südwesten von
Martha's Vineyard erkunden möchte,
braucht entweder eine gute Kondition
oder doch ein Auto: Von Vineyard Haven
sind es 29 Kilometer nach **Gay Head,**
das man nur auf Autostraßen ohne Radwege erreicht. Die farbigen Lehmklip-
pen von Gay Head sind eine der Haupt-
sehenswürdigkeiten der Insel, und das
wiederum verschafft den wenigen
Nachfahren der einstmaligen Besitzer

des Eilands ein Auskommen: Entlang
der Straße verkaufen die Wampanoag-
Indianer Kunsthandwerk. Neben der
landschaftlichen Schönheit und den
Stränden bietet Gay Head eine weitere
Attraktion: Hier findet man einen FKK-
Strand, und welche Sensation das in
Amerika ist, wird erfahren, wer versucht, in anderen Teilen Neu-Englands
die Hüllen fallen zu lassen. Das tut man
nämlich nicht. Hier wird es toleriert,
aber auch nur an ›uneinsehbaren Stellen‹. Danach und auf einen Drink sollte
man in dem kleinen Fischerort **Menemsha** einkehren.

Wer Martha's Vineyard im Sommer
erlebt, wenn die Bevölkerung auf 62 000
Menschen anschwillt, würde nicht glauben, daß die 12 000, die das ganze Jahr
über hier leben, das niedrigste Pro-Kopf-
Einkommen von Massachusetts erwirt-
schaften. Die Landwirtschaft produziert
nicht einmal genug, um die eigenen
Leute zu ernähren – kein Wunder, da das
Land von reichen Ortsfremden aufgekauft wurde; Jacky O. besaß z. B. hier

eine bescheidene Latifundie von 1 760 445 m². Die Fischerei ist zwar bedeutender als die Landwirtschaft, dieser Komparativ beinhaltet aber nicht, daß ihr objektiv eine bedeutende Rolle zukommt. Die Menschen leben vom Tourismus, und das ist nun mal nur ein saisonales Geschäft.

Kleiner, noch weniger bevölkert und alles in allem sehr viel exklusiver ist **Nantucket** 4 (S. 291ff.), die zweite Insel, die dem schuhschleudernden Riesen zu verdanken ist. Sie liegt 30 Meilen südlich des Cape, ist nur 22,5 Kilometer lang und 5,6 Kilometer breit und wird von etwas mehr als 3000 Menschen bewohnt. Wer die Insel erreichen will, ist 2 Stunden und 15 Minuten mit der Fähre ab Hyannis unterwegs, es sei denn, er gehört zum Jetset und kommt privatfliegend oder -yachtend. Nantucket ist teuer – nur in der Jugendherberge kann man den Körper betten und dabei sicher sein, daß man ihn auch ganz wieder mit nach Hause bringt: In allen anderen Unterkünften zahlt man, wie man auf amerikanisch sagt, »an arm and a leg«. Trotzdem, Nantucket ist schön, und die ›happy few‹ wissen das auch und kommen hierher, wenn sie unter sich sein und dem Trubel von Martha's Vineyard entgehen wollen. Die einzige größere Kleinstadt ist Nantucket. Der zweite Ort, der den Namen Stadt nicht verdient, obwohl er immerhin ein Postamt, einen Kramerladen und ein Luxusrestaurant besitzt, ist Siasconset, einst ein Fischer-, dann ein Künstlerdorf. Von Wind und Wetter grau gebeizte Holzhäuser reihen sich am Strand, Rosen wuchern über hölzerne Zäune, und wer hier lebt, hat vor sich nur noch die Weite des Atlantiks. Lebhafter geht es zur Hochsaison in Nantucket zu, hier konzentriert sich das Leben der Insel, sei es tags oder nachts.

Nantuckets Geschichte ist dem Walfang verbunden, wie die keiner anderen Stadt der Ostküste, ja der Welt. Sie begann 1672, als sich ein verhältnismäßig kleiner Wal in den Wesco Harbor verirrte, nicht ahnend, daß dieser Irrtum zur nahezu kompletten Ausrottung seiner Gattung führen sollte. Ein Indianer, ebenfalls nicht gewahr, daß sein Volk das Schicksal der Wale teilen würde, zeigte den Quäkern, den ersten weißen Bewohnern der Insel, wie man so ein Tier harpuniert. Und der weiße Mann befand, daß das ein recht lohnendes Unternehmen war, konnte man aus dem ausgekochten Fett doch Öl gewinnen und die Barten – Hornplatten, die vom Gaumen des Tieres hängen und von seinem Schöpfer eigentlich dazu gedacht waren, dem Wal das Filtern seiner Nahrung zu ermöglichen – ganz trefflich für Schirmchen und Korsetts der Damen nutzen. Walöl und Fischbein ließen Nantucket wachsen und gedeihen und die Zahl der Wale rapide schwinden, wobei sich deren Verfolgung bis 1712 auf die Nord- und Südkaper und die Grönlandwale beschränkte. Sie galten als *right whales,* die richtigen Wale, denn sie gehen nicht unter, wenn sie tot sind, und lassen sich an Land schleppen, wo sie in den Anfangsjahren noch verarbeitet wurden (s. S. 62f.).

1712 jedoch geschah es, daß sich ein Boot weiter hinausgewagt hatte und mit einem Zahnwal zurückkam. Die Fischer, die das neue Produkt auf seine Wirtschaftlichkeit untersuchten, öffneten ihm den Schädel und fanden etwas, das sie – es lebe die Männerphantasie! – für Sperma hielten. Interessanterweise ließ ›man‹ sich auch dann nicht von seiner Theorie abbringen, als er dieselbe Substanz im Kopf weiblicher Zahnwale fand: Die Wale wurden *sperm whales* genannt, auf deutsch heißen sie Pottwale, und das, was sie im Kopf trugen *spermaceti,* auf deutsch Walrat. Aus diesem Walrat ließen sich feine, duftende Kerzen ziehen, die höchste Preise erzielten. Dies und die Tatsache, daß er im Schädel außerdem noch Walratöl und im Darm Ambra trug, eine wachsartige duftende Masse, die die Parfümindustrie mit Gold aufwog, läutete das Ende des Pottwals ein. Allerdings war auch das Ende von Nantucket nicht mehr fern: Der Hafen der kleinen Insel war zu flach, um größere Schiffe aufzunehmen, die Aktivitäten verlagerten sich etwa ab 1830 nach New Bedford.

Zeugen des Reichtums dieser Zeit sind in Nantucket überall zu sehen. Von den grandiosen Häusern, die sich die Kaufleute und Kapitäne erbauen ließen, ist das Hadwen House-Satler Memorial zu besichtigen, und in dem Walmuseum kann man sich über die Geschichte der Stadt und ihre Haupteinnahmequelle informieren.

Wer den Weg nach Nantucket nicht auf sich nehmen möchte, kann sich dem Thema Walfang auch in **New Bedford** 5 (S. 293) nähern. An der Nachfolgerin Nantuckets ist die Zeit zwar nicht so spurlos vorbeigegangen wie an der Inselhauptstadt – New Bedford ist eine stark industrialisierte Stadt, die deutlich Spuren des Niedergangs zeigt und ihren ehemaligen Reichtum lange nicht so konservieren konnte wie Nantucket – aber das Museum ist großartig und stellt das auf Nantucket weit in den Schatten. Es werden Filme gezeigt, man kann auf ein Walboot klettern und die Sammlung der Scrimshaws ist beeindruckend. Scrimshaws waren kleine Kunstwerke, die die Seeleute auf ihren langen Reisen über die Weltmeere aus Walknochen oder -zähnen fertigten (s. S. 71f.). Neueste Attraktion des Museums ist das Skelett eines jungen, mehr als 20

Meter langen Blauwals. Er wurde 1998 beim Zusammenstoß mit einem Tanker getötet. Immerhin läutete dieses tragische Ende seine museale Karriere ein.

Die Innenstadt von New Bedford, in der auch das Museum steht, wurde restauriert, und man bemüht sich, ein bißchen von der Atmosphäre zu vermitteln, die zur Blütezeit der Walfangindustrie dort herrschte. Ganz kann das nicht gelingen, und wer wirklich wissen will, was sich in den Jahren bis 1860, als es mit dem Walfang bergab ging, abspielte, sollte Melvilles 1851 erschienenen Roman ›Moby Dick‹ lesen: »In New Bedford stehen leibhaftige Kannibalen plaudernd an den Straßenecken, richtige Wilde, von denen viele noch ›unreines Fleisch‹ auf ihren Knochen tragen. … In New Bedford geben, wie es heißt, die Väter ihren Töchtern Wale als Mitgift und statten ihre Nichten mit ein paar Schweinsfischen aus. Nach New Bedford muß man gehen, wenn man eine glanzvolle Hochzeit sehen will. Sie haben, wie man sagt, in jedem Hause einen Ölvorrat, und sorglos brennen sie an jedem Abend ihre eigene Körperlänge an Walratkerzen herunter … Die Stadt selbst ist mit ihren Lebenshaltungskosten vielleicht die teuerste in ganz Neu-England. … Und doch findet man nirgendwo in ganz Amerika mehr Patrizierhäuser und reichere Parks und Gärten als in New Bedford. … Alle diese biederen Häuser und Blumengärten kommen aus dem Atlantik, dem Pazifik und dem Indischen Ozean. Eins wie das andere sind sie mit der Harpune vom Grunde des Meeres heraufgeholt worden.«

Auch wenn man dieses New Bedford, das in den Einleitungskapiteln des Romans über Kapitän Ahab, der fanatisch davon besessen ist, sich an dem weißen Wal Moby Dick zu rächen und damit sich

*Im Hafen von Nantucket*

und seine Mannschaft ins Verderben stürzt, nicht mehr wiedererkennen wird, ein Schauplatz ist, wenn auch verändert, erhalten geblieben: Gegenüber dem Museum steht Seamen's Bethel, die Kapelle, in der sich die Seeleute Gott anvertrauten, bevor sie auf Fahrt gingen. Daß Gott mit ihnen war, in all ihren Nöten, beweist, daß die schiffsförmige Kanzel als Galionsfigur eine barbusige Frau trägt ...

Auf der Interstate 195 gelangt man in weniger als einer Stunde von New Bedford nach **Providence** 6 (S. 299f.) und damit in die Hauptstadt des kleinen Staates Rhode Island. Hauptstadtwürde signalisieren in den USA immer die State Capitols, weiße, kuppelgekrönte Gebäude, die sich alle gleichen, weil sie dem Capitol in Washington und damit, zumindest was die Kuppel betrifft, dem Petersdom in Rom nachempfunden

*Die Arcade ist die älteste überdachte Shopping Mall Amerikas*

sind. In dessen unmittelbare Nachfolge stellt sich auch das **Rhode Island State House,** das stolz von sich behauptet, nach St. Peter die größte selbsttragende Kuppel der Welt zu besitzen. Für Qualität bürgen die Erbauer des Marmorbaus: Die bekannten Architekten McKim, Mead und White entwarfen 1891/92 einen Repräsentationsbau, der zu den schönsten State Capitols des Landes zählt. Im Inneren kann man ein Portrait von George Washington sehen, das der Rhode Islander Gilbert Stuart geschaffen hat, insofern eine lehrreiche Erfahrung, als man von nun an weiß, woher das Konterfei Washingtons auf der Ein-Dollar-Note kommt ...

Nach Boston, der ›heimlichen Hauptstadt‹ Neu-Englands ist Providence die interessanteste Stadt der Region: Reich an historischem Erbe, im Besitz eines geschlossenen Wohnviertels, in dessen Hauptstraße Benefit Street angeblich mehr Gebäude aus der Kolonialzeit als

in jeder anderen Straße der USA stehen – ›angeblich‹ deshalb, weil man mit Superlativen in diesem superlativsüchtigen Land immer ein bißchen vorsichtig sein muß.

Providence ist eine zweigeteilte Stadt: Östlich des Providence River liegt das prächtige ursprüngliche Zentrum; hier ließen sich die ersten Siedler nieder, die 1636 Roger Williams folgten, hier blitzen die goldenen Kuppeln, säumen mächtige Bäume die Straßen, stehen bombastische alte Villen in gepflegten Gärten. Die Brown University, eine der ältesten und angesehensten des Landes hat hier ihren Sitz, benannt nach einer der mächtigsten Familien der Stadt, den Brown Brothers, die sich in allen kulturellen und industriellen Aktivitäten hervortaten.

Die Westseite des Flusses gewann erst Anfang des 19. Jahrhunderts langsam an Bedeutung: Newport hatte durch das Embargo von 1807 und den

Krieg von 1812 seine Stellung als Handelszentrum von Rhode Island verloren, endgültig befreit vom Joch des Mutterlandes, konnte der junge Staat seine wirtschaftlichen Aktivitäten vom Seehandel zur Produktion verlagern. 1790 hatte nördlich von Providence **Slater Mill,** die man in Pawtucket besichtigen kann, ihren Betrieb aufgenommen. Mit dieser ersten durch Wasserkraft betriebenen Baumwollspinnerei Amerikas wurde die industrielle Revolution in den USA eingeläutet – dem Aufschwung in Providence stand nichts mehr im Weg. 1828 wurde die Arcade eröffnet, der älteste überdachte Shopping Mall Amerikas, 1848 setzte man mit einem Bahnhof, der ersten Union Station, dem neuen Verkehrsmittel des Jahrhunderts ein Denkmal, das Rathaus zog um und schließlich auch das State House, ein neuer Bahnhof entstand: Ende des 19. Jahrhunderts lag die Downtown von Providence im Westen.

College Hill, das Wohn- und Geschäftsviertel um Benefit Street, blieb von dieser Entwicklung weitgehend unberührt; dort regierte das ›alte Geld‹, das sich natürlich auch mit der Beteiligung an den neuen Industrien wunderbar mehrte, sich aber nicht mit den damals gerade modernen viktorianischen Kapriolen feierte. Das überließ man den Neureichen, die am Broadway und in Elmwood lebten. Dort kann man noch heute wunderbare Villen im Türmchen- und Zuckerbäckerstil der Zeit sehen.

College Hill lernt man am besten zu Fuß und, so man ausreichend Englisch versteht, mit den Kassetten und Informationsschriften der Providence Preservation Society kennen, die in 21 Meeting Street ihren Sitz hat. Die Prachtstraße Benefit Street, die sich parallel zum Fluß entlang des Hügels zieht, wurde erst Mitte des 18. Jahrhunderts angelegt.

Roger Williams hatte ursprünglich nur eine Straße am Fluß geplant, die heutige Market Street. Von ihr ausgehend zog er lange, schmale, in ihrer Breite exakt gleiche Grundstücke über den Hügel. Den in neu-englischen Siedlungen üblichen Green mit der dominanten Kirche gab es in Providence nie; ein Meeting House war im ursprünglichen Plan nicht vorgesehen: Roger Williams hatte Boston verlassen, weil er im Gegensatz zu den dort Herrschenden an eine strenge Trennung von Kirche und Staat glaubte, und diese Einstellung prägte auch das Layout seiner Stadt. Die Mitglieder der 1638 von ihm gegründeten ›First Baptist Church in America‹ trafen sich anfangs in Privathäusern und erbauten erst um 1700 die erste Kirche, deren Nachfolgerin das 1775 fertiggestellte **First Baptist Meeting House** an der 75 North Maine Street ist. Der hübsche weiße Turm stammt von James Gibbs – Christopher Wren läßt wieder mal grüßen – das Innere ist schlicht ausgestattet, einziger Luxus ein kristallener Kronleuchter, den Kirchenraum gliedern die *pews,* die in kolonialen Kirchen üblichen kastenförmigen Sitzboxen für die ganze Familie. Wer hinter die Kanzel sieht, entdeckt dort das Taufbecken, in dem die Erwachsenentaufe der Baptisten durchgeführt wird.

Ein Höhepunkt dieses an wunderschönen Villen aus Holz und Ziegeln reichen Viertels ist das **John Brown House** an der Ecke Power/Benefit Street, ein Stadtpalast aus dem Jahr 1776, den man besichtigen kann und sollte: Feines Understatement, wie es sich für ›old money families‹ gehört, kennzeichnet auch diesen Besitz. Von außen ein schlichter kastenförmiger Ziegelbau, offenbart er im Inneren seine ganze Opulenz: Porzellan aus China – John Brown war einer der ersten, die den Asienhandel eröffneten –, Silber aus Frankreich, europäische Landhaus-Eleganz akzentuiert durch Möbel aus der damals schon respektablen heimischen Produktion. John Browns Geld kam aus all den Quellen, die sich Ende des 18. Jahrhunderts erschlossen, sei es Sklaven-, Rum-, oder Walratkerzenhandel. Er war, ganz Kaufmann seiner Zeit, auch höchst aktiv im Kampf gegen die Briten, nach der Unabhängigkeit feuriger Anhänger von George Washington und politisch im Kongreß tätig.

Reichtum verpflichtet in Amerika zum sozialen Engagement, und dies wird belohnt, indem der Wohltäter seinen Namen verewigt weiß: So wurde die 1764 gegründete Universität von Rhode Island 1804 in Brown University umbenannt, nachdem sich ein Mitglied der Familie als besonders spendenfreudig erwiesen hatte. Die Gebäude der Universität liegen über College Hill verteilt, Zentrum des geschäftigen studentischen Lebens ist Thayer Street. Kunstinteressierte sollten unbedingt dem **Museum of Art der Rhode Island School of Design,** 224 Benefit Street, einen Besuch abstatten, es zählt zu den besten kleinen Museen der USA und zeigt in einer konzentrierten Auswahl exzellente Exponate aus verschiedenen Epochen und Ländern.

Benefit Street ist eine reine Wohnstraße – kein Café bietet dem Dürstenden Erlösung, nirgends ein Sandwichbüdchen und erst recht keine billige Fast-Food-Absteige. Wenn also körperliche Bedürfnisse plagen, muß man bis zur Wickender Street vorgehen; dort findet man Bars, Cafés, nette Restaurants – insgesamt die alternativ bunte studentische Szene.

Restaurants und Clubs, die abendliche Unterhaltung bieten, liegen auch an der North Market Street – gemütliche,

alte wie das Bluepoint und aalglatt gläsern gestylte wie das Hemenways, das seit der Aufwertung der Waterfront das Yuppie-Publikum aus Downtown anzieht. Diese Aufwertung ging mit einem großangelegten Sanierungsprogramm einher, dem sich Providence Anfang der 90er Jahre unterzog. Die Downtown war nämlich, so wie sie im 19. Jahrhundert mit der Industrialisierung aufgestiegen war, mit dem Niedergang der Textilindustrie im 20. Jahrhundert zusehends verfallen. Schöne alte kommerzielle Gebäude gammelten vor sich hin, andere wurden abgerissen, vernagelte Geschäftsfronten und zweifelhafte Gestalten bestimmten das Bild der Innenstadt. Es ist erstaunlich, daß man gerade zu einer Zeit, in der die übrigen Städte Neu-Englands wehklagten und »Rezession« riefen, hier die Flucht nach vorne antrat, ein neues Kongreßzentrum und einen kulturellen Treffpunkt, das Rhode Island Heritage Center at Shepards, errichtete, Union Station in einen Bürokomplex verwandelte, ja, Flüsse umleitete und neue Parks anlegte. Ob diese Aktivitäten Investoren und Kunden anziehen und zu einer Wiederbelebung von Downtown führen, bleibt abzuwarten. Bestimmt nicht um seine Aktivität bangen muß Federal Hill, das Little Italy von Providence zwischen Broadway und Atwell. Es ist noch ziemlich authentisch erhalten, der Duft von Cappuccino und Pizzabrot erfüllt die Straßen, hier findet man eine Reihe guter italienischer Restaurants.

Zurück zur See. Interstate 95 nach Süden, Route 4, Route 138 und schon öffnet sich von der mächtigen, über drei Kilometer langen Newport Bridge der Blick auf die Bucht, in der die teuersten Yachten der Welt dümpeln, auf die kleine Altstadt mit ihren Piers und kolonialen Kirchen. **Newport** [7] (S. 294ff.), Segelhauptstadt der Welt, über 50 Jahre

*Typischer Treppenaufgang an der Benefit Street*

lang Austragungsort des Segelwettbe-
werbs America's Cup, Heimat des berühmten Newport Jazz Festivals, im 18.
Jahrhundert nach Boston zweitwichtigste Hafen- und Handelsstadt des Nordostens und   last but not least – der ari-
stokratischste Ort Amerikas: Hier stehen, an durch und durch demokratischen
Gestaden, Schlösser, so prunkvoll und
protzig, so pompös ausgestattet, daß sie

# Lauter König Ludwigs in Amerika!
# Newport und seine Schlösser

Zum Glück spürt man bei Ben gleich, daß er dazugehört. Nach einer Viertelstunde mit ihm im Bus hat keiner mehr das beklemmende Gefühl, das einen Reihenhausbewohner mit mittlerem Jahreseinkommen beschleicht, wenn er durch Straßen mit altem Baumbestand fährt, vorbei an schmiedeeisernen Toren, an parkartigen Gärten, efeubewachsenen Mauern, hinter denen er Schlösser ahnt. Ben beeindruckt das nicht. Hätte jemand geglaubt, daß er Busfahrer geworden wäre, um sein Haus abzuzahlen und die Kinder auf die Schule zu schicken, so würde er bald eines Besseren belehrt. Ben wird, da ist man sicher, sobald diese Tour zu Ende ist, hinter einem der schweren Tore verschwinden und mit einem der Vanderbilts die Sportergebnisse diskutieren. Er spricht nicht von ›denen‹, er spricht von ›uns‹. Und wenn er erklärt, dann nur, um seine Gäste im Bus teilhaben zu lassen an seiner und der Welt der Astors, Vanderbilts, Wideners. »Ja, da ist der Sohn damals auf der Titanic umgekommen. Das war schlimm für die alte Dame.« – »Miss Kelly ist gerade in der Karibik, das Haus können Sie von der Straße nicht sehen, es ist aber sehr hübsch, besonders der Frühstücksraum.«

Die zu zwei und zwei im Bus Aufgereihten schweigen respektvoll. In Kalifornien und Las Vegas haben diese Bustouren durch die Vorgärten der Reichen und Unerreichbaren etwas Voyeurhaftes – nicht so in Newport. Dazu ist der Ostküstenreichtum zu diskret, er stellt sich nicht bloß.

Ein Zeichen von Diskretion ist es ja wohl, wenn man ein Schloß von 70 Zimmern, mit einem goldenen Ballsaal, glänzenden Parkettböden, römischen Mosaiken und einem Treppenaufgang, der sich in jedem Barockschloß sehen lassen könnte, ›Cottage‹ nennt, also Hütte oder Sommerhaus. Daß die Paläste tatsächlich nur im Sommer benützt wurden, rechtfertigt vielleicht den Ausdruck, nicht aber den Aufwand. Mit Kind und Kegel, Dienstpersonal und einem immensen ›Spesenkonto‹ zogen die Superreichen der Ostküste alljährlich für sechs bis sieben Wochen hier ein, 300 000 $ soll eine der Ladies jedes Jahr allein für ›Extravergnügungen‹ zur Seite gelegt haben, und das brauchte sie sicher auch, denn wer in Newport nicht mehr mithalten konnte – Bälle veranstalten, Abendgesellschaften unterhalten –, der war in der High-Society unten durch. In dem sozialen Ringelpiez versuchte jeder, den anderen zu übertreffen, baute der eine ein 40-Zimmer-Schloß, mußte sein Nachbar 50 Zimmer haben und dazu einen chinesischen Teeraum, mit roter Seide ausgeschlagen; den Erwerb eines Kaminzimmers aus einem Loire-Schloß konnte man natürlich nur kontern, indem man die gesamte Einrichtung eines Klosters aus Nordspanien heranschaffte.

Seine rauschendsten Sommer erlebte Newport zwischen 1890 und 1914, in der Hochzeit des Kapitalismus, als sich Reichtum, ungehindert aller lästigen staatlichen Kontrolle, noch frei entfalten konnte. Trusts entstanden, Riesenkonzerne, die die wichtigsten Industriezweige monopolisierten – Eisenbahnen, Bergbau, Ölgesellschaften. Astor, Carnegie, Morgan, Vanderbilt, Rockefeller, das waren die uneingeschränkten Herrscher, ihr Lebensstil war ebenso fürstlich wie ihre unkontrollierte Macht. 1913 verdienten 2 % der Bevölkerung 60 % des gesamten Einkommens, Rockefeller und Morgan verfügten über 20 % des Volksvermögens! Die Forcierung der Anti-Trust-Gesetze unter Th. Roosevelt und Taft und ein 16. Zusatzartikel zur Verfassung (1913), der dem Bund erlaubte, jede Art von Einkommen zu besteuern, setzten dieser Ära und damit Newports ›Goldenem Zeitalter‹ ein Ende: Erst kamen, dem Gesetz der Sommerfrische folgend, die ›liederlichen Millionäre‹ (s. S. 255f.),

dann der Abriß und dann die ›Preservation Society‹. Seit 1945 hat diese Gruppe sechs der spektakulärsten Schlösser aufgekauft oder gemietet, restauriert und zur Besichtigung geöffnet.

Den Busreisenden stehen drei Häuser zur Wahl: The Breakers, Marble House und Rosecliff. Wenn man Ben fragt, ist Breakers zwar am größten, in der Einrichtung aber könne nichts Marble House übertreffen. Bens Wort gilt, vor Marble House leert sich der Bus fast völlig. Und nachdem die ersten 10 Minuten der geführten Schloßtour vergangen sind, weiß man, daß Ben recht hatte – eine Steigerung dieser Kombination aus Reichtum und Geschmacklosigkeit ist wirklich kaum mehr denkbar. Es ist eine Farb-, Stil- und Protzorgie. Der Verantwortliche, William K. Vanderbilt, wollte damit wohl seinen Bruder, den Breakers-Hausherrn, übertrumpfen – und schlicht kann man natürlich nicht prunken. Zumindest ist es tröstlich zu wissen, daß zu der Zeit, als König Ludwig seine stei-

nernen Alpträume in die Alpen setzte, auch ein paar Herren jenseits des Atlantiks schlecht schliefen.

Wie sollte man auch ruhig ruhen, wenn man nicht wußte, ob man beim nächsten Gesellschaftsereignis noch auf Mrs. Astors Einladungsliste stehen würde? Ihr Ballsaal in Beechwood faßte genau 400 Leute, und nur, wer zu diesem Kreis geladen wurde, konnte sicher sein, dazuzugehören. Die ›Oberen 400‹ hatten dann das Vergnügen, zum Beispiel zu einem Empfang für ›Prinz del Drago aus Korsika‹ geladen zu werden, der Prinz entpuppte sich als Affe in Abendkleidung … Ein andermal gab es ein ›Dog's Dinner‹, 100 Vierbeiner der Elite bekamen gebratene Leber mit Reis serviert. Mit solchen Scherzchen brachte man die langen Sommer hinter sich und erleichterte sich die Bürde des gesellschaftlichen Lebens.

Ben sitzt in seinem Fahrersitz wie ein Schauspieler, der sich seines Erfolges sicher ist und auf Ovationen wartet. »Na, wie wohnen wir?« sagt sein Gesichtsausdruck. Das Schweigen der in den Bus Kletternden deutet er als Ergriffenheit, was es sicher in den meisten Fällen auch ist. Nur bei einem scheinen Plüsch, Marmor, Säulen und Louis-XV-Möbel nicht die rechte Sprachlosigkeit hervorgerufen zu haben. Er zischelt etwas von »Robberbarons«, Räuberbaronen. Das ist Bens scharfen Ohren nicht entgangen und führt dazu, daß er auf dem Rückweg all die Wohltätigkeitsvereine aufzählt, denen die Vanderbilts angehören. Die Reichen, die noch heute in Newport ein und aus gehen, seien sowieso alle ganz anders, sagt er, und belegt das mit Beispielen, die ihn wieder eindeutig als Insider ausweisen. Wahrscheinlich steht sein Name auch in dem privaten Telefonbuch, das die ›Oberen 400‹ von heute füreinander publizieren und das schlicht ›Numbers of Your Friends‹ betitelt ist.

Man hat gewisse Schwierigkeiten, Ben beim Aussteigen ein Trinkgeld zu geben – wird man ihn damit nicht beleidigen? Er nimmt es, wie ein Mann von Welt, mit königlicher Großzügigkeit.

sich in jeder Monarchie sehen lassen könnten. Die sechs wichtigsten hat die Preservation Society unter ihre Fittiche genommen und zur Besichtigung geöffnet (s. S. 185), reizvoll ist auch der Besuch von **Beechwood,** in dem kostümierte Schauspieler durchs Haus führen und einem das Gefühl geben, Gäste von Mrs. Astor zu sein und damit das Privileg zu haben, zu den ›Fourhundred‹ zu gehören, also zur Crème de la Crème der amerikanischen Ostküsten-Society. Den Blick auf die Schlösser von der Seeseite her kann man genießen, wenn man sich ein Boot mietet oder über den **Cliff Walk** spaziert, einen schmalen Weg, der die zerklüftete Küste entlangführt. Die Insel, auf der Newport liegt, läßt sich auch mit dem Rad erforschen; von den Sandstränden ist der von Felsen umrahmte Second Beach in Middletown besonders schön.

Wie es sich für bescheidene ›Hütten‹ gehört, liegen die Cottages abseits des Ortszentrums; in dem hingegen spielt sich das Leben all jener ab, die nicht zum exklusiven Zirkel der selbst Auserwählten gehören: Newport ist ein koloniales Juwel mit einem architektonisch geschlossenen Kern, in dem die buntesten und hübschesten Häuser stehen, alle mit Plaketten versehen, die ihren historischen Wert dokumentieren, manche von kleinen Gärten umgeben, alle aus Holz und mit Eingangstüren geschmückt, die Lust machen, ein Plakat nur aus Türen zu gestalten, so unterschiedlich und individuell gearbeitet sind sie. Man findet versteckte Restaurants und solche, die ganz offensichtlich beliebt sind und von Yuppies und Touristen überrannt werden, weil sie einfach so schön liegen und man den Blick auf die Schiffsmasten und das abendliche Licht über dem Hafen gerne teuer bezahlt. Zu den Sehenswürdigkeiten, denen man Beachtung geschenkt haben sollte, bevor man sich den abendlichen Drink auf einem der Piers gönnt, gehören das **Hunter House** aus dem Jahr 1748, Heim eines Admirals und mit wunderbaren Möbeln aus der Zeit ausgestattet, sowie die **Touro Synagogue** aus dem Jahr 1763, ein Werk des Architekten Peter Harrison, der sich in Boston mit der King's Chapel verewigte. Daß dies die älteste Synagoge des Landes ist, zeugt vom toleranten Geist der Newporter ebenso wie die Tatsache, daß hier das älteste Versammlungshaus der Quäker steht. Von Peter Harrison stammt auch die **Redwood Library and Athenaeum,** ein Gebäude, das vorgibt, Stein zu sein, und doch nur Holz ist und eine Sammlung von frühen amerikanischen Gemälden beherbergt, u. a. sieben Werke von Gilbert Stuart. Nicht nur Tennisfreaks werden sich an der **International Tennis Hall of Fame and Museum** erfreuen – das Gebäude aus dem Jahr 1880 ist auch architektonisch sehr interessant. Dokumentiert wird hier die Geschichte des weißen Sports, für die Newport insofern ein Meilenstein ist, als hier 1881 zum ersten Mal der Vorläufer der US Open ausgetragen wurde.

Man verläßt Newport auf demselben Weg, wie man gekommen ist, über die Newport Bridge, und wendet sich auf der Route 1 nach Süden. Sie führt an der Küste entlang, durch kleine Fischerorte und an Stränden vorbei; wer sich noch einmal ins Badevergnügen stürzen will, verläßt Route 1 in Wakefield, fährt nach Narragansett und folgt der Küstenstraße bis zum Scarborough State Beach, einem besonders gepflegten Strand mit modernen Picknick-Einrichtungen und Umkleidekabinen und ohne großen touristischen Rummel. Auch an der Strecke zwischen Weekapaug und Watch Hill findet man eine Reihe öffentlicher Strände, zum Beispiel den Misquamit State Beach. Besonders hübsch ist **Watch Hill,** ein eleganter kleiner Sommerfrischeort mit prächtigen Häusern und einem Leuchtturm. Am Eingang zum Watch Hill Beach steht eines der ältesten Karussells der USA, das seit 1850 in Betrieb ist, das Flying Horse Carousel. Die Pferde tragen Mähnen und Schwänze aus echtem Haar, ihre Sättel sind aus Leder. Reiten dürfen sie nur Kinder oder Menschen mit extrem kurzen Beinen, denn: »Feet cannot touch the ground«.

Westlich von Westerly führt die Route 1 über die Grenze und nach Connecticut. Hier lohnt sich ein Abstecher nach **Stonington,** einem kleinen Küstenort mit einem steinernen Leuchtturm und einer großen Geschichte: Stonington war ein wichtiger Walfanghafen und Verkehrsknotenpunkt. Hier endeten die Züge aus Boston, wer nach New York wollte, mußte aufs Dampfschiff umsteigen. Im Leuchtturm ist ein kleines Museum untergebracht, das man aber links liegen lassen kann, denn alles, was mit der maritimen Geschichte Neu-Englands zu tun hat, findet man im nahen **Mystic Seaport Museum** 8 (S. 290f.) auf einzigartige Weise präsentiert: Galionsfiguren,

Scrimshaw-Arbeiten (s. S. 72), Werkstätten, die mit der für den Schiffbau nötigen Zulieferindustrie zu tun hatten, sowie eine Reeperbahn, ein langgestrecktes hölzernes Gebäude, in dem die Taue gedreht wurden. Die Ausstellungen sind in alten Gebäuden untergebracht, man hat einen Hafenort aus dem 19. Jahrhundert rekonstruiert, durch den eine Pferdebahn fährt und in dem man essen und trinken, insgesamt also einen ganzen Tag verbringen kann. Rundfahrten mit Schiffen werden angeboten, im Wasser liegen die verschiedensten Boote, u. a. auch das letzte erhaltene hölzerne Walfangschiff, die ›Charles W. Morgan‹, auf der man den Alltag der Walfänger kennenlernt. Dem Freilichtmuseum ist ein Aquarium angegliedert, das nach einem aufwendigen Umbau ein Stückchen Küste Alaskas zeigt, wo Belugawale und Seelöwen in natürlicher Umgebung leben. Zum Museumskomplex gehört auch ein kleines Dorf, Olde Mistick Village, mit vielen Geschäften, in denen man heftig konsumieren kann.

Wer sich dabei verausgabt hat, sollte nicht der Versuchung erliegen, das Loch in der Reisekasse im Spielcasino zu stopfen, obwohl dazu im nahen Ledyard Gelegenheit bestünde. So unglaublich es klingt: Im puritanischen Neu-England kann man seit Anfang der 90er Jahre dem Laster des Glücksspiels frönen! **Foxwoods** heißt das Sündenbabel, und man muß nicht meinen, daß die Politiker von Connecticut ihm ihren Segen erteilt hätten. Das konnten und mußten sie auch nicht, denn das Casino steht sozusagen auf exterritorialem Gebiet, nämlich auf dem der Indianer. Und die genießen, so entschied der Supreme Court, den Status einer »souveränen Nation« und können somit ihre inneren Angelegenheiten selbst regeln. Nachdem dieser Schiedsspruch gefällt war, schossen Anfang der 90er Jahre die Spielcasinos auf den Ländereien der 314

*Mystic Seaport*

anerkannten Stämme in den USA nur so aus dem Boden; interessanterweise vermehrt sich seitdem auch die Zahl der Indianer rapide – seit satte Beteiligungen für Stammesschwestern und -brüder locken, entdecken plötzlich eine Menge Leute Indianerblut in ihren Adern ...

Foxwood wirft jährlich mehrere hundert Millionen Dollar Gewinn ab, und insofern sind die 193,4 Mio. Dollar, die in die Errichtung des 1998 eröffneten **Mashantucket Pequot Museum & Research Center** 9 (S. 291, Mystic) flossen, ein Klacks. Objektiv gesehen ist das natürlich eine Menge Geld, genug, um eine Einrichtung zu schaffen, die modernste Museumspädagogik mit sämtlichen zur Verfügung stehenden Mitteln betreibt: Filme, Computer, interaktive Displays, archäologische Sammlungen, Demonstration von Handwerkskünsten, eine Siedlung im Freien und vieles andere mehr. Thema ist die Geschichte der Ureinwohner und besonders die des Stammes der Mashantucket Pequot. Der Besucher begibt sich auf eine Zeitreise, bei der alle Sinne aktiviert werden, man sieht, hört, riecht und fühlt.

Zum Stamm der Pequot gehören heute etwas mehr als 500 Frauen, Männer und Kinder, 1972 lebten nur noch 21 von ihnen in Connecticut. Damals begann die Bewegung, die sich zum Ziel gesetzt hatte, die verstreuten Mitglieder wieder zu vereinen und um Land und Anerkennung als Stamm zu kämpfen. Keine leichte Aufgabe im Nordosten, in dem die Ureinwohner und ihre Kultur bereits zu Beginn des 17. Jahrhunderts nahezu ausgerottet worden waren. Anders als die Indianer im Westen, die noch etwas Zeit hatten, bevor der Weiße Mann auch sie überrannte, hinterließen die Algonquin, zu deren Familie die Stämme im Nordosten gehörten, kaum Spuren. Wer nicht umgebracht wurde,

paßte sich an, Sprache und Kultur gingen verloren.

Den Pequot, denen große Teile Süd-Connecticuts und Rhode Islands gehörten, hatten die Weißen bereits 1637 fast völlig den Garaus gemacht. Nicht im fairen Kampf natürlich, Krieger gegen Krieger hätten die undisziplinierten Truppen des John Mason wahrscheinlich gar keine Chance gehabt, nein, man verbrannte Felder und vernichtete Vorratslager, legte Feuer an die Wigwams und massakrierte die Zivilbevölkerung: »Die dem Feuern entkamen, wurden mit dem Schwert niedergemetzelt; einige in Stücke gehauen, andere mit dem Degen durchbohrt und ins Jenseits befördert – nur sehr wenige entkamen. Es wird angenommen, daß bei diesem Angriff 400 niedergemacht wurden. Es war ein so furchterregender Anblick zu sehen, wie sie im Feuer brieten und die Blutströme, die die Flammen fast löschten, und grauenvoll war der Gestank, aber der Sieg schien ein um so süßeres Opfer,

*Hort der Bildung in Connecticut:*
*Yale University*

und so erhoben sie die Hände zu Gott, der so wunderbar für sie gewirkt hatte, ihnen den Feind in die Arme zu treiben und ihnen einen so schnellen Sieg über derart stolze und hochmütige Feinde geschickt hatte.« Soviel zur humanen christlichen Denk- und Handlungsweise. Der Text stammt aus der Feder von William Bradford, einem der ›frommen‹ Pilgerväter von der ›Mayflower‹.

Einen Tag sollte man für den Besuch des Museums einplanen; es empfiehlt sich, in Mystic zu übernachten und den Ausflug von dort zu unternehmen. Von Mystic geht die Reise weiter auf der Interstate 95 Richtung New London. Für Technikfans lohnt sich der Abstecher nach **Groton;** hier kann man die ›Nautilus‹ besichtigen und dabei erleben, in welch bedrückender Enge die Besatzung eines Unterseeboots ihre Tage verbringen muß. Die ›Nautilus‹ ist freilich nicht irgendein U-Boot, sondern etwas ganz Besonderes: Sie ging 1954 als erstes atomgetriebenes Boot auf Unterwasserfahrt, war das erste U-Boot, das den Nordpol erreichte und brach jede Menge Rekorde, so daß es durchaus gerechtfertigt ist, daß sie nicht verschrottet wurde, sondern als Memorial mit Museum Besucher empfängt.

Ein Stopp in **New London** lohnt sich nur für Literatur-Nostalgiker: In der Monte Cristo Cottage verbrachte Eugene O'Neill die Sommer seiner Kindheit, das Haus ist in zwei Werken verewigt: »A Long Day's Journey into Night« und »Ah, Wilderness!«

Connecticut ist ein Staat mit zwei Gesichtern: Der Westen gehört der Industrie – von New Haven bis an die Grenze zum Staat New York breitet sich ein dichter Siedlungsteppich aus, der aus unattraktiven Stadtzentren und modernen Bürokomplexen besteht – und den Mittelständlern in gehobener Position, die ihr Arbeitszimmer in Manhattan haben, dort aber keinesfalls auch ihr Schlafzimmer hinverlegen wollen. Der Osten ist ländlicher und ärmer, wobei der Begriff ›arm‹ hier sehr relativ ist: Connecticut gehört zu den reichsten Staaten der Nation, und auch dort, wo es ›arm‹ ist, zeugen die gepflegten Dörfer, die großzügigen Grünflächen und stattlichen Landhäuser noch immer von

Wohlergehen. Die Grenze zwischen Ost und West bildet der Connecticut River, Neu-Englands längster und an seiner Mündung breitester Fluß. In seinem Tal ließen sich die ersten Siedler nieder, die von Massachusetts kamen, um neues Ackerland zu suchen, zwischen 1633 und 1635 entstanden dort drei Siedlungen: Hartford, Windsor und Wethersfield.

Die 1645 gegründete Hafenstadt **Essex** , (S. 281f., Connecticut River Valley), entwickelte sich aufgrund ihrer geschützten Lage an der Flußmündung im 18. Jahrhundert zum bedeutenden Schiffbauzentrum. Segelmacher hatten hier ihre Werkstätten, Warenhäuser und Lagerschuppen säumten die Küste, die Reeperbahn war fast so lang wie Main Street, die Hauptstraße, an der die Häuser der Schiffskapitäne mit den Widow's Walks stehen. Widow's Walks sind mit hübschen Geländern verzierte Dachterrassen, von denen die Frauen der Seefahrer nach heimkehrenden Schiffen Ausschau hielten – hoffend, daß der Gatte heil wiederkomme und sie keine Witwen würden.

Als die Dampfschiffahrt auf dem Connecticut River aufgenommen wurde, erhielt Essex eine Anlegestelle, per Eisenbahn war es mit Old Saybrook und Hartford verbunden. Die Strecke wurde, wie viele andere in Neu-England auch, stillgelegt, als neue Transportmittel aufkamen, und man besann sich ihrer erst wieder, als der Tourismus das weitgehend unverbaute Mündungsgebiet des Flusses entdeckte und die Nostalgiewelle an seine Ufer brandete. Heute zuckelt in den Sommermonaten wieder eine alte Dampflok am Fluß entlang, vom luxuriös ausgestatteten Pullmann-Wagen aus kann man den Blick auf Wälder, kleine Flüsse und den Connecticut River genießen, in dessen Yachthäfen die teuren Statussymbole reicher New Yorker und Hartforder dümpeln. In **Deep River** endet die Valley Railroad, man steigt auf ein Boot um und fährt den Fluß hinauf bis **East Haddam,** wo das Goodspeed Opera House weiß und viktorianisch leuchtet. Auch auf ein Rheinschloß muß man bei dieser Flußfahrt nicht verzichten: Es ist dem Schauspieler Gillette zu verdanken, der sich hier 1919 eine steinerne Burg auf dem Hochufer erbauen ließ. Man kann das **Gillette Castle** besichtigen, kann es aber auch sein lassen und versäumt dabei nicht mehr als einen schönen Blick auf den Fluß. Von Deep River fährt man bei dieser Ausflugsfahrt wieder mit dem Zug zurück nach Essex, wo man sich noch etwas in den Galerien und Geschäften ergehen kann. Soziales Zentrum des auf schickes Yacht- und Wochenendpublikum eingestellten Ortes ist der Old Griswold Inn, ein berühmtes, 1776 erbautes Gasthaus und Hotel, in dem es vor allem am Wochenende heiter zugeht: Volksmusik, Liedgut zum Mitsingen und Champagner heben die Laune.

Was die Planung der Reiseroute betrifft, sollte man es sich so einrichten, hier im **Connecticut Valley** (S. 281f.) zu übernachten und im etwa 75 Kilometer entfernten **New Haven** (S. 294f.) nur den Tag zu verbringen – New Haven ist nicht schön und lohnt nur wegen einer einzigen Attraktion den Ausflug: der weltberühmten **Yale University** 11. Überspitzt formuliert könnte man sagen, Yale sei New Haven, denn selbst wenn die 1638 gegründete Stadt eine reiche Vergangenheit als Tiefseehafen und Industriezentrum hat – immerhin wurden hier das Dampfschiff, der stählerne Fischhaken, der Korkenzieher und der Lollipop erfunden, wurden in Eli Whitneys und Oliver F. Winchesters (s. S. 24f.) Fabriken Waffen gefertigt, Uhren und Kutschen gebaut –, so sieht die Gegenwart doch so aus, daß der Lebensnerv der Stadt die Universität ist. Sie beherrscht das Zentrum, ihre überwiegend neogotischen Bauten prägen das Stadtbild, ihre Studenten sind es, die die Cafés und Buchläden in Chapel Street bevölkern, ihre Museen bringen New Haven in die Kunstreiseführer, von ihren kulturellen Anregungen lebt die Kommune. Daß es für eine Stadt immer problematisch ist, wenn ihre besten Innenstadt-Immobilien einem College gehören, wurde schon am Beispiel von Cambridge ausgeführt: Schulen und Kirchen zahlen keine Steuern in Amerika, der Gemeinde gehen also wichtige Einnahmen verloren. Andererseits florieren natürlich die Geschäfte durch die vielen Studenten, leben die Restaurants von den jungen Leuten und den Hochschulangestellten, die Hotels von den zu Besuch kommenden Eltern. Trotzdem – das Verhältnis von Universität und Stadt war nicht immer ungetrübt, Auseinandersetzungen zwischen »town and gown«, wie sie auch in den englischen

# Pro und Contra –
# Das amerikanische Bildungssystem

In der wohlgefüllten Vorurteilskiste, die Mitteleuropäer gerne als geistiges Übergepäck über den Atlantik schleppen, findet sich auch ein Ordner zum Thema Bildung und Universitäten: Von der Bildung weiß man, daß es damit beim Amerikaner nicht zum Besten steht und von den Universitäten, daß man dort eh nichts leisten muß: Papas Geldbeutel erkauft jeden Titel, und ansonsten genügt es, gut in Sport zu sein. Dann schafft man die Uni schon.

Wie alle Vorurteile, bedürfen auch diese einer Revidierung. Sicherlich ist es alarmierend, daß Tests mit Fragen zur Allgemeinbildung schlimmste Defizite in der amerikanischen Bevölkerung offenbaren, daß immer mehr Kinder die Schule ohne Abschluß verlassen und ein Drittel der amerikanischen Bürger praktisch Analphabeten sind. Doch schon wenn sich die europäische Presse daran weidet, daß ein Vizepräsident, wie weiland Quayle, nicht weiß, wie man *potato* buchstabiert, ist Anlaß zur Vorsicht geboten – da sollte man doch erst mal die Politikersprache im eigenen Land untersuchen, die ja vor Grammatik- und Stilfehlern nur so strotzt, bevor man den Balken im Auge des Nachbarn erblickt ... Die Frage, ob das Bildungssystem der führenden Industrienation der Welt wirklich so schlecht sein kann, drängt sich auf: Bringt dieses Land nicht laufend Nobelpreisträger hervor, ist es nicht Nummer eins in Forschung und Wissenschaft? Und irgendwo müssen die Koryphäen ja wohl auch zur Schule gegangen sein ...

Um es erst mal grundlegend zu sagen: So schlecht ist das amerikanische Bildungssystem gar nicht: Jedes Kind, auch das mit Behinderungen oder Lernschwierigkeiten, hat ein Recht auf kostenlose Ausbildung vom Kindergarten bis zur 12. Klasse. Um dies zu gewährleisten, unterhält jede Gemeinde sogenannte *Public Schools*, in denen die Kinder vom *Kindergarden* bis zur *Highschool* unentgeldlich erzogen werden. Nach der Highschool folgt das *College*, das gebührenpflichtig ist; aber es gibt auch *State Universities* oder *State Colleges*, die billiger sind, außerdem bietet jedes College Stipendien für begabte, finanziell schwache Schüler.

Soweit die Theorie. Der Haken liegt in der Praxis. Das Geld für die Public Schools kommt nicht vom Bund oder von den Ländern, sondern von den Gemeinden, die einen Teil der Kommunalsteuern dafür aufwenden. Wer also in einer reichen Gemeinde lebt, zahlt hohe Steuern und bekommt gute Schulen – sprich, gut ausgebildete Lehrer, angemessene Hilfsmittel für den Unterricht, mit allen modernen Techniken ausgestattete Laboratorien, sämtliche Förderungen für die Schwachen. Das bekommen die Eltern nicht nur, das fordern sie, dafür zahlen sie Steuern. Amerikanische Eltern sind weitaus mehr in die schulische Erziehung ihrer

Kinder einbezogen als etwa deutsche. Der Gedanke, ein Kind mit sechs Jahren nahezu ohne Einflußmöglichkeit an eine vom Staat bestellte und bestallte Person ausliefern zu müssen, erfüllt jeden Amerikaner mit Grauen. Der Lehrer ist in Amerika kein verbeamteter Kleindespot, sondern ein Angestellter der Schule und damit der Eltern – wenn er die Erziehungsziele, die die Elternschaft setzt, nicht erfüllt, kann er gehen.

Das ist nun alles ganz wunderbar und vorbildhaft, solange es sich um eine Gemeinde der Mittel- oder Oberschicht handelt. Für Arme hingegen bedeutet dieses System den Ausschluß jeder Chancengleichheit: Arm geboren, in schlechte Schulen gegangen, nie einen Zugang zur höheren Bildung erhalten. So sieht die Realität aus. In den Jahren der sozialen Reform versuchte man gerade in Massachusetts dafür eine Lösung zu finden: Kinder aus armen Gegenden wurden in reiche gekarrt und umgekehrt. Das war das sogenannte *Busing*, das zu übelsten Rassenaufständen führte: Aus der Sicht der weißen Eltern, die sehr oft ihren Wohnsitz nach der Qualität der Public Schools wählen, verständlich: Da zahlen sie einen Haufen Steuern für die Erziehung ihrer Kinder, und die müssen dann in miesen Schulen in einer unterprivilegierten Gegend lernen. Der weiße Mittelstand reagierte prompt aufs *Busing:* Man nahm die Kinder aus den Public Schools und steckte sie in private Einrichtungen.

Diese *Private Schools* sind fester Bestandteil des amerikanischen Erziehungswesens; Kinder der Reichen werden ausschließlich und vom Kindergarten bis zur Highschool privat erzogen. Private Einrichtungen sind unendlich teuer – da kann ein Kindergartenplatz schon 10 000 $ im Jahr kosten –, ge-

währleisten aber, daß die Kleinen unter ihresgleichen und mit allem Komfort und bester Betreuung erzogen und auf ihre Stellung im Leben vorbereitet werden. Im Highschool-Bereich gibt es gerade in Neu-England höchst angesehene Privatschulen, wie zum Beispiel die Philips Academy in Andover oder das Thoreau Lyceum in Concord, wo die Tochter von J. F. Kennedy die Schulbank drückte, die als Harvard- oder Yale-›Fabriken‹ gelten – was aber absolut nicht heißt, daß Harvard und Yale ihre Schüler ausschließlich aus diesen wenigen Schulen rekrutieren, ganz im Gegenteil: Gerade diese Universitäten nehmen Studenten aus allen Bundesstaaten und allen sozialen Schichten auf und sind stolz darauf, für jeden, der die Aufnahmeprüfung besteht, auch die finanziellen Mittel für dessen Studium aufbringen zu können: Sie bieten Stipendien, Krediten und Förderungsmöglichkeiten.

Und damit sind wir bei den Universitäten, von denen es in Amerika eine unglaubliche Vielzahl gibt. Um deren Aufbau zu verstehen, muß man folgendes wissen: Universitäten sind privatwirtschaftlich geführte Unternehmen. Jeder kann eine Hochschule eröffnen, und wenn er Leute findet, die den Abschluß an dieser Schule für lohnend halten, wird er Studenten haben, kann Professoren einstellen und so weiter. Viele dieser Universitäten – wir würden sie oft gar nicht so nennen – bieten in fachlicher Hinsicht wenig und versuchen das zu kompensieren, zum Beispiel durch starke Sportmannschaften, von deren Siegen das Wirtschaftsunternehmen Universität dann natürlich profitiert. Diese Einrichtungen, die sich akademisch allerdings nie einen Namen machen, wählen ihre Studenten natürlich nicht nach intellektuellen Kriterien aus; man kennt das aus dem Film ›Forrest Gump‹: Der tumbe Tor kommt zu einem College-Abschluß, weil er so unglaublich schnell laufen kann. Daß dieser Abschluß dann natürlich bei der Jobsuche keinen Wert hat, liegt auf der Hand. Der ›Marktwert‹ eines Universitätsabschlusses hängt davon ab, von welcher Institution er stammt.

Daß Muskeln statt Hirn zum akademischen Prädikat führen, ist also die Ausnahme und nicht die Regel und trifft schon gar nicht für Eliteuniversitäten wie Harvard und Yale zu. Hier gelten andere Aufnahmekriterien, in erster Linie natürlich die Leistung, also die Noten des Highschool-Zeugnisses und die Ergebnisse des universitätsinternen Zulassungstests. Beim Aufnahmeverfahren kommen aber noch andere Gesichtspunkte hinzu, es wird nicht nur mechanisch nach Punktezahlen zugelassen wie in Deutschland in Numerus-clausus-Fächern. Yale zum Beispiel sucht Studenten, die nicht ganz so ›maskenhaft‹ sind, die also nicht nur im Test die richtigen Kreuzchen gemacht haben, sondern Kreativität und besondere Interessen zeigen und damit die Universität und die Studentenschaft bereichern. Im Rahmen der Auswahl werden auch Bewerber bevorzugt, die man ansonsten für diskriminiert hält.

Papas Geldbeutel ist, je besser die Universität, desto weniger ein Kriterium für die Zulassung. Natürlich lebt jedes College auch von Spenden, auf jedem Campus gibt es ganze Bibliotheken, die einem Mäzen zu verdanken sind, ehemalige Absolventen werden bis zu ihrem Tod immer wieder aufgefordert, ihrer Alma mater etwas Gutes zu tun und kommen dieser Aufforderung auch gerne nach: Mäzenatentum gehört in Amerika ab einem gewissen sozialen Status zum Prestige. So ist es natürlich nicht auszuschließen, daß ein Sproß aus einer Familie, die sich seit Generationen um die Universität verdient gemacht hat, zugelassen wird, obwohl er nicht ganz die fachlichen Anforderungen erfüllt – das ist aber sicherlich die Ausnahme. Das Wirtschaftsunternehmen Universität lebt auch von Forschungsaufträgen, es lebt von seinem guten Namen, von innovativen Ideen aus der Professoren- und Studentenschaft und hat kein Interesse daran, nur eine Anzahl reicher, fauler Pinkel durchzuschleusen.

So ist es also durchaus möglich, daß bettelarme, aber begabte Kinder, die im schwarzen Ghetto aufgewachsen sind, die Pforten von Harvard und Yale durchschreiten und damit den Weg zur großen Karriere in führenden Unternehmen antreten – ganz oben auf der akademischen Leiter gelten weder Rassen- noch finanzielle Schranken. Nur, die Wahrscheinlichkeit, daß Kinder aus ärmeren Familien je soweit kommen, ist denkbar gering: Die Barrieren werden sehr viel weiter unten aufgebaut, der Weg aus den miesen Public Schools der Armenviertel führt nicht nach Harvard oder Yale. Er führt in der Regel nicht einmal zum Schulabschluß.

Universitätsstädten Oxford und Cambridge stattfanden, nahmen auf dem an die Universität angrenzenden Green auch schon mal handgreifliche Formen an, sind aber wohl eher als Ausdruck der sozialen Spannungen zwischen den damals ausschließlich reichen ›Studierten‹ und der Arbeiterschaft des 19. Jahrhunderts zu verstehen.

Als Eliteuniversität steht Yale in direkter Konkurrenz zu Harvard, wobei sich diese Polarität weniger auf akademischem Niveau bemerkbar macht: Beide Universitäten haben große Persönlichkeiten hervorgebracht, die Ausbildung läuft im wesentlichen gleich ab, man weiß, daß man zur Elite gehört und respektiert sich gegenseitig. Der ›edle Wettstreit‹ zwischen den beiden Großen, der sich am englischen Vorbild von Oxford und Cambridge orientiert, wird eher spielerisch ausgetragen und macht sich in einer fast parodistisch übersteigerten Rivalität im sportlichen Bereich bemerkbar, zum Beispiel beim jährlichen Football-Spiel, das gleichsam zu einem Duell beider Universitäten stilisiert wird.

Daß Studenten, die sich zwischen Harvard und Yale entscheiden können, eher Harvard den Vorzug geben, liegt nicht am akademischen Niveau, sondern an der Attraktivität von Cambridge beziehungsweise der mangelnden Anziehungskraft von New Haven. Hohe Kriminalität – den Studenten wird empfohlen, den Campus nach Einbruch der Dunkelheit nicht mehr zu verlassen –, ein kaputtes Stadtbild, mangelnde kulturelle Attraktionen in der Stadt, diese Äußerlichkeiten wiegen schwer in der Waagschale. Sicher ist das Angebot auf dem Campus reichhaltig, doch dieses Angebot hat Harvard auch – und Harvard hat zusätzlich noch Boston.

Um einen ersten Eindruck der Universität zu erhalten und ein bißchen hinter die Kulissen zu schauen, sollte man sich einer der kostenlosen von Studenten geführten Touren anschließen, die am Phelps Gate am Green beginnen. Von den Gebäuden – das älteste ist die efeubedeckte Connecticut Hall aus dem Jahr 1752 – ist besonders die **Beinecke Rare Book and Manuscript Library** interessant, nicht nur wegen der Sammlung von 455 000 alten Büchern (die Bibliothek besitzt auch eine Gutenberg-Bibel) und über einer Million Manuskripten, von denen immer einige in Sonderausstellungen zu sehen sind, sondern auch wegen der Architektur: Um die wertvollen Schriften zu schonen, wurde das Gebäude ohne Fenster gebaut, Licht fällt einzig durch die dünnen, in ein Granitgitter eingefaßten Marmorplatten ein und taucht die Halle in warme Rotbrauntöne. Die Bibliothek wurde 1963 von Skidmore, Owings & Merill erbaut und zählt damit zu den modernen Additionen des Campus, zu denen auch das **Ezra Stiles College** und das **Morse College** gehören (beide von Eero Saarinen Anfang der 60er Jahre errichtet) sowie der **Kline Biology Tower** aus dem Jahr 1965, für den Philip Johnson verantwortlich zeichnet. Ebenfalls das Werk eines modernen Architekten ist die **Yale University Art Gallery,** die Louis I. Kahn 1953 erbaute; 1977 errichtete er das **Yale Center for British Art.** Letzteres Museum ist auf britische Kunst spezialisiert, während die Art Gallery einen Überblick über amerikanische, europäische, afrikanische und asiatische Kunst verschafft.

Ist man nach dem Besuch des Campus noch ein bißchen durch die universitätsnahen Straßen spaziert, kann man New Haven schon wieder den Rücken kehren und sich ins Landesinnere und damit in die ländliche Idylle begeben. Man verläßt New Haven auf der Route

34, der man etwa 50 Kilometer folgt, bis man über die Route 84 die Route 7 erreicht, die nach Norden und damit in die bewaldete, sanft hügelige Ecke des Staates führt. Hier, an der Grenze zu New York, leben gutsituierte New Yorker Geschäftsleute, Künstler und Schriftsteller, die die ländliche Abgeschiedenheit und die offensichtliche Exklusivität zu schätzen wissen: keine schreienden Reklametafeln, keine sich anbiedernden Billiggeschäfte, keine lauten Vergnügungszentren. Richtig schön wird die Strecke ab **Bull's Bridge,** etwa 5 Kilometer nördlich von Gaylordsville: Dort sollte man Route 7 verlassen, links in die Bull's Bridge Road biegen und den Housatonic River überqueren. Man tut dies auf besondere Weise, nämlich indem man den Wagen vorsichtig über eine *Covered Bridge* lenkt. Diese überdachten hölzernen Brücken sind eines der Wahrzeichen Neu-Englands; man findet sie gehäuft im Süden Vermonts und New Hampshires. Im Sommer wirken sie niedlich, gleichsam als dekoratives Beiwerk in der grünen Hügelwelt, wer jedoch einmal einen Winter in Neu-England erlebt hat, weiß, daß sich die Erbauer weniger um den Schmuckwert der Konstruktionen kümmerten als um deren Funktionalität: Zugeschneite, vereiste Brücken ohne solides Geländer und Dach hätten Pferd und Wagen kaum das Überqueren der Flüsse erlaubt. Sicher am anderen Ufer angelangt, folgt man der Schaghticoke Road, die sich am Fluß entlangschlängelt und den besten Auftakt zur Reise durch das **Housatonic Valley** 12 bietet.

Der erste kurze Abschnitt der Straße ist unasphaltiert – aber was macht das

*Covered Bridges sind ein Wahrzeichen Neu-Englands*

*In Litchfield*

schon: Es sind ja die Stoßdämpfer des Mietwagens, die dran glauben müssen. Wälder ziehen sich am Ufer des Housatonic entlang, eingesprenkelt in die dichte Vegetation liegen kahle Felsbrocken, Relikte der Eiszeit. Nach einigen Kilometern ebenfalls Erinnerungen an eine vergangene Zeit: der alte Friedhof der Schaghticoke Indianer, auf dem eine ›Christian Indian Princess‹ begraben liegt. Um den hübschen Ort **Kent** zu erreichen, muß man wieder auf die andere Flußseite und die Route 7 wechseln. Westlich des Flusses kommt man nur noch zu Fuß auf dem Appalachian Trail (s. S. 306) weiter. Im **Kent Falls State Park** gibt es einen Wasserfall, auf den man hinunterschauen kann, wenn man die Stufen zu seiner Rechten erklimmt, im **Housatonic Meadows State Park** kann man den Pine Knob besteigen (ca. 2 Stunden Rundweg) und den Blick übers Tal genießen. In Cornwall Bridge schließlich steht man am Scheideweg: Die Route 7 führt nach **West Cornwall,** das sich einer besonders schönen Covered Bridge von 1864 rühmt, die Route 4 in westlicher Richtung nach **Sharon** – einem weiteren schmucken Dorf –, die Route 4 in östlicher Richtung nach Goshen, von dort geht es nach Litchfield, und das sollte man nun auf keinen Fall versäumen.

**Litchfield** 13 (S. 286) wirkt mit seinen etwas über 8000 Einwohnern heute wie ein stilles, großzügig angelegtes und reiches Dorf, doch das war nicht immer so: 1790 hatte es 20 000 Einwohner, mehr als Boston, und konnte damit die Stellung als drittgrößte Stadt der USA einnehmen – in der zweitgrößten Metropole, New York, lebten damals 33 000 Menschen. Der Grund für diesen Bevölkerungsreichtum war, daß viele Leute während der britischen Okkupation die Küstenstädte verlassen und sich im Landesinneren ein Refugium gesucht hatten; sie kehrten ihrer Fluchtburg zwar wieder den Rücken, nachdem sich die politische Situation geändert hatte, doch Litchfield blieb bis in die 30er Jahre des 19. Jahrhunderts hinein ein lebendiges wirtschaftliches und intellektuelles Zentrum, eine urbane Gemeinde. Die Kutschen, die von New York nach Boston und Hartford fuhren, stoppten hier; Produkte aus den kleinen Eisenwerken und den vielen Fabriken, die sich die Wasserkraft der Flüsse in den umliegenden Tälern zunutze machten, wurden angeliefert, die Litchfield China Trading Company hatte hier ihren Sitz und handelte mit Tee, Indigo, Pfeffer und anderen begehrten Waren aus dem Osten. Seit dem Jahr 1774 war Litchfield auch für besonders begabte junge Männer attraktiv: Hier stand in einer kleinen Hütte im Garten des Tapping Reeve eine der ersten Law Schools des Landes, in der Männer, die später eine Karriere als Senatoren, Richter und sogar Vizepräsidenten machen sollten, in die Grundlagen des Rechtes eingeführt wurden. Man kann das Haus noch heute besichtigen.

Dafür, daß die Stadt auch für begabte junge Frauen interessant wurde, sorgte Sarah Pierce: Sie gründete hier die erste höhere Schule für Mädchen. Und eine Frau war es schließlich auch, die dem Namen ihrer Heimatstadt zu weltweitem Ruhm verhalf: 1811 wurde Harriet Beecher Stowe in Litchfield geboren. Ihr Buch ›Uncle Tom's Cabin‹ erschien 1852. Das Traktat gegen die Sklaverei wurde zum Bestseller – innerhalb eines Jahres verkaufte sie 300 000 Stück – und weckte tiefe Emotionen in einer Zeit, in der sich die Nord- und die Südstaaten nicht zuletzt auch wegen der Sklavenfrage entzweiten.

In der zweiten Hälfte des 19. Jahrhunderts wurde es still in Litchfield. Die Eisenproduktion war uninteressant geworden, außerdem hatte die Stadt in den Hügeln buchstäblich den Anschluß verpaßt: Die wichtigste Verkehrsverbindung, die Eisenbahn von New York nach Boston, verlief im Süden entlang der Küste. Die Bewohner der Litchfield Hills versuchten zwar, sich in die neue Zeit zu retten, indem sie selbst eine Bahnlinie legten, die auf die Hauptverkehrsader stieß, doch die Natur war gegen die neue Zeit: Allein auf einem 32 Meilen (51,5 km) langen Teilstück der Strecke mußte die Lokomotive 193 Kurven bewältigen. In den Zügen, die sich in dieser Geschwindigkeit dem Hügelstädtchen näherten, saßen denn auch keine eiligen Geschäftsleute, sondern Touristen: Litchfield wurde zur reinen Wohngegend, zum Dorf und zur Sommerfrische. Mit seinem großzügig angelegten, wunderschön geschnittenen Green, mit den weißen, stattlichen Kirchen und den prächtigen Häusern aus dem 18. Jahrhundert, die North und South Street säumen, gilt es als neu-englisches Bilderbuchdorf, als schönstes Beispiel kolonialer Stadtanlage und Architektur.

Wirklich zu besichtigen gibt es nicht viel; Litchfield ist ein Städtchen zum Spazieren und zum Träumen – davon zum Beispiel, wie es wohl wäre, hier zu leben, in diesen stattlichen weißen Villen mit den überdachten Veranden, hinauszutreten auf den makellos gepflegten grünen Rasen, zaunlos nicht bedrängt zu sein, weil der Grund des Nachbarn ebenso weitläufig ist wie der eigene. Solche Träume sind verführerisch, weil sie weder die Kosten für die Instandhaltung des Hauses ins Kalkül ziehen, noch die Arbeit, die so ein Rasen macht. Und sie werden beflügelt, wenn man die Angebote in den Schaukästen der Immobilienmakler studiert: Häuser sind spottbillig in Amerika, nur, da ist ein Haken dabei: die Kommunalsteuer. Die ist, je ›besser‹ die Gegend ist, um so höher, und Litchfield ist eine ›sehr gute‹ Gegend. Aus den Steuereinnahmen finanziert die Gemeinde alles, was zum kommunalen Leben gehört: die Straßen, die öffentlichen Grünflächen und Parks, die Bibliotheken und die Schulen, die Müllabfuhr, die Polizei und so weiter. Diese Steuer ist ein konstant zu kalkulierender Faktor, und sie ist letztlich das Regulativ, das dafür sorgt, daß Wohnviertel oder Gemeinden homogen von Menschen derselben Einkommensschicht bewohnt werden: Selbst wenn ein Haus in Litchfield für einen Durchschnittsverdiener erschwinglich wäre, das Drum und Dran ist es nicht. Und so bleiben die Reichen bei den Reichen und die Armen bei den Armen.

Seen, Hügel, Flüsse, in denen man fischen, kanufahren oder sich in dicken luftgefüllten Gummischläuchen mit der Strömung treiben lassen kann – in den **Litchfield Hills** (S. 286) läßt es sich gut ein paar Tage aushalten. Sehr schöne Unterkünfte und gute Lokale findet man um den Lake Waramaug, einem klaren, sauberen See nördlich von New Pre-

ston. Nach dieser Ruhepause geht es wieder ins urbane Leben, die Hauptstadt Connecticuts ist der nächste Stopp.

Viel erwarten darf man sich von diesem urbanen Leben allerdings nicht, **Hartford** 14 (S. 284) ist eine langweilige Stadt, die kulturell nicht viel zu bieten hat. Eine Ansammlung moderner Bürohäuser beherrscht die Innenstadt, bunte postmoderne Bauten drängen sich ums **Old State House**, ein elegantes Ziegelgebäude aus dem Jahr 1792, das vom Architekten Charles Bulfinch stammt. Pompös und neogotisch, gekrönt von Türmchen und Giebelchen, erhebt sich im Bushnell Park das **State Capitol**, 1879 von Richard Upjohn entworfen. Im **Wadsworth Athenaeum**, dem einzigen und damit bedeutendsten Kunstmuseum der Stadt, verdient vor allem die American Collection Beachtung, denn sie zeigt eine gute Sammlung von Werken der Maler der Hudson River School (s. S. 255).

Das ist es, und das ist nicht viel. Was sollte man aber auch schon erwarten von einer Stadt, die ihr ganzes Sein und wirtschaftliches Wohlergehen dem Bedürfnis der Menschen verdankt, sich gegen jede Eventualität abzusichern und ansonsten so langweilige Dinge wie Flugzeuge, Schreibmaschinen, Computer, Präzisionsinstrumente oder so martialische wie Revolver produziert? Samuel Colt erfand und fertigte hier die nach ihm benannte Waffe, der man wohl zu Recht eine bedeutende Rolle bei der Besiedlung des amerikanischen Westens zuschreibt – Indianer und Büffel wissen um ihre Durchschlagskraft. Den Aufstieg als Versicherungsstadt begann Hartford im 18. Jahrhundert, als es darum ging, die bedeutenden Schifffahrtsunternehmen des Connecticut River Valley gegen Verluste zu schützen; als dieser Industriezweig im 19. Jahrhundert an Bedeutung verlor, wandte man sich vom Wasser zum Feuer – eine zündende Idee, wie sich herausstellen sollte. 1835 wütete ein Großfeuer an der Südspitze Manhattans, über 600 Gebäude wurden zerstört, und eine ganze Reihe von New Yorker Versicherungen meldete Bankrott an Nicht so die Hartford Fire Insurance Company. Sie zahlte und ging als Phoenix aus der Asche hervor – von nun an boomte das Geschäft, Hartford entwickelte sich zur Versicherungshauptstadt des Landes. Heute ist alles und jeder hier versichert, selbst der Reisende. Die erste ›Reiseversicherung‹ wurde 1864 abgeschlossen und war wohl eher eine Kurzreiseversicherung: Sie schützte den Versicherungsnehmer vor Unfällen auf der Strecke vom Büro nach Hause – eine Distanz, die ganze vier Häuserblöcke betrug. Seit die Menschen etwas entferntere Ziele ins Auge fassen, floriert auch dieses Geschäft. Das Bürogebäude der Travelers Insurance Company, der **Travelers Tower** mit seinem Pyramidendach und der goldenen Kuppel, zeugt davon. Im Obergeschoß befindet sich eine Aussichtsplattform, und man kann nur hoffen, daß man auf den 70 Stufen, die man auf dem Weg dorthin zurücklegen muß, automatisch gegen Straucheln und Knöchelbrüche versichert ist.

Hartfords interessanteste Attraktion liegt außerhalb des Stadtzentrums an der Farmington Avenue. Es ist das **Mark Twain House**. Twain wurde 1835 in Florida geboren und wuchs in Minnesota auf; Hartford erkor er sich zur Wahlheimat, und er scheint es über alles geliebt zu haben: »Man weiß nicht, was Schönheit ist, bevor man nicht hier gewesen ist«, schrieb er. Im Bannkreis dieser Schönheit ließ er sich 1874 in Nook Farm ein Haus bauen oder besser gesagt, er ließ es sich maßschneidern: Jeder Winkel spiegelt die Phantasie und Kreativität des großen Literaten wider,

*Das Mark Twain House*

*Im Old Sturbridge Village*

die Innendekoration schuf Louis C. Tiffany, ein Anbau ist wie ein Mississippi-Flußboot gestaltet – Erinnerung an die Zeit, als Twain den Old Man River als Lotse befuhr. »The curious house that Mark built«, nannte er es: »Unser Haus war nicht empfindungslose Materie – es hatte ein Herz und eine Seele und Augen, mit denen es uns sehen konnte; es äußerte Zustimmung, Besorgnis und tiefe Zuneigung; es gehörte zu uns, wir hatten sein Vertrauen, lebten in seiner Gnade und dem Frieden seines Segens. Immer wenn wir nach längerer Abwesenheit nach Hause kamen, leuchtete sein Gesicht auf und sprach beredt sein Willkommen aus – und nie konnten wir es ohne Rührung betreten.«

Im Gegensatz zu anderen Gebäuden, die zum Schrein wurden, weil sie zufällig ein paar Jahre eine große Persönlichkeit beherbergten, ist dieses ochsenblutrote viktorianische Haus mit seinen spitzen Giebeln, Türmchen und Balkonen Ausdruck und Teil der Persönlichkeit seines Erbauers, und das macht es, neben den Memorabilia aus dem Leben des Schriftstellers, so sehenswert. In der Zeit bis 1891, die Twain hier verbrachte, entstanden Werke wie ›The Adventures of Tom Saywer‹ (1876), ›The Adventures of Huckleberry Finn‹ (1884), ›The Prince and the Pauper‹ (1882), ›Life on the Mississippi‹ (1883), ›A Connecticut Yankee in King Arthur's Court‹ (1889).

Zu Zeiten Twains war Nook Farm eine Intellektuellenkolonie; schon 1873 war Harriett Beecher Stowe, die Autorin von ›Uncle Tom's Cabin‹, hierher gezogen. Sie lebte in einem schlichten, gemütlichen Haus, das dem Twains gegenüberliegt. Ein Großteil ihrer über 30 Bücher, die sich hauptsächlich mit neu-englischen Themen beschäftigen, entstand in diesem Gebäude, in dem sie bis zu ihrem Tod 1896 lebte. Das **Harriett Beecher Stowe House** ist ebenfalls mit Erinnerungsstücken ausgestattet und zu besichtigen.

Südlich der Hauptstadt liegt am Connecticut River **Old Wethersfield**, eine 1694 gegründete Siedlung, in der es sehr schöne Häuser aus dem 17. und 18. Jahrhundert zu besichtigen gibt. Der Ausflug lohnt sich, es sei denn, man hat schon einen gewissen Sättigungsgrad erreicht und ist nicht mehr unbedingt scharf auf alte Häuser – schließlich gab es derer schon genug zu sehen auf die-

ser Rundreise. Ist dies der Fall, sollte man Old Wethersfield vergessen und sich das verbleibende Interesse für **Old Sturbridge Village** 15 (S. 296f.) in Massachusetts aufsparen, denn dies ist eines der interessantesten Freilichtmuseen Neu-Englands. Nach der Pioniersiedlung Plimoth und dem Hafenort Mystic erlebt man nun ein ländliches Dorf aus dem frühen 19. Jahrhundert. Originalbauten aus verschiedenen Teilen Neu-Englands wurden wiederaufgebaut, den Green säumen Geschäfte und Handwerkerläden, die Stadthalle, ein Meetinghouse und eine Taverne, in der man essen kann. Die Gebäude wurden aus verschiedenen Teilen Neu-Englands hierher transportiert, es sind Wohn- und Geschäftshäuser sowie alte Mühlen und Pressen zu sehen. Handwerker führen ihr Gewerbe vor, je nach Jahreszeit finden verschiedene Veranstaltungen statt. Das Gelände ist weitläufig, umfaßt bewaldetes Terrain, Felder, die nach alter Weise bewirtschaftet werden, kleine Seen. Man kann spazierengehen, picknicken, mit der Pferdekutsche fahren und sollte, schon damit sich der Eintrittspreis amortisiert, einen ganzen Tag in Old Sturbridge Village einplanen. Auf der Interstate 90 geht es dann in etwa zweistündiger Fahrt zurück nach Boston.

# Die grüne Seite Neu-Englands

# Ins hügelige Hinterland: Massachusetts, Vermont, New Hampshire

Paul Revere hat für seinen legendären Ritt von Charlestown nach Lexington im April 1775 eine Stunde gebraucht, und sehr viel schneller kommt man heute mit vielen Pferdestärken auch nicht voran, zumal wenn sich in Boston der Berufsverkehr staut; Route 128 führt durch das ›Silicon Valley‹ von Boston, in gesichtslosen modernen Gebäuden hausen dort die Herrscher über Chips und Bytes, die Strecke entlang Route 2 ist vielbefahren. Ruhiger wird es, nachdem man in Arlington auf die Route 225 abgebogen ist. Sie führt durch die ländliche Vorstadt und in eben jenen Ort, in dem damals die militärische Auseinandersetzung begann: **Lexington** 1. Doch keine Angst. Dies ist nicht der Auftakt zum ›Schlachtfeld-Tourismus‹. Der Green, auf dem die Briten und die *Minutemen*, die bewaffnete Miliz der Kolonisten, zusammentrafen, präsentiert sich ebenso idyllisch wie seine Pendants in anderen neu-englischen Städtchen: Alte, weißgetünchte Häuser umstehen ihn, das ›Kriegerdenkmal‹ in der grünen Wiese entpuppt sich als Statue eines gelockten Jünglings mit offenem Hemd, dem jede martialische Pose fehlt.

Dieser Eindruck setzt sich auf der ›Battle Road‹ fort: eine gewundene Straße durch dichte Wälder, aus denen ab und zu geduckte Holzhäuschen blitzen. Sieht so eine Aufmarschpiste aus? Nein. Wer marschierende Soldaten und Schlachtengetrommel will, muß schon ins Battle Road Visitors Center gehen, das an der Route 2 A im Minute Man National Historic Park liegt, und sich dort ein Video ansehen. Die Battle Road endet in Concord, denn dort endete

auch der Aufmarsch der Briten. Nachdem sie an der North Bridge eins auf die Mütze bekommen hatten, liefen sie in wilder Flucht davon Richtung Boston. Dieses Ende war der Beginn des Revolutionskriegs, und für Amerikaner ist die Old North Bridge daher so etwas wie ein nationaler Schrein. Für Europäer ist sie eine Holzbrücke zwischen sanften Wiesen, unter der ein kleiner, sauberer Fluß dahinzieht, auf dem man gemütliche Kanutouren unternehmen kann.

**Concord** 2 (S. 280f.) ist eine friedliche, elegante und recht betuchte Kleinstadt mit weißen Kirchen, einem alten Inn, einem renommierten Lyceum, kleinen, erlesenen Geschäften und einer großen, gut sortierten öffentlichen Bibliothek, in der viele Freiwillige Dienst tun, um zu ermöglichen, daß das kulturelle Leben auch mehr als 150 Jahre nach Thoreau und Emerson seinen hohen Standard behält. Damals nämlich war die kleine Stadt das Weimar Amerikas, die Vertreter des Transzendentalismus (s. S. 81f.) lebten und philosophierten hier, am nahen Walden Pond schrieb Thoreau über das Leben in den Wäldern. Auf dem hübschen Sleepy Hollow Cemetery an der Bedford Road liegen sie alle begraben: Emerson, Hawthorne, Thoreau. Auch ihre Häuser kann man besichtigen: The Old Manse aus dem Jahr 1770, in der Hawthorne lebte, sowie das Emerson House. Weitere Informationen über die Geschichte der Stadt und ihre berühmten Bewohner gibt das Concord Museum.

Wer Interesse an den Transzendentalisten gefunden hat und sich intensiver mit ihrer Denk- und Lebensweise auseinandersetzen möchte, sollte das etwa 15 Meilen westlich von Concord bei Harvard gelegene **Fruitlands Museum** besuchen. Hier gründeten 1843 Frauen und Männer, die den Ideen von Emerson nahestanden, von ihm jedoch nie akzeptiert wurden, eine utopische Gemeinde, in der sie nach inzwischen wieder modernen Prinzipien lebten: Sie aßen kein Fleisch, trugen nur Naturstoffe und wollten ganz zurück zur Natur. Diese Rückkehr war allerdings nicht von langer Dauer: Das Experiment scheiterte nach ein paar Monaten. In dem Museum findet man Ausstellungen zu den Themen Transzendentalismus, Shaker (s. S. 211), Indianer sowie eine Kunstgalerie, in der u. a. Bilder der Maler der Hudson River School gezeigt werden.

Die Reise in den Westen des Staates Massachusetts tritt man am besten auf der Route 2 an, sie ist die schönste Straße in die Berkshires, vor allem westlich des Connecticut River wird sie spektakulär. Vorerst aber lohnt noch ein Abstecher: Zwei Meilen westlich von Turners Falls zweigt die Route 5 nach Süden ab, auf der man nach **Historic Deerfield** 3 (S. 282) gelangt. Als sich die ersten Siedler in den 60er Jahren des 17. Jahrhunderts hier niederließen, um die fruchtbaren Böden des Connecticut Valley zu bebauen, war dieser Teil der Kolonie noch ›Wilder Westen‹ – Ein-

*Old North Bridge*

N

0        50 km

Lake Champlain

**11** BURLINGTON

Shelburne
*Shelburne Museum*

**12**

Mt. Mansfield ▲

Morrisville

Marshfield

**St. Johnsville**

St. Johnsbury

Groveton

Lyndonville

Lancaster

Littleton

Bretton Woo

Franconia

**Montpelier**

Barre

Groton

302

Woodsville

V e r m o n t

Middlebury

89

Chelsea

Bradford

White

The Flume

Lincoln

Kinsman Notch

93

Green
Mountain
National
Forest

7

Brandon

73

Brandon
Gap

107

10

Plymouth

**16**

Squa
Lake

Ticonderoga

Woodstock

**9**

4

Hanover

Lebanon

Pemigewasset River

Whitehall

Fair
Havep

Rutland

100A

Plymouth

Weirs
Beach

Pemigewasset
River

93

**N e w
Y o r k**

Dorset

G
r
e
e
n

100

Weston

Claremont

89

Connecticut River

Grafton

Arlington

Jamaica

Newfane

91

Keene

Marlborough

Monadnock Mtn. ▲

**N e w   H a**

**Manchester**

Peter-
borough

Nashua

Old Bennington

**8**

Bennington

Williamstown

**7**

Mt. Greylock ▲

Brattleboro

Fitchburg

7      8

Florida

2

Greenfield

Turners Falls

*Berkshire
Mountains*

Deerfield

**3**

**M a s s a c h u s e t t s**

Harvard

Co

495

*Hancock
Shaker
Village*

**4**   20

Pittsfield

**5**  Lenox

91

**6**

Stockbridge

Great Barrington

90

Northampton

Holyoke

Amherst

**Worcester**

schußlöcher in den Holzwänden der alten Häuser zeugen davon. Anfangs war das Kriegsglück mit den Gerechten: Im Bloody Brook Massacre von 1675 machten die Indianer den Weißen den Garaus und vertrieben sie, jedoch nur für drei Jahre. Das Land im ›Pioneer Valley‹, so nennt man den Unterlauf des Connecticut River, war einfach zu begehrenswert – im kargen, steinigen Neu-England gab es nicht viel gutes Farmland. So kehrten die Weißen zurück, und die Kämpfe setzten sich fort – erst mit dem Ende des French and Indian War im 18. Jahrhundert kehrte Ruhe ein, und Deerfield konnte sich zu einer reichen Bauerngemeinde entwickeln. Der prachtvolle Common mit der Brick Church aus dem Jahr 1824 zeugt von Prosperität; wie sich das für einen traditionsreichen neu-englischen Ort gehört, besitzt Deerfield auch eine bekannte Schule, die Deerfield Academy, die in einer Reihe von historischen Häusern untergebracht ist. Entlang Main Street reihen sich die alten Häuser, freistehend, von mächtigen Bäumen überschattet. Sie wurden allesamt unter Denkmalschutz gestellt und sind zu besichtigen. Im Gegensatz zu Sturbridge oder Plimoth ist Deerfield kein *living history museum*. Statt der Animation durch kostümierte ›Zeitgenossen‹ wird man älteren Damen und Herren ausgesetzt, die sehr viele Namen und sehr viele Details aus der Lokalgeschichte wissen und diese auch unerbittlich an Frau und Mann bringen. Mit anderen Worten: Es ist ermüdend, sich durch mehr als ein oder zwei der Häuser führen zu lassen. Besonders sehenswert ist das Ashley House aus dem Jahr 1730; Wright House und Asa Stebbins House

*Ins hügelige Hinterland*

cher Richtung bis nach **Pittsfield**. Melville-Fans können hier Arrowhead besichtigen (s. S. 83).

Die bedeutendste Sehenswürdigkeit aber ist **Hancock Shaker Village** 4, fünf Meilen westlich von Pittsfield an der Route 20 gelegen. Die Gemeinde wurde 1790 gegründet und bestand bis 1960. Heute stehen 21 Gebäude zur Besichtigung, in denen man sich über die verschiedenen Aspekte des Lebens der Shaker (s. S. 211) informieren kann. Besonders interessant ist der Round Stone Barn, ein Stall aus dem Jahr 1826, der in beispielhafter Weise Ästhetik und Funktionalität vereint: Im Zentrum liegt der Heuspeicher, der vom Obergeschoß aus gefüllt wurde. Die Plätze fürs Vieh sind speichenartig um die Mitte angeordnet, so daß eine Person die Fütterung ohne große Wege übernehmen konnte. Das Ausmisten schließlich geschah vom Erdgeschoß aus. Zu besichtigen sind außerdem Werkstätten, Schule und Meetinghouse, die Waschküche und das Brick Dwelling, in dem die Gemeindemitglieder aßen und – natürlich getrennt – schliefen.

Welten trennen das spartanische Leben der Shaker von dem, das sich in **Lenox** 5 (S. 269f., Berkshire Mountains) und dem etwas südlicher gelegenen **Stockbridge** 6 abspielte. Hier hatte sich 1836 die englische Schauspielerin Fanny Kemble niedergelassen, literarische Größen wie Edith Wharton, Hawthorne, Melville und Longfellow folgten, Henry James ging als gern gesehener Gast ein und aus. Die Künstler suchten und fanden im sanften Hügelland der Berkshires Ruhe, Einsamkeit und Gesellschaft unter ihresgleichen, zogen aber bald auch diejenigen an, die dasselbe suchten, jedoch in anderem Stil: 1846 ließ sich der New Yorker Banker Samuel Gray Ward eine ›Farm‹ er-

verkörpern schöne Beispiele der Architektur des frühen 19. Jahrhunderts. Zum Herumspazieren entlang Main Street sollte man sich auf alle Fälle Zeit nehmen, besonders die Türen der Häuser sind sehens- und fotografierenswert.

Über Greenfield gelangt man wieder auf Route 2, die hier den Beinamen Mohawk Trail trägt. Von der ehemaligen Präsenz des Indianerstammes zeugen allerdings nur noch übergroße Objekte von Indianerkitsch, die den Weg säumen. Die Straße führt durch bergiges Land vorbei an State Parks und kleinen Dörfern, zwischen Florida und North Adams bieten sich schöne Blicke auf Mount Monadnock, den ›Hausberg‹ der Bostoner, im Norden und Mount Greylock, den höchsten Berg in Massachusetts (1064 m), der in den **Berkshire Mountains** (S. 269f.) liegt. Bei der Mühlen-Stadt North Adams, die durch ein interessantes Kulturzentrum, Mass MoCa (S. 270), aufgewertet wurde, verläßt man Route 2 und folgt Route 8 in südli-

# Shaker

Wenn Mitglieder einer religiösen Gemeinde ekstatische Gottesdienste abhalten, bei denen es zu ›Zungenreden‹ und Zuckungen‹ kommt, dann haben sie ihren Spitznamen schnell weg: ›Shaker‹ (Schüttler). Im England des 18. Jahrhunderts blieb es nicht bei dem Spott – ihm folgten die Schergen. Was lag da näher, als aufzubrechen in das Land, in dem man Zucken und mit oder ohne Zungen reden konnte, wie man wollte – ins Gelobte Land Amerika, wo die aventistischen Bewegungen, die mit der Wiederkehr Christi rechnen, gerade Hochkonjunktur hatten. Vor allem in den kulturell rückständigen Gebieten des Nordostens fanden sich viele, die das Tausendjährige Reich Jesu erwarteten und sicher waren, daß Christus es nur hier, eben in ›Gods own Country‹, errichten würde.

In Vermont hatte um 1827 ein Bauer einen Traum, der ihm den Weg zum Buch Mormon wies, vergrabenen israelitischen Schriftstücken, die zwar Alkohol und andere Drogen verboten, dafür aber wunderbarerweise die Vielweiberei erlaubten – auf seinen Traum geht die Gründung des Staates Utah im amerikanischen Westen zurück.

Die Shaker, die 1774 England verließen, standen unter der Leitung einer Frau, Ann Lee. Die hatte vier Totgeburten hinter sich, und nichts lag ihr ferner als Gottes unerschließlichen Ratschluß etwa in der Vielmännerei zu suchen. Im Gegenteil: Sie befand, Sex sei die Ursache allen Übels und verbannte ihn völlig aus dem Leben der Gemeinde. Männer und Frauen aßen und wohnten getrennt, Nachwuchsprobleme löste man durch Adoption. Im Gegensatz zu den Mormonen, die zwar der Polygamie abschwören mußten, als Utah der Union beitreten wollte, aber die klassische Rollenteilung zwischen Mann und Frau streng einhalten, führte Ann Lee eine egalitäre Gesellschaft ein. Männer und Frauen waren gleichberechtigt und hatten dieselben Pflichten und Aufgaben.

Innerhalb der 200 Jahre ihres Bestehens gründete die ›United Society of Believers in Christ's Second Reappearing‹ (Vereinigte Gesellschaft der an die Wiederkunft Christi Glaubenden), wie die Sekte mit offiziellem Namen hieß, 19 Gemeinden mit insgesamt ca. 16 000 Mitgliedern. Sie hielten sich streng an ihre Gesetze, die Millennial Laws, führten ein gesundes Leben, aßen einfach, aber ausreichend und stellten alles, was sie zum Leben brauchten, selbst her. Sie waren geschickt und erfinderisch und erwarben sich unter den »weltlichen Leuten«, wie sie sie nannten, bald einen Namen ob der hohen Qualität ihrer Produkte. Möbel, Besen oder Textilien, alles was die Shaker fertigten, war einfach, funktional, ästhetisch und hochwertig (s. S. 72). Noch heute sind Shaker-Möbel begehrte und zu hohen Preisen gehandelte Sammelstücke. Die einzige noch intakte Shaker-Gemeinde der USA befindet sich in Maine am Sabbathday Lake, wenn man eine Gemeinde, in der weniger als 10 ›Schwestern‹ und ›Brüder‹ leben, intakt nennen kann.

bauen, die allerdings weniger bäuerliche als luxuriöse Züge trug. Nach dem Bürgerkrieg folgten ihm die anderen Millionäre, die durch den Krieg ihr Vermögen stattlich vermehrt hatten und sich nun in den Berkshires Sommerresidenzen errichteten. 1880 gab es in Lenox bereits 35 solcher ›Cottages‹, die die

Lenox und Stockbridge verkörpern noch heute soliden neu-englischen Reichtum, dokumentiert in makellos weißen Villen mit schattigen Veranden auf manikürten Rasenflächen, eine Welt, die wunderbar zu der Norman Rockwells paßt, dem in Stockbridge ein Museum gewidmet ist. Rockwell, 47 Jahre

bescheidenen Häuschen der Künstler zu ›Cottages‹ im wahrsten Sinne des Wortes degradierten. Die meisten Literaten flohen vor der Invasion des Geldadels – an Hawthorne, der sein Haus ›Tanglewood‹ nannte, erinnert das gleichnamige Musikfestival, das jeden Sommer in der Nähe von Lenox stattfindet.

lang Illustrator der Zeitschrift Saturday Evening Post, zeigt in seinen Werken die amerikanische Welt so, wie sie sein sollte: Naiv-kitschig präsentierte Szenen aus dem Alltagsleben, kleine Peinlichkeiten, humorvolle Episödchen – nie zotig, nie kritisch, in jedem Detail fest verankert im Wertesystem Kirche, Familie und Nachbarschaftshilfe. Kein Wunder, daß dieser Zeichner einer der Lieblingskünstler des Ex-Präsidenten Reagan war ...

Folgt man Route 7, der Hauptschlagader der Berkshires, wieder nach Norden, erreicht man **Williamstown** **7** (S. 269f., Berkshire Mountains), dessen

um eine Privatsammlung, die eben jene Clarks zusammentrugen und die Werke von der Renaissance bis zum frühen 20. Jahrhundert umfaßt. Besonders beeindruckend sind die Impressionisten-Gemälde und die Werke von Winslow Homer, dessen Themen die Landschaften Neu-Englands von der rauhen Küste

Zentrum wuchtige graue Granitgebäude auf grünem Rasen bestimmen. Williamstown ist eine Studentenstadt mit entsprechend reichem kulturellem Leben und einem der feinsten Kunstmuseen Neu-Englands – manche behaupten sogar des Landes – dem Sterling and Francine Clark Institute. Es handelt sich

bis zu den Bergen New Hampshires sind.

Wenige Kilometer nördlich von Williamstown beginnt Vermont; die Berkshires gehen über in die **Green Mountains**, den bewaldeten Mittelgebirgszug (s. Abb.), der den schmalen länglichen Staat in Nord-Süd-Richtung durchläuft

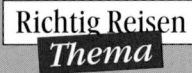
# Honig wird in den Bäumen gefunden

Es gibt da einen Baum, den man ›Maple‹ nennt und der sehr groß und hoch wird … Wenn man in diese Bäume im Frühjahr tiefe Schnitte macht, läuft eine Menge Wasser aus ihnen heraus, das süßer ist als Zuckerwasser oder zumindest angenehmer zu trinken.« (Pierre Boucher, 1664)

So gewannen die Indianer der nördlichen Waldgebiete Nordamerikas ihren Zucker: aus dem Saft von Bäumen. Die ersten Europäer, die diesen Vorgang beobachteten, fühlten sich wie im Schlaraffenland. »Honig wird in den Bäumen gefunden … ein Saft, der angenehmer schmeckt als die beste Limonade oder Kirschwasser …«, berichteten sie über das ›Neue Goldene Land‹. Nachdem sie übers erste Staunen hinaus waren und das Zuckermachen von den Indianern erlernt hatten, befanden einige Weiße, daß sie es gewesen seien, die den Saft entdeckt und die Einheimischen unterwiesen hatten – Kolonialismus verträgt nun mal keine Überlegenheit der »Primitiven«.

Berichte über den Zuckerahorn erregten in Europa große Aufmerksamkeit, denn auch dort wachsen ja verschiedene Ahornarten, nur eben nicht die richtigen: Der ergiebigste Baum zur Zuckergewinnung ist *Acer Saccharum,* er liefert heute 75 Prozent des Gesamtertrags an *Maplesyrup* und *Maplesugar* in den Vereinigten Staaten. Ende des 18. Jahrhunderts importierten europäische Gutsbesitzer aus Böhmen, Österreich und Schweden Zuckerahornsamen aus Amerika und begannen, riesige Ahornplantagen anzulegen; die Napoleonischen Kriege und die Handelsblockade, die Kontinentaleuropa von allen Produkten aus den britischen Kolonien abschnitt, ließen die einheimische Zuckerproduktion gewinnversprechend erscheinen. Die Bäume gediehen zwar, aber – abgesehen vom Friedensschluß, der das Geschäft ruinierte – erwies sich die Zuckergewinnung als unrentabel; der europäische Frühling ist zu mild und zu kurz.

und bis zu 1339 m Höhe (Mt. Mansfield) erreicht. Die Grenze zwischen Massachusetts und Vermont ist zugleich auch die zwischen dem industrialisierten Süden und dem agrarischen Norden Neu-Englands, je weiter nördlich man kommt, desto mehr treten kleine, einfache Orte, schmuck in grüne Hügel gebettet, ins Bild. Protzige Bauten, Zeugen unermeßlichen Reichtums werden immer seltener, weit ausladende Bauernhäuser mit hölzernen Silos, schwarzweiße Kühe auf den Weiden und Bilderbuchdörfer, die mit ihren türmchengekrönten Holzkirchen das Klischeebild Neu-Englands bestimmen, charakterisieren den Landstrich. Ein erster solcher Ort ist **Bennington** (S. 268f.), mit 16 500 Einwohnern die drittgrößte Siedlung Vermonts. Ihr Zentrum wirkt zwar eher

Denn die Grundbedingung für eine gute Zuckersaison sind harte, schneereiche Winter und lange Tauperioden mit warmen Tagen und kalten Nächten, dann »fließt der Saft«, und man kann in guten Jahren schon im Februar beginnen und bis Ende April zapfen. Das Zapfen ist denkbar einfach; man schlägt in etwa einem Meter Höhe kleine Metallröhrchen in den Baumstamm, an jedes wird ein Eimer gehängt, der Saft tropft dann von selbst. Bei schönem Wetter kann man täglich einsammeln kommen: Mit Pferdeschlitten, Traktor oder Snowmobil fährt man von Baum zu Baum, die Eimer werden in Container

geleert. Diesen Weg sparen sich heute viele Farmer, sie haben ein Pipeline-System installiert, das den Saft gleich ins ›Zuckerhaus‹ liefert. Dort beginnt dann die Fleißarbeit: 30 bis 40 Liter des farblosen, dünnflüssigen Ahornsafts muß man verkochen, um einen Liter Sirup zu erhalten, für Ahornzucker muß noch mehr Flüssigkeit verdampfen – eine langwierige und langweilige Prozedur, alles andere als ein Zuckerlecken!

Schuld daran ist Ne-naw-Bo-zhoo, dieses »bemerkenswerteste, wundervollste und übernatürlichste Wesen, das je auf der Erde gewandelt ist«, wie es in einer Indianerlegende heißt. Nach dieser Erzählung floß Ahornsaft früher als reiner Sirup aus den Bäumen, ein paradiesischer Zustand, der Ne-naw-Bo-zhoo mißfiel: Er kletterte auf alle Bäume und goß Wasser in sie hinein, bis der Sirup zur Unkenntlichkeit verdünnt war. »Nun«, sagte er, »werden meine Neffen hart arbeiten müssen, um Zucker aus diesem Saft zu machen, und sie werden ihn in Zukunft weitaus höher schätzen.«

Ein weiser Mann, dieser Ne-naw-Bo-zhoo, mit Einblick in die Gesetze der Marktwirtschaft. Angesichts der heutigen Preise für Maple-Produkte sollten ihn seine ›Neffen‹ von der Ahornzuckerindustrie zum Zunftheiligen machen.

wie eine alte Mühlen-Stadt, die in ein hübsches Einkaufszentrum verwandelt wurde, in der Altstadt aber, in **Old Bennington** 8, findet man neu-englische Idylle mit weiß gestrichener Kirche, einem alten Friedhof mit den typischen schlichten Grabplatten (s. S. 73ff) und einem kleinen Museum, das den interessantesten Teil seiner Ausstellung Granma Moses widmet. Die naive Malerin, die erst mit 70 Jahren zum Pinsel griff und bis zu ihrem Tod – sie wurde 101 – malte, ging hier zur Schule; ihre Bilder sind in dem ehemaligen Schulhaus ausgestellt. Auf dem Friedhof ist Robert Frost begraben, der Dichter, der die Rede zu Kennedys Inauguration hielt. Vom Bennington Monument, das an den Battle of Bennington erinnert, der den Patrioten im Jahr 1777 einen bedeutenden Sieg über die Briten einbrachte, hat man einen wunderbaren Blick über die Berkshires, die Green Mountains und den angrenzenden Staat New York.

Die Sehenswürdigkeiten des südlichen Vermont konzentrieren sich nicht auf Museen oder einzelne Orte, die besonders hervorzuheben wären – hier ist der Weg das Ziel, hier sollte man Nebenstraßen befahren und sich treiben lassen durch die sanft hügelige Landschaft, aus der immer wieder kleine Dörfer blitzen, jedes für sich ein Juwel. Um dem, der abhaken will, die Arbeit zu erleichtern, seien Namen genannt: Besonders hübsch sind Newfane, Arlington, Jamaica, Grafton, Dorset und Weston. In **Manchester**, dem kommerziellen Zentrum der Region, die sich im Winter als Skigebiet versteht, auch wenn das durch die alpine Brille gesehen schwer vorstellbar ist, finden Konsumwütige einen der besten Outlet-Shopping-Malls Neu-

Englands, in dem sie viel Geld lassen können. Alle großen Designer sind hier vertreten und bieten ihre Waren zu sagenhaften Preisen feil.

Den Weg nach Norden sollte man von Weston aus über die Route 100 antreten, sodann die Route 100 A nehmen, die an Plymouth, dem Geburtsort von Calvin Coolidge, dem 30. Präsidenten der USA, vorbeiführt und in die Route 4 mündet. Über sie erreicht man in östlicher Richtung Woodstock. Auch wenn dieses **Woodstock** 9 (S. 303) nicht jenes ist, das Alt-Hippies mit dem Namen assoziieren, ist es sehenswert: Es ist einer der wenigen Orte im ländlichen Vermont, die von Affluenz zeugen und elegante Häuser aus dem 18. und 19. Jahrhundert vorzuweisen haben. Teilweise werden sie von reichen New Yorkern unterhalten, die hier zum Wochenende einfliegen. Den großzügig angelegten Green säumen opulente Villen, eine Covered Bridge führt über den kleinen

*Solche Farmen sind typisch für das agrarisch geprägte Vermont*

Fluß und der prächtige Woodstock Inn zeugt davon, daß man betuchte Klientel erwartet. Wer sich für Agrargeschichte und -gegenwart Vermonts interessiert, sollte Billings Farm und Museum besuchen; die Meierei wurde 1871 als Modellfarm gebaut und ist noch heute in Betrieb. Das Bauernhaus aus dem Jahr 1890 blieb erhalten und wurde im Stil der Zeit eingerichtet, in verschiedenen restaurierten Ställen sind Ausstellungen zu sehen, die erläutern, womit die Farmer Ende des 19. Jahrhunderts ihr Geld verdienten. Neben der Milchwirtschaft und der Gewinnung von Ahornzucker (s. S. 214f.), die bis heute eine bedeutende Rolle in Vermont spielen, war auch das ›Eis-Ernten‹ ein wichtiger Erwerbszweig: Man sägte Eis aus den zugefrorenen Teichen Neu-Englands und verschiffte es bis in die Karibik.

Wenn man in Woodstock ist, lohnt ein Sprung über den Connecticut River und damit nach New Hampshire. Dort liegt

**Hanover** 10 (S. 283f.), eine renommierte College-Stadt, die es wert ist, daß man zumindest einmal über den Green spaziert und die Atmosphäre dieser exklusiven geistigen Stätte erspürt. Wer mehr für seine Bildung tun will, besuche das kleine, aber gut sortierte Hood Museum of Art, das zum Dartmouth College gehört, oder die Baker Memorial Library, in der Wandgemälde des Mexikaners José Clemente Orozco zu sehen sind.

Von Hanover aus nimmt man die Interstate 91 Richtung Süden und wechselt dann auf die Interstate 89 nach Norden, die man wieder verläßt, sobald das Schild die Route 107 ankündigt. Denn die führt wieder gen Westen in die Berge und ins mittlere Vermont. Um auf Route 7 zu gelangen, sollte man die Route 73 nehmen, eine landschaftlich sehr schöne Bergstraße, die die Green Mountains durchquert.

Route 73 ist keine Panoramastraße, auf der ein atemberaubender Blick dem

# Für Kletterer und Wanderer –
# Hiking in den Green Mountains

Rucksack, Schlafsack, Regenschutz, Proviant und eine Wasserflasche, gute Schuhe und gute Kondition braucht, wer auf dem Long Trail von der Brandon Gap zur Middlebury Gap wandern will. Obwohl die Strecke nur knapp 16 Kilometer lang ist, können sie nur olympiaverdächtige Sportler in einem Tag zurücklegen: Es gilt fünf Gipfel zu überwinden, die Wege sind zwar klar markiert und gepflegt, aber nicht so asphaltiert – und zum Glück auch nicht so überlaufen –, wie man das von den Alpen gewohnt ist. Steile Aufstiege sind zu überwinden, Felsen und Wurzeln zwingen einen, jeden Schritt bedächtig zu setzen und den Blick nicht vom Boden zu nehmen, außer wenn man auf einem der Gipfel angelangt ist, wo der phantastische Rundblick für alle Mühen entlohnt!

Die Wanderung beginnt an der Route 73, wo man nach den Schildern »Long Trail« Ausschau halten muß, die nicht leicht zu finden sind. Dort gibt es auch eine Parkbucht – man kann den Wagen hier unbesorgt stehen lassen und sich gen Norden wenden.

Was einen die nächsten zwei Tage erwartet, wird gleich auf dem ersten Kilometer klar: steil, steil, steil. Wald, Felsen, Festhalten, Klettern – Spaziergang ist das keiner. Glücklich wird man nach vier bis fünf Stunden Wanderung (ohne Pause) im Sucker Brook Shelter, der in einer kleinen Lichtung steht, den Rucksack abwerfen, Wasser aus dem Bach schöpfen, Holz suchen und sich einen Schlafplatz in der einfachen (nicht bewirtschafteten!) Schutzhütte zurechtmachen. Wie gesagt, in der Hütte gibt es nichts, man muß also alles, was man zum Überleben braucht, mitführen. Und bitte auch wieder aus den Wäldern heraustragen - *Carry in, carry out* heißt der Slogan, mit dem die Verantwortlichen versuchen, die Natur vor Verschmutzung zu schützen, zu deutsch also: Nimm deinen Müll wieder mit! Noch eine Regel gilt es zu beherzigen: In den Bach, der Tieren und Menschen als Trinkwasserquelle dient, darf keine Seife gelangen. Also reibt man sich die rußverschmutzten Hände an den Jeans ab und fällt totmüde ins Bett - nachdem man das Lagerfeuer sorgfältig gelöscht hat!

Am nächsten Tag schreien schon alle Muskeln und man ist froh, daß der Anfang des Weges bergab geht und dann auch nur leicht ansteigt. Doch die Freude ist verfrüht: Es gilt noch einen Berg zu bezwingen und circa vier Stunden Wegstrecke (ohne Pause) hinter sich zu bringen, bevor man wieder die Zivilisation in Form einer Straße (Route 125) erreicht. Um zum Auto zurückzukommen, muß man trampen. Das ist aber meist kein Problem. Die Bewohner dieser Gegend sind an dreckige, nach Rauch und Schweiß riechende Wanderer gewohnt, die nichts wollen als eine warme Dusche und ein herzhaftes Abendessen!

Zugegeben, solch ein Gewaltmarsch ist nicht jederfraus und jedermans Sache, zumal, wenn frau/man auf einen beschaulichen Urlaub eingerichtet ist und nicht über die nötige Ausrüstung verfügt. Hier also die Alternative: Eine Wanderung von etwa sieben Kilometer Länge, für die zwar auch gutes Schuhwerk vonnöten sind und bei der es einige Höhenmeter zu überwinden gibt, die sich aber gut in zwei bis drei Stunden absolvieren läßt. Schwierig ist nur, den Beginn des Pfades zu finden: In Middlebury, das an der Route 7 liegt, biegt man, von Süden kommend, nach dem County Court House rechts ab. Dann wieder rechts in die Seminary Street Extension. Nach etwa zwei Kilometern gabelt sich die Straße – man hält sich links und folgt der Quarry Road. Wo sie auf die Straße 116 trifft, biegt man links ab. Nach etwas mehr als einem Kilometer kommt dann ein Schild: »Abbey Pond Trail«. Man biegt rechts auf eine ungeteerte Straße ab, hält sich an der Gabelung wieder rechts und sieht schon blaue Markierungen an den Bäumen. Kurz darauf muß man parken und den blauen Wegweisern zu Fuß folgen.

Nun wird´s richtig schön: Felsbrocken, die die Eiszeit hinterlassen hat, ein Bach, ein Wasserfall. Es geht bergauf, der Bach begeitet den streckenweise steinigen Weg und schließlich kommt man zu einem wunderschönen, stillen Teich. Zum Schwimmen ist er nichts – tote Baumstämme ragen aus dem Wasser empor und bedecken den Grund des klaren Gewässers. Dafür kann man, wenn man ganz viel Glück hat, einen Biber sehen und – auch mit weniger Glück – viele Enten und Gänse. Und auch hören kann man etwas: die Stille. Denn so nennt man das ja, wenn man nur die Geräusche der Natur und nicht die der Menschen wahrnimmt.

nächsten folgt. Die Green Mountains sind so dicht bewaldet, daß man nur von den kahlen Gipfeln der Berge den Rundblick genießen kann. **Brandon Gap** bietet ihn dem Autofahrer, der Wanderer hat diverse andere Möglichkeiten: Durch die Green Mountains führt der Long Trail, ein »primitiver Fußweg in die Wildnis«. Er ist 423 Kilometer lang und reicht von Massachusetts bis zur kanadischen Grenze, wobei er alle Straßen kreuzt, die das Mittelgebirge in Ost-West-Richtung durchschneiden. An diesen Schnittpunkten kann man loswandern, die Wege sind so klar markiert, daß man sein Auto sicher wiederfinden wird.

Die wichtigste Straße, die Vermont in Nord-Süd-Richtung durchschneidet, ist Route 7. Sie führt durch ein weites Tal, umrahmt von bewaldeten Bergen, die im Herbst wie eine bunte Palette leuchten. Wer wenig Zeit hat, kann auf dieser Straße von Bennington bis Burlington fahren und wird einen guten Eindruck von der landschaftlichen Schönheit dieses Staates erhalten. Wenn die Amerikaner Vermont beschreiben, benützen sie den Ausdruck *rolling hills*, der sich natürlich nicht wörtlich ins Deutsche übersetzen läßt, aber lautmalerisch durchaus den Charakter dieser ruhigen, von tiefblauen Seen und runden, bewaldeten Hügelkuppen geprägten Landschaft wiedergibt.

Vermont ist der einzige Neu-England-Staat, der keinen Zugang zur Küste hat; dafür aber grenzt er im Nordwesten an einen 200 Kilometer langen und 1270 Quadratkilometer großen See, den er sich allerdings mit dem Staat New York teilen muß: Lake Champlain. An ihm liegt **Burlington** 11 (S. 276), mit etwa 40 000 Einwohnern die größte Stadt des Staates und sein industrielles und geschäftliches Zentrum. Burlington ist eine Universitätsstadt, junge Leute, Straßenmusikanten und bunte Geschäfte prägen das Bild. Im historischen Stadtkern wurde eine Fußgängerzone, Church Street Marketplace, errichtet, entlang der Battery Street liegen die ältesten Häuser der 1775 gegründeten Stadt. Bei einem Besuch Burlingtons wird man immer wieder auf einen Namen aus dieser frühen Zeit treffen: Ethan Allen. Er kämpfte in der amerikanischen Revolution gegen die Briten und darf sich deshalb posthum darüber freuen, daß patriotische Amerikaner heute nicht nur sein Haus (Ethan Allen Homestead) besichtigen – Europäer sind von dieser Pflichtübung befreit –, sondern sein Geist auch über einem Sightseeingschiff schwebt: Mit der ›Spirit of Ethan Allen‹, einem nachgebauten Mississippi-Flußdampfer, kann man eineinhalbstündige Fahrten auf dem See unternehmen und dabei etwas über die lokale und die revolutionäre Geschichte lernen.

Die größte Sehenswürdigkeit aber liegt außerhalb der Stadt: das **Shelburne Museum** 12. Es handelt sich um ein Freilichtmuseum, in dem 37 Gebäude, die aus verschiedenen Teilen Neu-Englands hierher transportiert wurden, zu besichtigen sind. Da gibt es einen alten Bahnhof, ein Dampfschiff, das früher den Lake Champlain befuhr, verschiedene Geschäfte und Häuser, die Ausstellungen beherbergen. Besonders interessant ist die Electra Havemeyer Webb Collection, eine umfassende Sammlung amerikanischer Volkskunst und europäischer Kunst, u. a. mit Werken von Goya, Monet, Rembrandt. Wer Zeit hat, sollte auch den **Shelburne Farms** einen Besuch abstatten; am Entwurf dieses Modellhofs mit seinen Stallungen und Gartenanlagen hat der Landschaftsarchitekt Frederick Law Olmsted mitgearbeitet, der in New York zusammen mit Calvert Vaux den Central Park gestaltete.

Im Vergleich zu Burlington wirkt **Montpelier**, die Hauptstadt des Staates, die man über die Interstate 89 erreicht, eher verschlafen. Die 8200 Einwohner verwalten und werden verwaltet, Versicherungen haben hier ihren Sitz, eine wichtige Rolle spielt die Granit-Industrie. Aus den Steinbrüchen im nahen **Barre** (S. 267) stammt auch das Material für das hübsche State Capitol. Barre ist eine der größten Granitabbaustellen der Welt, der Stein ist bekannt für seine Reinheit; Interessierte können sich geführten Touren durch das Abbaugebiet anschließen.

Von Barre aus führt die landschaftlich schöne Route 302 über Groton und den Connecticut River nach New Hampshire, den ›Granite State‹. Diesen Beinamen erhielt der Staat in der Zeit vor Beton und Stahl, heute spielt der Granitabbau keine bedeutende Rolle mehr. Trotzdem paßt der Name zu New Hampshire, das sich im Gegensatz zum lieblichen Vermont rauh, steinig und fast hochalpin präsentiert und von den **White Mountains** (S. 302f.) dominiert wird, einem Gebirgszug, der sich von New Hampshire bis ins südliche Maine erstreckt. Das touristische Zentrum des Gebiets ist North Conway, das man am besten über die Route 302 anfährt. Die Straße führt durch den White Mountain National Forest, der etwa 80 % des Gesamtgebiets der White Mountains einnimmt, vorbei an **Bretton Woods** 13, einem ›Ort‹, der nur aus einem wuchtigen, schneeweißen Hotel aus dem Jahr 1902 besteht, das sich dramatisch vor der Kulisse des Mount Washington in Szene setzt. Hier fand vom 1. bis zum 22. Juli 1944 die Konferenz von Bretton Woods statt, bei der es vor allem um monetäre Themen ging: Ein Internationaler Währungsfond wurde geschaffen, der zur Stabilisierung der nationalen Währungen dienen und

*Bretton Woods*

# Foliage – Das flammende Feuermeer

**Foliage**

**222**

Wir erlebten den ersten Herbst in Vermont, der die ›grünen Berge‹ in ein flammendes Feuermeer verwandelt. Noch nie, in keinem der Laubwälder Europas, hatte ich solche Herbstfarben gesehen. Der Höhepunkt liegt in der ersten Oktoberwoche, wenn es nachts schon friert und die Sonne durch Frühnebel bricht, dann schreien Zuckerahorn und Roteiche in einer wahnsinnigen, verzückten Leuchtkraft. Es kommt der ›Indian Summer‹, Nachsommer, eine frühlingshaft milde Witterungsperiode, die Blätter fallen, die Bäume werden kahl, der Wald enthüllt ein fremdes, verändertes Gesicht.«

»Meine Reiseroute führte mich nördlich nach Vermont und dann östlich nach New Hampshire in die White Mountains. … Das Klima änderte sich rasch, es wurde kalt und die Bäume barsten in Farben, Rots und Gelbs, die man sich nicht vorstellen kann. Es ist nicht nur Farbe, sondern ein Glühen, als ob die Blätter das Licht der Herbstsonne gierig festgehalten hätten und es dann langsam wieder freigäben. Es ist etwas von Feuer in diesen Farben.«

Zwei Impressionen. Ein Europäer, während des Dritten Reichs zwangsweise nach Amerika emigriert und wahlweise in Vermont seßhaft geworden, und ein Kalifornier, der mit seinem Hund durch Amerika reist, Carl Zuckmayer und John Steinbeck.

Die Indianer assoziierten nicht Feuer mit den herbstlichen Wäldern, sondern Blut, das Blut des Großen Bären, den der Himmlische Jäger um diese Jahreszeit erlegte. Übrigens hat der Ausdruck ›Indian Summer‹ mit dieser mythologischen Deutung nichts zu tun. So nannten die ersten Siedler die kurze Warmwetterperiode nach den Frosteinbrüchen deshalb, weil sie noch einmal Indianerüberfälle brachte, vor denen man sich mit dem Anbruch der kalten Jahreszeit schon sicher gewähnt hatte.

Heute sind es Touristenüberfälle: Ende September, Anfang Oktober werden ganze Busladungen zum ›Blättergucken‹ angekarrt, sie besetzen Hotels und Restaurants, werden durch Radio und Zeitungen auf dem laufenden gehalten, wie weit die *Foliage* gerade im Vormarsch ist: Dem Kälteeinbruch entsprechend läuft die Farbenwelle von Norden nach Süden, da heißt es, auf dem Sprung sein, wenn man sämtliche Höhepunkte miterleben will! Die Informationsstellen an den Highways von Vermont und New Hampshire haben Karten aushängen, ›Marschpläne des Herbstes‹, dort erfährt man durch die Telefonnummern der *Foliage Hotlines,* über die man sich, meist gebührenfrei, von allen Teilen des Staates aus informieren kann.

Als Regel gilt: Was das ganze Jahr über schön ist, ist im Herbst noch schöner. Im Baxter State Park und in der Gegend um den Moosehead Lake (Maine) kann man sich Farbenräusche antrinken, diese Gebiete sind vom Tourismus gänzlich unberührt; unvergeßlich auch Herbstwanderungen auf Mount Desert Island. Am meisten besucht sind Vermont und New Hampshire, die Green und White Mountains mit den ins Farbenmeer eingebetteten weißen Dörfchen, überspannt vom knallblauen Himmel, das ist so unwirklich schön, so atemberaubend, daß man sich beim Versuch, es auf Film zu bannen oder in Worte zu fassen, immer haarscharf an der Grenze zum Kitsch bewegt – außer man ist Carl Zuckmayer oder John Steinbeck.

Ich ziehe mich lieber auf den Boden der Tatsachen zurück und versuche, auf ein paar Fragen einzugehen, die einem so kommen mögen, wenn man durch die Lande fährt oder mit dem Rucksack von Hütte zu Hütte wandert, und die mit dem ›Blut des Großen Bären‹ nicht ausreichend beantwortet sind: Warum sind etwa Bäume derselben Art oder sogar Blätter desselben Baumes so unterschiedlich gefärbt? Und warum kann sich unser Altweibersommer nicht zu solchen Farborgien aufschwingen, haben wir doch in Mittel- und Nordeuropa ähnliche klimatische Bedingungen?

Letzteres liegt an der Eiszeit, beziehungsweise am unterschiedlichen Verlauf der Gebirgszüge in Nordamerika und Europa: Dort konnten die Bäume nämlich vor dem – wohlgemerkt sehr, sehr langsam vordringenden – Eis nach Süden ausweichen und sich später – wiederum ein Prozeß von Jahrtausenden – ihren alten Lebensraum zurückerobern. In Europa dagegen schoben die ost-westlich verlaufenden Gebirge einen Riegel vor, viele Baumarten starben aus, und es blieben nur die ›farbloseren‹ übrig.

Ein kleiner Exkurs in die Biochemie ist nötig, um zu verstehen, warum und wie sich die Blätter verfärben: Während des Sommers produzieren die Blätter Zucker und andere Nährstoffe, die der Baum zum Leben braucht. Chemisch ausgedrückt, findet eine Umwandlung von Kohlendioxyd und Wasser in Kohlenhydrate statt; damit dieser Prozeß ablaufen kann, müssen Tageslicht und Chlorophyll vorhanden sein. Chlorophyll, das Blattgrün, ist aber nur eines der Pigmente, die in den Blättern enthalten sind, die gelben und gelbgrünen Farbstoffe kommen nur die meiste Zeit des Jahres wegen der Dominanz des Grüns nicht zum Zug. Sie haben ihren großen kurzen Auftritt erst im Herbst: Wenn die Zuckerfabriken in den Blättern ihre Produktion einstellen, zerfällt das Chlorophyll und schafft Raum für die anderen Farbstoffe.

Nun gibt es, gerade in Neu-England, Bäume – Ahornarten zum Beispiel *(Red Maple, Silver Maple)*, Eichen *(Northern Red Oak, Scarlet Oak)* und andere wie *Sassafras, Dogwoods, Sweetgum* –, in deren Blättern sich noch ein weiteres, rotes Pigment bildet: Anthocyan. Es entsteht im Indian Summer, an warmen Tagen mit klarem Licht, wenn die sterbenden Blätter noch einmal Frühlingsgefühle bekommen und die fast schon eingestellte Zuckerproduktion wieder aufnehmen. Die kalten Nächte verhindern den Abtransport, der Zucker sitzt fest, und so entsteht Anthocyan, dessen Farbpalette von Tiefrot bis ins Bläuliche reicht, je nachdem ob die übrigen Substanzen im Blatt sauer oder alkalisch sind.

Mit welcher Intensität sich der Herbst entfaltet, hängt also vom Wetter ab: Ist es bewölkt, regnerisch, warm, kann die geringere Zuckermenge, die tagsüber produziert wurde, abgebaut werden, und es bleibt kaum Überschuß zur Pigmentbildung. Das heißt natürlich nicht, daß der Herbst dann in Schwarz-Weiß stattfindet – er zeigt sich nur weniger schrill –, aber schließlich sind auch die gedämpfteren Töne ein Bestandteil dieser Jahreszeit und ihrer Schönheit.

den Welthandel fördern sollte; außerdem wurde die Internationale Bank für Wiederaufbau und Entwicklung gegründet – ihre Hilfe sollte Europa schon sehr bald in Anspruch nehmen. Fotos und andere Memorabilia in der Lobby erinnern an dieses Ereignis. Das Hotel selbst hält im Inneren nur begrenzt, was es von außen verspricht. So bezieht man besser Quartier in **North Conway** 14 und macht sich von dort auf den Weg, die nähere und weitere Umgebung zu erkunden. North Conway ›malerisch‹ zu nennen, wäre übertrieben, aber der langgestreckte Ort bietet alles, was der *homo touristicus* braucht (oder auch nicht braucht) und er lockt mit einer ganzen Reihe guter Outlet Shops. Hier einzukaufen lohnt sich doppelt: Nicht nur weil Qualitätsware billig ist, sondern auch weil New Hampshire keine Sales Tax kennt; die Steuer, die in anderen Staaten dem ausgezeichneten Verkaufspreis zugeschlagen wird, fällt hier weg.

Die **White Mountains** sind ein ideales Gebiet für Wanderer und Bergsteiger; etwa 2000 Kilometer markierter Wege erschließen das Gebiet, man kann Spaziergänge, Tagestouren und längere Ausflüge unterschiedlicher Schwierigkeitsgrade unternehmen, und wer sich nicht gern der Natur hautnah aussetzt, sondern sie lieber aus sicherer Entfernung genießt, kommt auch als Autofahrer voll auf seine Kosten. Besonders reizvoll ist die Gegend im Herbst, zur Zeit der Foliage (s. S. 222f.).

Der Gebirgszug wird durch sogenannte Notches – Engpässe zwischen den Bergen – in verschiedene Regionen gegliedert. Am beeindruckendsten und für den Wanderer interessantesten sind Kinsman Region, Franconia Notch, Presidential Range. **Evans Notch**, jenseits der Staatsgrenze in Maine gelegen, zählt zu den schönsten Tälern in den White Mountains. **Kinsman Region** erstreckt sich westlich des vom Pemigewasset River gebildeten Tals, in dem Route 3 verläuft. Eine Reihe von Fußwegen führt u. a. zum Kinsman Mountain (ca. 1300 m), zum Lonesome Lake und auf den Cannon Mountain. Von dort kann man den herrlichen Blick über Franconia Notch und auf den Bergzug jenseits des Tales genießen.

Von der Route 3, die durch die **Franconia Notch** verläuft, ist das Wahrzeichen New Hampshires zu sehen, der ›Old Man of the Mountain‹, der Kopf eines Mannes, dessen Profil hoch oben in die steinerne Wand gemeißelt zu sein scheint. Interessant und ideal für Ungeübte ist ein Spaziergang durch ›The Flume‹, die ebenfalls von Route 3 aus zu erreichen ist: Bretterwege und Stufen leiten sicher und trockenen Fußes durch eine Schlucht, zu einem Wasserfall und einer Covered Bridge. Mount Lafayette (1600 m) und Mount Liberty (1359 m) sind Ziele für erfahrene Wanderer.

Franconia Region wird im Süden vom **Kancamagus Highway** begrenzt, wohl der schönsten Straße durch die White Mountains, die auch dem Nicht-Wanderer eine Vorstellung von der landschaftlichen Größe und Schönheit des Gebietes verleiht. Tankstellen und andere Service-Einrichtungen fehlen auf der 53 Kilometer langen Strecke, Picknick-Areas, Zeltplätze, Wandermöglichkeiten sind dagegen in Hülle und Fülle vorhanden. Östlich der Abzweigung nach Bartlett (Bear Notch, landschaftlich schöne Strecke) kann man den Aufstieg auf den **Mount Chocorua** (1059 m) beginnen; dies ist eine der beliebtesten Touren in den White Mountains, sie ist nicht schwierig, der Blick über die Berge und Seen – an schönen Tagen kann man den Lake Winnipesaukee erkennen – ist atemberaubend.

Die höchsten Berge der White Mountains liegen östlich des Saco River, dessen Verlauf Route 302 folgt. Man nennt die Gegend **Presidential Range**, da die Berge Namen amerikanischer Präsidenten tragen: Mount Adams, Mount Jefferson, Mount Madison, Mount Monroe, Mount Eisenhower und **Mount Wa-**

seit 1869 in Betrieb und noch immer eine technische Sensation: Sie überwindet eine Steigung von 37 Prozent! Die Fahrt ist abenteuerlich, führt über hölzerne Trassen entlang steiler Abbrüche durch verschiedene Vegetationszonen mit immer spärlicher werdenden Pflanzen und Bäumen, bis man schließlich

*Man muß sich den Mount Washington nicht unbedingt erwandern …*

**shington.** Letzterer ist der König unter den Präsidenten und mit 1917 Metern der höchste Berg Neu-Englands. Selbst an sonnigen Tagen streckt er sein Haupt oft tief in die Wolken, Schnee bedeckt ihn manchmal noch im Sommer. Daher sollte man auf jeden Fall eine Jacke mitnehmen, wenn man in die alte Zahnradbahn steigt, um sich zum Gipfel hinaufziehen zu lassen. Mag das Wetter im Tal auch noch so strahlend sein, die Chance, daß man auf halber Höhe in dichte Nebelschwaden gehüllt wird, in denen der Dampf der schnaufenden Lok verschwindet, ist 50 : 50. Diese Bahn ist

auf dem kahlen Gipfel des Mount Washington steht und von dort entweder in den Nebel oder über die grandiose Bergwelt der White Mountains blickt. Wie wechselhaft das Wetter hier oben sein kann, dokumentiert eine Tafel, die die vermißten oder umgekommenen Bergsteiger auflistet, und eine andere, die verkündet, daß hier 1934 die höchste Windgeschwindigkeit gemessen wurde, die jemals auf der Welt verzeichnet wurde: 370 km/Std.

*Lake Winnipesaukee* ▷

Viele Wege führen auf den Mount Washington: Vom Osten her kann man den Berg mit dem eigenen Wagen auf einer 1861 gebauten Mautstraße erklimmen, erwandern kann man ihn sich vom Crawford State Park oder von der Pinkham Notch aus.

Die Weiterfahrt in den Süden tritt man von North Conway aus auf der Route 16 an. Die verläßt man bei Chocorua und biegt in westlicher Richtung auf die Route 113 ab, die durch hübsche kleine Dörfer, wie Tamsworth, und Farmland führt, hinter dem sich die mächtige Bergkulisse der White Mountains erhebt. Wiesen und Weiden, Grün und das Blau der Berge – das Szenario verlangt eigentlich nur noch nach einem See, und da ist er schon: **Lake Winnipesaukee** 15 (S. 285), der größte See New Hampshires. Man erreicht ihn über Moultonbourough, wo man auf die Route 109 abbiegt, die entlang der Ostküste führt. Im Gegensatz zur Westküste, die verkehrsmäßig schon immer besser an die urbanen Zentren angebunden war – erst durch die Eisenbahn, dann durch die Interstate – ist die Ostküste noch nicht ganz so fest in Touristen-Hand wie ihr Pendant im Westen. Deutlicher gesagt: In und um Weirs Beach herrscht ein rechter Rummel, den man meiden sollte, wenn man nicht mit Kindern unterwegs ist, die Attraktionen wie Wasserparks und Arkaden mit Computerspielen nun mal schätzen.

Fast 500 Kilometer ist die Küste des Lake Winnipesaukee lang, doch auf den ersten Blick läßt sich gar nicht erkennen, wie groß die Wasserfläche ist: tief eingeschnittene Buchten, bewaldete Halbinseln und über 200 verstreute Inseln lassen den Eindruck entstehen, daß es sich eher um eine Ansammlung kleiner Seen handelt, die über die Landmasse verteilt liegen. Erst von oben erschließt sich

Lake Winnipesaukee in seiner ganzen beeindruckenden Pracht. Um diesen Blick zu genießen, hält man sich an der Gabelung der Route 109 links und folgt den Schildern zum **Castle in the Clouds.** Die Straße ist eng und steil und nicht für Wohnmobile geeignet. Der Park und der schloßartige Bau, der auf der Bergkuppe thront, gehörten dem Millionär Thomas G. Plant, der 1913 hier einzog. Die Besichtigung des Hauses ist im Eintrittspreis enthalten, wer auf die geführte Tour verzichtet, hat nicht viel versäumt. Der Blick ist von der Terrasse des Gebäudes, bis zu dem man mit dem Auto fahren kann, genauso schön.

Der größte Ort an der Ostküste ist **Wolfeboro,** ein hübsches Dorf, das sich trotz des Tourismus eine gewisse Stille und Exklusivität bewahren konnte. Hier kann man schwimmen, der Wentworth State Beach liegt acht Kilometer östlich von Wolfeboro, oder einen Spaziergang machen, der hinter dem alten Bahnhof beginnt und auf der ehemaligen Eisenbahntrasse zu Wasserfällen führt. Schließlich lockt auch noch eine Fahrt auf dem See: Die ›Winnipesaukee Belle‹ verläßt im Sommer dreimal täglich den Wolfeboro Pier und bricht zu einer 90minütigen Rundfahrt auf.

Filmfans sollten nicht versäumen, dem zwischen Route 3 und Route 113 gelegenen **Squam Lake** 16 einen Besuch abzustatten. Hier wurde 1981 ›On Golden Pond‹ (›Am Goldenen See‹) mit Katharine Hepburn und Henry Fonda gedreht, und Amerika wäre nicht Amerika, wenn sich nicht eine Gesellschaft gefunden hätte, die dies vermarktet: Cruising Golden Pond heißt das Unternehmen, das seine Gäste per Schiff zu den verschiedenen Drehorten bringt.

Der Süden New Hampshires ist recht industrialisiert, und so versäumt man nichts, wenn man sich nun auf die Interstate 93 begibt und das Gebiet auf schnellstem Weg durcheilt: Concord und Manchester kann man links liegen lassen, Grund, auf die Bremse zu treten, besteht erst wieder in Massachusetts und zwar in **Lowell** 17 (S. 286f.). Lowell war die erste planvoll angelegte Industriestadt in den USA. Sie wurde von Francis Cabot Lowell gegründet, der nach einem Aufenthalt in England die Pläne für einen mechanischen Webstuhl mit nach Hause gebracht hatte. Die Engländer hatten ihn nicht etwa in ihr sorgsam gehütetes Geheimnis eingeweiht – Lowell hatte sich vielmehr die Details der Maschinen gemerkt und an Nathan Appleton weitergegeben, der den Webstuhl dann ›wiedererfand‹. Lowells erste Textilfabrik stand in Waltham bei Boston. Sie florierte, und Lowell wollte expandieren und an den Merrimack River umziehen, um dessen Wasserkraft nutzen zu können. Lowell erlebte die Verwirklichung seiner Idee nicht mehr: Er starb 1817, fünf Jahre bevor seine Erben den ersten Spatenstich setzten. In den folgenden Jahrzehnten entstand an einem Kanalnetz eine Fabrikstadt mit allem Drum und Dran: Wohnhäusern, Kirchen, Schulen und einem Hospital.

In Lowell lebten überwiegend Frauen, junge Mädchen aus den armen ländlichen Gebieten von Neu-England; die Bedingungen, unter denen sie arbeiteten, waren insgesamt nicht rosig: In den 30er Jahren des 19. Jahrhunderts wurde gegen Lohnkürzungen und schlechte Arbeitsbedingungen gestreikt – mit dem Erfolg, daß die Anführerinnen gekündigt wurden, sich aber an der Situation nichts änderte. Weitere Arbeitsniederlegungen waren erfolgreicher und führten zur Reduzierung der Arbeitszeit von dreizehneinhalb auf zwölf Stunden. Trotzdem, im Vergleich mit Europa muß das Arbeiterinnen-Leben in Lowell paradiesisch

gewesen sein; Charles Dickens, der die Textilfabrik 1842 im Rahmen seiner ersten Amerikareise besuchte, konnte Lowell jedenfalls nicht genug loben: Die Mädchen, so bemerkte er, seien alle wohlgekleidet »und benahmen sich wie junge Frauenzimmer und nicht wie herabgewürdigte Lasttiere«. Sein besonderes Augenmerk richtete der ›Oliver Twist‹-Autor auf die Kinder und konstatierte mit Freude, daß es »nicht viele« waren, die in Lowell arbeiteten und sie pro Jahr drei Monate zur Schule gehen mußten. Auch daß in der Fabrikstadt ein Hospital stand, das »das schönste Haus in der Gegend« war und »in bequeme Zimmer geteilt, von denen jedes sehr komfortabel eingerichtet ist«, begeisterte ihn, ebenso wie die Tatsache, daß dort »nie ein Mädchen … wegen Mangels an Zahlungsmitteln abgewiesen wird.«

Mit dem Niedergang der Textilindustrie Neu-Englands verfiel auch Lowell. 1978 wurde die Anlage unter Denkmalschutz gestellt, mit dem Zuzug der Computerindustrie erblühte auch die Innenstadt zu neuem Glanz; sie hat ihren eigenen spröden Charme, und ist es wert, daß man ein bißchen durch die Gassen spaziert. Hauptattraktion ist jedoch der Lowell National Historical and Heritage State Park. Die Mill and Canal Tour, bei der man sich mit Boot und Trambahn das Gelände erschließt, Fabrikgebäude und andere Bauten kennenlernt und interessante geschichtliche Details erfährt, dauert zweieinhalb Stunden. Wer die Führung mitmachen will, sollte sich ein paar Tage vorher telefonisch beim Visitor Center anmelden.

Nach Boston kommt man über Route 3, Interstate 95 und Interstate 93; es ist aber auch möglich, an diese Rundreise gleich die nächste anzuschließen und über Lawrence und die Route 114 nach Salem zu fahren.

# Im Reich des Hummers

# Nach Norden entlang der Küste – Massachusetts, New Hampshire, Maine

1992 war für fast alle Amerikaner ein Jahr ausgedehnter Festivitäten: Man gedachte Kolumbus' und dessen 500 Jahre zurückliegender Reise nach ›Indien‹. Für die kleine Stadt **Salem 1** (S. 301f.) an der Küste von Massachusetts war es ein bißchen ärgerlich, daß dieses weltbewegende Ereignis ihr eigenes Jubiläum in den Schatten stellte: Hier beging man nämlich ebenfalls eine Jahrhundertfeier, die sich trefflich vermarkten ließ: 300 Jahre Hexenverfolgung.

Die Frage, ob der Tod unschuldiger Menschen infolge einer religiös motivierten Massenhysterie nun wirklich ein Grund zum Feiern wäre, rückte dabei in den Hintergrund. Salem lebt vom Tourismus und seinem Image als Hexenstadt. »Bewitched in Salem«, lautet sein Slogan, kleine verkitschte Helferinnen des Bösen sind in Keramik und Plastik, als Radiergummis und Lollies zu erwerben, sie reiten über Tassen und T-Shirts und beleben auch das Geschäft so mancher Hexe des 21. Jahrhunderts, die sich ihre übernatürlichen prophetischen Kräfte ganz irdisch mit Kreditkarten bezahlen läßt. Eines allerdings muß man den Salemern dabei zugute halten: Dort, wo es um die Darstellung der historischen Ereignisse geht, wie im **Salem Witch Museum**, werden die Fakten (s. S. 236) außerordentlich kritisch und differenziert präsentiert. Das Witch Museum zeigt den Prozeß und seine Vorgeschichte in einer audiovisuellen Präsentation mit szenisch arrangierten lebensgroßen Puppen, im **Witch Dungeon**

◁ *Head Light, Portland*

**Museum** schlüpfen Schauspieler in die Rolle von Klägern und Beklagten, im **Salem Wax Museum of Witches and Seafarers** kann man die ganze Geschichte noch mal anhand von Wachsfiguren verfolgen. Interessant ist auch der **House of the Seven Gables Historic Site**, zu dem einige historische Häuser gehören, darunter das Geburtshaus von Nathaniel Hawthorne. Der Schriftsteller war ein Nachkomme des Hexenjägers Hathorne; das ›w‹, das er seinem Namen zufügte, sollte ihn von den unangenehmen Assoziationen befreien, die traumatische Familiengeschichte ließ den Literaten aber dennoch nie los. Sowohl in ›Der scharlachrote Buchstabe‹ (1850) als auch im ›Haus mit den sieben Giebeln‹ setzt er sich mit der puritanischen Geschichte Neu-Englands auseinander. Letztere Erzählung, die im Jahr 1851 publiziert wurde, spielt im 19. Jahrhundert in Salem; die Nachkommen der Hexenjäger werden mit den Folgen eines Fluches gegen ihre Vorfahren konfrontiert. Das Haus, das Hawthorne als Vorlage diente, gehört mit zum Historic Site: Es ist ein hübscher Bau, den sich im Jahr 1668 ein Kapitän erbauen ließ.

Genug der Hexen in all ihren Erscheinungsformen! Salem hat mehr zu bieten, und nun ist es Zeit, sich der anderen Seite der Stadt zuzuwenden. Am besten besteigt man einen der Trolley Busse, die durch die Stadt fahren und die wichtigsten Sightseeing-Punkte ansteuern. Das Ticket berechtigt zum Aus- und Einsteigen wann und sooft man will. So kann man sich durch Chestnut Street kutschieren lassen, die Anhäufung opulenter Villen aus der Zeit um 1800 bestaunen und sich ein paar Gedanken zum offensichtlich immensen Reichtum dieser Stadt machen. Seine Wurzeln liegen in Übersee: Salem war einer der bedeutendsten und reichsten Seehäfen Neu-Englands und führend im Asienhandel. Die Reeder, Kapitäne und Kaufleute, die sich hier in Chestnut Street ihre grandiosen Heimstätten errichteten, waren ›Pfeffersäcke‹ im wahrsten Sinne des Wortes: Der Löwenanteil ihres Reichtums resultierte aus dem Pfefferhandel mit Sumatra.

Die »Kuriositäten, natürliche und von Menschenhand geschaffene«, die die Salemer Seefahrer auf ihrer Reise über die Weltmeere und durch fremde Kontinente entdeckten, luden sie auf ihre Schiffe. So ging zum Beispiel 1796 ein Elefant an der neu-englischen Küste an Land, Muscheln, Kriegskeulen von den Fidschi-Inseln, ein Hornissennest aus Südostasien, Porzellan und Textilien aus Asien und dem Süd-Pazifik fanden den Weg nach Salem. All das landete in den Vitrinen der 1799 gegründeten East India Marine Society und ging später, zusammen mit einer beachtlichen Sammlung von Kunstgegenständen, in den Besitz des Peabody Museums über, das heute als **Peabody & Essex Museum** eine der ›unhexigen‹ Hauptattraktionen der Stadt darstellt.

Im Museum sind mehr als 350 000 Exponate zu den Themen Geschichte der Seefahrt, asiatische Kunst, Anthropologie, Völkerkunde etc. zu sehen. Mit demselben Ticket kann man drei Herrschaftshäuser aus dem 17. bis 19. Jahrhundert besichtigen: Das Crowninshield-Bentley House (1727), das Gardner-Pingree House (1804), ein besonders prächtiges Gebäude, das von dem bekannten Architekten Samuel McIntire stammt, und das John Ward House aus dem Jahr 1684.

Der Hafen, früher einer der aktivsten der Ostküste – Salems Steuereinnah-

*House of the Seven Gables*

**MAINE**

Moosehead Lake

Newport
Pittsfield
**18**

Skowhegan

Farmington

Unity Pond

Rumford

**Waterville**

Livermore
Falls

95

China
Lake

**Belfast**

Berlin

**Augusta**

Liberty

302

Camden
**15**

North
Conway

Norway

**Lewiston**

Damariscotta
Lake

16

Thompson
Lake

495

Bridgton

**Auburn**

Rocland

Conway

1

302

Wiscasset

Newcastle
32

**Roc
lan**

Sebago
Lake

Bruns-
wick

**12**

Damariscotta

13

130

Sebago Lake

Freeport

Bath

South-
port

Pemaquid Point

Lake
Winnipesaukee

Westbrook

**Portland**
**11**

209

**14**

Boothbay
Harbor

Casco Bay

16

*Portland Head Light*
*Two Lights*

Popham
Beach

**New Hampshire**

**Rochester**

**Biddeford**

**10**

Cape Elizabeth

Prouts
Neck

9A/25

**Dover**

Kennebunk

**9**

Kennebunkport

**Ogunquit**
**8**

**Ports-
mouth**

**6**

101

Cape Neddick

**7** York

Kittery

1

Isle of Shoals

**5** Newburyport

95

Plum Island

1A

**Haver-
hill**

**4**

**3** *Cape Ann*

Rockport

**Lawrence**

Ipswich

133

**Gloucester**

128

**1** Salem

**2** Marblehead

Waltham

107

*Massachusetts
Bay*

**BOSTON**

**Massachusetts**

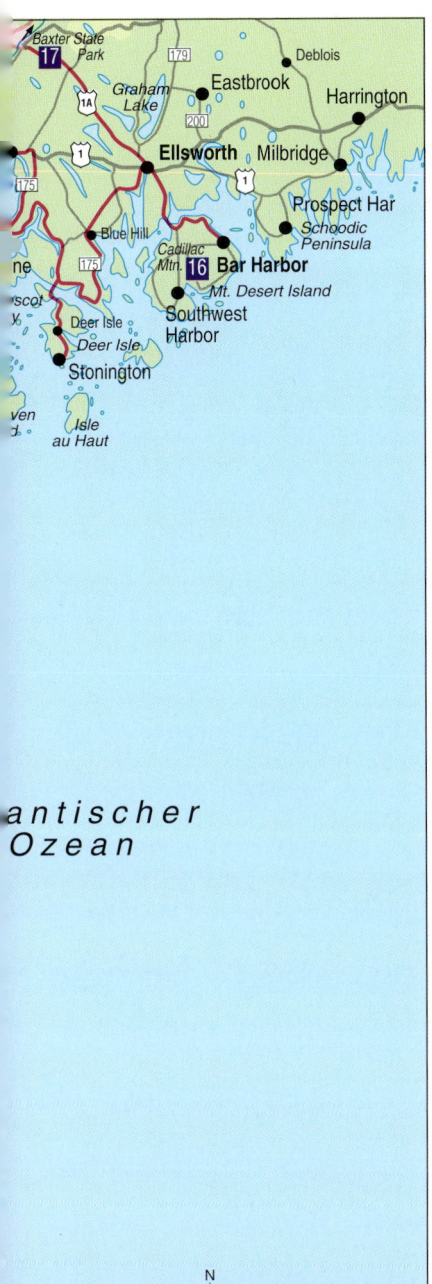

men auf Importware bildeten einst acht Prozent der Staatseinkünfte –, liegt heute still und verlassen da. Derby Wharf, einer von ehemals 50 Piers, reckt sich grasüberwachsen ins Meer, die wenigen erhaltenen Hafengebäude wurden zum **Salem Maritime National Historic Site** zusammengefaßt und unter Denkmalschutz gestellt. Besonders schön ist das Custom House aus dem Jahr 1819; in ihm arbeitete Nathaniel Hawthorne – da ihn seine Schriftstellerei nicht ernährte, mußte er hier Zahlen addieren. Ebenfalls sehenswert ist das Darby House, ein Ziegelbau aus dem Jahr 1761. Der Niedergang des Salemer Hafens kam Anfang des 19. Jahrhunderts. Jeffersons Embargo versetzte der Stadt den ersten Schlag, zum zweiten und endgültigen holte die moderne Schiffbauindustrie aus: Das Hafenbecken war zu flach für die neuen Schiffe, die damals in den Werften vom Stapel liefen.

Von Salem sind es nur ein paar Kilometer nach **Marblehead** 2 (S. 287), ein kleines Küstenstädtchen, das einen noch weiter zurückführt in die neu-englische Geschichte. Salem prosperierte nach den Unabhängigkeitskriegen, Marblehead hatte seine Hochzeit in den vorrevolutionären Tagen: Es lebte vom Rumhandel und vom Kabeljau. Alte Abbildungen zeigen, wie der Fisch auf Holzgestellen am Ufer zum Trocknen ausgelegt wurde. Heute dümpeln in dem geschützten Naturhafen Hunderte von teuren Yachten, und die historische Altstadt spiegelt gediegenen neu-englischen Reichtum wider. Strengste Denkmalschutzbestimmungen sorgen dafür, daß der Charme des ehemaligen Fischerdorfes erhalten bleibt. Man be-

*Nach Norden entlang der Küste*

# Hexe, Hexe

Sarah Good, mit welchem bösen Geist hast du Umgang
Mit keinem
Hast du keinen Vertrag mit dem Teufel gemacht
Good antwortete nein
Warum plagst du diese Kinder
Ich plag sie nicht. Das weise ich von mir
Wen hast du denn gedungen, es zu tun
Niemand
Welche Kreatur ist dir zu Diensten
Keine Kreatur, sondern ich bin zu Unrecht angeklagt
Warum bist du murmelnd von Mr. Parris Haus weggegangen
Nicht gemurmelt hab ich, sondern ihm gedankt für das, was er meinem Kind gegeben
Hast du keinen Vertrag mit dem Teufel gemacht
Nein
Hathorne verlangte, daß alle Kinder sie betrachteten und feststellten, ob das die Person war, die sie geplagt hatte, und so betrachteten sie sie alle und sagten, dies war eine der Personen, die sie gepeinigt hatten, und gegenwärtig würden sie alle gepeinigt.
(Aus den Originalvernehmungsprotokollen, Salem, März 1692)

Sarah Good, die von ihrem Mann getrennt lebte und sich und ihre Kinder durch Betteln ernährte, konnte nicht erwarten, daß die ehrenwerten puritanischen Bürger Salems ihre Unschuldsbeteuerungen glaubten. Sie wurde der Hexerei überführt und am 16. Juli 1692 »am Halse aufgehängt, bis sie tot war«.

Rebecca Nurse dagegen, über 70jährig, war eine angesehene Frau, die Nachbarn zeugten für ihre Redlichkeit, die Geschworenen hielten sie für unschuldig. Der Schrei »Hexe, Hexe« überzeugte die Richter mehr. Auch Rebecca Nurse wurde am 16. Juli gehängt, mit ihr drei weitere Hexen.

Und das war erst der Beginn. Die Hysterie breitete sich aus wie eine Epidemie, verwandelte die Stadt in einen ›Hexenkessel‹ und kostete 19 Menschen das Leben. Erst als die Sache sogar den Richtern aus der Hand geriet, die Jäger zu Gejagten wurden, 400 Menschen angeklagt waren, 150 im Kerker saßen, verbot der Gouverneur weitere Hexenprozesse (1693). Später bekannten sich die Richter öffentlich ihres Irrtums schuldig – für viele Menschen war das zu spät.

Die Hauptakteure bei den Vernehmungen und Verhandlungen waren »die Kinder«, eine Gruppe von Mädchen zwischen acht und 17 Jahren. Wen sie »ausschrieen«, in wessen Anwesenheit sie in Zuckungen fielen oder ohnmächtig wurden, der galt als überführt. Der Schrei »Hexe, Hexe« aus dem Mund minderjähriger Mädchen war Anklage und Beweis, »daß da Hexen und Teufel sind«, wie Cotton Mather schrieb. Vielleicht hat er recht. Der Teufel in Gestalt menschlicher Dummheit, Unzulänglichkeit und Selbstgerechtigkeit mag durchaus seine Hand im Spiel gehabt haben …

Was das für Kinder waren, die skrupellos unschuldige Menschen an den

Galgen brachten? Muß man nicht eher fragen, was das für eine Gesellschaft war, die den Schrei »Hexe, Hexe« so gierig aufgriff und ihn vielstimmig wiederholte? Was das für eine Kindheit war, in einer orthodox puritanischen Gemeinde wie Salem?!

»Ich brachte meine kleine Tochter Katy in mein Arbeitszimmer, und dort erklärte ich meinem Kind, daß ich bald sterben werde und sie, wenn ich tot bin, sich an alles erinnern muß, was ich ihr nun sage. Ich stellte ihr die sündhaften Bedingungen ihrer Natur dar und ermahnte sie, jeden Tag an geheimen Plätzen zu beten; daß um Jesu Christi willen Gott ihr ein neues Herz gebe. Ich gab ihr zu verstehen, daß sie, wenn ich von ihr genommen sein werde, darauf achten muß, mit noch demütigerem Herzen Kummer hinzunehmen als heute, da sie einen zärtlichen Vater hat, der für sie sorgt.«

Der ›zärtliche Vater‹ war Cotton Mather – einer der fanatischsten Hexenjäger –, seine Tochter zählte zum Zeit-

punkt dieser Rede (1689) genau vier Jahre.

Tod, Verdammnis, die Unentrinnbarkeit des Schicksals – das waren Themen, die die puritanischen Kinder mit der Muttermilch einsogen, die in endlosen sonntäglichen Predigten auf sie niederprasselten. Eines der wenigen Kinderbücher, die es damals gab, publiziert im Jahr 1700, hatte das Leben von Kindern zum Thema, »in denen die Furcht vor Gott in bemerkenswerter Weise keimte, bevor sie in verschiedenen Teilen Neu-Englands starben«.

Die Geschichten Titubas, einer Sklavin, die aus der Karibik nach Salem gebracht worden war, waren da anders. Voll der finsteren Mächte zwar auch sie, doch Titubas Überirdische waren farbig, sinnlich, menschlich, durch Voodoo-Zauber, Tanz und Opfer zu gewinnen. Die heimlichen Zusammenkünfte der Kinder bei Tituba wurden bekannt als einige Mädchen sich ›seltsam‹ benahmen, in der Kirche lachten, krank wurden – der Arzt war ratlos, und der

Teufel mußte herhalten. »Wer hat euch verhext?« – »Tituba«, »Sarah Good«, »Rebecca Nurse«, »Hexe Hexe ...«

Den Teufel in der Gemeinde zu wissen kann recht gelegen kommen. Denn hat nicht jeder einen Nächsten, dessen Weib und Hab und Gut er begehrt? Der ihm zu klug, zu kritisch, zu fremd ist? »Den Teufel halte, wer ihn hält!«

So begann die Hexenverfolgung. Als soziales Druckmittel und als Ventil für alles, was im Laufe eines puritanischen Lebens nicht an die Oberfläche kommen durfte. Denn schließlich waren die Erwachsenen Salems als Kinder Salems groß geworden ... Es war »... eine längst fällige Gelegenheit für jedermann, der dazu neigt, öffentlich seine Schuld und seine Sünden zu bekennen – unter dem Deckmantel der Anklage gegen die Opfer. Es war plötzlich möglich – und patriotisch und heilig –, daß ein Mann sagte, Martha Corey wäre nachts in sein Schlafzimmer gekommen und habe sich, während seine Frau neben ihm schlief, auf seine Brust gelegt und ihn ›fast erstickt‹. Natürlich war es nur ihr Geist, aber die Befriedigung beim Geständnis war nicht geringer, als ob es Martha selbst gewesen wäre. Normalerweise konnte man derartige Dinge in der Öffentlichkeit nicht aussprechen.

Lang angestauter Nachbarhaß konnte nun offen zum Ausdruck kommen, trotz des biblischen Gebots der Nächstenliebe konnte man Rache nehmen. Landhunger, der sich bislang in ständigem Gezänk über Grenzen und Urkunden geäußert hatte, konnte man nun auf den Kampfplatz der Moral erheben; man konnte seinen Nächsten als Hexe ausschreien und sich dabei vollkommen im Recht fühlen. Alte Rechnungen konnten auf der Ebene eines himmlischen Kampfes zwischen Luzifer und dem Herrgott beglichen werden; Argwohn und Neid des Elenden wider den Glücklichen konnten in der allgemeinen Verfolgung hervorbrechen – und taten es auch.«

(Arthur Miller, ›Hexenjagd‹)

---

ginnt den Spaziergang durch die Gassen mit den bunten Häusern und hübschen Gärten am besten an Abbott Hall. Von Fort Sewall am Ende der Front Street und dem Old Burial Hill bei Orne Street hat man einen schönen Blick über den Hafen, mit dem Auto lohnt sich die Fahrt zum Marblehead Neck.

Die Strecke von Salem nach Gloucester sollte man auf der Schnellstraße Route 128 zurücklegen. Gloucester ist der Hauptort der kleinen Halbinsel **Cape Ann** 3, noch heute ein aktiver Fischerhafen und Industrieort. Zum Touristenziel wird die Stadt am letzten Wochenende im Juni, wenn die italienische Gemeinde die St. Peter's Fiesta feiert, deren Höhepunkt die Segnung der Fischereiflotte ist.

Route 127 A und 127 führen immer an der Küste entlang um Cape Ann herum und zu so hübschen kleinen Orten wie Beauport und Rockport. **Rockport** (S. 301) war im 19. Jahrhundert ein wichtiger Hafen; von hier aus wurden Granitblöcke bis nach Südamerika verschifft. In den 20er Jahren des 20. Jahrhunderts erlebte es seine Entdeckung durch Künstler, vor allem Maler: Die rote Fischerhütte, das berühmteste Motiv des Ortes, wurde auf Abertausenden von Bildern verewigt und ist in den Galerien und Souvenirgeschäften, die in die alten Fischerhütten am Bearskin Neck eingezogen sind, in allen Techniken, Formaten und Schattierungen zu erwerben.

Route 127 mündet in die Schnellstraße Route 128, der man ein Stück nach Westen folgt, bevor man auf Route 133 nach Norden einbiegt, die auf landschaftlicher schöner Strecke nach **Ipswich** 4 führt. Das zwischen Sand und Wald gelegene Städtchen mit seinem reichen Bestand an kolonialen Häusern verdankt seinen vergangenen Aufstieg der Schuh- und Textilindustrie und seine heutige Beliebtheit den Muscheln (Ipswich Clams), die in den zahlreichen Restaurants serviert werden. Ein Ausflug nach dem Muschelgenuß sollte in die Richard T. Crane Beach Reservation führen: Kilometerlang ziehen sich die Sanddünen den Atlantik entlang, hier kann man schwimmen, sonnenbaden und spazierengehen. Da nur eine begrenzte Zahl von Autos (zu recht gesalzenen Gebühren) parken kann, ist der Strand nie

überlaufen, und der Spaziergang entlang Pine Hollow Trail kann auch im Hochsommer zu einem echten Naturerlebnis werden.

Man verläßt Ipswich auf der Route 133 in westlicher Richtung und biegt dann nach Norden auf die Route 1 A ab, die nach **Newburyport** 5 (S. 293) führt. Die Stadt, die heute etwa 16 000 Einwohner hat, war früher ein bedeutendes Schiffbauzentrum und dank ihrer Lage wichtige Hafenstadt: Hier mündet der Merrimack River in den Atlantik, jener Fluß, an dessen Oberlauf so bedeutende Industriestädte wie Lowell (s. S. 228f.) und Lawrence lagen. Dieser zweitlängste Fluß Neu-Englands zählte noch vor Jahren zu den verschmutztesten Wasserwegen des Landes – nach einer 600 Millionen teuren Säuberungsaktion finden die Angler hier nun wieder Fische. Die Prachtstraße des Ortes ist High Street; hier liegen, wie Perlen auf einer

*Cape Ann, Rockport*

Kette aufgereiht, die Villen aus dem 19. Jahrhundert. Das Cushing House, einen Ziegelbau aus dem Jahr 1808, kann man besichtigen. Auch Market Square District, die renovierte und revitalisierte Hafengegend, ist sehenswert.

Etwa 5 Kilometer von der Stadt entfernt liegt **Plum Island** mit dem Parker River National Wildlife Refuge. Die circa 10 Kilometer lange Landzunge wurde zum Naturschutzgebiet erklärt und bietet über 270 verschiedenen Vogelarten Lebensraum. Auf Wanderwegen kann man die Dünen- und Marschlandschaft erkunden, Aussichtstürme bieten weite Blicke über Land und Meer. Bestimmte Strandabschnitte sind für Schwimmer reserviert, beschränkte Parkmöglichkeiten sorgen dafür, daß sich der Ansturm der Menschen auf die Natur in Grenzen hält.

Der nächste Stopp auf dem Weg nach Norden liegt bereits in New Hampshire. Da dieser Staat nur 29 Kilometer Atlantikküste besitzt, liegt es auf der Hand, daß sein einziger Hafen auch sein bedeutendster ist: **Portsmouth** 6 (S. 299) ist eine charmante Kleinstadt mit etwa 26 000 Einwohnern, guten Restaurants, einem belebten und perfekt restaurierten Hafenviertel mit kleinen Geschäften und Bars. Alte Ziegel- und Holzhäuser säumen die Straßen, alle Wege lassen sich gemütlich und sicher zu Fuß zurücklegen. Obwohl Portsmouth revitalisiert und herausgeputzt wurde, wie viele andere Städte Neu-Englands auch, hat man nicht das Gefühl, in einem künstlich am Leben erhaltenen Tourismus-T-Shirt- und Hütchen-Ort herumzulaufen. Portsmouth lebt, und zwar nicht nur vom Tourismus. In den 80er Jahren siedelten sich hier Künstler an, der Fracht- und Fischereihafen spielt noch immer eine wichtige Rolle, das Steuerparadies New Hampshire zieht junge

Unternehmer an, die der Stadt ein angenehmes Yuppie-Flair verleihen. Hier sollte man auf jeden Fall einen, besser noch zwei Tage bleiben, vor allem, weil Portsmouth ein hochinteressantes Museum besitzt, in dem alleine man schon einen Tag verbringen kann: **Strawberry Banke**.

Strawberry Banke war der Name, den die ersten Siedler, die sich 1630 am Westufer des Piscataqua River niederließen, ihrem neuen Heimatort gaben. Der Grund? Sie fanden hier ausgedehnte Erdbeerfelder, und das war für hungernde Immigranten von immenser Bedeutung. 1653, als man der Erdbeerdiät wohl müde war und andere Nahrungsquellen gefunden hatte, wurde aus Strawbery Banke Portsmouth, ein aktiver Hafen, der England mit Fisch und vor allem Holz versorgte. Besonders Schiffsmasten waren begehrte Exportartikel; Bäume in entsprechender Höhe waren in Europa nicht mehr zu finden und wurden per Gesetz für den britischen König reserviert. Bewohner der Kolonien durften für ihre Häuser und Möbel nur Bäume eines bestimmten Durchmessers nutzen – wer sich die Antiquitäten in den Museen ansieht, wird bemerken, daß zum Beispiel Tische immer nur aus schmalen Brettern zusammengefügt sind.

Auf dem Grund des heutigen Museums stand im 17. Jahrhundert ein Bauernhof, später siedelten sich kleine Handwerker an der Gezeitenbucht an. Mit der einsetzenden Industrialisierung im 19. Jahrhundert begann der Trend, die Städte in Wirtschafts-, Industrie- und Wohngebiete zu unterteilen. Die alten Stadtviertel mit ihrer undifferenzierten Flächennutzung verfielen und zogen nur noch die an, die sich Besseres nicht leisten konnten: Immigranten und Arme. Die Bucht Puddle Dock wurde zugeschüttet, die ehemalige Altstadt von Portsmouth verfiel und wäre sicher in den 50er Jahren des 20. Jahrhunderts Opfer der Planierraupen geworden, wenn sich nicht ein paar engagierte Bürger für ihr historisches Erbe eingesetzt hätten. So entstand das Museum, das in den letzten Jahren immer wieder erweitert wurde und heute mehr als 30 Häuser aus der Zeit von 1695 bis 1920 umfaßt.

Im Gegensatz zu anderen Hausmuseen Neu-Englands hat man sich in Strawberry Banke nicht zur Aufgabe gesetzt, eine bestimmte Epoche zu rekonstruieren und den Besucher damit in die heile Welt vergangener Tage zurückzuführen. Vielmehr sieht man die alten Häuser als das, was sie waren: Wohnstätten, die die Menschen in den verschiedenen Generationen nach ihrem und dem Geschmack der Zeit veränderten und umdekorierten. So ist zum Beispiel das Drisco House aus dem Jahr

1795 im Stil der 50er Jahre eingerichtet, das Abbot Store aus dem Jahr 1720 zeigt die Waren, die in den 40er Jahren während des Zweiten Weltkriegs und in Zeiten der Rationalisierung zu kaufen waren, im Jackson House schließlich ist dokumentiert, welche Änderungen der Bau im Verlauf der 160 Jahre, in denen er ununterbrochen bewohnt war, erfuhr. Andere Häuser sind stilecht erhalten und eingerichtet: eine Taverne aus dem Jahr 1766, in der sich die revolutionären Geister trafen, viktorianische Häuser, Schulen, Ställe. Interessant ist auch die Idee, den Lebensstil der verschiedenen Emigranten zu zeigen, die in diesem Viertel wohnten. So wird zum Beispiel das Shapiro House aus dem Jahr 1795 so vorgestellt, wie es sich eine russische Familie zu Beginn des 20. Jahrhunderts einrichtete, als Portsmouth eine russisch-jüdische Gemeinde beherbergte.

Um das moderne Portsmouth kennenzulernen, begibt man sich zum **Mar-**

*Strawberry Banke*

*Bow Street*

ket Square, dem Hauptplatz der Stadt, den die türmchengekrönte North Church beherrscht. Hier stehen im Sommer die Pferdekutschen der Portsmouth Livery Company. Auf einer Fahrt kann man sich einen ersten Überblick verschaffen und erfährt interessante historische Fakten. Zu Fuß läßt sich die Stadt mit Hilfe der Broschüre ›The Portsmouth Trail‹ erkunden, die man im Chamber of Commerce erhält. Der Rundgang führt an sechs Häusern aus der Zeit von 1716 bis 1807 vorbei, die man auch von innen besichtigen kann.

Abends schließlich begibt man sich in die Gegend um Market und Bow Street, wo diverse Restaurants und Bars liegen und man auch mit Blick über den Hafen speisen kann. Den Hafen mit seinen Forts, Leuchttürmen und Inseln lernt man auf Rundfahrten kennen – es werden auch Dinner Cruises angeboten –, wer mehr Zeit hat, kann einen Ausflug auf die vorgelagerten Isles of Shoals unternehmen. Sie waren im 19. Jahrhundert beliebte Sommerfrischeziele, ein altes Hotel auf Star Island zeugt von dieser Zeit.

Noch ein Tip für U-Boot-Fans: Gestrandet, mitten in einem grünen Park etwas außerhalb des Stadtzentrums, liegt die U. S. S. Albacore, ein 1952 gebautes hydrodynamisches Boot, das in den späten 60er Jahren den Unterwassergeschwindigkeitsrekord brach. Klaustrophobikern ist von einem Rundgang durch das Schiff abzuraten; sie sollten sich lieber den Film anschauen, der zeigt, wie das U-Boot hierher transportiert wurde.

Verläßt man Portsmouth in nördlicher Richtung, befindet man sich schon wieder außerhalb der Grenzen von New Hampshire und in Maine, dem flächenmäßig größten Staat Neu-Englands. Konsumsüchtige werden gleich jenseits der Grenze auf die Bremse steigen und das Portemonnaie zücken: In Kittery

locken Outlet Shopping Malls: In insgesamt mehr als 120 Geschäften werden Textilien – darunter die Kreationen so bekannter Nobel-Designer wie Anne Klein, Donna Karan, Calvin Klein –, Schuhe, Lederwaren, Haushaltsgeräte, Porzellan u. a. feilgeboten. Und das zu Preisen, die auch gewöhnlich nicht von der Sucht Betroffene schwach werden lassen.

Parallel zur Südküste Maines führen die landschaftlich schöne Route 1 und der Highway 95. Wer Zeit hat, sollte die Route 1 nach Portland nehmen. An ihr liegen eine Reihe kleiner Dörfer, wie York, Ogunquit und Kennebunkport, die heute vom Sommertourismus und von ihren Stränden leben.

Mehr als die übliche Ansammlung von Touristenfallen mit Salzteiggebilden und handgedrehten Kerzen, grellbuntem Eis und süßem *Fudge* – Karamellen in allen Geschmacksrichtungen – hat **York 7** (S. 304) zu bieten. Es ist nach Kittery die zweitälteste Siedlung in Maine, wurde 1624 gegründet und hat seinen kolonialen Charme erfolgreich gegen moderne Bauunternehmer verteidigt. Über 50 Gebäude aus dem späten 17. und dem 18. Jahrhundert blieben erhalten, viele von ihnen mit vorkragenden Obergeschossen, von denen aus, so will es die Legende, die Frauen kochendes Wasser auf die feindlichen Indianer oder Franzosen gossen, während ihre Männer den Eindringlingen

ist das 1718 erbaute Sayward-Wheeler House, Heim eines Kaufmanns, der im Westindien-Handel sein Geld machte. Wer genug von alten Häusern hat, kann sich am York Beach erfrischen oder den photogenen Leuchtturm am Cape Neddick auf Film bannen.

Schöner als York Beach, so urteilen berufene Beachgirls und -boys, ist der über fünf Kilometer lange Strand von **Ogunquit** 8 (S. 296), das zwar außer Sand und Sommerrummel nicht viel zu bieten hat, es in diesem Bereich aber immerhin auf zwei Superlative bringt: den schönsten Sandstrand nördlich von Cape Cod und die größte Schwulenkolonie außerhalb von Provincetown. Wer sich auf der Fahrt nach Norden die Beine vertreten will, sollte hier kurz Pause machen: Der Marginal Way, ein etwa fünf Kilometer langer Spazierweg, führt an einem schönen Stück Küste zu Füßen der Sommerhäuser entlang.

**Kennebunkport** 9 (S. 284f.), die Dritte im Bunde der Strandburgen südlich von Portland, prahlt nicht mit Alter noch mit Sand, sondern mit Präsident: Was die Kennedys für Hyannis sind, ist George Bush für Kennebunkport. Während seiner Regierungszeit war Ocean Avenue voll von Reportern und Sicherheitspersonal, heute gehört sie, wie der ganze Ort, wieder hummerverzehrenden Touristen, die in solchen Massen auftreten, daß es schon nicht mehr schön ist. Die Mainer versagten übrigens 1992 ›ihrem‹ George die Gefolgschaft: Clinton und sogar Ross Perot erhielten mehr Stimmen als der Kennebunkporter Sommerurlauber. Soviel zur politischen Haltung der Mainer. Sie mögen erdverbunden sein, Republikaner wählen sie aber schon seit den 50er Jahren nicht mehr.

mit Musketen zu Leibe rückten. In Wahrheit handelt es sich bei diesem Baustil, den man in New Hampshire und im südlichen Maine häufig findet, einfach um eine Fortführung europäischer Architekturtradition, die insofern amerikanisiert wurde, als man Holz und Balken statt Stein benützte. Die Old York Historical Society hat einige der alten Häuser unter ihre Fittiche genommen und sie für Besucher geöffnet. Das Infocenter befindet sich in der Jefferd's Tavern, von dort starten geführte Touren durch sechs Gebäude, zu denen ein Gefängnis, eine Schule und verschiedene Wohnhäuser gehören, von denen das Elizabeth Perkins House am Fluß das interessanteste ist. Ebenfalls sehenswert

*Kennebunkport zieren zahlreiche prächtige Häuser*

Zum Sightseeingprogramm der vielen gehört auch ein Besuch von **Kennebunk**, dem ein paar Meilen vom Hafen entfernt gelegenen Ort, an dessen Route 35 einige spektakuläre Villen aus dem 19. Jahrhundert liegen. Das bekannteste Haus ist das Wedding Cake House (s. S. 78), ein mit filigranen, gotisch anmutenden Holzschnitzereien und Türmchen verzierter Bau. Die Legende schreibt seine Entstehung einem Schicksalsschlag zu: Der Erbauer, ein Kapitän, mußte während seiner Hochzeitsfeier auf See und hinterließ seiner Braut dieses Haus als Ersatz für den Hochzeitskuchen. Immerhin eine bewegende Geschichte, um soviel Kitsch zu rechtfertigen.

Es mag verwundern, aber eines der schönsten und ruhigsten Fleckchen der Südküste Maines liegt in unmittelbarer Nachbarschaft zur größten Stadt des Landes: Es ist **Prouts Neck** 10, eine kleine Halbinsel etwa 20 Kilometer südlich von Portland. Die Geschichte von Prouts Neck ist eng mit dem Namen Winslow Homer (1836–1910) verbunden, der einer der bedeutendsten Maler Neu-Englands war und grandiose Meeresszenen geschaffen hat, die in allen bedeutenden Museen hängen. Viele seiner Gemälde entstanden hier in Maine, wo er das ganze Jahr über Gelegenheit hatte, die Natur, die gischtenden Brecher des Atlantiks und die Menschen, die sich bei jedem Wetter zum Fischen hinauswagen mußten, zu beobachten. Homer und seine Familie hatten in den 80er Jahren des 19. Jahrhunderts fast ganz Prouts Neck aufgekauft und erlaubten nur Auserwählten, in ihrer Nachbarschaft zu bauen. Diese Exklusivität blieb erhalten: Der weite Sandstrand ist für diejenigen reserviert, die Häuser auf der Halbinsel besitzen oder mieten. Das Privileg, ihn zu benützen, haben auch Gäste des Black Point Inn, eines traumhaft gelegenen, gut geführten Hotels, das mit allen modernen Annehmlichkeiten ausgestattet ist und dennoch das Gefühl altmodischer neu-englischer Gastlichkeit vermittelt. Wer sich den Aufenthalt hier nicht leisten kann oder will, muß dennoch nicht im Trockenen stehen: Der an den Privatstrand angrenzende Scarborough Beach gewährt allen Zugang zum – in Maine recht kühlen – Naß.

Ein weiterer öffentlicher Strand befindet sich in **Cape Elizabeth**, etwas weiter nördlich an der Route 77 im Crescent Beach State Park. Hobbyfotografen sollten kurz hinter dem Park in die Two Lights Road abbiegen und die zwei Leuchttürme im Two Lights State Park auf Film bannen, die mit dem weiter nördlich gelegenen Portland Head Light, das man über die Shore Road erreicht, in edlem Wettstreit liegen, wer denn nun der Meistfotografierte im Lande sei.

In solch einen Wettstreit muß sich **Portland** 11 (S. 298f.) nicht einlassen. Es ist konkurrenzlos die interessanteste, liberalste und nebenbei noch größte Stadt Maines. In diesem Staat, dem bodenständigsten Neu-Englands, ist Portland das, was man auf Amerikanisch *sophisticated* nennt, ein Attribut, das nur schwer und schlecht mit ›weltmännisch, intellektuell, verfeinert‹ übersetzt werden kann. Seine *sophistication* verdankt Portland der Künstler- und Schwulengemeinde sowie jungen und nicht mehr ganz so jungen intellektuellen Großstadtmüden, die in den 70er und 80er Jahren hierherzogen und das tolerante Klima prägen. Viele von ihnen haben sich auf den vorgelagerten Inseln in der Casco Bay niedergelassen und fahren jeden Tag mit dem Boot zur Arbeit. Vielleicht ist es die Lage der Stadt an der Bucht, die begeisterte Portlander veranlaßt, ihre Stadt mit San Francisco zu vergleichen. Abgesehen davon, daß das eine ziemliche Übertreibung ist, tun sie sich mit diesem Vergleich keinen Gefallen: Portland ist nicht oberflächlich schön wie San Francisco, es ist eine Stadt mit Kanten und Brüchen – Portland hat Charakter, und genau das macht seinen Reiz aus.

Den besten Einstieg bietet das Hafenviertel **Old Port Exchange**, in dem rote wuchtige Lager- und Fabrikhallen aus dem 19. Jahrhundert erhalten blieben und viktorianische Häuser die Straßen säumen. Viele, aber nicht alle, wurden ›boutiquisiert‹ – Portland ist noch immer ein bedeutender Öl-, Fischerei- und Holzhafen. Geschäftiges Zentrum des Old Port ist Exchange Street, Restaurants, Galerien und Läden aller Art findet man auch entlang Middle und Fore Street. Dieses Viertel teilt das Schicksal anderer Hafengegenden neu-englischer Städte: Es stand kurz vor dem Verfall, als sich Anfang der 70er Jahre ein paar Geschäftsleute fanden, die seine Wiederbelebung einleiteten. Im Gegensatz zu anderen Städten ist die Bausubstanz in Portland allerdings nicht alt: Ein verheerendes Feuer fegte 1866 durch die City und zerstörte den Großteil der Geschäfts- und Wohnhäuser.

Wie Portland aussah, bevor es in Schutt und Asche gelegt wurde, kann man noch in **Stroudwater Village**, das etwa fünf Kilometer vom Stadtzentrum entfernt liegt, nachvollziehen. Hier sind noch gut erhaltene Häuser aus dem 18. und 19. Jahrhundert zu sehen, sowie die Reste der Hafenanlagen. Das Tate House (1755), das zur Besichtigung offen steht, gehörte einem jener Männer, die den britischen König mit Bäumen für

Schiffsmasten versorgten – ein gutes Geschäft, wie das Interieur verrät.

Als die Briten und Königstreuen nach der Revolution fliehen mußten und der Handel florierte, zog Portland eine neue Gruppe von Siedlern an; Kaufleute und Angehörige des gehobenen Mittelstandes, viele von ihnen Bauernsöhne mit Universitätsabschluß, hatten nun das Sagen. Typischer Vertreter dieser Schicht waren der Großvater des Poeten Longfellow (s. S. 133f.), der 1785 das erste Ziegelhaus in Portland erbaute. Für Europäer, die mit des Dichters Balladen nicht in der Schule gequält wurden, ist das **Wadsworth-Longfellow House** nicht so interessant wie für Amerikaner, die sich an der Sammlung von Memorabilia aus dem Leben Longfellows weiden. Nicht versäumen sollte man jedoch die **Victoria Mansion**, die im Stil der 50er und 60er Jahre des 19. Jahrhunderts mit Mahagoni, Marmor, Samt und Satin ausgestattet ist. Eine prachtvolle Stiege führt aus der lichten Halle, bunte Glasfenster und Trompe-l'œil-Effekte verleihen dem Inneren eine Grandezza, wie man sie sonst nur in Villen findet, die zu dieser Zeit – es herrschte Bürgerkrieg in Amerika – im Süden erbaut wurden.

Obwohl sich das moderne Portland weit ins Festland hinein erstreckt, konzentriert sich das Leben noch immer auf die Halbinsel, auf der die Stadt 1632 gegründet wurde. Vom **Munjoy Hill**, den das Portland Observatory krönt, kann man sich einen guten Überblick über die City verschaffen: Sie liegt eingebettet zwischen Casco Bay, Back Cove und Fore River, ihre Hauptstraße ist **Congress Street**. Sie verbindet die beiden Plätze Monument Square und Longfel-

low Square, an ihr liegt das Rathaus im überdekorierten Beaux-Arts-Stil, Banken und Bürogebäude flankieren ihre Seiten.

Downtown verfiel etwa in derselben Zeit, als der Ort Portland zu neuem Leben erwachte – auch dies eine typische Entwicklung in der Geschichte der amerikanischen Städte: Geschäfte und Familien zogen in die Vororte, Menschen belebten die Innenstadt nur zwischen 9 und 17 Uhr. Dem allgemeinen Trend folgend, versuchten die Stadtväter in den vergangenen Jahren, das alte Geschäftszentrum wiederzubeleben und erkoren Congress Street zur Kulturmeile: Theater, Museen, die Portland School of Art, die Portland Symphony und andere Einrichtungen sorgen dafür, daß auch außerhalb der Bürozeiten Leben herrscht. Schlagzeilen machte besonders das **Portland Museum of Art**, das 1983 erweitert wurde und zwar mit Hilfe des berühmtesten Ar-

*Old Port Exchange*

chitekturbüros der USA: Die Firma I. M. Pei zeichnet für den grandiosen modernen Bau aus rotem Ziegelstein verantwortlich, und allein deren Name – Pei ging in den 80er Jahren an keinem Museumsauftrag an der Ostküste vorbei – sorgte dafür, daß dieses älteste und größte öffentliche Museum Maines große Beachtung in der Weltpresse fand. Die Kunstsammlung trat bei diesen Berichten zumeist in den Hintergrund, wurde jedoch in den letzten Jahren durch Schenkungen bereichert und bietet neben interessanten Sonderausstellungen eine gute Kollektion von Impressionisten sowie Werke von Winslow Homer, Andrew Wyeth und Edward Hopper.

So wie sich jede Stadt, die etwas auf sich hält, in unserer Zeit I. M. Pei leisten können muß, so galt es im 19. Jahrhundert, Frederick Law Olmsted zu gewinnen, den Landschaftsarchitekten, der

auch in Boston und New York tätig war. In Portland schuf er einen Grüngürtel auf der Halbinsel, der **Deering Oaks Park** miteinbezog und die Waterfronts mit Parkflächen säumte: **Baxter Boulevard** an der Back Cove, **Eastern und Western Promenade** gen Fore River und Casco Bay. Die Ostseite der Stadt war immer das Wohngebiet der Handwerker und Immigranten, obwohl der Blick auf den Atlantik und die Inseln hier sehr viel schöner ist als im Westen, dem traditionellen Viertel der Wohlhabenden. Bei einem Spaziergang durch Munjoy Hill kommt man an interessanten viktorianischen Reihenhäusern vorbei, wenn man sich durch Spring, Danford, High, State und Park Street treiben läßt, kann man erleben, wie die Oberen Zehntausend residierten.

Ausflüge von Portland führen aufs Wasser: Es gibt täglich über 50 Möglichkeiten, mit Fähren oder Ausflugsbooten Casco Bay und ihre Inseln zu entdecken. Besonders geruhsam ist der dreistündige Segeltrip mit der ›Palawan‹, der an alten Forts und Leuchttürmen vorbeiführt.

Wieder auf dem Festland nimmt man den Highway 95, der nach **Freeport** (S. 283) führt, dem Heimatort des in Amerika und unter Outdoor-Fans berühmten L. L. Bean. Der gründete 1905 hier ein Geschäft, in dem er alles anbot, was man im ländlichen Maine zum Leben und Überleben brauchte: Kleidung und Ausrüstung zum Jagen und Fischen, karierte Hemden und feste Schuhe, Produkte, die er selbst entwarf und auf ihre Tauglichkeit prüfte. Beans Artikel wurden bald zur Legende; sie fanden per Katalog und Versand Verbreitung in ganz Amerika und trugen mit dazu bei, das Image Maines als rauhem Outdoor-Staat zu formen. L. L. Beans war und ist 24 Stunden lang geöffnet und wurde

nach dem Zweiten Weltkrieg zum Mekka der harten Männer, die zu jeder Tages- und Nachtzeit – Biervorrat im Auto – an- reisten, um die Attribute ihrer Männlich- keit zu erwerben. Heutzutage, da sich jeder sportlich kleidet, wie sanft er auch sei, hat sich die Klientel geändert, und um L. L. Beans herum entstand eine Shopping City, in der alle namhaften Hersteller Factory-Outlet-Stores unter- halten. Wie in Kittery, nur in noch größe- rem Rahmen (über 150 Läden), kann man hier alles erwerben – Textilien, Glaswaren, Designerkleidung und so weiter – und man kann es, wenn man mehr gekauft hat als der Koffer faßt, auch gleich von Freeport aus nach Eu- ropa verschicken lassen, wobei dann na- türlich der Zoll, den die deutschen Be- hörden verlangen, mit auf den Preis zu schlagen ist.

Von Freeport aus fährt man noch ei- nige Meilen nördlich auf dem Highway 95 und an der kleinen Stadt **Brunswick** vorbei, in der sich das bekannte, 1794 gegründete Bowdoin College befindet, bevor man auf Route 1 abbiegt, die an der Küste entlang bis zur kanadischen Grenze führt. Auf dieser Strecke wird man die Küstenlandschaft so erleben, wie man sie von Fotos kennt und ge- meinhin mit Maine assoziiert: Tief einge- schnittene Buchten, nackter Fels, von ein paar Bäumen gekrönt, Leuchttürme, Fischerhütten und Sommerhäuser, dümpelnde Boote. Immer wieder führen Stichstraßen von Route 1 ab und hinaus auf die vielen Landzungen, die alle ihren eigenen Reiz haben – wer Zeit hat, sollte ein paar Abstecher unternehmen. Eben- falls lohnend ist es, mit einem Boot hin- auszufahren und die vielen inselge- sprenkelten Buchten zu erkunden. Sol- che Fahrten werden von allen touristisch erschlossenen Orten aus an- geboten und bieten ein ganz anderes

*Skandinavisch anmutende Landschaft, wie hier bei Newagen, findet man entlang der ge- samten Küste Maines*

# Alle in einem Boot –
# Maine Lobster Festival in Rockland

Neptun, Blaubart und Popeye - der römische Meeresgott, der frauenmordende Ritter und die spinatessende Comicfigur sitzen alle in einem Boot, wenn das Maine Lobster Festival Anfang August am Freitag offiziell beginnt. Inoffiziell fängt es schon am Donnerstag an, denn da werden die Buden aufgebaut, kistenweise Hummer und andere Produkte aus Neptuns Reich angekarrt und es beginnt auch schon die Schlemmerei: Frischer, köstlicher und variantenreicher kann man Seafood nicht genießen als an diesem Wochenende in Rockland an der Küste von Maine. Auf der Speisekarte steht alles, was die Fischer aus dem Meer holen, wobei sich natürlich in diesem Staat, der rund drei Viertel des Hummers liefert, der in den USA gefangen wird, alles um den Lobster dreht: Lobster Pie, Lobster Quiche, Lobster Sandwiches, Lobster Newburgh...

Doch nicht nur essen kann man an diesem Wochenende. Wenn der bärtige Neptun am Freitag mit seiner aus allen Epochen und Ecken der Welt zusammengewürfelten Mannschaft und den Lucies, Debbies oder Susans – wie immer die jeweils Schönsten heißen, die zur Seegöttin erkoren wurden –, im Kutter in den Hafen einfährt, wenn die Sirenen heulen und die Göttinnen winken, dann beginnt auch das Festprogramm. Das enthält naürlich Paraden – ein amerikanisches Festival ohne Umzug ist nicht denkbar –, in den Zelten spielt die Musik auf, Sardinenpacker messen sich, wer am meisten in kürzester Zeit verpacken kann und sich daher *Fastest Packer in the East* nennen darf. Noch hochtrabender ist der Titel eines anderen Wettkampfes, des *Great International William Atwood Lobster Crate Race*. Es besteht daraus, auf möglichst viele Kisten zu springen, die in der Bucht verankert wurden, und dabei nicht ins Wasser zu fallen. 3007 hat eine 17jährige aus dem Ort geschafft – wahrhaft ein Rekord von internationalem Rang, der William Atwood, dem Stifter der Kisten, zur Ehre gereicht!

Küstenerlebnis, als man es von der Straße und vom Auto aus hat.

Wie stark Maines Geschichte mit dem Meer zusammenhängt, wird in **Bath** 12 (S. 267f.) auf anschauliche Weise deutlich gemacht. Der kleine Ort zählt etwa 10 000 Einwohner, deren Schicksal vom Wohl und Weh der Bath Iron Works (BIW), ein Schiffbau-Unternehmen und größter privater Arbeitgeber des Staates, abhängt. Die 90er Jahre mit dem weltweiten Trend zum Abrüsten fielen dabei für die Angestellten der BIW unter die Rubrik ›Weh‹: Hier wurden traditionell Kriegsschiffe gebaut. Der sinkende Bedarf führte zum Verlust von 2000 Arbeitsplätzen. Nun will man sich umstellen und sich mehr dem Bau von kommerziellen Schiffen und Vergnügungsbooten widmen. Diese und andere moderne Geschichten, zum Beispiel auch die von der Säuberung des Kennebec River und der Rückkehr der Tier- und Vogelwelt, erfährt man auf einer der Bootsfahrten, die vom **Maine Maritime Museum** veranstaltet werden. Der Rest des Museums ist der Vergangenheit gewidmet, zeigt Werkstätten und Gebäude, die mit der maritimen Geschichte des Staates in Zusammenhang stehen. In einem Holzhaus ist eine phantastische Ausstellung der Hummer-Fischerei gewidmet, im Apprentice Shop kann man Handwerkern beim Bauen und Restaurieren von Booten zusehen. Wer brav dem Routenverlauf dieses Buches ge-

*Abendstimmung in Wiscasset*

folgt ist und alle Freilichtmuseen Neu-Englands abgeklappert hat, wird von diesem überrascht sein. Angenehm überrascht, hoffentlich. Hier ist nichts aufgemotzt und verniedlicht, auf den Kieswegen dürfen Kamille und Löwenzahn wachsen, erleichtert nimmt man die Absenz von Kostümierten und kitschigen Souvenirs zur Kenntnis. Insgesamt hat man das Gefühl, in einem Industriedenkmal herumzulaufen, in dem die Information, die man sucht, geboten, aber nicht aufgedrängt wird.

Ebenso dezent sei folgender Tip präsentiert: Folgt man der Route 209 von Bath nach Süden – einer landschaftlich schönen Straße – erreicht man **Popham Beach State Park**, einen Strand mit herrlichen Sanddünen.

Das Dorf Phippsburg, das an der Strecke liegt, hat übrigens historische Bedeutung: Hier landete im August 1607, drei Monate, nachdem sich die Engländer in Jamestown, Virginia, niedergelassen hatten, eine Gruppe von Siedlern unter der Führung des Engländers Sir George Popham. Der harte Winter von Maine traf sie vollkommen unvorbereitet. Sie schafften es aber, sich ein Boot zu bauen und, wenn auch stark dezimiert, wieder nach England zurückzukehren.

Der nächste Ort an Route 1, der eine Pause wert ist, heißt **Wiscasset** 13 (S. 303). Er schmückt sich gerne mit dem Titel »Maines schönstes Dorf«, wobei diese Schönheit einige Blessuren hat. Da ist die Hauptstraße, die mitten durchs Zentrum führt und auf der sich zur Sommerzeit die Autos stauen, und da ist – weit bedrohlicher – ein Kraftwerk, das auf der anderen Seite des Hafens dräut. Zwei Häuser verdienen allerdings den Besuch: Das Nickels-Sortwell House (1807–1812) mit einem hellen, kuppelgekrönten Treppenaufgang und

das Castle Tucker aus dem Jahr 1807. Wer der alten Häuser müde ist – was Wunder, bei dem Überangebot in Neu-England? – der besuche das Musical Wonder House mit seiner Sammlung mechanischer Musikinstrumente oder setze sich ganz einfach gemütlich in Le Garage, genieße den Blick auf den Fluß und ein gutes Lunch.

Wer die Route 1 Richtung **Boothbay Harbor** 14 (S. 270f.) verläßt, muß wissen, daß er sich damit wieder einem jener touristischen Zentren nähert, die sich an Popularität durchaus mit Kennebunkport messen können. Der Ort war bestimmt einmal sehr hübsch, heute ist er verbaut und im Sommer hoffnungslos überfüllt. Ruhe und das Gefühl, dem Postkartenklischee von Maine nahezukommen, findet man hingegen auf der **Southport Island**.

In **Newcastle** kann man gediegen im Newcastle Inn wohnen und speisen sowie von hier aus einen Ausflug über das hübsche Damariscotta und die Route 130 zum **Pemaquid Point** mit seinem dramatisch plazierten Leuchtturm machen. Route 32 führt wieder zurück zur Route 1.

Wieder touristisch, aber sehr schön zwischen Hügeln und Meer gelegen, präsentiert sich **Camden** 15 (S. 278), seit 1830 Ziel reicher Sommerfrischler, die sich hier prächtige Häuser erbauten. In dieser Stadt findet man eine ganze Reihe hübscher Bed-and-Breakfast-Unterkünfte, wer nicht bis Mount Desert Island durchfahren möchte, sollte hier Quartier beziehen. Im Camden Hill State Park kann man den Blick von Mount Battie (260 m) auf die Penobscot Bay und die Inseln genießen, man muß ihn sich nicht einmal erwandern: Es führt eine Autostraße auf den Gipfel.

Die Strecke von Camden bis Bucksport kann man ohne Stopp zurücklegen

# Wüste oder Nachtisch?
# Mount Desert Island

Die Dinge beim rechten Namen zu nennen ist nicht jedermann gegeben. Davon können heute noch die Völker ein Lied singen, die Indianer genannt werden, nur weil vor 400 Jahren ein Seefahrer glaubte, den Weg nach Indien gefunden zu haben. Samuel de Champlains Irrtum ist, entsprechend seinem Rang in der Weltgeschichte, von geringerer Tragweite.

Er erforschte im französischen Auftrag ›La Cadie‹, das von Frankreich auf dem nordamerikanischen Kontinent beanspruchte Gebiet zwischen dem 40. und dem 46. Breitengrad. 1604 landete er auf einer Atlantikinsel, auf der er »sieben oder acht Berge« bemerkte, deren Gipfel »bar aller Bäume, nichts als Felsen sind«; und so nannte er sie »l'Isle des Monts-déserts«.

Damit hatte Mount Desert Island seinen Namen und die Wissenschaft etwas zum Streiten; nicht darüber, ob es sieben oder acht Berge gibt – es sind 17 oder 18, und die Kuppen der meisten waren und sind wieder vollkommen bewaldet –, auch nicht darüber, warum Champlain einer der schönsten Inseln im Atlantik einen so düsteren Namen gegeben hat. Nein, man debattiert, ob *desert* wie in ›Nachtisch‹ auf der zweiten Silbe oder wie in ›Wüste‹ auf der ersten zu betonen ist ...

Um Champlain nicht unrecht zu tun, muß gesagt werden, daß er sich ein paar Jahre später noch einmal in der Namengebung versuchte. Angesichts einer ausgedehnten, begrünten Hügelkette tat er den originellen Ausspruch: »Sieh, die grünen Berge« – und diesmal lag er richtig! Da er auch das auf Französisch sagte *(les verts monts)*, heißt Vermont heute Vermont, und die Berge, die den Staat in Nord-Süd-Richtung strukturieren, sind die Green Mountains.

Doch zurück zu Mount Desert Island. Es dauerte noch 150 Jahre, bis die Insel richtig besiedelt wurde. Erst nachdem die Franzosen 1759 bei Quebec vernichtend geschlagen worden waren und damit die Grenzkämpfe der beiden Großmächte ein Ende nahmen, entstanden die ersten Ortschaften an der Küste. Dann aber war es nur noch eine Sache von etwa 100 Jahren, dem Namen der Insel alle Ehre zu machen und den gesamten Baumbestand abzuholzen: Um 1880 gab es zehnmal soviel gerodetes Land wie heute, Felder waren angelegt, Getreide- und Sägemühlen ratterten um die Wette, Schiffbau, Fischindustrie und Holzhandel florierten.

Trotz dieser Aktivitäten muß »die graue, vom Donner hingestreckte Masse«, wie es in einem Gedicht von John Greenleaf Whittier heißt, auch damals sehr romantisch gewesen sein. Die düstere Wildheit der steilen, zerklüfteten Felsküste und als Kontrast liebliche Bergseen im Inneren der Insel – eine »Kombination aus Norwegen und Italien« nannte es ein Zeitgenosse –, das traf genau den Nerv romantischen Naturempfindens.

Und so hielten denn ab 1844 auch die Maler Einzug auf der Insel: Thomas Cole, Thomas Birch, Frederick E. Church und andere Vertreter der ›Hudson River School‹ (einer Gruppe romantischer Landschaftsmaler) wurden zu regelmäßigen Sommergästen. Aus den Bauernhöfen wurden Gästehäuser, aus den Gästehäusern Hotels, aus dem Dorf East Eden Bar Harbor und aus Bar Harbor einer der meistbesuchten Ferienorte der Ostküste, der mit Newport (Rhode Island) und Saratoga (New York) in einem Atemzug genannt wurde.

Es scheint ein gewisses Schema zu geben, nach dem all diese Sommerfrische-Hochburgen entdeckt und eingenommen werden: Erst kommen die Künstler, die das Loblied der Einsamkeit und Unberührtheit des Ortes singen; zu ihnen gesellen sich daraufhin – getrieben vom kollektiven Bedürfnis nach Abgeschiedenheit – die sogenannten ›soliden Leute‹ (Ärzte, Professoren, Kleriker …). Die Kombination aus Einsamkeit, einfachem Leben und Solidität lockt wiederum die ›netten Millionäre‹, zu denen dann unweigerlich die ›liederlichen Millionäre‹ stoßen. Wie sich der *nice millionaire* vom *naughty millionaire* unterscheidet, steht allerdings nirgends geschrieben – ist es nun ›netter‹, einen Marmoraufzug als einen mechanisch in die Küche versenkbaren Eßtisch zu haben? Liegt die Grenze vielleicht zwischen dem 30- und dem 40-Zimmer-Haus? Oder sind der Ausbund der Liederlichkeit jene Damen, von denen Bischof Lawrence zu berich-

*Bass Harbor Headlight auf Mount Desert Island*

ten weiß, daß sie durch Bar Harbor gingen und die Arme schwingen ließen, statt sie gesittet vor dem Körper zu tragen?

Schundromanautoren stürzten sich auf Bar Harbor als den Ort der Handlung. Viel an Skandalen, Intrigen, pikanten Affärchen mußten sie nicht hinzudichten – man ahnt es: Der Sommerzirkus von Bar Harbor unterschied sich nur geringfügig von dem in Newport, die Society war genauso high, nur vielleicht nicht ganz so abgezirkelt wie in Newport, hier gab man sich rustikaler,

feierte, protzte und praßte nicht ganz so im Superlativ – schließlich mußten sich die Newport-Geschädigten auch irgendwo erholen.

Als 1947 das große Feuer in Bar Harbor wütete und fast die ganze Stadt und ein Großteil der ehemals über 300 ›Cottages‹ in Flammen aufgingen, wurde das Ende einer Ära, die im Grunde schon 30 Jahre vorher aufgehört hatte – zu derselben Zeit und aus denselben Gründen wie in Newport (s. S. 184ff.) –, auch äußerlich manifestiert.

– das Penobscot Marine Museum in **Searsport** muß man nicht gesehen haben, wenn man das Museum von Bath kennt –, hinter Bucksport allerdings lohnt es sich, von Route 1 abzubiegen und die Rundfahrt über **Castine** (S. 280), **Reversing Falls, Deer Isle** (S. 283), **Stonington** und **Blue Hill** (S. 270) zu

machen. Sieht man von den Reversing Falls ab – bei Gezeitenwechsel kann man von der Brücke auf der Route 175 sehen, wie das Wasser durch eine schmale Passage gesogen wird und bei Flut einen ›aufsteigenden‹ Wasserfall bildet –, so gibt es auf dieser Strecke keine Attraktionen. Sie ist einfach land-

*Camden*

schaftlich nur wunderschön, führt durch kleine Fischerdörfer, bietet an klaren Tagen wunderbare Blicke auf die Penobscot Bay und Mount Desert Island. Die ganze Rundreise ist etwa 150 Kilometer lang und dauert mindestens einen Tag. Im Gegensatz zu Mount Desert Island fährt man hier aber nicht Auto an Auto, und das steigert naturgemäß den Landschaftsgenuß.

Dennoch, nichts gegen **Mount Desert Island**  (S. 289f.) und den **Acadia National Park**, der den Großteil der Insel einnimmt und sich auch noch auf verschiedene Inseln und die Schoodic Peninsula erstreckt. Landschaftlich ist der Park wunderschön – nur, 4,2 Millionen Besucher pro Jahr wollen verkraftet werden, und man kann nicht sagen, daß sie sich in dem 142 Quadratkilometer großen und damit fünfkleinsten Nationalpark des Landes verlaufen. **Bar Harbor**, der Hauptort der Insel, noch vor 15 Jahren ein charmanter Sommerfrischeort (s. S. 289f.), ist zu

einem Touristenrummelplatz verkümmert und entfaltet nur noch zur Nebensaison, wenn die Minigolfplätze und Erlebnisburgen, die sich an seinem Rand angesiedelt haben, vor sich hinschlummern, etwas von seinem Flair. Ruhiger geht es im westlichen, landschaftlich weniger dramatischen Teil der Insel zu. Kenner mieten sich daher in **Southwest Harbor** ein, wo man nette B & Bs und gute Restaurants findet.

Der **Acadia National Park** ist der einzige Nationalpark Neu-Englands. Er wurde 1919 eingerichtet, um diese, für die Ostküste einmalige, Kombination von Bergen und Seen zu bewahren. Es waren Privatleute, allen voran John D. Rockefeller, die dem Staat Grundbesitz schenkten. Der Park ist daher kein geschlossenes Areal, sondern ein Ensemble von Schutzgebieten, in dem eingesprenkelt Dörfer wie Northeast Harbor, Seawall, Southwest Harbor liegen.

Bar Harbor vermarktet sein hübsches Ortsbild, das Meer und den angrenzen-

*Bar Harbor*

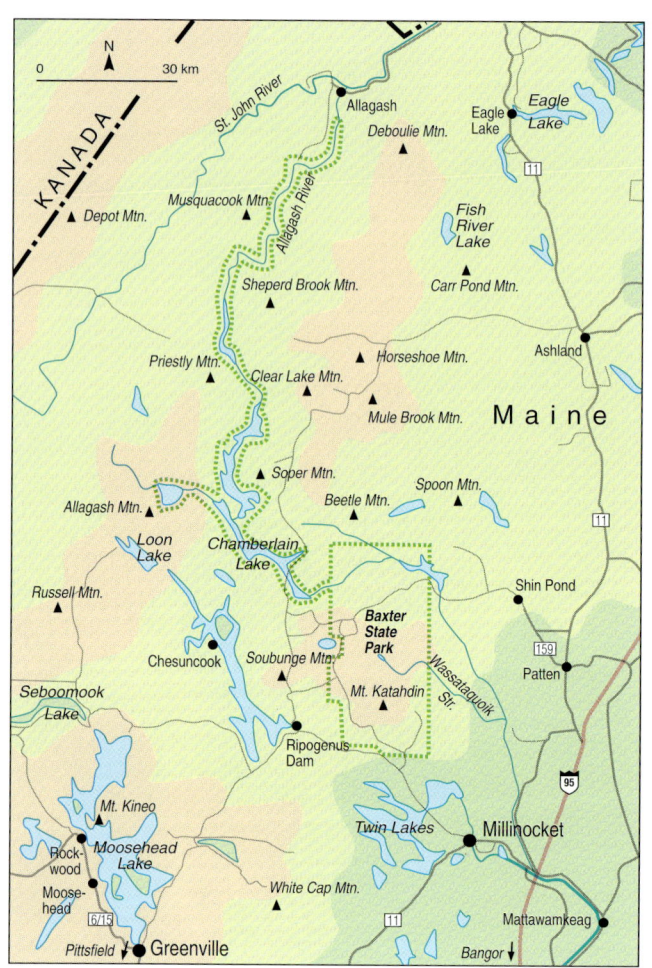

Baxter State Park

den Park behende: Es werden Ausflugs-fahrten per Boot und Whalewatching-Touren angeboten, man kann Kletter-kurse im Park machen und Busfahrten buchen, die zu den Hauptattraktionen von Acadia führen. Räder, Picknickkörbe und Wanderausrüstungen kann man mieten. Am einfachsten ist es immer noch, die Reise mit dem eigenen Auto und guten Schuhen anzutreten und sich

◁ Im Baxter State Park

darauf zu verlassen, daß der Großteil der Amerikaner seinen motorisierten Untersatz nicht verläßt und man daher den Massen auf Wanderwegen entkom-men kann. Allerdings sollte man nicht auf den Cadillac Mountain steigen, denn auf dem Gipfel wird man Herden fröhli-cher Autofahrer finden, die die ›Bestei-gung‹ via Straße vorgenommen haben. Penobcot und Sargent Mountain hinge-gen lassen sich zu einer schönen, garan-tiert autofreien Tour verbinden, auch der

Pemetic Mountain lohnt die Mühen mit einem schönen Blick.

Durch den östlichen Teil des Parks führt Loop Road, eine Autostraße, die den schönsten Teil der Insel erschließt. Der einzige öffentlich zugängliche Meeresbadestrand ist Sand Beach, auch im Echo Lake kann man schwimmen, die übrigen Seen hingegen sind Trinkwasserreservoirs und dürfen nur umwandert werden. Bei einem Spaziergang sollte man unbedingt im Jordan Pond House einkehren, zum Beispiel zur Teezeit. Reservierung ist sinnvoll.

Wenn man der Küste Maines bis hierher gefolgt ist, kann man sich dem Inland zuwenden: Man hat die typische Landschaft, die Schönheiten der Küste und die negativen Seiten ihrer Vermarktung gesehen. Die Reise in den Baxter State Park ist allerdings nur wirklichen Naturfreunden, gut ausgerüsteten Campern und Wanderern zu empfehlen: Der Park bietet keine Hotels und keine Annehmlichkeiten, auf der Strecke gibt es keine Sehenswürdigkeiten. Wer also nicht auf solch ein Erlebnis eingestellt ist, kann sich beruhigt auf den Highway 95 begeben und den Fuß bis Boston auf dem Gaspedal lassen. Bangor muß man nicht gesehen haben, die Hauptstadt **Augusta** (S. 267) lohnt allenfalls einen kurzen Stopp, um einen Blick auf das State Capitol zu werfen und vielleicht dem Maine State Museum einen Besuch abzustatten, das einen hübschen Überblick über die Geschichte des Staates, die Seefahrt und die Holzfällerei gibt.

Den **Baxter State Park** 17 (S. 268) erreicht man von Mount Desert Island aus über Route 1 A und den Highway 95, den man Richtung Millinocket verläßt. Hier muß man einkaufen – im Park gibt es keine Geschäfte, keine Restaurants. Daß das 80 940 Hektar große Gebiet so völlig unberührt erhalten blieb, ist Perci-

val P. Baxter zu verdanken. Er schenkte dem Staat Maine 1931 den Großteil des Areals mit der Auflage, daß es »für immer in seinem natürlichen und wilden Zustand« belassen werde. Nur Campingpätze sind vorhanden, allerdings sehr einfache, auf denen man selbst warme Duschen vergeblich sucht. Die Straßen sind Schotterwege, über die man mit 25 Meilen pro Stunde schleicht, jederzeit bereit, für Eichhörnchen, Stachelschweine, Stinktiere und Waschbären zu bremsen, denn ihnen sowie den Bären und Elchen gehört der Park. Der Gast Mensch findet acht Campingplätze, die er mit dem Auto erreichen kann, und etliche mehr, die er sich erwandern muß. 260 Kilometer markierte Wege erschließen Berge, einsame Seen, Flußtäler von unbeschreiblicher Schönheit und Größe. Der unbeschränkte Herrscher des Gebiets ist Mount Katahdin (1606 m), Heiligtum der Indianer, höchster Berg Maines. Paloma, der Sturmvogel – ein Adler-Mensch-Elch-Wesen – wacht darüber, daß keiner den heiligen Gipfel erreicht. Vor seinem Zorn sollte sich jeder Bergsteiger fürchten, das Wetter schlägt schnell um, die Felsen werden glitschig, die Hände finden keinen Halt mehr – Paloma arbeitet mit Blitzen, Schneestürmen und Wirbelwinden.

Wer die Campingausrüstung schon eingepackt hat, sollte auf dem Rückweg nach Boston noch am **Moosehead Lake** 18 (S. 289) haltmachen. An diesem größten See des Staates (ca. 700 km Küstenlänge) gibt es in Rockwood und Greenville zwar einige Hotels, sehr viel schöner ist aber die Küste, die nicht über asphaltierte Straßen zu erreichen ist und deren Buchten nur Campern vorbehalten sind. Von Greenville aus erreicht man über Route 6 wieder Highway 95.

*Owls Headlight* ▷

**Information**

 **Unterkunft**

 **Restaurant**

 **Sehenswert**

 **Museen**

 **Einkauf**

 **Nachtleben**

 **Unterhaltung**

 **Feste**

 **Aktivitäten**

 **Strand**

 **Verkehr**

# Tips &
# Adressen

# Tips & Adressen

▼ Das erste Kapitel, **Tips & Adressen von Ort zu Ort**, listet die im Reiseteil beschriebenen Orte in alphabetischer Reihenfolge auf. Zu jedem Ort finden Sie hier Empfehlungen für Unterkünfte und Restaurants sowie Hinweise zu den Öffnungszeiten von Museen und anderen Sehenswürdigkeiten, zu Festen, Unterhaltungsangeboten, Aktivitäten, Verkehrsverbindungen etc. Piktogramme helfen Ihnen bei der raschen Orientierung.

▼ Die **Reiseinformationen von A bis Z** bieten von A wie ›Anreise‹ bis Z wie ›Zeitungen‹ eine Fülle an nützlichen Hinweisen – Antworten auf Fragen, die sich vor und während der Reise stellen.

**Bitte schreiben Sie uns, wenn sich etwas geändert hat!**
Alle in diesem Buch enthaltenen Angaben wurden von der Autorin nach bestem Wissen erstellt und von ihr und dem Verlag mit größtmöglicher Sorgfalt überprüft. Gleichwohl sind – wie wir im Sinne des Produkthaftungsrechts betonen müssen – inhaltliche Fehler nicht vollständig auszuschließen. Daher erfolgen die Angaben ohne jegliche Verpflichtung oder Garantie des Verlages oder der Autorin. Beide übernehmen keinerlei Verantwortung und Haftung für etwaige inhaltliche Unstimmigkeiten. Wir bitten dafür um Verständnis und werden Korrekturhinweise gerne aufgreifen: DuMont Buchverlag, Postfach 10 10 45, 50450 Köln E-Mail: reise@dumontverlag.de

# Inhalt

# Tips & Adressen von Ort zu Ort

**Postalische Abkürzungen:** CT (Connecticut), MA (Massachusetts), ME (Maine), NH (New Hampshire), RI (Rhode Island), VT (Vermont)

**Preiskategorien:** Die Hotels wurden folgendermaßen klassifiziert (Preis pro Doppelzimmer):
sehr preiswert: bis 70 Dollar
günstig: 70–120 Dollar

moderat: 120–180 Dollar
teuer: 180–250 Dollar
sehr teuer: mehr als 250 Dollar

Für die Restaurants gelten folgende Kategorien (Essen pro Person mit einem Getränk ohne 15 % Bedienungsgeld):
günstig = bis 15 Dollar
moderat = 15–30 Dollar
teuer = mehr als 30 Dollar

## Acadia National Park

s. Mount Desert Island

## Augusta, ME

*Lage: E6*
*Vorwahl: 207*
*Einwohner: 21500*

 **Maine State Museum,** im Library Museum-Archives-Gebäude im Statehouse-Komplex; Mo–Fr 9–17 Uhr, Sa 10–16 Uhr, So 13–16 Uhr, Jan. geschlossen Nettes kleines Museum zur Geschichte und Wirtschaftsgeschichte des Staates.

## Bar Harbor, ME

s. Mount Desert Island

## Barre, VT

*Lage: C6*
*Vorwahl: 802*
*Einwohner: 9500*

 **Rock of Ages** (Granitsteinbruch), I-89 (Exit 6); Rte. 63 folgen; im Sommer tgl. 8.30–17, So 12–17 Uhr.

## Bath, ME

*Lage: E5*
*Vorwahl: 207*
*Einwohner: 10000*

 **Bath-Brunswick Region Area Chamber of Commerce,** 559 Pleasant St., Brunswick, Bath, ME 04011, Tel. 207-725-87 97

**The Galen C. Moses House,** 1009 Washington St., Tel. 207-442-87 71; sehr preiswert. Historisches B & B mitten im Zentrum von Bath, Mindestaufenthalt zwei Nächte.
**The Inn at Bath,** 969 Washington St., Tel. 207-443-4294, Fax 207-443-4929, E-Mail: innkeeper@innatbath.com; günstig–moderat.
Nobel ausgestattetes Bed & Breakfast mit neun Zimmern und einer Suite, sehr freundlich, opulentes Frühstück.

 **Five Islands Lobster Co.,** Rte. 127, Georgetown, Tel. 207-371-29 90; günstig.

Etwa 20 km von Bath entfernt, die Fahrt ist ebenso schön wie die Lage des Hummer-Lokals.

 **Maine Maritime Museum,** 243 Washington St.; tgl. 9.30–17 Uhr.
Freilichtmuseum zur Geschichte der Fischerei und Seefahrt, Bootstouren.

 **Maine Festival** am ersten Wochenende im August: Ort der Handlung ist ein Park am Thomas Point Beach zwischen Brunswick und Bath. Von Mittag bis in die Nacht hinein Shows, Ausstellungen von Künstlern, Verkauf lokaler Produkte (Tel. 207-772-9012).

## Baxter State Park, ME

*Lage: F8*

 **Baxter State Park Authority,** 64 Balsam Dr., Millinocket, ME 04462, Tel. 207-723-5140

 **Atrium Motel,** 740 Central Ave., Millinocket, Tel./Fax 207-723-4555; sehr preiswert.
Durchschnitts-Motel, allerdings mit Pool und Health Club.
Informationen über **Camping**möglichkeiten bei der Baxter State Park Authority, s. o.

 **Scootic Inn and Penobscot Room,** 70 Penobscot Ave., Millinocket, Tel. 207-723-4566; günstig.
Amerikanische Standard-Küche, Steak, Pizza, Sandwiches.

## Bennington und südliches Vermont

*Lage: B/C4*
*Vorwahl: 802*
*Einwohner: Bennington 9500*

 **Bennington Area Chamber of Commerce,** Veterans Memorial Dr., Bennington, VT 05201, Tel. 802-447-3311

**Chamber of Commerce, Manchester and the Mountains,** 5046 Main St., Manchester Center, VT 05255, Tel. 802-362-2100

 **Manchester Highlands Inn,** Highland Ave., Manchester, Tel. 802-362-4565, Fax 802-362-4028; günstig.
Haus von 1898, 15 große, helle Zimmer, Pool.
**Molly Stark Inn,** 1067 E. Main St., Bennington, Tel. 802-442-9631, E-Mail: info@mollystarkinn.com; günstig.
Gemütliches B & B, dessen Besitzer man anmerkt, daß er aus Passion Innkeeper geworden ist; köstliches Frühstück.
**Three Mountain Inn,** Jamaica, Tel. 802-874-4140; günstig.
Typisches Vermonter Haus von 1790, Pool, Frühstück und Abendessen inbegriffen.
**West Mountain Inn,** Rte. 313, Arlington, Tel. 802-375-6516, Fax 802-375-6553; günstig.
Ruhig und abseits gelegen, Haus mit wunderbarem Blick.

 **Blue Benn Diner,** Rte. 7 N, Bennington, Tel. 802-442-5140; günstig.
Klassischer Diner, in dem es den ganzen Tag Frühstück gibt.
**Little Rooster Cafe,** Rte. 7A S., Manchester Center, Tel 802-362-3496; günstig.
Nur zum Frühstück und Mittagessen geöffnet, liegt in der Nähe der Einkaufszentren und ist ideal, wenn man sich während des Konsumrausches stärken will.
**Chantecleer,** Rte. 7A, nördlich von Manchester Center, Tel. 802-362-1616; moderat.
Gemütliches Lokal in einer alten Scheune, ausgezeichnete Küche.
**Dorset Inn,** Church und Main St., Dorset, Tel. 802-867-5500; moderat.
Gemütliches Pub, im Restaurant gibt's alles vom Hamburger bis zum Fisch.

 **Bennington Museum,** W. Main St. (Rte. 9), Bennington; tgl. 9–17, im Sommer bis 18 Uhr.
Buntes Sammelsurium aus Geschichte, Keramik, Kunst. Besonders interessant: die Werke von Granma Moses.

**Manchester** ist ein Mekka für Schnäppchenjäger: Die größten Ab-Fabrik-Verkaufszentren sind: Manchester Commons, Rtes. 7 und 11/30, Factory Point Square, Rte. 7, Battenkill Place, Rte. 11.

 **Marlboro Music Festival,** Marlboro Music Center, Tel. 802-257-2394. Renommiertes Musik-Festival mit klassischer und zeitgenössischer Musik. Konzerte an den Wochenenden im Juli und August.
**Bach Festival,** in der zweiten Oktoberhälfte tritt der Bachchor der Stadt Brattleboro auf und zeigt, was er kann. Aufführungen nachmittags und abends (Tel. 802-257-4523).

## Berkshire Mountains, MA

*Lage: B3/4*
*Vorwahl: 413*
*Einwohner: Williamstown 8200;*
*Stockbridge 2400; Pittsfield 48500*

 **Berkshire Visitor's Bureau,** Berkshire Common, Pittsfield, MA 01201, Tel. 413-443-9186 o. 800-237-5747, www.berkshires.org

 **Baldwin Hill Farm B & B,** R. D. 3, Great Barrington, Tel. 413-528-4092; sehr preiswert.
Viktorianische Farm, vier Zimmer, großartiger Blick.
**The Chimney Mirror Motel,**
295 Main St., Williamstown,
Tel. 413-458-5202; sehr preiswert.
Kleines ordentlich geführtes Motel, 18 Zimmer, Nichtraucher.
**Applegate,** R. D. 1, 279 West Park St., Lee, Tel. 413-243-4451; günstig.
Nichts für Leute mit Katzenallergie, alle anderen werden die stilvolle und herzliche Atmosphäre genießen.
**Berkshire Hills Motel,** Rte. 7, Williamstown, Tel. 413-458-3950; günstig.
Gemütliches Motel mit Pool.
**Field Farm,** 554 Sloan Road, Williamstown, Tel./Fax 413-458-3135; günstig.
Farm in einem Landschaftsschutzgebiet, Tennisplatz, Pool.

**Devonfield,** 85 Stockbridge Rd., Lee, Tel. 413-243-3298; günstig–moderat.
Elegantes, schön gelegenes Haus im Federal-Stil, zehn Zimmer, vier davon mit Kamin, geheizter Pool.
**The Orchards,** Main St. (Rte. 2), Williamstown, Tel. 413-458-9611, Fax 413-458-3273; moderat–teuer.
Was von außen wie ein großes Motel wirkt, entpuppt sich als luxuriös, aber nicht prätentiös eingerichtetes Hotel. Hervorragender Service und freundliche Atmosphäre. Pool, Sauna, ausgezeichnetes Restaurant!

 **Barrington Brewery,** Rte. 7 im Norden von Great Barrington, Tel 413-528-8282; günstig.
Brauerei in einer alten Scheune, frisch gebrautes Bier und herzhaftes Kneipenessen.
**Truc Orient Express,** 2 Harris St., West Stockbridge, Tel. 413-232-4204, günstig.
Guter Vietnamese.
**Church St. Cafe,** 69 Church St., Lenox, Tel. 413-637-2745; moderat.
Bilder an den Wänden, klassische Musik im Hintergrund, ausgezeichnete Küche.
**Red Lion Inn,** Main St., Stockbridge, Tel. 413-298-5545; günstig–teuer.
Eine Institution in den Berkshires, auch eine der ersten Adressen zum Übernachten; Essen kann man in drei – von Angebot und Preis her unterschiedlichen – Lokalen, im Sommer auch in dem hübschen Garten.

 **Arrowhead,** 780 Holmes Rd., Pittsfield; im Sommer tgl. 9.30–17 Uhr.
Das Haus, in dem Herman Melville lebte und Moby Dick schrieb.

 **Hancock Shaker Village,** Rte. 20, westlich von Pittsfield, www.hancockshakervillage.org; Mai–Okt. tgl. 9.30–17 Uhr.
Komplett erhaltenes Shaker-Dorf, in dem man sich über das Leben der religiösen Gemeinschaft informieren kann.
**Norman Rockwell Museum,** Rte. 183, Stockbridge; Mai–Okt. tgl. 10–17, Nov.–April Mo–Fr 11–16, Sa, So 10–17 Uhr.
Weltweit die größte Sammlung der kitschig-naiven Zeichnungen des Malers.

**Sterling and Francine Clark Institute,** 225 South St., Williamstown; Di–So 10–17 Uhr.
Exzellente Kunstsammlung, die allein über 30 Renoirs enthält.

Die Berkshires sind ein Paradies für **Antiquitäten**-Liebhaber; über die mehreren hundert Geschäfte informiert: Berkshire County Antiques Dealers Association, RD 1, Box 1, Sheffield, MA 01257.

**MASS MoCa,** 87 Marshall St., North Adams, Tel. 413-664-4481, www. massmoca.org.
Eine alte Textilfabrik, in deren 27 Gebäuden ein Kunst- und Kulturzentrum eingerichtet wurde. Filme, Ausstellungen, Performances, Tanzveranstaltungen.

**Jakob's Pillow Dance Festival,** Rte. 20, Becket, Box 287, Lee, MA 01238, Tel. 413-243-0745.
Juni–Sept. treten verschiedene lokale und weltbekannte Tanz- und Ballettgruppen auf. **Tanglewood,** Lenox, Tel. 617-266-1200.
Neu-Englands bekanntestes Musik-Festival findet von Juni bis Sept. statt, wenn das Boston Symphony Orchestra hier Konzerte gibt; man kann es bei einem Picknick auf dem Rasen oder auf herkömmliche Weise sitzend erleben.

**Bootfahren** auf dem Onota Lake: Kanus, Ruder- und Motorboote vermietet Onota Boat Livery, 463 Pecks Rd., Pittsfield, Tel. 413-422-1724.
Auf diesem Platz kann man **Golf** spielen, ohne Mitglied zu sein: Waubeeka Golf Links, Rte. 7 und 43, South Williamstown.

## Blue Hill, ME

*Lage: F6*
*Vorwahl: 207*
*Einwohner: 2000*

**Blue Hill Chamber of Commerce,** Box 520, Blue Hill, ME 04614, kein Tel.

**Blue Hill Inn,** Union St., Tel. 207-374-2844, Fax 207-374-2829; günstig.
Seit 1840 ein gastfreundliches Haus, sehr gute Küche.
**The John Peters Inn,** Peters Point, Tel. 207-374-2116; günstig.
Dieses gemütliche B & B thront oberhalb der Felsküste.
**Heritage Motor Inn,** Rte 172, Tel. und Fax 207-374 3700; günstig.
Gut geführtes Motel, Blick über Tal und die Bucht.

**The Firepond,** Main St., Tel. 207-374-9970; moderat.
Probieren Sie den Lobster Firepond mit drei Käsesorten auf Nudeln.

## Boothbay Harbor, ME

*Lage: E5*
*Vorwahl: 207*
*Einwohner: 1300*

**Boothbay Harbor Region Chamber of Commerce,** Box 356, Boothbay Harbor, ME 04538, Tel. 207-633-2353

**Topside,** McKnown Hill, Tel. 207-622-5404; sehr preiswert.
Kombination aus Inn und Motel, einfach, schöner Rasen und toller Meerblick.
**Five Gables Inn,** Murray Hill Rd., East Boothbay, Tel. 207-633-4551 oder 800-451-5048; günstig.
Das ›Haus mit den fünf Giebeln‹ mit Blick auf den Hafen, ruhig gelegen.
**Newagen Seaside Inn,** Cape Newagen, Tel. 207-633-5242 oder 800-654-5242; günstig.
Exklusiv und vom Rummel des Ortes entfernt auf der Southport Island gelegen.

**Lobstermen's Co-op,** Atlantic Ave., keine Reservierung; günstig.
Selbstbedienungslokal, wo man im Freien am Wasser Hummer und anderes genießen kann.
**King Brud's Hot-Dog Cart**
Seit fast 50 Jahren eine Institution. Die Hot

Dogs kosten einen Dollar, der Straßenverkäufer steht im Sommer tagsüber an der Ecke McKnown und Commercial St.

 **McSeagull's Gulf Dock,** Livemusik, laut und jung.

 **Segeltouren, Dinner-Kreuzfahrten** und **Ausflüge** zur Mohegan Island veranstalten Balmy Day Cruises (Tel. 207-633-2284) und Windborne Cruises (Tel. 207-882-1020).

## Boston, MA

*Lage: D3*
*Stadtplan: hintere Umschlagklappe,*
*S. 115, 143, 148/149*
*Vorwahl: 617*
*Einwohner: 558 500*

 **Greater Boston Convention & Visitors Bureau,** 2 Copley Place, Boston, MA 02116–6501, Tel. 617-536-4100, www.bostonusa.com

 **463 Beacon Street Guest House,** 463 Beacon St., Tel 617-536-1302; sehr preiswert. Gute Lage in der Back Bay, 20 Zimmer.
**Boston International AYH Hostel,** 12 Hemenway St., Tel. 617-536-1027, Fax 617-424-6558; sehr preiswert. Die **Jugendherberge** bietet 250 Betten und liegt in Fenway, in der Nähe des Museum of Fine Art. Gute Anbindung zur Innenstadt.
**Bed & Breakfast Agency of Boston,** 47 Commercial Wharf, Tel. 617-720-3540 oder 800-248-9262, Fax 617-523-5761; günstig–teuer. Vermittelt möblierte Apartments oder Bed-and-Breakfast-Pensionen in der Innenstadt und Cambridge.
**Chandler Inn,** 26 Chandler St., Tel. 617-482-3450, Fax 617-542-3428; günstig. Das kleine freundliche Hotel liegt sicher und ruhig in einem Wohnviertel und ist doch nur Minuten vom John Hancock Tower entfernt.

**Newbury Guest House,** 261 Newbury St., Tel. 617-437-7666, Fax 617-262-4243; günstig. Rechtzeitig reservieren, denn dieses freundliche und preiswerte B & B in guter Lage ist immer voll.
**Harborside Inn,** 185 State St., Tel. 617-723-7500, Fax 617-670-2010; moderat. Gute Lage in der Nähe von Faneuil Hall, sehr gutes Preis-Leistungs-Verhältnis.
**The Tremont,** 275 Tremont St., Tel. 617-426-1400, Fax 617-482-6730; moderat–teuer. ›Bostons erschwingliche Alternative‹, ein altes Hotel mit modernen Annehmlichkeiten mitten im Theaterviertel.
**Doubletree Guest Suites,** 400 Soldiers Field Road,Tel. 617-738-0090, Fax 617-783-0897, teuer. Am Charles River gelegen, große Zwei-Zimmer-Suiten, Pool, Fitness, Sauna, kostenloser Transport nach Boston und Cambridge.
**The Eliot,** 370 Commonwealth Ave., Tel. 617-267-1607, Fax 617-536-9114; teuer. Elegante Apartment-Suiten, teilweise mit eigener Küche.
**Four Seasons,** 200 Boylston St., Tel. 617-338-4400, Fax 617-423-0154; sehr teuer. Modernes Luxushotel am Public Garden, Ausstattung und Service entsprechen dem hohen Standard der Hotelgruppe.
**The Ritz-Carlton Hotel,** 15 Arlington St., Tel. 617-536-5700, Fax 617-536-1335; sehr teuer. Gediegenes altes Stadthotel direkt am Park; ausgezeichnete Restaurants, hervorragender Service.

 **Cafe Jaffa,** 48 Gloucester St., Tel. 617-536-0230; Mo–Do 11–22.30 Uhr, Fr., Sa 11–23 Uhr, So 13–22 Uhr; gunstig. Köstlichkeiten aus dem nahen Osten, wie Falafel und Kebabs, zu niedrigen Preisen.
**Harvard Bookstore Cafe,** 190 Newbury St., Tel. 617-536-0097; Mo–Do–23 Uhr, Fr, Sa 8–24, So 11–23 Uhr; günstig. Kleine, feine Küche mit nahöstlichem Ein-

schlag – und das in einem Buchladen!
Lesen beim Essen ist erlaubt.

**Samuel Adams Brew House,**
710 Boylston St., Tel. 617-421-4961;
günstig.
Essen, das zum Bier paßt, Bier in großer
Auswahl und erstaunlich guter Qualität,
bis 2 Uhr geöffnet.

**Mucho Gusto Cafe & Collectibles,**
1124 Boylston St., Tel 617-236-1020;
Di/Mi 16–22 Uhr, Do–Sa 12–22 Uhr, So
12–16 Uhr, günstig–moderat.
Cubanische Küche im Ambiente der 50er
Jahre.

**Quincy Market,** Faneuil Hall Marketplace; diverse Restaurants; Mo–Sa 10–21,
So 12–19 Uhr; günstig–moderat.
Imbißstände in den alten Markthallen mit
kulinarischen Schmankerln aus aller Welt.

**Bob the Chef's Jazz Cafe,** 604 Columbus Ave., Tel. 617-536-6204; Mi, Do
11.30–22 Uhr, Do–Sa 11.30–24 Uhr, Sa
11–21 Uhr; moderat.
Soul Food aus den Südstaaten und dazu
Jazz – Donnerstag bis Samstag abends
und sonntags zum Brunch live.

**Daily Catch,** 323 Hanover St.,
Tel. 617-523-8567; keine Reservierung,
So–Do 11.30–22.30, Fr, Sa 11.30–23 Uhr;
moderat.
Uriges Lokal im North End, Fischküche.

**Durgin Park,** 340 North Market St.,
Tel. 617-227-2038; keine Reservierung,
Mo–Do 11.30–22, Fr, Sa bis 22.30 Uhr, So
bis 21 Uhr; moderat.
Große Portionen, laut, Schwemmenatmos-
phäre; bekannt für Steaks und Lobster.

**Legal Sea Foods,** mehr als zehn Lokale
in Boston und Cambridge; keine Reservierung, lange Warteschlangen; Mo–Do
11–22.30, Fr, Sa bis 23.30, So 12–22 Uhr;
moderat.
Fisch und Meeresfrüchte phantastisch zubereitet; von den verschiedenen Filialen in
Boston und Cambridge ist die im Pruden-
ial Center, 800 Boylston St., besonders
schön ausgestattet.

**The Capital Grille,** 359 Newbury St.,
Tel. 617-262-8900; Mo–Do 17–22, Fr, Sa
17–23 Uhr; moderat–teuer.
Der Himmel für Steak-Liebhaber, für Vege-
tarier die Hölle.

**Maison Robert,** 45 School St.,
Tel. 617-227-3370; Mo–Fr 11.45–14.30,
Mo–Sa 17.30–22 Uhr; preiswertes Dinner
zum Fixpreis, sonst teuer.
Herrlicher Gastgarten, sehr gute französi-
sche Küche.

**Olive's,** 10 City Square, Stadtteil Charlestown, Tel. 617-242-1999; keine Reservierung, lange Warteschlangen; Mo–Fr
17.30–22, Sa bis 22.30 Uhr; teuer.
Köstlichkeiten aus den Ländern ›in denen
die Oliven wachsen‹; sehr beliebt.

**Ritz Carlton Rooftop,** 15 Arlington St.,
Boston, Tel. 617-536-5700; rechtzeitig vor-
bestellen, korrekte Kleidung wird verlangt;
Mai–Sept. Do–Sa 17.30–1 Uhr; teuer.
Ein einmaliges Erlebnis: über den Dächern
von Boston tanzen und dinieren!

**Arnold Arboretum,** Jamaica Plains.
Sehr schöner Botanischer Garten,
tgl. von Sonnenaufgang bis Sonnenuntergang.

**Boston Athenaeum,** 10 1/2 Beacon St.,
Mo–Fr 9–16 Uhr.

**Boston Public Library,** 666 Boylston St.,
Mo–Do 9–21, Fr, Sa 9–17, im Sommer So
13–17 Uhr.

**Bunker Hill Monument,** Monument
Square in Charlestown, tgl. 9–17 Uhr.

**Christ Church,** 193 Salem St., tgl. 9–17
Uhr.

**Christian Science Center,** Massachusetts
Ave. und Clearway St., Mapparium Mo–Sa
10–16 Kirche Mo–Sa 10–16, So 11.15–14 Uhr.

**Coop's Hill Burial Ground,** Charter St.,
tgl. 8–17 Uhr.

**Harrison Gray Otis House,** 141 Cambridge
St., geführte Touren Mi–So 11–17 Uhr.

**John F. Kennedy Library,** Columbia
Point on Dorchester Bay, tgl. 9–17 Uhr.

**John F. Kennedy National Historic
Site,** 83 Beals St., Brookline, Geburtshaus
Kennedys; geführte Touren im Sommer
Mi–So um 10.45, 11.45, 13, 14, 15, 16 Uhr.

**King's Chapel und Burying Ground,**
School St., Mo, Do–Sa 9–16, So 13–15 Uhr;
Friedhof tgl. 9–16 Uhr.

**New England Aquarium,** Central Wharf,
www.neaq.com; im Sommer Mo–Fr 9–18,
Mi, Do bis 20, Sa, So 9–19 Uhr, sonst
Mo–Fr 9–17, Do bis 20, Sa, So 9–18 Uhr.

**Old South Meeting House,** 310 Washington St., im Sommer tgl. 9.30–17 Uhr, Rest des Jahres 10–16 Uhr.
**Old State House,** Washington und State St., tgl. 9–17 Uhr.
**Park Street Church und Old Granary Burying Ground,** Park und Tremont St., im Sommer Di–Sa 9–15.30 Uhr, Friedhof tgl. 8–16.30 Uhr.
**Paul Revere House,** 19 North Square, im Sommer 9.30–15.15 Uhr, Rest des Jahres 9.30–16.15 Uhr.
**State House,** Beacon St., Mo–Fr 9–17 Uhr.
**Trinity Church,** Copley Square, tgl. 8–18 Uhr.
**U.S.S. Constitution,** Besichtigung tgl. bis Sonnenuntergang, Schiffstouren tgl. 9.30–15.50 Uhr; Museum im Sommer 9–18, sonst 10–17 Uhr.

 **Boston Tea Party Ship and Museum,** Congress Street Bridge, tgl. 10–17 Uhr.
**Children's Museum,** 300 Congress St., www.BostonKids.org; Memorial Day bis Labor Day tgl. 10–17 Uhr, Rest des Jahres Mo geschl.
**Museum of Fine Arts,** 465 Huntington Ave., www.mfa.org; Mo, Di 10–16.45, Mi–Fr 10–21.45, Sa, So 10–17.45 Uhr.
**Museum of Science,** Science Park, www.mos.org; tgl. 9–17, Fr bis 21 Uhr.
**Isabella Stewart Gardner Museum,** 280 The Fenway, www.boston.com/gardner; Di–So 11–17 Uhr, Konzerte Sept.–Mai So 13.30 Uhr.
**John Hancock Tower,** Copley Square, www.jhancock.com; Mo–Sa 9–22, So 9–18 Uhr.

**Tip:** Mit dem **City Pass** spart man rund 50% des Eintrittsgeldes der teilnehmenden Institutionen (dort auch erhältlich): New England Aquarium, John F. Kennedy Library, Museum of Fine Arts, John Hancock Observatory, Isabella Stewart Gardner Museum, Museum of Science.

**Boylston und Newbury Street:** Hochklassige Geschäfte aller Art säumen diese beiden Straßen in Back Bay; an Newbury St. liegen besonders viele Galerien und Antiquitätenläden.

**Copley Place und Prudential Center,** Copley Square und Boylston St.
Zwei große moderne Einkaufszentren mit ausgefallenen Boutiquen, Designerläden und allem, was das konsumfreudige Herz begehrt; die beiden Komplexe sind durch Skywalks verbunden.
**Eugene Galleries,** 76 Charles St.
Antiquitätenladen mit einem guten Angebot an alten Ansichten und Plänen von Boston.
**Filene's Basement,** Washington St.
Bostons berühmter Discountladen: Teuerste Marken werden auf bis zu 75 % reduziert. Was nach 28 Tagen noch keinen Käufer gefunden hat, geht an die Armenhilfe.
**Globe Corner Bookstore,** 1 School St.
Reiseliteratur aus aller Welt mit Schwerpunkt Neu-England; in der 500 Boylston St. gibt es ebenfalls eine Filiale.
**Quincy Market**
Einrichtungsläden, Boutiquen, Souvenirgeschäfte in den alten Lagerhallen beim ehemaligen Markt.
**Tower Records,** 360 Newbury St.
Die größte Auswahl an MCs und CDs zu teils sagenhaft günstigen Preisen.
**Wrentham Village Premium Outlets,** an der Kreuzung Rt. 459/1 A.
Factory Outlet Shopping ›stadtnah‹, auch wenn eine 45 Min.-Autofahrt für Europäer nicht gerade kurz ist, lohnt die Reise zum Einkaufsparadies mit rund 100 Geschäften: Calvin Klein, Donna Karan, Brooks Brothers und viele andere Designer mehr bieten ihre Waren hier teils zum halben Preis an.
**OKW,** 234 Clarendon St.
Hier kleidet sich die erfolgreiche Geschäftsfrau ein.

Boston ist nicht New York und folgerichtig eine Stadt, die sehr wohl Schlaf findet: Um 1 Uhr schließen die Bars, um 2 Uhr die Clubs. Bis zur Sperrstunde aber bleibt genug Zeit, sich zu amüsieren, wozu man am besten in die **Lansdowne St.** geht. Dort liegen Bars, Clubs, Discos, dort kann man trinken und zu Musik verschiedenster Richtungen tanzen. Im großen, eleganten **Avalon** (15 Lansdowne St.) oder dem **Axis** (13 Lansdowne St.), das eher jüngeres Publikum anzieht, in der ruhigeren **Bill's Bar** (5 Lansdowne St.) oder der **Pianobar Jake Ivory's** (1 Lansdowne St.) findet jeder etwas für seinen Geschmack. Im **Mama Kin** (36 Lansdowne St.) tritt die lokale Rockszene auf, im **Karma Club** (11 Lansdowne St.) weht ein Hauch von Asien. Alternativen für nächtliche Vergnügungen bietet Cambridge (siehe dort).

1881 gab das **Boston Symphony Orchestra** sein erstes Konzert in der Music Hall, die damals schon 2000 Zuhörer faßte. Im Jahr 1900 zog man dann um in die neu erbaute Symphony Hall, Ecke Huntington/Massachusetts Avenue, ein Gebäude, das wegen seiner Akustik Aufmerksamkeit erregte. Hier residiert das Boston Symphony Orchestra von September bis April; dann wird umdekoriert, die Konzertsaalatmosphäre weicht, und mit den **Boston Pops** zieht leichtere Musik ein.

Im Sommer gehen beide Bostoner Orchester an die frische Luft: das Boston Pops Orchestra spielt in der **Hatch Shell** am Ufer des Charles River – hier wird auch alljährlich ein Konzert zur Feier des Unabhängigkeitstages (4. Juli) gegeben – die E-Musik zieht in die Sommerfrische nach **Tanglewood;** dort findet jedes Jahr von Anfang Juli bis Ende August das Berkshire Music Festival statt (s. S. 270). Über das Programm der beiden großen Orchester informiert die Tagespresse; Auskunft auch unter Tel. 617-266-14 92 oder www.bso.org (Symphony Hall). Während der Spielzeit des Boston Symphony Orchestra finden öffentliche Proben statt, zu denen verbilligte Karten verkauft werden.

Bostons Musikschulen, **New England Conservatory of Music** (290 Huntington Ave., Tel. 617-585-11 00, www.newenglandconservatory.edu) und das **Berklee College of Music** (136 Massachusetts Ave., Tel. 617-744-2474), veranstalten regelmäßig freie Konzerte. Über das Programm der **Boston Lyric Opera** informiert man sich unter Tel. 617-542-4912, über das **Boston Ballet** unter Tel. 617-695-69 55, www.boston.com/bostonballet.

Südlich des Common, um Tremont und Washington Street, liegt Bostons ›Theater

District‹. Zwischen 1900 und 1935 wurden hier 13 Theater gebaut, einige dienen noch heute als Spielstätten. Im **Colonial Theatre** (106 Boylston St., Tel. 617-426-93 66), **Shubert Theatre** (265 Tremont St., Tel. 617-482-93 93), **Wang Theatre** (270 Tremont St., Tel. 617-482-93 93, www.boston.com/wangcenter) und im **Wilbur Theatre** (246 Tremont St., Tel. 617-423-40 08) werden die großen Broadway Hits aufgeführt – diejenigen, die bereits mit Erfolg in New York liefen oder solche, die auf dem Weg zum Broadway sind. Boston gehört zu den Städten, in denen die Stücke auf ›Broadwaytauglichkeit‹ getestet werden. Man hat also hier die Chance, entweder einen zukünftigen Hit oder einen Flopp zu erleben.

Die lokale Truppe, die **Huntington Theatre Company,** tritt im Boston University Theatre auf (264 Huntington Ave., Tel. 617-266-08 00, www.bu.edu/huntington), die **Blue Man Group,** eine New Yorker Off-Broadway-Gruppe, die sich Mitte der 90er Jahre in Boston niederließ, spielt im Charles Playhouse (74 Warrenton St., Tel 617-426-69 12).

**Comedy Connection,** Faneuil Hall Market Place, Tel. 617-248-97 00, www.go.boston.com/comedyconnection gilt als einer der besten Comedy Clubs in den USA. Die Show wird allerdings nur genießen können, wer wirklich gut Englisch versteht; Shows tgl. 20, Fr, Sa, auch 22.15 Uhr.

**Tickets im Vorverkauf** kann man über folgende Agenturen erwerben:
**Ticketmaster,** Tel. 617-931-20 00, www.ticketmaster.com
**Next Ticketing,** Tel. 617-423-NEXT, www.boston.com/next
**BosTix,** Tel. 617-723-51 81, www.boston.com/artsboston
BosTix bietet auch Tickets zum halben Preis für Vorstellungen, die am selben Tag stattfinden. Verkaufsstände findet man bei Faneuil Hall, am Copley Square und am Harvard Square in Cambridge. Geöffnet Di–Sa 10–18 Uhr, am Copley und Harvard Square auch Mo 10–18 Uhr. Verbilligte Tickets werden ab 11 Uhr angeboten, Kreditkarten werden nicht angenommen.

**St. Patrick's Day:** Mit einer Parade in South Boston und einem Fest rund um Faneuil Hall begeht die irische Bevölkerung Bostons am 17. März ihren Feiertag.

**Patriot's Day:** Der dritte Montag im April ist in Massachusetts Feiertag, denn man gedenkt des Ritts von Paul Revere und der revolutionären Ereignisse von 1775. Gefeiert wird im North End, kostümierte Gestalten erwecken die Geschichte zum Leben.

**Boston, Marathon:** Er findet am Patriot's Day (s. oben) statt, die ersten Läufer erreichen Boston am frühen Nachmittag.

**Boston Globe Jazz Festival:** In der dritten Woche im Juni swingt Boston. Viele Konzerte sind umsonst, Tel. 617-929-2000, boston.com/jazzfest.

**4. Juli:** Den Unabhängigkeitstag begehen die Bostoner mit einem Hafenfest, das in der ersten Juliwoche stattfindet und am Ehrentag selbst mit einem abendlichen Konzert der Boston Pops (Hatch Shell am Charles River) und einem bombastischen Feuerwerk.

**Head of the Charles:** Ende Oktober treten die Ruderteams der Schulen und Universitäten zur Regatta an, Tel. 617-727-0537.

 **Black Heritage Trail,** Tour durch Beacon Hill, Unterlagen sind in dem Info-Kiosk auf dem Common erhältlich; weitere Informatioonen im Museum of African American History, 46 Joy St., Tel 617-739-1200.

**Hafenrundfahrten,** ab Long Wharf, durchgeführt von Boston Harbor Cruises, Tel. 617-227-4321.

**Old Town Trolley Tours,** Tel. 617-269-7150, ein Shuttlebus, der durch die Innenstadt fährt und an verschiedenen touristisch interessanten Stellen hält. Man kauft ein Tagesticket und kann aus- und zusteigen, sooft man will. Tickets an den Stopps oder bei der Central Wharf.

**Boston Duck Tours,** Tel. 617-723 DUCK, bietet vergnügliche Trips mit Amphibienfahrzeugen, die schon im Zweiten Weltkrieg zum Einsatz kamen und heute Touristen kutschieren. Die Reise beginnt am Prudential Center, Höhepunkt ist der Moment, wo die Autos ins feuchte Element eintauchen und einen Teil der Strecke auf dem Charles River zurücklegen.

**Whale Watching,** Tel. 617-973-5281. Die Whale Watching Touren des New England Aquarium stehen unter sachkundiger Leitung und werden von April bis Oktober durchgeführt. Ein Trip dauert etwa fünf Stunden. Unbedingt reservieren.

**Boston By Foot,** Tel. 617-367-3766. Zu Fuß mit einem einheimischen Führer durch die Stadt spazieren und dabei Interessantes über die Geschichte und Architektur lernen.

**Vom Flughafen in die Stadt:** Bostons Logan Airport liegt etwa 5 km vom Stadtzentrum entfernt. Die meisten internationalen Flüge kommen an Terminal E an. Kostenlose Zubringerbusse verkehren zwischen den Terminals und der U-Bahn-Station, wo man gleich den MBTA Visitor's Pass (s. unten) erwerben kann. Eine teurere, aber malerische Alternative zur U-Bahn-Fahrt bietet die Airport Water Shuttle, ein Boot, das zwischen dem Flughafen und Rowes Wharf verkehrt.

**Öffentliche Verkehrsmittel:** Boston verfügt über ein gut ausgebautes U-Bahn- und Bussystem, das alle interessanten Punkte erschließt. In der Innenstadt wird ein Auto nur zur Last – Parkplätze sind teuer und rar. Die U-Bahn wird »T« genannt und verkehrt teils unter-, teils oberirdisch. Um sie zu benutzen, erwirbt man entweder einen »Token«, der zu einer Einzelfahrt berechtigt, oder den MBTA Visitor's Pass, der 1, 3 oder 7 Tage gültig ist und mit dem man beliebig viele Fahrten mit U-Bahn oder Bus unternehmen kann.

**Überlandbusse:** Die Bahnhöfe der beiden großen Busgesellschaften liegen an Atlantic Ave. Trailways Bus Terminal hat die Adresse 555 Atlantic Ave., Greyhound liegt gegenüber. Information Tel. 800-231-2222.

**Züge:** Von der South Station aus verkehren Züge nach New York, Philadelphia und Washington. Weitere Zugverbindungen unter Tel. 617-482 3660.

**Mietwagen** der international operierenden Unternehmen erhält man am Logan Airport oder in den Innenstadtfilialen.

# Burlington, VT

*Lage: B6*
*Vorwahl: 802*
*Einwohner: 39 000*

**Lake Champlain Regional Chamber of Commerce,**
60 Main St., Burlington, VT 05402,
Tel. 802-863-34 89

**Radisson Hotel-Burlington,**
60 Battery St., Tel. 802-658-6500 o.
800-333-3333, Fax 802-658-4659; moderat.
Modernes Großhotel direkt am See.
**Anchorage Inn,** 108 Dorset St., South Burlington, Tel. 802-863-7000,
Fax 802-658-3351; sehr preiswert.
Einfaches Motel in der Nähe von Exit 14
des Highways 89 gelegen.

**Al's,** 1251 Williston Rd., South Burlington, Tel. 802-862-9203; günstig.
Einfaches, billiges Burger- und Sandwich-Lokal.
**Bove's,** 68 Pearl St., Tel. 802-864-6651;
günstig.
Eine Institution seit den 40er Jahren, preiswert, auf Spaghetti spezialisiert, keine Reservierung möglich.
**Five Spice Cafe,** 175 Church St.,
Tel. 802-864-40 45; günstig–moderat.
Kleines Lokal, vegetarische und asiatische Küche.
**NECI Commons,** 255 Church St.,
Tel. 802-862-6324; günstig–moderat.
Wird vom renommierten New England Culinary Institute geleitet, das hier junge Köche trainiert. Kreative Küche, gutes Preis-Leistungs-Verhältnis.

**Shelburne Farms,** Bay und Harbor Rds., ; im Sommer tgl. 9–17 Uhr,
Führungen 9.30, 11, 12.30, 14, 15.30 Uhr.
Modellfarm, die Gartengestaltung übernahm Frederick Law Olmsted, direkt am See gelegen.
**Shelburne Museum,** Rte. 7, südlich von Burlington; Mitte Mai–Mitte Okt. tgl. 10–17 Uhr.
Hausmuseum mit Ausstellungen zu verschiedenen Themen.

**The Champlain Mill,** Rte. 2/7, alte Mühle nordöstlich von Burlington, die zu einem Einkaufszentrum umgebaut wurde.

**Club Extreme,** 165 Church St.,
Livemusik, junges Publikum
**Nectar's,** 188 Main St.,
Livemusik und keine Cover Charge.
**Vermont Pub and Brewery,** College and St. Paul St.
Hier gibt es selbstgebrautes Bier, regelmäßig Folkmusik.

**Green Mountain Chew Chew,**
Ende Juni feiert South Burlington ein großes Fest im Waterfront Park. Kulinarische Spezialitäten aus der Region, Musik von Blue Grass bis Folk. Genaues Datum unter Tel. 802-864-6674.

**Kreuzfahrten auf dem See:** ›The Spirit of Ethan Allen‹ verkehrt ab Burlington Boat House (Tel. 802-862-8300) Mitte Mai–Mitte Okt. tgl. im zweistündigen Rhythmus von 10 bis 16 Uhr. Es werden auch Dinner- und Mondscheinfahrten angeboten.
**Radfahren:** Ein etwa 15 Kilometer langer Radweg führt am Seeufer entlang, Räder leihen kann man bei Shirack, 85 Main St., Tel. 802-658-33 13.
**Schwimmen:** Strände findet man nördlich von Burlington: North Beach Park, North Ave., Bayside Beach, Rte. 127, bei der Malletts Bay, Leddy Beach.

# Cambridge, MA

*Lage: D3*
*Vorwahl: 617*
*Einwohner: 96 000*

**Cambridge Office for Tourism,**
18 Brattle St., Cambridge,
MA 02138, Tel. 617-441-2884,
www.cambridge-usa.com

**Irving House at Harvard,**
1201 Massachusetts Ave.,
Tel. 617-491-2222, Fax 617-520-3711;

günstig–moderat.
Sehr gute Lage, einfache Zimmer, ab 99 $.
**A Cambridge House Bed & Breakfast Inn,** 2218 Massachusetts Ave.,
Tel. 617-491-6300,
Fax 617-868-2848, E-Mail: innach@aol.com;
moderat–teuer.
Historisches Haus aus dem Jahr 1892, 16 Zimmer, größtenteils ohne privates Bad.
**The Charles in Harvard Square,**
1 Bennett St., Tel. 617-864-1200,
Fax 617-864-5715; sehr teuer.
Freundliches, modern eingerichtetes Hotel der gehobenen Klasse, sehr gute Lage in unmittelbarer Nähe von Harvard Square.

 **S & S Restaurant,** 1334 Cambridge St., Tel. 617-354-0777;
günstig.
Das jüdische Lokal existiert seit 1919 und ist besonders am Wochenende zum Brunch beliebt.
**Tea-Tray in the Sky,** 1796 Massachusetts Ave., Tel. 617-492-8327; günstig.
Kleines Ladenlokal mit einer großen Tee-Auswahl und kleinen Gerichten.
**Cottonwood Cafe,** 1815 Massachusetts Ave., Tel. 617-661-7440; moderat.
Südwestliche Küche im Kaktus- und Keramik-Dekor-Ambiente.

 **Arthur M. Sackler Museum,** 485 Broadway, **Busch-Reisinger Museum,** 32 Quincy St. und **Fogg Art Museum,** 32 Quincy St., Mo–Sa 10–17, So 13–17 Uhr geöffnet.
**Harvard University Museums of Culture and Natural History,** 26 Oxford St. und 11 Divinity St.; Mo–Sa 9–17, So 13–17 Uhr, Jan. geschl.
Umfaßt die Abteilungen Archäologie und Ethnologie, Geologie und Mineralogie, Botanik und Zoologie.
**List Visual Arts Center,** 20 Ames St.; Okt. Juni Di–So 12–18, Fr bis 20 Uhr.
MIT's Kunstmuseum, zeitgenössische Kunst.

 **Peabody Museum Gift Shop,** 11 Divinity Ave.
Volkskunst und Kunsthandwerk aus aller Welt zu günstigen Preisen.

**The Coop,** 1400 Massachusetts Ave.
Alles für den studentischen Bedarf, für Harvard-Studenten mit Discount.
**Wordsworth,** 30 Brattle St.
Phantastisch sortierte Buchhandlung.

 **Passim,** 47 Palmer St., Cambridge Ave., Tel. 617-492-7679
Eine Legende aus der Woodstock-Zeit; noch heute auf Folkmusik spezialisiert.
**Regattabar,** Charles Hotel, 1 Bennett St., Tel. 617-661-5000
Gepflegter Jazz im eleganten Rahmen.
**House of Blues,** 96 Winthrop St., Tel. 617-491-2583
Hier treten die Großen der Jazz- und Bluesszene auf, gutes Restaurant, Sonntag Gospel-Brunch.
**Middle East,** 472–480 Massachusetts Ave., Tel. 617-492-9181
Jeden Abend Rock, bekannte Bands und Newcomer.

 **Theateraufführungen** finden im Harvard University Loeb Drama Center, 64 Brattle St., Tel. 617-547-8300 und im Hasty Pudding Theatre, 12 Holyoke St., Tel. 617-496-8400, statt. In beiden Spielstätten tritt das American Repertory Theatre auf (www.amrep.org).

**Charles River Boat Company,** Tel. 617-621-3001.
Fahrten auf dem Charles River, die Boote legen bei der Cambridge Side Galeria ab und zwar zwischen 12 und 17 Uhr jeweils zur vollen Stunde.
**Harvard-Führungen,** Holyoke Center, 1350 Massachusetts Ave.; Mitte Juni–Ende Aug. Mo–Sa 10, 11.15, 14, 15.15, So 13.30, 15 Uhr; Anfang Okt.–Anfang Juni Mo–Fr 10, 14, Sa 14 Uhr.
Studenten führen während der Schulzeit kostenlos durch ihre Universität.
**MIT-Führungen,** Information Center, 77 Massachusetts Ave.; Mo–Fr 10 und 14 Uhr.
Kostenlose Führungen durch den Campus; dabei kann man auch das MIT-Museum besichtigen, das sich mit Holographie beschäftigt.

Cambridge ist mit der U-Bahn von Boston aus zu erreichen. Nach Harvard gelangt man mit der Red Line, die an Park Street und Downtown Crossing hält, man steigt am Harvard Square aus und befindet sich direkt am Informationszentrum und dem Eingang zum Campus.

## Camden, ME

*Lage: F6*
*Vorwahl: 207*
*Einwohner: 4000*

**Rockport-Camden-Lincolnville Chamber of Commerce,** Public Landing, Box 919, Camden, ME 04843, Tel. 207-236-4404

**Birchwood Motel,** US 1, Tel. 207-236-4204; sehr preiswert. Kleines Motel 5 km nördlich von Camden.
**Maine Stay,** 22 High St., Rte. 1, Tel. 207-236-9636, E-Mail: innkeeper@mainestay.com; günstig–moderat. Acht Räume in einem zentral gelegenen historischen Haus, sehr gutes Frühstück.
**Whitehall Inn,** 52 High St., Tel. 207-236-3391, Fax 207-236-4427, E-Mail: stay@whitehall-inn.com; moderat. Früher das Haus eines Kapitäns, heute 50 Räume auf zwei Häuser verteilt.

**Ayer's Fish Market,** 43 Main St.; günstig. Köstlicher Fish Chowder.
**Cappy's Chowder House,** 1 Main St., Tel. 207-236-2254; günstig–moderat. Einfache Kost: Burgers, Sandwiches und Seafood, schöner Blick vom ersten Stock.
**The Waterfront Restaurant,** Bay View St., Tel. 207-236-3747; moderat. Herrlicher Blick, Seafood und Mexikanisches.

Im Camden Civic Theatre und dem Amphitheater im Harbor Park finden in den Sommermonaten **Theater**-Aufführungen statt.

Verschiedene Veranstalter bieten zwei- und einstündige **Bootsausflüge** an. Einige – unvergeßliche – Tage verbringt man auf einem dreimastigen **Segelschiff,** wenn man bei Maine Windjammer Cruises bucht, Tel. 800-807-9463.
**Camden Hills State Park:** Vom Mount Battie hat man einen wunderbaren Blick auf die Bucht. Auf den Berg führt eine Autostraße, im Park findet man eine Reihe markierter Wanderwege.

## Cape Cod, MA

*Lage: E2/3*
*Vorwahl: 508*
*Einwohner: Sandwich 15500;*
*Provincetown 3500; Falmouth 28000*

**Cape Cod Chamber of Commerce,** Jct. Route 6 und Route 132, Hyannis, MA 02601, Tel. 508-362-5230, E-Mail: chamber@capecod.net, www.hyannischamber.com

**White Horse Inn,** 500 Commercial St., Provincetown, Tel. 508-487-1790; sehr preiswert. Rechtzeitig reservieren, dieser preiswerte und überaus individuelle Inn ist schnell ausgebucht.
**Holiday Inn Motor Hill,** 352 Main St., Dennis Port, Tel. 508-394-5577; sehr preiswert. Große Zimmer, Pool.
**Captain Freeman Inn,** 15 Breakwater Rd., Brewster, Tel. 508-896-7481, Fax 508-896-5618, E-Mail: visitus@capecod.net; günstig. Viktorianisches Haus aus dem Jahr 1866, zwölf Zimmer, drei mit Gemeinschaftsbad.
**Hyannis Motel Inn,** 473 Main St., Hyannis, Tel. 508-775-0255; günstig. Zentral gelegen, Pool im Haus.
**The Parsonage Inn,** 202 Main St., East Orleans, Tel. 508-255-8217, Fax 508-255-8216, E-Mail: innkeeper@parsonageinn.com; günstig. Freundliche Atmosphäre, in dem alten Haus gibt es nur acht Zimmer.

**The Belfry Inne,** 8 Jarves St., Sandwich, Tel. 508-888-85 50, Fax 508-888-3922, E-Mail: info@belfryinn.com; günstig–moderat.
Historisches Haus mit acht Zimmern, Bar und Restaurant.

**The Inn on Sea Street,** 358 Sea St., Hyannis, Tel. 508-775-80 30, Fax 508-771-0878, E-Mail: innonsea@capecod.net; günstig–moderat.
Altes, sehr gepflegtes und freundlich geführtes Haus in Strandnähe; wunderbares Frühstück.

**Ashley Manor,** 3660 Rte. 6 A, Barnstable, Tel. 508-362-80 44, Fax 508-362-9927, E-Mail: ashleymn@capecod.net; moderat.
Das schindelgedeckte Haus im Kolonialstil steht in einem riesigen Garten, die Zimmer sind antik eingerichtet.

**Captain Ferris,** 308 Old Maine St., South Yarmouth, Tel. 508-760-28 18; Fax 508-398-15 15; moderat.
Zehn geschmackvoll eingerichtete Zimmer in einem alten Kapitänshaus von 1845, ausgezeichnetes Frühstück.

**The Wedgewood Inn,** 83 Main St., Yarmouth Port, Tel. 508-362-5157, Fax 508-362-5851; moderat.
Neun elegante Zimmer, teils mit Kamin, und ein herrliches Frühstück.

**Whalewalk Inn,** 220 Bridge Road, Eastham, Tel. 508-255-06 17, Fax 508-240-00 17; moderat–teuer.
Schöne, rustikal-elegant eingerichtete Zimmer, sehr guter Service und persönliche Atmosphäre.

**Watermark Inn,** 603 Commercial St., Provincetown, Tel. 508-487-01 65, Fax 508-487-2383; moderat–sehr teuer.
Apartments mit Küche und Veranda, direkt am Wasser gelegen.

**The Fairbanks Inn,** 90 Bradford St., Provincetown, Tel. 508-487-03 86, Fax 508-487-350; teuer.
Zentral gelegen, bietet dieses ehemalige Haus eines Kapitäns noch heute großzügige und elegante Gastlichkeit.

**Wequassett Inn,** 178 Rte. 28, Chatham, Tel. 508-432-54 00, Fax 508-432-19 15; sehr teuer.

Große Anlage, 104 Zimmer mit allem modernen Komfort, privater Strand.

 **Bob Brigg's Wee Packet Restaurant and Bakery,** Dennisport, Tel. 508-398-2181; günstig.
Dieses kleine Lokal existiert seit mehr als 50 Jahren, gute Portionen.

**Café Edwige,** 333 Commercial St., Provincetown, Tel. 508-487-20 08; günstig.
Sehr schöne Männer und ein ausgezeichnetes Frühstück.

**Cobie's,** 3260 Rte. 6A östlich von Brewster, Tel. 508-896-7021; günstig.
Muscheln und anderes aus dem Meer.

**Mayflower Cape Cod Diner,** Hyannis, Tel. 508-771-3554; günstig.
Amerikanische Küche in einem Diner, der wie in den 50er Jahren eingerichtet ist.

**Eastham Lobster Pool,** Route 6, North Eastham, Tel. 508-255-97 06; günstig–moderat.
Hummer und Meeresfrüchte.

**Land Ho,** Orleans, Rte. 6 A, Tel. 508-255-51 65; günstig–moderat.
Einfache, aber gut zubereitete Speisen und eine große Bierauswahl, Do, Fr und Sa Livemusik.

**Aesop's Table,** 316 Main St., Wellfleet, Tel. 508-349-64 50; moderat.
Kreative Küche, guter Sonntags-Brunch

**Ciro & Sal's,** 4 Kiley St., Tel. 508-487-0049; moderat–teuer.
Guter Italiener, Pasta und Fischgerichte.

**Martin House,** 157 Commercial St., Provincetown, Tel. 508-487-13 27; moderat–teuer.
Stilvolles Restaurant in einem der ältesten Häuser von Cape Cod.

**Chillingsworth,** 2449 Main St., Brewster, Tel. 508-896-36 40; teuer.
Phantastische französisch inspirierte Küche in elegantem Landhaus-Ambiente, gut für Lobster-Orgien.

 **Cape Cod National Seashore,** Salt Pond Visitor Center, Eastham; tgl. 9–16.30 Uhr, Informationszentrum.

**Heritage Plantation of Sandwich,** Grove und Pine St., Sandwich; Mai–Okt. tgl. 10–17 Uhr.

Freilichtmuseum, Volkskunst und Oldtimer-Sammlung.

**Pilgrim Monument,** High Pole Hill, Provincetown; Juli, Aug. tgl. 9–19 Uhr, April–Juni und Sept., Nov. tgl. 9–17 Uhr.

 **Sandwich Glass Museum,** Main St., Sandwich; April–Dez. tgl. 9.30–17, Feb., März 9.30–16 Uhr.

 Witziges, Ausgefallenes und Originelles gibt es in **Provincetown** entlang der Hauptgeschäftsstraße Commercial Street. In **Hyannis,** dem kommerziellen Zentrum des Cape, findet man Souvenir-, Hütchen- und T-Shirtgeschäfte, über die man in nahezu jeder Ortschaft auf dem Cape stolpert, in unendlicher Reihung. Schnäppchenjäger sollten sich im Cape Cod Factory Outlet Mall von **Sagamore** umsehen.
**Antiquitätengeschäfte** mit einem guten Angebot findet man an der Route 6A.

 **Beachcomber,** 1220 Cahoon Hollow Beach bei Route 6, Wellfleet. Restaurant und Tanzclub direkt am Wasser mit Rock und Reggae live; junge, gestylte Leute.
**Roadhouse Cafe,** 488 South St., Hyannis. Gemütliche Bar, große Auswahl an Bieren, sanfte Musik.
**The Atlantic House,** 6 Masonic Place, Provincetown.
Einer der besten Gay-Clubs der Nation, Entertainment.

 **Weelfleet Drive Inn Theater,** 51 Rte 6 nördlich von Eastham, Tel. 800-696-3532; tgl. Ende Mai bis Mitte Sept. nach Einbruch der Dunkelheit Drive-In Kino aus den 50er Jahren.
**The Cape Cod Melody Tent,** West End Rotary, Hyannis, Tel. 508-775-9100 Von Juli bis Anfang Sept. treten hier verschiedene Künstler und Musiker auf.
**Cape Cinema,** 36 Hope Lane, Dennis, Tel. 508-385-2503
Art déco-Kino mit sehr gutem Programm.

 **Cape Cod Rail Trail,** 40 km langer Radweg von Dennis nach Wellfleet,

einfach zu befahren, landschaftlich schön. Radverleih in den Orten, die an der Strecke liegen.

**Whalewatching,** ›Portugese Princess‹ ab MacMillan Pier, Provincetown, Tel. 508-487-2651; Mai–Okt., eine Tour dauert 3–4 Std.

 Zwischen dem Cape und den beiden Inseln Martha's Vinyard und Nantucket bestehen das ganze Jahr über täglich **Fährverbindungen.** Reservierung in der Hochsaison unbedingt erforderlich (Steamship Authority Tel. 508-477-8600, www.islandferry.com).

## Castine, ME

*Lage: E5*
*Vorwahl: 207*
*Einwohner: 1200*

 **Castine Town Office,** Emerson Hall, Court St., Castine, ME 04421, Tel. 207-326-4502

 **The Castine Inn,** Main St., Tel. 207-326-4365, Fax 207-326-4570, E-Mail: relax@castineinn.com; günstig. Eleganter Inn mit gutem Restaurant.

## Concord, MA

*Lage: D4*
*Vorwahl: 978*
*Einwohner: 17000*

 **Concord Chamber of Commerce,** 2 Lexington Rd., Concord, MA 01742, Tel. 978-369-3120

 **Colonial Inn,** 48 Monument Square, Tel. 978-369-9200, Fax 978-369-2170; teuer. Schönes altes Haus mit neueren Anbauten direkt am Hauptplatz, 50 Zimmer.
**Best Western at Historic Concord,** 740 Elm St., Tel. 978-369-6100, Fax 978-371-1656; günstig. Die billigere Alternative in Concord.

**Longfellow's Wayside Inn,** Wayside Inn Rd., Sudbury, Tel. 978-443-1776, Fax 978-443-8041; günstig.
Diese wunderschöne alte Inn liegt in Sudbury, nur etwa 10 km von Concord entfernt. Hier kann man gut essen.

 **Guida's Coast Cuisine,** 84 Thoreau St., Tel. 978-371-1333; moderat.
Guida kommt von den Azoren und bringt Seafood und portugiesische Gerichte auf den Tisch.

**Emerson House,** Cambridge Turnpike u. Route 2 A; Führungen im Sommer Do–Sa 10–16.30, So 14–16.30 Uhr.
Original-Möbel und Memorabilia von Emerson, der hier von 1835 bis zu seinem Tod 1882 lebte.
**Gropius House,** 68 Baker Bridge Rd., Lincoln; Mi–So 11–16 Uhr.
In Lincoln, dem Nachbarort von Concord, lebte der Bauhaus-Architekt Walter Gropius, der nach seiner Flucht vor den Nazis ab 1937 in Harvard unterrichtete.
**The Old Manse,** Monument St. bei der North Bridge; Führungen im Sommer Mo–Sa 10–17, So 12–17 Uhr.
Haus aus dem Jahr 1770, in dem Nathaniel Hawthorne zwischen 1842 und 1845 lebte.
**Sleepy Hollow Cemetery,** Bedford St.; tgl. 7 Uhr bis Sonnenuntergang.
Hübscher alter Friedhof und letzte Ruhestätte der Literaten, die in Concord lebten.

**Concord Museum,** Cambridge Turnpike und Lexington Rd., www.concordmuseum.org; im Sommer Mo–Sa 9–17, So 12–17 Uhr.
Alles über Concords Rolle in Geschichte und Literatur.
**Fruitlands Museum,** Harvard, etwa 25 km von Concord entfernt an der Rte 2; im Sommer Di–So 10–17 Uhr.
Ausstellungen zu den Themen Transzendentalismus, Shaker, Indianer und eine Bildergalerie.

Am **Patriot's Day** (dritter Montag im April) feiert man in Concord unnd im benachbarten Lexington die

Ereignisse, die der Unabhängigkeit vorausgingen.

 **Kanufahrten** auf dem Concord River; Kanus können im South Bridge Boat House, 496 Main St., Tel. 978-369-9438, gemietet werden; Mo–Fr 10–18, Sa, So 9–19.30 Uhr.
**Schwimmen** im Walden Pond an der Route 126, der allerdings schon lange nicht mehr der »einsame See« ist, als den ihn Thoreau beschrieb.

 Concord kann man von Boston aus auch mit dem Zug erreichen: MBTA Commuter Rail, Tel. 617-222-3200.

## Connecticut River Valley, CT

*Lage: C2*
*Vorwahl: 860*
*Einwohner: Essex 6000; East Haddam 6700*

**Connecticut Valley and Shoreline Visitors Council,** 393 Main St., Middletown, CT 06457, Tel. 860-347-0028, E-Mail: crvsvc@cttourism.org

**Days Inn,** 1430 Boston Post Rd., Old Saybrook, Tel. 860-388-3453, Fax 860-395-0209; sehr preiswert.
Motel mit 50 Zimmern.
**Bishopsgate Inn,** 7 Norwich Rd., East Haddam, Tel. 860-873-1677; günstig.
Gemütliches mit Antiquitäten eingerichtetes kleines B & B mit sechs Zimmern und gutem Frühstück.
**Riverwind,** 209 Main St., Deep River, Tel. 860-526-2014; günstig–moderat.
Liebevoll verkitschtes B & B in einem viktorianischen Haus, gemütlich, freundlich; in der Früh wird man mit einem enormen Frühstück verwöhnt.
**Griswold Inn,** 36 Main St., Essex, Tel. 860-767-1776, Fax 860-767-0481; teuer.
Traditionelles Haus, in dem seit 1776 Gäste absteigen, stilvoll eingerichtet; im Restaurant wird amerikanische Küche ohne große Finessen geboten.

**Small Planet Bakery and Cafe,** 434 Boston Post Rd.,
Tel. 860-510-0753; günstig.
Gute Sandwiches, Lunchpakete zum Mitnehmen.

**Fiddler's,** 4 Water St., Chester,
Tel. 860-526-32 10; moderat.
Gepflegtes gemütliches Lokal, Spezialität Fisch.

**Inn at Chester,** 318 West Main St., Chester, Tel. 860-526-95 41; moderat.
Etwas außerhalb des Ortes gelegenes Landgasthaus mit solider amerikanischer Küche.

 **Gillette Castle State Park,** River Rd., Haddam; im Sommer 10–17 Uhr.
Schöner Park mit dem 24-Zimmer-Haus eines exzentrischen Schauspielers, derzeit wg. Renovierung geschl., Park zugänglich.

 In Deep River konzentrieren sich die Antiquitätenläden entlang Main St., in Chester findet man eine Reihe guter Geschäfte, u. a. Buchläden.

 Im **Griswold Inn** (s. o.) gibt es jeden Abend Livemusik. An den Wochenenden bietet **Naturally, Books and Coffee** in Chester an der Main St. (Tel. 860-526-3212) Pop, Jazz und Folk live.

 **Goodspeed Opera House,** Rte. 82, East Haddam, Tel. 860-873-86 68
Aufführungen im Sommer, u. a. Musicals, die für den Broadway getestet werden.

**Ivoryton Playhouse,** Ivoryton,
Tel. 860-767-30 75
Von Juni bis Aug. werden hier Klassiker vom Broadway undd vom Off-Broadway aufgeführt.

 **Essex Steam Train and Riverboat,** Railroad Ave., Essex,
Tel. 860-767-01 03
Kombinierte Zug- und Dampferfahrt entlang und auf dem Fluß, im Sommer Mo–Fr alle 90 Minuten von 10.30 bis 16.20, Sa, So von 10.30 bis 18 Uhr.

# Deerfield, MA

*Lage: C4*
*Vorwahl: 413*
*Einwohner: 5000*

 **Franklin County Chamber of Commerce,** 395 Main St., Greenfield, MA 01302, Tel. 413-773-5463, Fax 413-773-7008, www.co.franklin.ma.us

 **Candlelight Inn,** 208 Mohawk Trail, Greenfield, Tel. 413-772-0101, Fax 413-773-0886; sehr preiswert.
Motel mit 56 Zimmern.

**Deerfield's Yellow Gabled House,** 111 North Main St., Tel. 413-665-4922; günstig.
Rechtzeitig vorbestellen – es gibt nur drei Zimmer in diesem Bed and Breakfast.

**The Brandt House,** 29 Highland Ave., Greenfield, Tel. 413-774-3329,
Fax 413-772-2908; moderat.
Wunderschönes, gut geführtes Bed and Breakfast in einem historischen Haus, acht Zimmer.

**Deerfield Inn,** 81 Old Main St.,
Tel. 413-774-55 87 o. 800-926-38 65,
Fax 413-773-87 12; moderat–teuer.
23 Zimmer in einem Haus aus dem Jahre 1884, mitten im Zentrum, gutes Restaurant

 **Famous Bill's,** 30 Federal St., Greenfield, Tel. 413-773-9230; günstig.
Gemütliches, freundliches Familienrestaurant mit amerikanischer Küche.

**Brickers, Greenfield,** Shelburne Rd.,
Tel. 413-774-28 57; moderat.
Hohe Decken und Metallsäulen verraten, daß dies einmal eine Speiseeisfabrik war; schöne Sonnenterrasse.

 **Historic Deerfield,** The Street.
Eine ganze Reihe von Häusern aus dem 18. und 19. Jahrhundert sind zu besichtigen; tgl. 9.30–16.30 Uhr.

 **Rafting** auf dem Deerfield River. Tagestrips veranstaltet von April bis Okt. Zoar Outdoor, Mohawk Trail, Charlemont, MA 01346, Tel. 413-339-0150 oder 800-532-7483.

## Deer Isle, ME

*Lage: F6*
*Vorwahl: 207*
*Einwohner: Stonington 1260*

 **Deer Isle-Stonington Chamber of Commerce,** Box 459, Stonington, ME 04681, Tel. 207-348-6124

**The Inn at the Harbor,** Main St., Stonington, Tel. 207-367-2420 o. 800-942-2420, Fax 207-367-2420; günstig. 13 hübsch ausgestattete Zimmer; zum Inn gehört ein Restaurant, das einige Schritte entfernt liegt.
**Goose Cove Lodge,** Sunset,
Tel. 207-348-2508,
Fax 207-348-2624; moderat.
Zum Grundstück gehören Wald und Sandstrände, es werden Suiten und Cottages vermietet, hier kann man auch gut essen.

**Tagesausflüge zur Isle au Haut,** Tel. 207-367-5193.
Im Sommer kann man von Stonington aus mit dem Mail Boat zu der kleinen Insel fahren, herrliche Wandermöglichkeiten.

## Freeport, ME

*Lage: E5*
*Vorwahl: 207*
*Einwohner: 1800*

**Freeport Merchants Association,** Box 452, Freeport, ME 04032, Tel. 207-865-1212

**Casco Bay Inn,** 107 US1, Tel. 207-865-4925; sehr preiswert. Motel mit 30 Zimmern.
**Freeport Inn,** 335 US 1S, Tel. 207-865-3106, Fax 207-865-6364; sehr preiswert–günstig. Motel mit 89 Zimmern, unpersönlich, aber korrekt geführt.

**Harraseeket Inn,** 162 Main St., Tel. 207-865-9377 o. 800-342-6432, Fax 207-865-1684; moderat.

Das Restaurant liegt in gehbarer Entfernung zum Einkaufsparadies, sehr gute Küche. L.L. Beans Einfluß macht sich in der Dekoration der Broad Arrow Taverns bemerkbar – man fühlt sich wie ein Trapper in den Wäldern. Man kann hier auch übernachten (moderat–teuer).

 Rund um den traditionellen Outdoor-Outfitter L. L. Bean hat sich ein **Outlet-Shopping-Center** etabliert, in dem exquisite Designerware günstig angeboten wird.

## Hanover, NH

*Lage: C5*
*Vorwahl: 603*
*Einwohner: 6500*

**Hanover Chamber of Commerce,** Box 5105, Hanover, NH 03755, Tel. 603-643-3115

**Mary Keane House,** Shaker Village, Enfield, Tel. 603-632-4241, E-Mail: mary.keane@valley.net; sehr preiswert–günstig. Billiger und interessanter als direkt in Hanover zu übernachten, ist es, in Enfield abzusteigen, wo in dem Shaker-Dorf dieses viktorianische, gut geführte Haus liegt.
**Shaker Inn at the Great Stone Dwellnig,** Rte. 4, Enfield, Tel. 603-632-7810; günstig. In einem beeindruckenden Gebäude, das die Shaker in den 1830er Jahren erbauten, werden 24 Räume vermietet, die alle mit Shaker-Möbeln eingerichtet sind. Im ehemaligen Speisesaal der Shaker kann man gut und zu moderaten Preisen essen.
**Hanover Inn,** The Green, Tel. 603-643-4300 o. 800-443-7024, Fax 603-646-3744, E-Mail: hanover.inn@dartmonth; teuer–sehr teuer. Tradition hat ihren Preis, dieses Haus aus dem Jahr 1780 ist das älteste seiner Art in New Hampshire.

**Lou's,** 30 S. Main St.,
Tel. 603-643-3321; günstig.
Beliebtes Frühstücks- und Lunchrestaurant, gute Sandwiches.

 **Baker Memorial Library,** nördlich
des Green; tgl. 8–24 Uhr, während der Sommerferien tgl. 8–17 Uhr
Wandgemälde von José C. Orozco.

 **Hood Museum of Art,** auf der
Südseite des Green; Di-Sa 10–17,
Mi bis 21 Uhr, So 12–17 Uhr
Kleines, aber gut sortiertes Kunstmuseum, das wie die Baker Memorial Library zum Dartmouth College gehört.

**Enfield Shaker Museum,** südlich von Hanover an der Route 4A; im Sommer Mo-Sa 10–17 Uhr, So 12–17 Uhr
Bis zu 150 Shaker lebten und arbeiteten in dieser 1793 gegründeten Gemeinde am Lake Mascoma.

## Hartford, CT

*Lage: C3*
*Vorwahl: 860*
*Einwohner: 133 000*

 **Greater Hartford Convention
and Visitors Bureau,**
1 Civic Center Plaza, Hartford, CT 06103,
Tel. 860-728-67 89,
www.grhartfordcvb.com
E-Mail: ghcvb@connix.com

**Red Roof Inn,** 100 Weston St.,
Tel. 860-724-0222, Fax 860-724-0433;
sehr preiswert.
Hotel mit 115 Zimmern.

**Ramada Inn,** 440 Asylum St.,
Tel. 860-246-6591, Fax 860-728-1382;
günstig–moderat.
Kettenhotel mit erstaunlich gutem Restaurant, verlangen Sie ein Zimmer mit Blick auf den Bushnell Park.

**The Goodwin Hotel,** 1 Haynes St.,
Tel. 860-246-7500, Fax 860-247-4576;
günstig–teuer.
Fassade und Lobby des alten Hotels sind beeindruckend, gute Lage in Downtown.

 **First and Last Tavern,** 939 Maple
Ave., Tel. 860-956-6000; günstig.
Laut, informell, gute Pizza.

**Hot Tomato's,** 1 Union Place,
Tel. 860-249-5100; moderat.
Informelles italienisches Restaurant in der renovierten Union Station.

 **Nook Farm,** 351 Farmington Ave.
Das Haus von Mark Twain ist im Sommer und im Dez. Mo–Sa 9.30–17, So 11–17, sonst Mo u. Mi–Sa 9.30–17, So 12–17 Uhr geöffnet, das von Harriett Beecher Stowe im Sommer Mo–Sa 9.30–16, So 12–16, sonst Di–Sa 9.30–16, So 12–16 Uhr.

**Old State House,** 800 Main St. ; Mo–Fr 10–16 Uhr, Sa 11–16 Uhr, die letzten zwei Wochen im August geschlossen
In dem von Charles Bulfinch 1796 erbauten Gebäude befindet sich auch ein Museum mit allerhand Kuriositäten.

 **Wadsworth Atheneum,**
600 Main St. ; Di–So 11–17 Uhr
Europäische und amerikanische Kunst, Möbel, Textilien, Porzellan und eine Sammlung afro-amerikanischer Kunst.

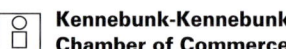 **The 880 Club,** 880 Maple Ave.
Hartfords ältester Jazz-Club.

Im **Bushnell Performing Arts
Center,** 166 Capitol Ave.,
Tel. 860-246-6807, treten das Hartford Ballet, die Hartford Symphony, die Connecticut Opera und die Hartford Pops auf.

Ende Juli findet das **Festival of
Jazz** statt, die Bands geben kostenlose Konzerte im Bushnell Park.

## Kennebunkport, ME

*Lage: E5*
*Vorwahl: 207*
*Einwohner: 1100*

**Kennebunk-Kennebunkport
Chamber of Commerce,** 17
Western Ave., Kennebunk, ME 04043,
Tel. 207-967-0857

**The Old Fort Inn,** Old Fort Ave.,
Tel. 207-967-5353;
günstig–sehr teuer.
Elegantes altes Haus in einem großen Garten gelegen, Pool und Tennisplatz.
**Rhumb Line Motor Lodge,** Ocean Ave.
Tel. 207-967-5457, Fax 207-967-4418;
günstig.
Motel in einer ruhigen Wohngegend.
**The Captain Lord Mansion,**
6 Pleasant St., Tel. 207-967-3141 o.
800-522-3141, Fax 207-967-3172;
moderat–sehr teuer.
Wunderschön ausgestattetes Haus aus dem Jahr 1812.

 **Federal Jack's Restaurant and Brew Pub,** Lower Village,
Tel. 207-967-4322; günstig.
Gutes, frisch gebrautes Bier, dazu passende Küche wie Hamburger.
**White Barn Inn,** Beach St.,
Tel. 207-967-2321; teuer.
Neu-englische Küche mit fremdländischen Einflüssen, elegant.

 **Goose Rocks Beach** bietet einen hübschen und nicht allzu überlaufenen Sandstrand.

## Lake Winnipesaukee, NH

*Lage: D5*
*Vorwahl: 603*
*Einwohner: Meredith 1700;*
*Wolfeboro 2800*

 **Greater Laconia/Weirs Beach Chamber of Commerce,**
11 Veterans Square, Laconia, NH 03246,
Tel. 603-524-5531.

 **St. Moritz Terrace Motel & Chalets Resort,** 937 Weirs Blvd., Weirs Beach,
Tel. 603-366-4482; sehr preiswert.
Motel mit 17 Zimmern und sieben Chalets.
**The Nutmeg Inn,** 80 Pease Rd., Meredith,
Tel. 603-279-8811; günstig.
Sieben Zimmer in einem Haus aus dem 18. Jahrhundert.

**Red Hill Inn,** Rte. 25 B, Center Harbor,
Tel. 603-279-7001, Fax 603-279-7003,
E-Mail: info@redhillinn.com;
günstig–moderat.
Mitten im Wald zwischen Lake Winnipesaukee und Squam Lake gelegen.
**The Inn on Golden Pond,** Rte. 3,
Holderness, Tel. 603-968-7269; moderat.
Neun Zimmer, das Haus ist nur durch eine Straße vom See getrennt, Gäste können auch den Strand benutzen.
**The Inns at Mill Falls,** Rte 3 und 25,
Meredith, Tel. 603-279-7006,
Fax 603-279-7692; moderat–teuer.
Abseits des Rummels am See liegt diese moderne, sehr schön gebaute Anlage, die aus drei Inns besteht. Pool, Restaurants und Geschäfte.

 **Hart's Turkey Farm,** Rte 3 und 104, Meredith, Tel. 603-279-6212; günstig.
Nichts, um stundenlang gemütlich zu sitzen, aber genau der richtige Ort, um große Portionen sehr gut zubereiteten Truthahns zu verspeisen.
**The Corner House Inn,** Jct. Rtes. 109 u. 113, Center Sandwich, Tel. 603-284-6219; moderat.
Alte Scheune, mit Kunst und Kunsthandwerk dekoriert, gute Crab Cakes.

 **Castle in the Clouds,** Rte. 171, Moultonboro; Mitte Juni–Anfang Sept. tgl. 9–17, Sept.–Mitte Okt. 9–16 Uhr.
Wunderschön gelegene Villa in einem riesigen Areal.

 **Schwimmen:** Öffentlich zugängliche Strände sind Ellacoya State Beach, Rte. 11, Gilford, Wentworth State Beach, Rte. 109, Wolfeboro, Barlott Beach, Winnisquam Ave., Laconia, Opechee Park, N. Main St., Laconia, Alton Bay Beach, Alton Bay.
**Seerundfahrten:** Golden Pond Tour, Marnor Resort, Holderness, Tel. 603-279-4405.
Mit der ›Lady of Manor‹ steuert man die Locations an, die man im Film ›On Golden Pond‹ gesehen hat (nur im Sommer). Von Weirs Beach und Wolfeboro aus veranstalten verschiedene Unternehmer im Som-

mer mehrmals täglich Ausflugsfahrten auf dem Lake Winnipesaukee.

## Litchfield Hills, CT

*Lage: B3*
*Vorwahl: 860*
*Einwohner: Litchfield 8500;*
*New Preston 1200*

**Litchfield Hills Visitors Bureau,** Litchfield, CT 06759, Tel. 860-567-45 06, Fax 860-567-5214.

**Hopkins Inn,** 22 Hopkins Rd., New Preston, Tel. 860-868-7295, Fax 860-868-7464; günstig.
Ausgezeichnetes Essen – Österreich läßt hier grüßen –, wunderschöner Blick über den See, neun freundlich eingerichtete Zimmer und für diese Gegend durchaus erschwingliche Preise.
**Tollgate Hill Inn,** Route 202 Tollgate Rd., Tel. 860-567-45 45, Fax 860-567-8397; günstig–moderat.
Etwas außerhalb des Zentrums an einer befahrenen Straße gelegener 250 Jahre alter Gasthof mit gutem Restaurant; 20 Zimmer, die über verschiedene Gebäude verteilt sind.
**Boulders Inn,** Rte. 45, New Preston, Tel. 860-868-05 41, Fax 860-868-1925; teuer–sehr teuer.
Eines der schönsten Inns in Connecticut: ruhige Lage, Blick auf den Lake Waramaug, guter Service und ein ausgezeichnetes Restaurant.

**The Pantry,** Titus Square, Washington, Tel. 860-868-02 58; günstig.
Kleiner Deli, in dem man sich ein Picknick zusammenstellen lassen kann.
**Doc's Restaurant,** Rte. 45 und Flirtation Ave., New Preston, Tel. 860-868-94 15; moderat.
›Designer Pizza‹ und gute italienische Küche.
**West Street Grill,** 43 West St., Tel. 860-567-3885; moderat–teuer.
Kreative Neue Amerikanische Küche.

**Tip:** In den unter Übernachtung aufgeführten Inns findet man ebenfalls sehr gute Restaurants.

 **Institute for American Indian Studies,** Washington; Mo–Sa 10–17 Uhr, So 12–17 Uhr.
Kleines Museum, das sich mit der Kultur der Indianer beschäftigt und u. a. ein nachgebautes Dorf aus Rindenhäusern zeigt.

**Antiquitäten** in großer Auswahl und guter Qualität in New Preston und Woodbury.
**Hickory Stick Bookshop,** Washington, 2 Greenhill Rd.
Ausgezeichnete Buchhandlung.
**A Merry-Go-Round of Fine Crafts,** 319 Main St. in Woodbury
Traditionelles Kunsthandwerk von Künstlern aus der Region.

**Warner Theater,** 68 Main St., Torrington (nördlich von Litchfield), Tel. 860-489-71 80
Ehemaliges Kino im Art déco Stil, in dem heute Konzerte und Musicals stattfinden.

**Kanufahren:** Clarke Outdoors, 163 Rte 7, West Cornwall, Tel. 860-672-63 65. Kanuverleih und geführte Trips auf dem Housatonic River.
**Reiten:** Lee's Riding Stables, 57 E. Litchfield Road, Tel. 860-567-0785.
**Tubing:** North American Canoe Tours, Rte. 44, New Hartford, Tel. 860-693-6465. Von der Satan's Kingdom State Recreation Area aus in luftgefüllten Schläuchen den Farmington River heruntertreiben – ein herrliches Vergnügen für heiße Sommertage.

## Lowell, MA

*Lage: D4*
*Vorwahl: 978*
*Einwohner: 103 500*

 **Greater Merrimack Valley Convention and Visitors Bureau,** 9 Central St., Lowell, MA 01852, Tel. 978-459-6150.

**Lowell National Historical Park,** 246 Market Street, Tel. 978-970-5000; Mo–Sa 9–17 Uhr, So 10–17 Uhr.
Alte Fabrikstadt mit Museum; Boots-, Kanal- und Mühlentouren werden durchgeführt, unbedingt telefonisch reservieren!

## Marblehead, MA

*Lage: D4 (bei Salem)*
*Vorwahl: 781*
*Einwohner: 20000*

**Marblehead Chamber of Commerce,** 62 Pleasant St., Marblehead, MA 01945, Tel. 781-631-2868

**Bed & Breakfast Reservations North Shore,** Newtonville, Tel. 617-964-1606, Fax 617-332-8572.
Vermittelt B & B-Unterkünfte an der Nordküste sowohl in und um Boston als auch auf Cape Cod.
**The Nautilus,** 68 Front St., Tel. 781-631-1703; sehr preiswert.
Am Hafen gelegen, in dem Privathaus werden nur vier Zimmer im Obergeschoß vermietet, rechtzeitig reservieren.
**Harbor Light Inn,** 58 Washington St., Tel. 781-631-2186, Fax 781-631-2216; moderat.
Wunderschöner Inn, Pool, fünf der 20 Räume haben sogar Jacuzzis.

**Driftwood,** 63 Front St., Tel. 781-631-1145; günstig
Einfacher Treffpunkt der Fischer: Von 6.30 bis 17 Uhr werden Frühstück und warme Speisen serviert.
**The Barnacle,** 141 Front St., Tel. 781-631-4236, moderat.
Frischer Hummer und andere Meeresfrüchte mit Blick auf den Hafen, keine Reservierung möglich.

 **Jeremiah Lee Mansion,** 161 Washington St.; im Sommer Mo–Sa 10–16 Uhr, So 13–16 Uhr
Haus eines reichen Reeders.

## Martha's Vineyard, MA

*Lage: D/E2*
*Vorwahl: 508*

**Martha's Vineyard Chamber of Commerce,** Vineyard Haven, MA 02568, Tel. 508-693-0085, Fax 508-693-7589, www.mvy.com, E-Mail: mvcc@vineyard.net.

**Attleboro House,** 42 Lake Ave., Oak Bluffs, Tel. 508-693-4346; sehr preiswert.
Elf Zimmer, einfach und ohne Bad.
**Edgartown Inn,** 56 N. Water St., Edgartown, Tel. 508-627-4797; günstig.
Haus aus dem Jahr 1798, das für Edgartown preiswert ist.
**Oak Bluffs Inn,** 64 Circuit Ave., Oak Bluffs, Tel. 508-693-7171; moderat.
Neun Zimmer in einem verschachtelten viktorianischen Haus.
**The Oak House,** Seaview Ave., Oak Bluffs, Tel. 508-693-4187; moderat.
Inn in einem der Lebkuchenhäuser aus dem Jahr 1876, gemütlich und mit viel Eichenholz ausgestattet.
**The Outermost Inn,** Lighthouse Rd., Gay Head, Tel. 508-645-3511, Fax 508-645-3514; teuer–sehr teuer.
Herrlich über den Klippen von Gay Head gelegen; der Besitzer ist der Bruder von James Taylor; nur im Sommer geöffnet.
**Thorncroft Inn,** 460 Main Street, Vineyard Haven, Tel. 508-693-3333, Fax 508-693-5419; teuer–sehr teuer.
Stilvoller alter Inn, 13 Zimmer, einige mit Whirlpool, ausgezeichnetes Restaurant.

**The Menemsha Bite,** Basin Rd., Menemsha, Tel. 508-645-9239; günstig–moderat, nur im Sommer geöffnet.
Gutes, preiswertes Seafood.
**The News from America,** 23 Kelley St., Edgartown, Tel. 508-627-4397; günstig.
Große Bierauswahl sowie einfaches und gutes Essen in einem gemütlichen und immer gut besuchten Kellerlokal.
**Zapotec,** 10 Kennebec Ave., Oak Bluffs, Tel. 508-693-6800; günstig–moderat.
Mexikaner, keine Reservierung möglich.

**Black Dog Tavern,** Beach St., Vineyard Haven, Tel. 508-693-92 23; günstig–moderat.
Sehr gutes Frühstück, das man sich in langen Warteschlangen erstehen muß; eines der beliebtesten Restaurants auf der Insel.
**Homeport,** North Road, Menemsha, Tel. 508-645-26 79; moderat–teuer, nur im Sommer geöffnet.
Frischer Fisch in schlichtem Ambiente;

 **Edgartown Scrimshaw Gallery,** Main St., Edgartown
Scrimshaw und anderes Antikes sowie modernes Kunsthandwerk.

 Da nur in Oak Bluffs und Edgartown Alkohol ausgeschenkt werden darf, konzentriert sich das Nachtleben auf diese beiden Orte.
**The Ritz Cafe,** 1 Circuit Ave., Oak Bluffs. Beliebter altmodischer Blues-Club, im Sommer jede Nacht Livemusik.
**Offshore Ale Company,** 30 Kennebec Ave., Oak Bluffs.
Die Hausbrauerei liefert frisches Bier, an einigen Abenden sorgen Livemusiker für Stimmung.
**Hot Tin Roof,** Airport Rd., Edgartown. In der Halle, die groß genug ist, ein Flugzeug zu beherbergen – denn dazu wurde sie gebaut – liegt Martha's Vineyards heißester Nachtclub.

 **Old Whaling Church,** 89 Main St., Edgartown, Tel. 508-627-4442.
In der Kirche aus dem Jahr 1843 finden Konzerte, Filmvorführungen, Theateraufführungen und Vorlesungen statt.

 **Radfahren:** In Vineyard Haven, Oak Bluffs und Edgartown bieten diverse Radverleiher Drahtesel feil.
**Segeln:** Boote werden in Vineyard Haven und Edgartown vermietet.
**Reiten:** In West Tisbury gibt es zwei Reitställe, die auch Ausritte anbieten.
**Golf:** Als Clinton noch Präsident war, spielte er während des Sommerurlaubs auf dem Mink Meadows Golf Course in Vineyard Haven; auch Normalsterbliche haben hier Zutritt.

 Der Strand, an dem ganz bestimmt keine Massen zu finden sind, liegt auf Chappaquiddick Island und ist nur mit dem Auto oder dem Fahrrad zu erreichen: **East Beach** in dem Naturschutzgebiet Wasque Reservation bietet keine Einkaufsmöglichkeiten, also Picknick mitbringen.

 **Fährverbindungen:** Martha's Vineyard erreicht man das ganze Jahr über täglich mehrmals von **Woods Hole** (Cape Cod) aus. Die Fahrt mit der Fähre, die Autos und Passagiere transportiert, dauert 45 Minuten. Reservierung in der Hochsaison unbedingt erforderlich (Steamship Authority, Tel. 508-477-86 00, www.islandferry.com).
Von Ende Mai bis Mitte Oktober bestehen auch Verbindungen von **Falmouth** (Cape Cod) aus (kein Autotransport): Island Queen, Tel. 508-548-4800; Falmouth Ferry Service, Tel. 508-548-9400.
Ebenfalls nur im Sommer verkehrt die Fähre zwischen **Hyannis** (Cape Cod) und Oak Bluffs (kein Autotransport): Hy-Line, Tel. 508-778-2600, www.hy-linecruises.com.
Hy-Line stellt auch die Verbindung zur Nachbarinsel Nantucket her (Anfang Juni bis Ende September von Oak Bluffs nach Nantucket, kein Autotransport).
**Flugverbindung:** Cape Air/Nantucket Airlines (Tel. 508-771-6944 o. 800-352-0714) verkehrt zwischen der Insel und Boston, Hyannis, Nantucket und New Bedford.
Continental Express/Colgan Air (Tel. 800-525-0280) fliegt während der Hochsaison von Newark (New Jersey) nach Martha's Vinyard.
US Airways Express (Tel. 800-428-4322) fliegt nach Boston und in der Hochsaison am Wochenende nach La Guardia (New York).

**Auf der Insel:** Im Sommer verkehren zwischen den wichtigsten Städten Busse: Island Transport, Tel. 508-693-1589; Martha's Vineyard Transit Authority, Tel. 508-627-7448.

## Moosehead Lake, ME

*Lage: E7*
*Vorwahl: 207*
*Einwohner: Greenville 1800;*
*Rockwood 375*

**Moosehead Lake Region Chamber of Commerce,** Main St., Box 581, Greenville, ME 04441, Tel. 207-695-27 02, E-Mail: moose@moosehead.net.

**Chalet Moosehead,** Rte. 6/15, Greenville Junction, Tel. 207-695-29 50; sehr preiswert–günstig. Einfaches Motel direkt am See.
**The Birches Resort,** bei Rte. 6/15 am Moosehead Lake, Rockwood, Tel. 207-534-73 05 o. 800-825-94 53, Fax 207-534-88 35; günstig–moderat. 17 Cottages und vier Zimmer, Speiseraum mit Seeblick, Bootsverleih und Reitmöglichkeiten.
**Greenville Inn,** Norris St., Greenville, Tel. 207-695-22 06, Fax 207-695-0335, E-Mail: gvlinn@moosehead.net; moderat. Altes Sommerhaus einer durch Holz reich gewordenen Familie, Seeblick, hier ißt man auch gut.

**Camping:**
**Maine Campground Owners Association** (MECOA), 655 Main St., Lewiston, Tel. 207-782-58 74. Hier erhält man Informationen über Campingplätze.

**Kelly's Landing,** Rte. 6/15, Greenville Jct., Tel. 207-695-44 38; günstig. Leger und einfach, wie es sich für die Gegend gehört, amerikanische Standard-Speisekarte.

 Das **Moosehead Marine Museum** in Greenville, das sich mit der Geschichte der Region als Sommerfrische beschäftigt, bietet Sightseeingtouren mit dem alten Dampfschiff ›Katahdin‹ an.
**Rafting-Touren** durch die Kennebec Gorge südwestlich von Greenville bieten Northern Outdoors, Tel. 800-765-7238, www.northernoutdoors.com und

Wilderness Expeditions in Rockwood, Tel. 800-825-9453.
Mit dem Boot von Rockwood aus erreicht man Kineo, wo ein (steiler!!!) Wanderweg auf den Mt. Kineo führt, von dessen Gipfel, auf dem ein Turm steht, man einen herrlichen Blick hat.

## Mount Desert Island, ME

*Lage: G6*
*Vorwahl: 207*
*Einwohner: Bar Harbor 2800*

**Bar Harbor Chamber of Commerce,** 93 Cottage St., Box 158, Bar Harbor, ME 04609, Tel. 207-288-51 03, E-Mail: bhcc@acadia.net, www.barharborinfo.com.

**The Colony,** Route 3 Hulls Cove, Tel. 207-288-3383; sehr preiswert. Motel mit 55 kleinen, einfach ausgestatteten Bungalows.
**Acadia Hotel,** 20 Mt. Desert St., Tel. 207-288-5721, E-Mail: acadiahotel@acadia.net; sehr preiswert–günstig. Zehn Zimmer in einem alten Haus, zentral gelegen.
**Acadia Inn,** Eden St., Tel. 207-288-3500, Fax 207-288-8424; günstig. Großes, für die Region preiswertes Motel mit Pool und Whirlpool.
**Lindenwood Inn,** 108 Clark Point Rd., Southwest Harbor, Tel. 207-244-53 35; günstig–moderat. Ruhig gelegen, modern und geschmackvoll ausgestattet, 24 Zimmer, sehr angenehme Atmosphäre.
**The Maison Suisse Inn,** Main St., Northeast Harbor, Tel. 207-276-52 23 o. 800-624-76 68; günstig–moderat. Dem Trubel von Bar Harbor entfliehen kann man in diesem gemütlichen Bed & Breakfast.
**Bar Harbor Regency Holiday Inn Sunspree Resort,** 123 Eden St., Bar Harbor, Tel. 207-288-97 23; moderat–teuer. Modernes Hotel, direkt am Wasser gelegen.

**Asticou Inn,** Rte. 3, Northeast Harbor, Tel. 207-276-3344; teuer–sehr teuer. Eleganter Inn der gehobenen Klasse, während der Saison sind alle Mahlzeiten im Preis inbegriffen.

 **Jordan's Restaurant,** 80 Cottage St., Tel. 207-288-3586; günstig.
Zum Frühstück trifft sich hier alles, lange Warteschlangen, aber es lohnt sich. v. a. wegen der Blueberry Muffins.

**Freddie's Route 66,** 21 Cottage St., Tel. 207-288-3708; günstig–moderat; nur abends geöffnet.
Der Name ›Route 66‹ suggeriert das Thema: Hier erstehen die 50er und 60er Jahre wieder auf. Amerikanische Küche.

**Jordan Pond House,** Park Loop Rd., Tel. 207-276-3316; moderat.
Beliebtes Ausflugsrestaurant, von 14.30 bis 17.30 ist Teatime, auch Lunch und Dinner werden serviert; im Sommer einen Tag vorher bestellen.

**Porcupine Grill,** 123 Cottage St., Tel. 207-288-3884; moderat–teuer; nur abends geöffnet.
Gute, kreative Küche, große Auswahl an offenen Weinen.

 Klassische Musik kann man im Juli und August beim **Bar Harbor Music Festival** genießen; Tel. 207-288-5744.

 **Acadia National Park,** Box 177, Bar Harbor, ME 04609, Tel. 207-288-3338; Mai–Juni, Sept.–Okt., tgl. 8–16.30, Juli–Aug., tgl. 8–18 Uhr geöffnet
Im Visitor Center von Hulls Cove erfährt man alles Wissenswerte über den Park.

**Ausflüge** zum Walebeobachten bietet Acadian Whale Watcher, Golden Anchor Pier, West St., Tel. 207-288-9776 o. 800-421-3307 (Juni–Mitte Okt.) an.

**Down East Windjammer Cruises,** Bar Harbor Inn Pier, Tel. 207-288-4585 offeriert zweistündige Touren auf einem dreimastigen Windjammer (Mitte Mai–Mitte Okt.).

**Fahrräder** mieten kann man bei Acadia Bike and Canoe, Tel. 207-288-9605 oder bei Bar Harbor Bicycle Shop, Tel. 207-288-3886.

Mit dem **Kajak** kann man sich unter sachkundiger Leitung auf hohe See wagen (auch Anfängertouren): National Park Sea Kajak Tours, 137 Cottage St., Tel. 207-288-0342.

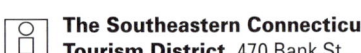 Wer die Kälte nicht fürchtet, kann sich am Sand Beach in den Ozean stürzen; etwas höher liegen die Temperaturen des Echo Lake, Zugang Echo Lake Beach.

## Mystic und Umgebung, CT

*Lage: C2*
*Vorwahl: 860*
*Einwohner: Mystic 2600;*
*New London 28500; Stonington 1100*

**The Southeastern Connecticut Tourism District,** 470 Bank St., New London, CT 06320, Tel. 860-444-2206, www.mysticmore.com.

**The Inn at Mystic,** Rte 1 und 27, Tel. 860-536-9604 o. 800-237-2415, E-Mail: jdyer@innatmystic.com; sehr preiswert–teuer.
In der Anlage liegen mehrere Gebäude, die Unterkünfte zu verschiedenen Preisen bieten – vom Motel- bis zum Luxuszimmer.

**Days Inn at Mystic,** 55 Whitehall Ave., Tel. 860-572-0574, Fax 860-572-1164; günstig.
125 Zimmer, manche mit Whirlpool.

**The Whaler's Inn,** 20 E Main St., Tel. 860-536-1506, Fax 860-572-7697; günstig–moderat.
Gut geführter Familienbetrieb, einfach, für die Gegend nicht teuer, gutes Restaurant.

**Steamboat Inn,** 73 Steamboat Wharf, Tel. 860-536-8300; moderat–teuer.
Luxuriöseste Herberge der Stadt: alle neun Zimmer haben einen offenen Kamin, Blick aufs Wasser und Whirlpool.

**Stonecroft,** 515 Pumpkin Hill Rd., Ledyard, Tel. 860-572-0771, E-Mail: stoncrft@concentric.net; moderat–teuer.
In der Nähe des Casinos und des Indianermuseums liegt dieser exquisite Inn mit

zehn schönen Zimmern. Im Haus das preisgekrönte Restaurant ›The Grange‹ (teuer).

 **PizzaWorks,** 12 Water St., Tel. 860-572-5775; günstig.
Pizza in mehr als zwei Dutzend Variationen.

**Abbott's Lobster in the Rough,** 117 Pearl St., Noank, Tel. 860-536-7719; moderat.
Wunderschön in dem kleinen Dorf bei Mystic gelegen, gutes Seafood, BYOB; nur im Sommer geöffnet.

 **Monte Cristo Cottage,** 325 Pequot Ave., New London; im Sommer Di–Sa 10–17 Uhr, So 13–17 Uhr.
Eugene O'Neill verbrachte hier seine Jugend.

**Mystic Marinelife Aquarium,** bei Mystic Seaport, www.mysticaquarium.org.; Juli–Anfang Sept. tgl. 9–18, Rest des Jahres 9–17 Uhr.
Tausende von Meeresbewohnern und eine große Freianlage, in der Seelöwen, Pinguine, Delfine und ein weißer Belugawal leben. Delfin-Shows, Multimediashow ›Challenge of the Deep‹.

**U.S. Nautilus Submarine Force Museum,** Crystal Lake Rd., Groton, Tel. 860-449-3174; Mitte Mai–Ende Okt. Mi–Mo 9–17, Di 13–17 Uhr, Rest des Jahres Mi–Mo 9–16 Uhr.
Das erste mit Atomkraft betriebene Unterseeboot kann hier besichtigt werden.

 **Mystic Seaport,** 95, Exit 90, Mystic, www.mysticseaport.org; Juni–Aug. tgl. 9–18 Uhr, April–Juni und Sept., Okt. 9–17 Uhr, Nov.–Jan. 10–16 Uhr.
Freilichtmuseum zur maritimen Geschichte Neu-Englands.

**Mashantucket Pequot Museum,** 110 Pequot Trail, Mashantucket, etwa 11 km von Mystic entfernt; im Sommer tgl. 10–19 Uhr, sonst Di–Sa 10–18 Uhr, www.mashantucket.com.
Grandiose Inszenierung der Geschichte der Pequot.

 In **The Olde Mistick Village** mit seinen mehr als 60 Geschäften und Restaurants erhält man Souvenirs, Kunsthandwerk und Kleinkitsch.

 **Foxwoods Resort Casino,** Ledyard, südlich der Rte. 214, Tel. 860-312-3000 o. 800-752-9244.
Die Indianer machen Atlantic City und Las Vegas Konkurrenz: In der Mashantucket Indian Reservation darf im größten Casino Neu-Englands gespielt werden! Rund um die Uhr geöffnet. In dem riesigen Resort-Hotel-Komplex treten auch namhafte Künstler auf.

## Nantucket, MA

*Lage: E2*
*Vorwahl: 508*
*Einwohner: 6000*

 **Chamber of Commerce,** Pacific Club Bldg., 48 Main St., Nantucket, MA 02554, Tel. 508-228-1700, www.nantucketchamber.org.

 **Hostelling International,** 31 Western Ave., Surfside, Tel. 508-228-0433, Fax 508-228-5672; sehr preiswert.
49 Betten, Kochgelegenheit, direkt am Strand gelegen.

**The Nesbitt Inn,** 21 Broad St., Tel. 508-228-0156; sehr preiswert–günstig.
13 Zimmer und zwei Apartments in einem im viktorianischen Stil errichteten Haus mitten in Nantucket. Freundliche Atmosphäre, für die Insel sehr billig.

**Martin House Inn,** 61 Centre St., Tel. 508-228-0678; günstig–moderat.
Elegantes und trotzdem relativ günstiges Bed & Breakfast mit 13 Zimmern, vier davon haben gemeinsame Badbenutzung und sind daher billiger.

**Jared Coffin House,** 29 Broad St., Tel. 508-228-2400, Fax 508-228-8549; moderat–teuer.
Über vier Gebäude verteiltes 60-Zimmer-Hotel, gutes Restaurant.

**Roberts House Inn,** 11 India St.,
Tel. 508-228-9009, Fax 508-325-4046;
moderat–teuer.
Hübsches B & B nur wenige Minuten von
Nantuckets Hauptstraße entfernt, einfaches Frühstück, reizende Gastgeber.

 **Atlantic Café,** 15 S. Water St.,
Nantucket, Tel. 508-228-0570;
günstig.
Leger und preiswert, gute Vorspeisen.
**Provisions,** Harbor Square, Straight
Wharf, Tel. 508-228-3258; günstig.
Sandwiches, Suppen, Salate…; hier kann
man sich den Picknickkorb füllen lassen,
wenn man eine Radtour plant.
**The Brotherhood of Thieves,**
23 Broad St., günstig–moderat.
Gemütliche Pub-Atmosphäre mit gutem,
herzhaftem Essen.
**Black-Eyed Susans,** 10 India St.,
Tel. 508-325-0308; moderat.
Beliebtes kleines Lokal, vor dem sich lange
Warteschlagen bilden. Kreative Küche,
BYOB.
**Chanticleer,** 9 New St., Siasconset,
Tel. 508-257-6231; teuer.
Sehr elegant, sehr gut.

**Hadwen House,** 96 Main St.;
Mitte Juni–Anfang Sept. 10–17 Uhr,
sonst 11–15 Uhr.
Kaufmannsvilla aus dem Jahr 1845.

**Whaling Museum,** 13 Broad St.,
Tel. 508-228-1736; Ende Mai– Ende
Okt. 10–17 Uhr, sonst nach tel. Vereinbarung
Besonders interessant ist die Scrimshaw-Sammlung.

Die Insel Nantucket ist bekannt für
ihre **Lighthouse Baskets,** geflochtene ovale Körbe, deren Deckel mit
Scrimshaw verziert sind. Als Handtaschen
sind sie sehr hübsch, aber auch sehr teuer.
Man erhält sie in Souvenir- und Kunsthandwerkgeschäften in Nantucket.

**The Hearth Pub and Patio,**
23 S. Water St.
Livemusik und Tanz: Oldies, Country, Folk.

**The Bootherhood of Thieves,**
23 Broad St.
Jeden Abend Livemusik.
**The Chicken Box,** 12 Dave St.
Disco, laut und voll, zieht v. a. jüngere
Leute an.

 **Actors' Theatre of Nantucket,**
Methodist Church, 2 Centre St.,
Tel. 508-228-6325.
Nettes kleines Theater, in dem lokale
Talente auftreten.

Nantucket bietet ideale Bedingungen zum **Radfahren** – wenig Verkehr, ein gutes Radwegenetz und kaum
Steigungen. Nur der Wind kann das Vergnügen manchmal trüben. Radverleihe findet man am Pier, an dem das Schiff anlegt.
Im Hochsimmer ist es sinnvoll, vorher anzurufen und den Drahtesel vorzubestellen:
Young's Bicycle Shop, Tel. 508-228-1151.
**Wassersport:** Kajaks, Segelboote und
andere Boote vermietet Nantucket Community Sailing am Jetties Beach,
Tel. 508-228-5358.
**Sightseeingtouren:** Einen guten Eindruck von Nantucket erhält man bei den
Touren mit dem Kleinbus, die Gail Johnson anbietet – gute Englischkenntnisse
sind Voraussetzung: Gail's Scenic Rides,
Tel. 508-257-6557.
Touren mit dem **Segelboot,** einem Catboat, das in Nantucket entwickelt wurde,
kann man mit der 1926 gebauten ›Christina‹
(Slip 19, Straight Wharf, Tel. 508-325-4000)
machen. Rechtzeitig reservieren, vor allem,
wenn man den Sonnenuntergang vom
Boot aus genießen will.
**Nantucket Harbor Cruises (**Slip 11,
Straight Wharf, Tel. 508-228-1444) bieten
Ausflüge auf einem ehemaligen Hummerfischer-Boot an, bei denen man alles über
den Fang von Lobstern erfährt.

Nantucket besitzt wunderschöne
Sandstrände, die man mit dem Rad
oder dem Shuttlebus erreichen kann.
Besonders beliebt ist der stadtnahe Jetties
Beach, wo man Umkleidekabinen, Toiletten und ein Restaurant findet. Ebenfalls
populär ist Surfside Beach, auch mit

Annehmlichkeiten wie Toiletten und einer Snack Bar ausgestattet und 5 km von der Stadt entfernt. Ruhe hingegen findet man an der Südküste, besonders schön und unzivilisiert sind Surfside Beach und Siasconset Beach.

Das ganze Jahr über verkehren **Autofähren** der Steamship Authority zwischen Cape Code und den Inseln, Nantucket ist in 2 Std. 15 Min. von Hyannis aus zu erreichen, die Fast Ferry, die nur Passagiere befördert, braucht 1 Stunde. Reservierung ist in der Hochsaison unbedingt erforderlich (Steamship Authority Tel. 508-477-8600, www.islandferry.com). Ebenfalls zwischen Hyannis und Nantucket verkehren die Fähren von Hy-Line Cruises, die nur Passagiere befördern. Das normale Boot braucht zwei Stunden, das Schnellboot nur eine. Reservieren! (Hy-Line Cruises, Tel. 508-778-2600, www.hy-linecruises.com). Von Harwich aus erreicht man Nantucket im Sommer mit Freedom Cruise Line's, die Fahrtzeit beträgt 1 Std. 30 Min., keine Autofähre (Tel. 508-432-8999).
**Flugverbindung:** Cape Air/Nantucket Air (Tel. 800-352-0714) fliegt von Boston, Hyannis, Martha's Vineyard und New Bedford nach Nantucket.
**Shuttlebus:** Von Juni bis September verkehren auf der Insel billige Busse, die auch Fahrräder transportieren. Information: Nantucket Regional Transit Authority, Tel. 508-228-7025, www.nantucket.net/trans/nrta.

## New Bedford, MA

*Lage: D2*
*Vorwahl: 508*
*Einwohner: 100 000*

**Bristol County Convention and Visitors Bureau,** 70 N. 2nd St., New Bedford, MA 02741, Tel. 508-997-1250

**Edgewater,** 2 Oxford St., Fairhaven, Tel. 508-997-5512, Fax 508-997-5784; günstig.

Hübsches B & B jenseits des Flusses. Ruhig, in einem Wohnviertel gelegen, Blick auf den Fluß; einfaches Frühstück.

**Freestone's,** 41 William St., Tel. 508-993-7477; günstig–moderat. Beliebtes Restaurant in der historischen Innenstadt.

**New Bedford Whaling Museum,** 18 Jonny Cake Hill; tgl. 9–17 Uhr. Highlights dieses der Geschichte des Walfangs gewidmeten Museums sind das Schiff ›Lagoda‹ und das Skelett eines Blauwals.
**Seamen's Bethel,** 15 Jonny Cake Hill; im Sommer tgl. 10–16 Uhr, sonst nur am Wochenende.
Seefahrerkapelle.

In Fall River befinden sich eine Reihe von **Outlet-Shops.** Man erreicht sie über Highway 195, Exit 8A.

## Newburyport, MA

*Lage: D4*
*Vorwahl: 978*
*Einwohner: 16 500*

**Greater Newburyport Chamber of Commerce,** 29 State St., MA 01950, Tel. 978-462-6680, E-Mail: info@-newburyportchamber.org

**Garrison Inn,** 11 Brown Square, Tel. 978-499-8500, Fax 978-499-8555; günstig–moderat.
24 moderne Zimmer in einem Haus aus dem Jahr 1809.

**Scandia,** 25 State St., Tel. 978-462-6271; moderat. Schmaler, kerzenbeleuchteter Raum, exzellente Küche.

Auf der Halbinsel vor Newburyport liegt das Natur- und Vogelschutzgebiet **Plum Island** mit Stränden, die National Geografic zu den zehn schönsten der USA zählt.

Mit dem MBTA Commuter Rail kann man Newburyport von Boston aus in 1.15 Std. erreichen, die Züge fahren ab North Station.

## New Haven, CT

*Lage: C2*
*Vorwahl: 203*
*Einwohner: 130 500*

 **Greater New Haven Convention and Visitors Bureau,** 59 Elm St., New Haven, CT 06510, Tel. 203-777-8550

 **Colony Inn,** 1157 Chapel St., Tel. 203-776-12 34; günstig.
Zentrale Lage – einige Zimmer gehen auf den Yale Campus hinaus –, geräumige Zimmer mit schönen modernen Bädern.
**Holiday Inn at Yale,** 30 Whalley Ave., Tel. 203-777-6221, Fax 203-772-1089; moderat.
Günstig in der Nähe des Green gelegen, solide Durchschnittsqualität.
**Three Chimneys Inn,** 1201 Chapel St., Tel. 203-789-1201, Fax 203-776-7363, E-Mail: chimneysnh@aol.com; moderat.
Total renoviertes und elegant eingerichtetes Haus aus dem Jahr 1870.

 **Atticus Bookstore-Café,** 1082 Chapel St.; günstig.
Buchhandlung, in der man Kaffee und Kuchen und andere Kleinigkeiten bestellen und dabei schmökern kann, bis Mitternacht geöffnet.
**Claire's Corner Copia,** 1000 Chapel St., Tel. 203-562-3888; günstig.
Traditionelles vegetarisches Restaurant.
**Frank Pepe's,** 157 Wooster St.; günstig.
Abseits vom Zentrum gelegen, keine Reservierung möglich – d. h. lange Warteschlangen – und trotzdem strömt alles hierher, um die phantastische Pizza zu genießen.

 **Beinecke Rare Book Library,** 121 Wall St.; Sept. bis Juli Mo–Fr 8.30–17, Sa 10–17 Uhr, Rest des Jahres Mo–Fr 8.30–17 Uhr.

Beeindruckende Architektur, besitzt u. a. eine Gutenberg-Bibel.

 **Peabody Museum of Natural History,** 170 Whitney Ave.; Mo–Sa 10–17 Uhr, So 12–17 Uhr.
Naturkundliches und anthropologisches Museum.
**Yale University Art Gallery,** 1111 Chapel St.; Di–Sa 10–17, So 14–18 Uhr.
**Yale Center for British Art,** 1080 Chapel St.; Di–Sa 10–17, So 12–17 Uhr.

 **Gallery Raffael,** 1177 Chapel St.
Afrikanische Masken und amerikanische Kunst und Kunsthandwerk.

 **Toad's Place,** 300 York St.
Hier traten schon die Stones und Bob Dylan auf; Livemusik Mi–So, Sa Tanz; die Höhe der Covercharge variiert je nach Ereignis.

 **Shuberts Performing Arts Center,** 247 College St., Tel. 203-562-56 66 o. 800-228-66 22
Oper, Konzerte und Gastspiele, wie zum Beispiel des Alvin Ailey Dance Theater.

 **Jazz Festival**
Ende Juli, Anfang August kann man auf dem Green kostenlos Jazz hören.

 **Yale Campus Touren,** 149 Elm St., Tel. 203-432-23 00; Mo–Fr 10.30 und 14 Uhr, Sa, So 13.30 Uhr.

 Die Züge, die mehrmals täglich zwischen New York und Boston verkehren, halten auch in New Haven.

## Newport, RI

*Lage: D2*
*Vorwahl: 401*
*Einwohner: 28 000*

 **Newport Gateway Visitors Center,** 23 America's Cup Ave., Newport, RI 02840, Tel. 401-849-80 40, E-Mail: info@GoNewport.com

**Tips von Ort zu Ort**

**294**

**Jailhouse Inn,** 13 Marlborough St., Tel. 401-847-4638, Fax 401-849-0605; sehr preiswert–günstig.
Preiswert und ausgefallen: die Zimmer in diesem ehemaligen Gefängnis haben vergitterte Fenster, die Bettwäsche ist gestreift wie Sträflingskleidung.

**Pilgrim House,** 123 Spring St., Tel. 401-846-0040, Fax 401-838-0547; sehr preiswert–günstig.
Elf Zimmer in einem vierstöckigen Haus mit Dachterrasse; die beiden Zimmer ohne Privatbad sind am billigsten.

**The Melville House,** 39 Clarke St., Tel. 401-847-0640, Fax 401-847-0956; günstig–moderat.
Kleine Pension mit sieben Räumen in einem kolonialen Haus aus dem Jahr 1750; zentral im historischen Distrikt gelegen.

**The Clarkeston,** 28 Clarke St., Tel. 401-848-5300, Fax 401-847-7630; günstig–moderat.
Von den neun Zimmern in diesem eleganten Inn sind fünf mit Kaminen ausgestattet.

**Castle Hill,** 590 Ocean Drive, Tel. 401-849-3800, Fax 401-849-3838; günstig–moderat.
Drei Meilen von Newport entfernt liegt dieses viktorianische Haus. Der Blick auf die Narragansett Bay ist grandios, das Frühstück ebenso.

**Ivy Lodge,** 12 Clay St., Tel. 401-849-6865; moderat.
In einer Seitenstraße der Bellevue Ave. gelegenes Haus aus dem späten 19. Jahrhundert; große Räume – im Turret Room steigt Schwarzenegger immer ab, wenn er in Newport ist.

 **Blue Water Wraps,** 190 Thames St., Tel. 401-849-9995; günstig.
Gerollte Sandwiches, zur Auswahl stehen über 20 Variationen, gut als Proviant für einen Strandtag.

**Brick Alley Pub,** 140 Thames St., Tel. 401-849-6334; günstig–moderat.
Freundliche, lebhafte Atmosphäre, solides Essen, im Sommer kann man draußen sitzen.

**Black Pearl,** Bannister's Wharf, Tel. 401-846-5264; moderat–teuer.

Eine Institution in Newport, grandios an der Waterfront gelegen und immer voll mit Menschen, die zum Sehen oder Gesehenwerden hier sind; in der Taverne kann man Kleinigkeiten in ungezwungener Atmosphäre essen, im Commodore's Room speist man elegant, ausgezeichnet und teuer.

**Clarke Cooke House,** Bannister's Wharf, Tel. 401-849-2900; moderat–teuer.
Elegant in ›The Porch‹, wo ausgezeichnete französische Küche serviert wird, oder leger im Untergeschoß im ›Candy Store and Grill‹ mit Blick auf den Hafen, gutes Seafood.

**Hunter House,** 54 Washington St.; im Sommer tgl. 10–17 Uhr, April und Oktober Sa, So 10–17 Uhr, Nov.–März geschlossen.
Wunderschönes koloniales Haus aus dem Jahr 1754.

**Touro Synagogue,** 85 Touro St.; im Sommer So–Fr 10–17, nur geführte Touren.
Die älteste noch existierende Synagoge der USA wurde 1763 von Peter Harrison erbaut.

Die **Schlösser** der Preservation Society: die Gesellschaft unterhält die ›Mansions‹ The Breakers, Chateau-Sur-Mer, The Elms, Kingscote, Marblehouse und Rosecliff sowie das Hunter House im Ort. Die ›Cottages‹ liegen fast alle an Bellevue Avenue; alle zur Society gehörenden Häuser sind im Sommer tgl. 10–17 Uhr geöffnet, es gibt Kombinationstickets, Tel. 401-846-0669.

**The Astor's Beechwood Mansion,** 580 Bellevue Ave.; Ende Mai bis Anfang Nov. tgl. 10–17 Uhr.
Durch den Sommerpalast *der* Mrs. Astor, die die Society von New York und Newport beherrschte, führen Schauspieler, die sich in die Rolle der Bewohner versetzen.

**International Tennis Hall of Fame and Museum,** 194 Bellevue Ave.; tgl. 9.30–17 Uhr
Alles, was Tennisfans lieben und sehen wollen: Pokale, Videos, Memorabilia der Großen …

**Museum of Newport History,** Washington Square; Mitte Mai bis Oktober Mo und

Mi–Sa 10–17 Uhr, So 13–17 Uhr
Im alten Brick Market untergebracht, zeigt
diese kleine, aber gut präsentierte Ausstellung Aspekte der langen und interessanten
Geschichte Newports.

**Newport Blues Cafe,** Thames und
Green St.
Mo–Sa Liveunterhaltung, So Gospel-Brunch.

Musik und Sportereignisse sorgen in
den Sommermonaten für Unterhaltung: Im Juli findet das renommierte Newport Musical Festival, das klassische Musik
bietet, statt (Tel. 401-846-1133), Ende des
Monats kann man bei dem gleichnamigen
Festival Rhythm and Blues hören
(Tel. 401-847-3700). Ebenfalls im Juli treffen sich weibliche und männliche Tennis-Profis zum Schlagabtausch in der Hall of
Fame (Tel. 401-849-6053). Im August stehen ein Folk Festival und das JVC Jazz
Festival auf dem Programm (Tel. für beide
Veranstaltungen 401-847-3700), Ende September findet das Irish Music Festival statt
(Tel. 401-849-2028).

Verschiedene Firmen in Newport
verleihen **Räder,** mit denen man
den Ocean Drive erkunden kann.
**Segeln:** Newport Navigation, Newport Harbor Hotel, Tel. 401-849-3575. Wie schön der
Hafen von Newport ist, kann man bei einer
1$\frac{1}{2}$ststündigen Segel-Kreuzfahrt erleben.
**Wandern:** Ein – nicht immer einfach zu
gehender – Wanderweg führt an der Küste
und unterhalb der Schlösser entlang. Der
**Cliff Walk** ist etwa 5 km lang und führt
vom Memorial Blvd. bis zum Bailey's
Beach.

Newport bietet eine Reihe sehr
schöner Strände; der schönste
Sandstrand mit Dünen und einer großartigen Brandung, die auch Surfer anlockt, ist
Second Beach. Bailey's Beach, einst der
Privatstrand der High Society, ist heute
teilweise öffentlich zugänglich. Es gibt
keine Parkplätze, daher ist dieser Strand
wenig überlaufen.

## Ogunquit, ME

*Lage: E4*
*Vorwahl: 207*
*Einwohner: 1000*

**Ogunquit Chamber of Commerce,** Box 2289, Ogunquit,
ME 03907, Tel. 207-646-2939

**Studio East Motel,** 43 Main St.,
Tel. 207-646-7292; sehr preiswert.
Preiswertes, sauberes, einfaches Motel.
**Marginal Way House,** Wharf Lane,
Tel. 207-646-8801; sehr preiswert–moderat.
Um ein Haupthaus aus dem 19. Jh. gruppieren sich vier moderne Gebäude, die
zwar auch helle, komfortable Zimmer bieten, aber keinen so tollen Blick wie Zimmer 7 im alten Haus, großer Rasen, ruhige
Lage.

**Hurricane,** Perkins Cove,
Tel. 207-646-6348; moderat.
Etwas außerhalb des Ortes liegt dieses
populäre Restaurant. Ausgezeichnete
Küche und dazu noch ein wunderbarer
Blick.
**Arrows,** Berwick Rd.,
Tel. 207-361-1100; teuer.
Elegant, kreative Küche, etwas für besondere Gelegenheiten.

**Ogunquit Museum of American
Art,** 183 Shore Rd.; im Sommer
Mo–Sa 10.30–17 Uhr, So 14–17 Uhr.
Kleines Museum mit einer guten Sammlung amerikanischer Kunst des 20. Jh.,
u. a. Werke von Winslow Homer und
Edward Hopper.

## Old Sturbridge Village, MA

*Lage: C3*
*Vorwahl: 508*
*Einwohner: Sturbridge 8000*

**Tri-Community Area Chamber
of Commerce,** 380 Main St., Sturbridge, MA 01550, Tel. 508-347-2761

**Green Acres Motel,** 2 Shepard Rd., Tel. 508-347-3496, Fax 508-347-2021; sehr preiswert. Ruhig gelegen.

**Old Sturbridge Village Lodges,** US 20, Tel. 508-347-3327, Fax 508-347-3018; günstig.
Einzeln stehende Häuser in einem großen Grundstück, die Zimmer sind im Kolonialstil eingerichtet, günstig in der Nähe zum Museumseingang gelegen.

**Publick House Historic Inn,** On The Common, Rte 131, Tel. 508-347-3313, Fax 508-347-1246; moderat.
Vier unterschiedlich große Häuser aus verschiedenen Epochen sind zu einem Hotelkomplex zusammengefaßt; das eleganteste ist der Ebenezer Crafts Inn, das größte die Country Lodge mit 96 Räumen.

**The Sturbridge Host,** Route 20, Tel. 508-347-7393, Fax 508-347-3944; moderat.
Großes Hotel, direkt am See gegenüber dem Hausmuseum gelegen.

 **Rom's,** Rte. 131, Sturbridge, Tel. 508-347-3349; günstig.
Massenabfertigung in sechs Räumen.

**The Whistling Swan,** 502 Main St., Tel. 508-347-2321; moderat.
Zweistöckiges gediegenes Restaurant mit amerikanischer Küche.

 **Old Sturbridge Village,** Village Rd.; April–Ende Okt. 9–17 Uhr, sonst 10–16 Uhr, Jan.–Mitte Feb. nur Sa, So; Ticket gilt für zwei Tage.

# Plymouth, MA

*Lage: E3*
*Vorwahl: 508*
*Einwohner: 45500*

 **Plymouth Information Center,** 130 Water St., Plymouth, MA 02360, Tel. 508-747-7525

 **Govenor Bradford on the Harbour,** 98 Water St., Tel. 508-746-6200,

Fax 508-747-3032; sehr preiswert–günstig. Motel mit großen Zimmern, viele davon bieten Blick auf den Hafen.

**Pilgrim Sands Motel,** 150 Warren Ave., Tel. 508-747-0900, Fax 508-746-8066; günstig.
Gegenüber Plimoth Plantation direkt am Strand. Hoteleigener Strand, Zimmer mit Meerblick, sehr freundliches Personal; günstig.

**John Carver Inn,** 25 Summer St., Tel. 508-746-7100, Fax 508-746-8299, E-Mail: jcireserv@aol.com; günstig–moderat.
85 modern ausgestattete Zimmer, Outdoor-Pool, Indoor-Erlebnisbad.

 **Run of the Mill Tavern,** Jenney Grist Mill Village, Tel. 508-830-1262; sehr preiswert.
Im Town Brook Park liegt dieses nette Restaurant, in dem man gut ißt.

**The Lobster Hut,** Town Wharf, Tel. 508-746-2270; günstig.
Fisch, Hummer und andere Meeresfrüchte mit Blick auf den Hafen, informell.

 **Cranberry World Visitor Center,** 225 Water St.; Mai–Nov. tgl. 9.30–17 Uhr.
Alles über die Cranberries, die dicken Preiselbeeren, die hier gedeihen.

**›Mayflower II‹,** State Pier; Juli, Aug., tgl. 9–19 Uhr, April–Nov. tgl. 9–17 Uhr.

**Plimoth Plantation,** State Route 3 A; April–Nov. tgl. 9–17 Uhr, Ticket berechtigt auch zum Besuch der ›Mayflower II‹.

 **Pilgrim Hall Museum,** 75 Court St.; Feb.–Dez. tgl. 9.30–16.30 Uhr
Dieses Museum existiert seit 1824 und ist damit das älteste in den USA, das der Öffentlichkeit zugänglich ist. Zu sehen sind Bücher, Möbel und Gebrauchsgegenstände der Siedler.

 **Colonial Lautern Tour,** Veranstalter: New World Tours and Programs, 98 Water St., Tel. 508-747-4161.
Geführter Rundgang, bei dem man viel Wissenswertes und amüsante Geschichten aus der Vergangenheit der Stadt erfährt.

Beginn 19.30 Uhr ab 98 Water St., 21 Uhr in der Lobby des John Carver Inn.

# Portland, ME

*Lage: E5*
*Vorwahl: 207*
*Einwohner: 64500*

 **Convention and Visitor's Bureau of Greater Portland,** 305 Commercial St., Portland, ME 04101, Tel. 207-772-5800

 **Motel 6,** 1 Riverside St., Tel. 207-775-0111, Fax 207-775-0449; sehr preiswert.
Motel etwas außerhalb der Stadt am Exit 8 des Highway.
**Pomegranate Inn,** 49 Neal St., Tel. 207-772-1006 o. 800-356-0408, Fax 207-773-4426; moderat.
Ein Kunstwerk: jeder der Räume wurde individuell bemalt und mit Kunstwerken ausgestattet.
**Percy's Inn,** Pinest. 15, Tel. 207-871-7638; moderat–teuer.
Das Haus wird von einem Schriftsteller geführt, ruhige, sehr gediegene Atmosphäre.
**Portland Regency in the Old Port,** 20 Milk St., Tel. 207-774-4200 o. 800-727-3436, Fax 207-775-2150; moderat–teuer.
Großes Hotel in einem ehemaligen Arsenal mitten in Old Port.

 **Silly's,** 40 Washington Ave., Tel. 207-772-0360; günstig.
Dieses eklektisch eingerichtete Restaurant bietet billiges, mit Kreativität zubereitetes Essen.
**Katahdin,** 106 High St., Tel. 207-774-1740; günstig–moderat.
Einfache, gute neu-englische Küche.
**Street and Co,** 33 Wharf St., Tel. 207-775-0887; moderat.
Bestes Seafood-Restaurant der Stadt, klein und appetitanregend ausgestattet.

 **Tate House,** 1270 Westbrook St., Stroudwater; im Sommer Di–Sa

10–16 Uhr, So 13–16 Uhr, im Herbst Fr–So 10–16 Uhr, So 13–16 Uhr.
Prächtiges Haus aus der Kolonialzeit.
**Victoria Mansion,** 109 Danforth St.; Mai–Okt. Di–Sa 10–16, So 13–17 Uhr
Aufwendig ausgestattetes viktorianisches Haus.
**Wadsworth-Longfellow House,** 487 Congress St.; im Sommer Di–So 10–16 Uhr
Longfellow Memorabilia – der Dichter verbrachte hier seine Kindheit.
**Portland Head Light & Museum,** Fort Williams Park, 1000 Shore Rd., Cape Elizabeth; Park tgl. von Sonnenaufgang bis zur Dunkelheit geöffnet, im Sommer bis 20.30 Uhr, das Museum Juni–Okt. tgl. 10–16 Uhr.
Zehn Autominuten von Downtown steht der meistfotografierte Leuchtturm der Ostküste. Er ist noch in Betrieb und kann nicht besichtigt werden, aber das Museum bietet Information und Insiderblicke. Zum Park gehört ein Kiesstrand, Picknickeinrichtung mit Grillplätzen ist vorhanden.

 **Portland Museum of Art,** 7 Congress Sq.; Di, Mi, Sa, So 10–17, Do, Fr 10–21, im Sommer auch Mo 10–17 Uhr, Führungen finden tgl. um 14 und am Do um 18 Uhr statt.
Bestes Kunstmuseum Maines in einem Gebäude mit modernem Anbau von I. M. Pei Assoc.

 **Portland Public Market,** 25 Preble St.; Mo–Sa 9–18 Uhr, So 10–17 Uhr.
Ein neu errichtetes Marktgebäude, in dem es zugeht wie in alten Zeiten: Metzger, Gemüse- und Fischhändler verkaufen ihre Produkte, hier kann man auch einen Imbiß nehmen.

 **Gritty McDuff's-Portland's Original Brew Pub,** 396 Fore Rd.
Bier aus eigener Brauerei.
**Three Dollar Dewey's,** 446 Fore St.
Populäre Bar im englischen Pub-Stil.
**Stone Coast Brewing Co.,** 14 York St. Brauerei und Pub in einer alten Konservenfabrik, Livemusik.

 ›**Palawan III‹,** Tom Woodruff, Commercial St., Tel. 207-773-2163.

Ruhiger Segeltrip in kleiner Gruppe durch die Casco Bay.
**Sabbathday Lake Shaker Community:** bei einem Tagesausflug kann man die einzige noch existierende Shaker-Gemeinde kennen lernen. Man erreicht die kleine Siedlung auf Rte 26 Richtung Norway; Touren finden tgl. außer So statt, geöffnet 10–16 Uhr, letzte Tour 15.30 Uhr, Tel. 207-926-4597.

## Portsmouth, NH

*Lage: D4*
*Vorwahl: 603*
*Einwohner: 26000*

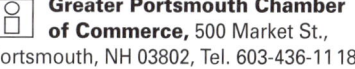 **Greater Portsmouth Chamber of Commerce,** 500 Market St., Portsmouth, NH 03802, Tel. 603-436-1118

**Susse Chalet Inn,** 650 Borthwick Ave., Tel. 603-436-6363, Fax 603-436-1621; sehr preiswert. Etwas außerhalb gelegen – man nimmt Exit 5 von Highway 95.
**The Inn at Strawbery Banke,** 314 Court St., Tel. 603-436-7242 o. 800-428-3933; günstig.
Einfaches B & B in idealer Lage.
**Sise Inn,** 40 Court St., Tel./Fax 603-433-1200, E-Mail: siseinn@cybertours.com; moderat.
Mehr Hotel als Inn, etwas unpersönlich, aber gut geführt.

**Café Broiche,** 14 Market Sq., Tel. 603-430-9225; günstig.
Gutes Frühstück, hervorragende Sandwiches, im Sommer kann man draußen sitzen.
**The Stockpot's,** 53 Bow St., Tel. 603-431-1851; günstig.
Preiswert essen mit Blick auf den Hafen.
**The Library at the Rockingham House,** 401 State St., Tel. 603-431-5202; moderat.
Bibliophile werden sich hier wohlfühlen: man speist zwischen Bücherregalen in einem alten, mit schweren Hölzern dekorierten Raum.

**The Oar House and Deck,** 55 Ceres St., Tel. 603-436-4025; moderat.
Beliebter Treffpunkt am Wasser.
**Press Room,** 77 Daniel St., Tel. 603-431-5186; günstig.
Preiswert, einfach und gemütlich.

 **U.S.S. Albacore,** Albacore Park und Memory Garden; außer Jan. tgl. 9.30–17.30 Uhr
Ein U-Boot auf dem Trockenen.

 **Strawbery Banke Museum,** zwischen Marcy, State, Washington und Hancock St.; Mitte April–Nov. 10–17 Uhr
Hausmuseum im alten Zentrum der Stadt, das verschiedene Epochen aus der Geschichte von Portsmouth zeigt.

**The Brewery,** 56 Market St., Tel. 603-431-1115.
Frisch gebraute Biere verschiedener Sorten, Snacks an der Bar, gemischtes Publikum.

 **Portsmouth Harbor Cruises,** 64 Ceres St, Tel. 603-436-8084.
$1^{1}/_{2}$- bis $2^{1}/_{2}$stündige Rundfahrten durch den Hafen von Portsmouth und zu den Isles of Shoals.
**Portsmouth Livery Company,** Tel. 603-427-0044.
Bietet historische Rundfahrten mit der Kutsche durch Portsmouth an, Abfahrt am Market Square.

## Providence, RI

*Lage: D3*
*Vorwahl: 401*
*Einwohner: 160500*

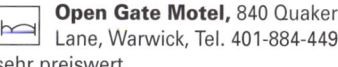 **Providence Warwick Convention and Visitors Bureau,** 1 W. Exchange St., RI 02903, Tel. 401-751-1177

**Open Gate Motel,** 840 Quaker Lane, Warwick, Tel. 401-884-4490; sehr preiswert.
In Warwick, südlich der Stadt, liegt dieses kleine, persönlich geführte Motel.

**State House Inn,** 43 Jewett St.,
Tel. 401-785-1235, Fax 401-351-4261;
günstig.
Familiäre Unterkunft nahe Downtown.
**Providence Biltmore,** 11 Dorrance St.,
Kennedy Plaza, Tel. 401-421-0700,
Fax 401-455-3050; moderat.
Ehrwürdiges Haus aus dem Jahr 1922, lie-
bevoll renoviert, mitten in der Stadt.
**The Old Court,** 144 Benefit St.,
Tel. 401-351-0747, Fax 401-272-4830,
E-Mail: reserve@aol.com; moderat–teuer.
Wunderschönes altes Haus, direkt im hi-
storischen Distrikt gelegen, luxuriös mit
Parkettböden, Orientteppichen und Anti-
quitäten ausgestattet.

 **Coffee Exchange,** 207 Wickenden
St., Tel. 401-273-1198; günstig.
Gemütliches Café mit studentischem Flair.
**Union Station Brewery,** 36 Exchange
St., Tel. 401-274-2739; günstig–moderat.
Gutes Essen, gutes Bier im renovierten
alten Bahnhof.
**The Gatehouse,** 4 Richmond St.,
Tel. 401-521-9229; moderat.
Im Untergeschoß eine Bar, in der man ein-
fachere Gerichte bekommt, oben ein Re-
staurant, in dem interessante Kreationen
der Neuen Amerikanischen Küche serviert
werden.
**Hemenway's,** 1 Old Stone Square/South
Main St., Tel. 401-351-8570;
moderat–teuer.
Sea Food Grill mit Austernbar gegenüber
der Old Stone Bank, hervorragende Quali-
tät, Yuppie-Publikum.
**The Capital Grille,** 1 Cookson Place,
Tel. 401-521-5600; moderat–teuer.
Elegantes Restaurant im ehemaligen Bahnhof, in dem es phantastische Steaks gibt.

 **First Baptist Meeting House,** 75
North Main St.; Mo–Fr 10–12 und
13–15 Uhr; Führungen So 12.15 Uhr,
Sept.–Juni 10.45 Uhr.
**John Brown House,** 52 Power St.; März–
Dez. Di–Sa 10-17 Uhr, So 12–16 Uhr.
**Rhode Island State House,** 82 Smith St.
(Mo–Fr 8.30–16.30 Uhr)
**Slater Mill,** 67 Roosevelt Ave., Pawtucket;
im Sommer Mo–Sa 10–17 , So 12–17 Uhr,

sonst nur am Wochenende von 13–15 Uhr.
Etwas außerhalb von Providence liegt die
alte Mühle, in der die industrielle Revolution in Amerika begann.
**Roger Williams Park Zoo,** 950 Elmwood
Ave.; Mo–Fr 9–17 Uhr, Sa, So 9–18 Uhr.
In dem Park, in dem auch ein Naturkunde-
museum mit Planetarium liegt, befindet
sich ein netter, kleiner Zoo. Familien finden
dort auch noch andere Einrichtungen, die
Kinder glücklich machen.

 **Museum of Art der Rhode Island
School of Design,** 224 Benefit St.;
Di–So 10–17 Uhr
Kunstmuseum mit einer hervorragenden
Sammlung von Werken aus allen Epochen
und Kulturkreisen.
**Culinary Archives & Museum,**
315 Harborside Blvd.; Mo–Fr 9–17 Uhr,
Sa 10–16 Uhr.
Wer sich für Essen und dessen Geschichte
interessiert, sollte diesem Museum auf
dem Campus der Johnson & Wales Uni-
versity einen Besuch abstatten.

 **The Arcade,** 65 Weybosset St.
Amerikas ältester überdachter Shop-
ping Mall bietet eine Reihe von Imbiß-
Ständen und im oberen Geschoß Kleidung,
Schmuck, Spielzeug und Souvenirs.
In **Thayer St.,** der Geschäftsstraße des
Universitätsviertels, findet man eine Reihe
interessanter Buchläden, wie das Brown
Bookstore und College Hill Bookstore.

 **Lupo's Heartbreak Hotel,** 239
Westminster St., Tel. 401-272-5876.
Leicht nostalgisch angehauchter Rock-
Club, Livemusik.
**The Hot Club,** 575 S. Water St.,
Tel. 401-861-9007.
In-Spot an der wiederbelebten Waterfront,
zwei Bars und zwei Terrassen.

**Providence Performing Arts
Center,** 220 Weybosset St.,
Tel. 401-421-2787, Programminformation:
www.providencephoenix.com.
Hier finden Konzerte, Tanzveranstaltungen
oder Gastspiele von Musical-Kompanien
statt.

## Rockport, MA

*Lage: E4*
*Vorwahl: 978*
*Einwohner: 7500*

🛈 **Rockport Chamber of Commerce,** Box 67, 3 Main St., Rockport, MA 01966, Tel. 978-546-6575

🛏 **Eagle House Motel,** 8 Cleaves St., Tel. 978-546-6292, Fax 978-546-1136; sehr preiswert.
Angenehmes, zentral gelegenes Motel mit 15 Zimmern.
**Inn on Cove Hill,** 37 Mt. Pleasant St., Tel. 978-546-2701; sehr preiswert.
Elf freundliche Zimmer in einem Haus aus dem 18. Jahrhundert; die Zimmer ohne Privatbad sind besonders günstig.
**Emerson Inn by the Sea,** 1 Cathedral Ave., Tel. 978-546-6321, Fax 978-546-7043, E-Mail: info@emersoninnbythesea.com; günstig–moderat.
Dieses wunderschöne Haus, in dem schon Emerson und Thoreau abstiegen, liegt außerhalb von Rockford an der Rte 127.
Herrliche Lage mit Meerblick, mit allem modernen Komfort ausgestattet; im Restaurant kann man an schönen Tagen auf der Veranda dinieren.

🍴 **Portside Chowder House,** Bearskin Neck; günstig.
Berühmt für Chowder, keine Reservierung.
**Helmut's Strudel,** 69 Bearskin Neck; günstig.
Österreichische Mehlspeisen und gute Sandwiches.
**Brackett's Oceanview Restaurant,** 29 Main St., Tel. 978-546-2797; günstig–moderat.
Ozeanblick, wie der Name verspricht, Fisch und Meeresfrüchte; nur im Sommer geöffnet, Mo Ruhetag.

🛍 **Kunstgalerien** sind in Rockport nicht zu übersehen. Das Chamber of Commerce publiziert auch einen Rockport Fine Arts Gallery Guide.

## Salem, MA

*Lage: D4*
*Vorwahl: 978*
*Einwohner: 38000*

🛈 **Salem Chamber of Commerce and Visitor Information,** 32 Derby Sq., Salem, MA 01970, Tel. 978-744-0004

🛏 **Coach House Inn,** 284 Lafayette St., Tel. 978-744-4092, Fax 978-745-8031, E-Mail: coachhse@star.net; sehr preiswert–günstig.
Außerhalb des Zentrums an der Kreuzung von Rte 1A und 11A gelegen, elf moderne Zimmer in einem Haus aus dem Jahr 1879; Zimmer ohne Privatbad sind günstiger.
**Hawthorne Hotel,** On-the-Common, Tel. 978-744-4080, Fax 978-745-9842; günstig–moderat.
Das beste Haus am Platz, elegantes Großhotel, zu dem auch ein ausgezeichnetes Restaurant gehört.

🍴 **Rockmore Restaurant,** Tel. 978-740-1001; günstig–moderat.
Dieses Restaurant liegt mitten im Hafen und ist nur im Sommer von 11 bis 22 Uhr geöffnet. Man erreicht es per Zubringerboot von Pickering Wharf aus.
**Lyceum,** 43 Church St., Tel. 978-745-7665; moderat.
Angenehmes Lokal mit moderner amerikanischer Küche, das in dem Haus untergebracht ist, in dem Alexander Graham Bell 1877 zum ersten Mal telefonierte.

👁 **House of the Seven Gables Historic Site,** 54 Turner St.; April–Dez. tgl. 10–17 Uhr, Rest des Jahres Mo–Sa 10–17 Uhr, So 12–17 Uhr.
Verschiedene alte Häuser, u. a. das, in dem Nathaniel Hawthorne geboren wurde.
**Salem Maritime National Historic Site,** 174 Derby St.; Führungen tgl. zwischen 9 und 17 Uhr, Anmeldung unter Tel. 978-740-1660 oder beim Central Wharf Warehouse Orientation Center.
Das alte Hafenviertel der Stadt wurde unter Denkmalschutz gestellt.

**Salem Witch Museum,**
Washington Sq.; Juli–Aug. tgl. 10–19 Uhr, sonst 10–17 Uhr.
Sehr gute halbstündige audiovisuelle Show zur Geschichte der Hexenverfolgung.

**The Peabody & Essex Museum,**
East India Sq.; im Sommer Mo–Sa 10–17, So 12–17 Uhr, Rest des Jahres Mo geschl.
Eines der großartigsten Museen zur maritimen Geschichte Neu-Englands; mit demselben Ticket kann man historische Häuser besichtigen.

**Witch Dungeon Museum,** 16 Lynde St.; April–Nov. tgl. 10–17 Uhr.
Schauspieler stellen eine Szene aus den Hexenprozessen nach.

 **Broom Closet,** 3–5 Canal St.
Kristalle und anderes, was man im New Age und zur alten Hexerei braucht.

**Crow Heaven Corner,** 125 Essex St.
Salems ›offizielle Hexe‹ bietet hier alles feil, was zum hexigen Handwerk gehört.

 **Salem Trolley,** Tel. 978-744-5469; April–Okt. tgl. 10–17 Uhr.
Shuttlebus, der an allen Sehenswürdigkeiten der Stadt hält, das Tagesticket berechtigt zum Ein- und Aussteigen, wo man will.

# White Mountains, NH

*Lage: D 5/6*
*Vorwahl: 603*
*Einwohner: Lincoln 1200;*
*North Conway 2000; Jackson 700*

 **Mt. Washington Valley Chamber of Commerce,** Box 2300, North Conway, NH 03860, Tel. 603-356-3171 o. 800-367-3364

 **Pinkham Notch,** Appalachian Mountain Club Hütten, Route 16, Pinkham Notch, Gorham, Tel. 603-466-2727; sehr preiswert.
Der Mountain Club unterhält verschiedene Hütten in den Bergen, man übernachtet in Schlafsälen.

**Town & Country Motor Inn,** Rte 2 Gorham, Tel. 603-466-3315, Fax 603-466-3316;

sehr preiswert–günstig.
160 Zimmer, Indoor-Pool; hier ißt man auch gut.

**Briarcliff Motel,** 2304 White Mountain Hwy, Tel. 603-356-5584, Fax 603-383-6076; sehr preiswert–günstig.
31 Zimmer, einige mit Bergblick.

**The Old Red Inn & Cottages,** 2406 White Mountain Hwy, North Conway, Tel. 603-356-2642, E-Mail: oldredin-@nxi.com; günstig.
Außer den Zimmern im Haupthaus aus dem Jahr 1810 kann man auch Cottages mit je zwei Schlafzimmern und Küche mieten.

**Stonehurst Manor,** Rte 16, North Conway, Tel./Fax 603-356-3217; moderat–teuer.
Elegantes viktorianisches Landhaus, das eine ganze Reihe von Sportmöglichkeiten bietet.

**The Wentworth,** Rte 16A, Jackson Tel. 603-383-9700, Fax 603-383-4265; moderat–teuer.
In Jackson, das sich im Gegensatz zu North Conway seinen dörflichen Charme erhalten hat, liegt dieses gediegene viktorianische Haus. Es steht unter Schweizer Leitung und besitzt ein hervorragendes Restaurant.

 **Tim-Bir Alley,** Old Littleton Rd., Bethleham, Tel. 603-444-6142; moderat.
Im Country Inn Adair, in dem man auch sehr gut wohnt, ist dieses elegante Restaurant untergebracht, dessen Besitzer ausgezeichnete Neue Amerikanische Küche servieren.

**Sunset Hill House,** Sugar Hill, Tel. 603-823-5522; moderat.
Sugar Hill liegt an der Rte 117 und ist über Franconia und Easton zu erreichen. Der Blick auf die White und die Green Mountains ist grandios, und das, was der Koch zaubert, ebenfalls. Das Sunset Hill House hat auch hübsche Zimmer.

 **Outlet-Shopping** an Route 16 und in North Conway: New Hampshire ist der Himmel für Leute, die vom Konsumrausch befallen sind: In diesem Staat gibt es keine Sales Tax. Gute Auswahl an

Markenartikeln, Textilien, Lederwaren, Haushaltswaren, Designerkleidung.

 **Mt. Washington Cog Railway,** Rte. 302, Bretton Woods, Tel. 603-278-5404.
Abenteuerliche Fahrt auf den Gipfel des Mount Washington mit einer alten, von einer Dampflok betriebenen Zahnradbahn. Die Bahn verkehrt im Sommer zwischen 8 und 17 Uhr, der Betrieb ist wetterabhängig, man sollte reservieren! Fahrplan für Frühjahr und Herbst telefonisch abfragen.
**Sportlichen Aktivitäten** sind in den White Mountains keine Grenzen gesetzt: Hier kann man Bergwandern, Klettern und im Winter Skifahren.

## Wiscasset, ME

*Lage: E5*
*Vorwahl: 207*
*Einwohner: 1200*

 **Wiscasset RegionalBuines Assoc.,** P.O. Box 150, ME 14578, Tel. 207-882-4600

 **The Bailey Inn,** Main St., Tel. 207-882-4214; günstig.
Neu renoviert und mit allen modernen Annehmlichkeiten ausgestattet.

 **Le Garage,** Water St., Tel. 207-882-5409; moderat.
Angenehmes Lokal mit Blick über den Sheepscot River.

 **Castle Tucker House Museum;** Juni–Mitte Okt. Mi–So 11–17 Uhr.
Haus aus dem Jahr 1807 mit wunderschönem Treppenhaus.
**Musical Wonder House,** 18 High St.; im Sommer tgl. 10–17 Uhr.
Alte Instrumente und Music Boxes.
**Nickels-Sortwell House,** Main and Federal St. an der US 1; Juni–Mitte Okt. Mi So 11–17 Uhr.
Haus aus dem Jahr 1807, Zeichen des Reichtums, der aus den Meeren kam.

## Woodstock, VT

*Lage: C5*
*Vorwahl: 802*
*Einwohner: 1000*

 **Woodstock Area Chamber of Commerce,** 18 Central St., Woodstock, VT 05091, Tel. 802-457-3555

 **Pond Ridge Motel,** Rte. 4, Tel. 802-457-1667, Fax 802-457-1667; sehr preiswert.
Einfaches Motel, modern eingerichtet, leise.
**The Shire Motel,** 46 Pleasant St., Tel. 802-457-2211, Fax 802-457-5836; günstig.
Motel mit 33 großen Zimmern am Ufer des Flusses gelegen.
**The Charleston House,** 21 Pleasant St., Tel. 802-457-3843; günstig–moderat.
Zentral gelegenes Haus mit neun gemütlichen Zimmern und ausgesprochen freundlichen Besitzern.

 **Bentley's,** 3 Elm St. Tel. 802-457-3232; günstig–moderat.
Bodenständige amerikanische Küche – manchmal wagt man sich auch an Ausgefalleneres; sonntags Jazz-Brunch.
**Simon Pearce Restaurant,** The Mill, Quechee, Tel. 802-295-1470; moderat.
Quechee liegt östlich von Woodstock und ist durch eine Schlucht berühmt, die – reichlich übertrieben – ›Vermonts Grand Canyon‹ heißt. In einer alten Mühle am Fluß hat sich der Glasbläser Simon Pearce niedergelassen, der hier produziert, verkauft und ein ausgezeichnetes Restaurant unterhält.
**The Prince and The Pauper,** 24 Elm St., Tel. 802-457-3232; moderat–teuer.
Hier kann man elegant und teuer bei Kerzenlicht speisen oder billiger und legerer in der Lounge etwas essen.

**Vermont Raptor Center**, Church Hill Rd., Mai–Okt. tgl. 10–16 Uhr, sonst Mo–Sa 10–16 Uhr.
Hier werden verletzte Raubvögel gepflegt und können betrachtet werden; durch das Naturschutzgebiet führen Wanderwege.

# York, ME

*Lage: E4*
*Vorwahl: 207*
*Einwohner: 10000*

 **The Yorks Chamber of Commerce,** 571 US1, York, ME 03909, Tel. 207-363-44 22

 **Dockside Guest Quarters,** Harris Island Rd., Tel. 207-363-28 68, Fax 207-363-1977, günstig.
25 Räume, verteilt auf das Haupthaus und kleine Cottages, ruhig, direkt am Meer.
**York Harbor Inn,** Rte 1A, York Harbor, Tel. 207-363-51 19 oder 800-343-38 69; moderat.

Von hier hat man einen großartigen Hafenblick.

 **The Goldenrod,** York Beach, Tel. 207-363-26 21; günstig.
Bereits seit 1896 ein bekanntes Familienrestaurant.

 **Old York,** 140 Lindsay Rd.; Mitte Juni–Ende Sept. Di–Sa 10–17, So 13–17 Uhr.
Im historischen Zentrum gibt es sechs alte Gebäude zu besichtigen.
**Sayward-Wheeler-House,** Barrel Extension York Harbor; Anfang Juni–Mitte Okt. Sa, So 11–17 Uhr.
Ein sehenswertes Herrschaftshaus aus dem frühen 18. Jahrhundert.

# Reiseinformationen von A bis Z

Ein Nachschlagewerk – von A wie Anreise über N wie Notfälle bis Z wie Zeitungen – mit vielen nützlichen Hinweisen, Tips und Antworten auf Fragen, die sich vor oder während der Reise stellen. Ein Ratgeber für die verschiedensten Reisesituationen.

## Anreise

Zur Einreise in die USA genügt für Touristen aus Deutschland, Österreich und der Schweiz ein noch sechs Monate gültiger Paß. Wer länger als 90 Tage bleiben will, muß vor der Reise beim amerikanischen Konsulat ein Visum beantragen. Im Flugzeug erhält man die Zoll- und Einreiseformulare, die auszufüllen sind. Über die Aufenthaltsdauer entscheidet der Immigration Officer am Zielflughafen, der manchmal ein Rückreiseticket sehen will oder Fragen über die vorhandenen Geldmittel zur Finanzierung der Reise stellt.

Zwischen Mitteleuropa und Boston bestehen direkte Flugverbindungen. So bietet zum Beispiel Northwest in Zusammenarbeit mit KLM Flüge von allen deutschen Flughäfen via Amsterdam an. Die Preise variieren – es lohnt sich in jedem Fall, rechtzeitig zu buchen und Preisvergleiche anzustellen.

## Aktivurlaub

»Mens sana in corpore sano« ist das Motto, das Amerika beherrscht – man joggt und stemmt Gewichte, rast mit Rennrädern durch die Landschaft, und wer das nicht tut, gilt als hoffnungslos out. Doch nicht nur in Bezug auf persönliche Fitness ist Amerika eine sportorientierte Nation. Der Zuschauersport spielt eine immens wichtige Rolle und strukturiert den Jahreslauf der Nation. Beliebt sind Baseball, Basketball, Football und Eishockey, wobei der verbreitetste Mannschaftssport Baseball ist. Wie bei uns jede Gemeinde einen Fußballplatz baut, so gibt es in jedem Ort Amerikas ein Baseballfield. Auch dem Universitätssport kommt eine wichtige Rolle zu: Jedes College hat seine Mannschaften, und deren Siege tragen einen wesentlichen Teil zur Verbesserung der wirtschaftlichen Situation der als freie Unternehmen geführten Institutionen bei.

### ■ Angeln

Trips zum Hochseefischen werden in vielen Küstenorten angeboten. Die Seen und Flüsse Neu-Englands sind begehrte Angelreviere. Lizenzen erhält man in Sportgeschäften oder in sogenannten *Bait and Tackle Shops.*

### ■ Golf

In Amerika ist Golf Volkssport und wird ohne elitäres Getue betrieben. Natürlich gibt es auch hier exklusive Greens, auf denen sich der Geldadel tummelt, in der Regel aber kann man jeden Platz bespielen, selbst ohne Club-Mitgliedskarte und Handicap-Nachweis. Der Richter Park Golf Course, Aunt Hack Rd., Tel. 203-792-2550 in Danbury, Connecticut, wurde vom Golf Digest zu einem der zehn besten Plätze des Landes erkoren.

Informationen geben die Fremdenverkehrsbüros (s. S. 307) und die **Massachusetts Golf Association,** 190 Park Rd., Weston, Tel. 617-891-4300.

Passionierten Golfspielern sei ›The Equinox‹ in Vermont empfohlen. Das traditionsreiche (und hochpreisige) Resort liegt wunderschön in den Bergen und bietet

neben einem 18-Loch-Course auch noch andere Möglichkeiten, sich aktiv zu betätigen. So kann man zum Beispiel die Falknerei lernen oder Fahrstunden mit einem Landrover nehmen. Tennis, Fitness und Pool gehören selbstverständlich auch zum Angebot.
The Equinox, Manchester Village, VT 05254, Tel. 802-362-4700, Fax 802-362-1595, E-Mail: reservations@equinoxresort.com, www.equinoxresort.com

## ■ Joggen

»Wo laufen sie denn?« Überall!! In den Großstädten zwischen den Abgasen und auf Landstraßen. Alles joggt, und wenn Sie auch Lust dazu haben, wird sich im Hotel immer jemand finden, der Ihnen eine Strecke vorschlägt, auf der Sie sich auslaufen können. Manche Hotels drucken Jogging Maps, auf denen günstige Laufstrecken eingetragen sind. Der älteste Marathon für Profiläufer findet am Patriot's Day (s. S. 275) in Boston statt.

## ■ Kanufahrten

Auf diversen Flüssen Neu-Englands kann man Kanu- und Raftingtrips unternehmen, das Dorado der Wildwasserfreunde aber ist der Allagash Wilderness Waterway im nördlichen Maine. Von Mitte Mai bis Oktober findet man hier ideale Bedingungen, und selbst die Klassifizierungen I und II bedeuten nicht, daß diese Fahrten ein Kinderspiel wären: Tiefe und Volumen des Wassers variieren, tückische Stromschnellen können auftreten, und es sollten sich nur geübte Kanufahrer allein auf diese Strecke begeben. Der ganze Allagash Wilderness Waterway ist etwa 150 Kilometer lang und führt auch über Seen. Informationen über geführte Touren, Kanuverleiher und Campingmöglichkeiten erhält man im **Bureau of Parks and Recreation,** State House St. 22, Augusta, ME 04333, Tel. 207-287-3821

## ■ Radfahren

Ideale Radlgebiete sind Cape Cod und die Inseln Martha's Vineyard und Nantucket. In Cape Cod hat man die ehemalige Zugtrasse geteert und zum Radweg erklärt.

Auch im sanften Hügelland der Berkshires läßt es sich gut strampeln. Radverleihe sind überall, auch in den touristischen Gebieten an der Küste Maines und um die Seen New Hampshires, vorhanden.

## ■ Tennis

Alle größeren Hotels auf dem Land vermieten gegen eine geringe Gebühr gepflegte Plätze, wobei Sandplätze die Ausnahme sind. In vielen Gemeinden findet man in den Parks frei zugängliche Tennisplätze, auf denen man umsonst spielen kann. Sie sind allerdings oft nicht sehr gut in Schuß.

## ■ Wandern

Markierte Wanderwege unterschiedlicher Länge und unterschiedlichen Schwierigkeitsgrads findet man in den verschiedenen State Parks und im Acadia National Park. Sie führen in unberührte Natur – Gasthäuser zum Einkehren wird man hier nicht finden. Also: Alles mitnehmen, was man braucht, und, noch wichtiger, allen Müll, den man nicht mehr braucht, wieder aus den Wäldern tragen. Backpacker können an bestimmten Plätzen ihr Zelt aufschlagen oder in Schutzhütten übernachten. Zwei Fernwanderwege führen durch Neu-England: Der Appalachian Trail, der von Georgia bis Maine reicht und am Mount Kathadin endet, und der Long Trail durch die Green Mountains von Vermont. In den White Mountains lassen sich Bergtouren unterschiedlichster Schwierigkeitsgrade unternehmen.

Informationen über:
**Appalachian Mountain Club,** 5 Joy St., Boston, MA 02108, Tel. 617-523-0636
**Green Mountain National Forest,** 231 Main St., Rutland, VT 05701, Tel. 802-747-6700
**Green Mountain Club,** Rte. 100, Box 650, Waterbury Center, VT 05677, Tel. 802-244-7037
**White Mountain National Forest,** US Forest Service, Box 638, Laconia, NH 03247, Tel. 603-528-8721

## Wintersport

Wer die Alpen kennt, wird kaum auf die Idee kommen, in Neu-England skizufahren. Doch gibt es in Vermont um Stowe und Killington, in New Hampshire um die White Mountains einige schöne Skigebiete, an die man jedoch keine großen Erwartungen knüpfen sollte. Sehr schön sind dagegen die vielen Langlaufloipen, die man in allen ländlichen Gebieten Neu-Englands findet.

## Ärztliche Versorgung

Die ärztliche Versorgung ist ausgezeichnet, aber teuer. Deshalb sollten Sie zu Hause unbedingt eine Reisekrankenversicherung abschließen. Wenn Sie dann tatsächlich zum Arzt (Adressen deutschsprachiger Mediziner erfährt man über die Botschaft) müssen, bekommen Sie das Honorar wenigstens ersetzt. Wichtig: Lassen Sie sich eine detaillierte Rechnung geben!

## Apotheken

Medikamente bekommt man in der *Pharmacy,* die man meist in den größeren *Drugstores* findet. Gegen kleinere Leiden, wie Erkältungskrankheiten und Magenverstimmungen, findet man in den Regalen der Drugstores eine Fülle von Medikamenten, die nicht verschreibungspflichtig sind.

## Auskunft

### ■ ... in Deutschland

Aus Spargründen wurden alle Fremdenverkehrsämter der USA im Ausland geschlossen. Ausführliches Informationsmaterial über alle sechs Staaten Neu-Englands erhält man von

**Discover New England**
Dörte Buss Consulting
Roonstraße 21
90429 Nürnberg
Tel. 0911/9269113, Fax 9269301,
E-Mail: busscons@aol.com,

### ■ ... im Internet

www.discovernewengland.com
www.visitnewengland.com
www.usa.de
www.newengland.com

### ■ ... in Neu-England

**Connecticut Office of Travel and Tourism,** 865 Brook St., Rocky Hill, CT 06067, Tel. 860-258-4355, Fax 860-258-4275, www.tourism.state.ct.us

**Maine Office of Tourism,**
559 State House Station, Augusta, ME 04333–0059, Tel. 207-287-5710, Fax 207-287-8070, www.visitmaine.com

**Massachusetts Office of Travel and Tourism,** 10 Park Plaza, Suite 45100, Boston, MA 02116, Tel. 617-973-8500, Fax 617-973-8525, www.massvacation.com

**New Hampshire Office of Travel and Tourism Development,**
Box 1856, Concord, NH 03302–1856, Tel. 603-271-2343, Fax 603-271-6784, www.visitnh.com

**Rhode Island Economic Development Corporation,** 1 West Exchange St., Providence, RI 02903, Tel. 401-222-2601, Fax 401-273-8270, www.visitrhodeisland.com

**State of Vermont Department of Tourism,** 6 Baldwin St., Montpelier, VT 05633–1301, Tel. 802-828-3237, Fax 802-828-3233, www.travel-vermont.com

## Behinderte

Seit die USA nach dem Vietnam-Krieg mit einer großen Zahl von Invaliden konfrontiert wurden, hat sich das Land beispielhaft auf Behinderte eingestellt: Gehsteige wurden abgeflacht, um Rollstuhlfahrern den Zugang zu erleichtern, alle öffentlichen Einrichtungen und Museen haben Behinderten-Zugänge. Informationen im Internet: www.access-able.com.

# Diplomatische Vertretungen

### ■ ... in Deutschland
Botschaft der USA
Neustädtische Kirchstraße 4–5
10117 Berlin
Tel. 030/2385174, Fax 2386290
www.us-botschaft.de

### ■ ... in Österreich
Botschaft der USA
Boltzmanngasse 16a
A-1091 Wien
Tel. 01/3 13 39, Fax 3 10 06 82

### ■ ... in der Schweiz
Botschaft der USA
Jubiläumstraße 93
CH-3005 Bern
Tel. 0 31/3 57 70 11, Fax 3 57 73 44

### ■ ... in Neu-England
### Deutsches Generalkonsulat
3 Copley Place, Suite 500
Boston, MA 02116
Tel. 617-536-8172
Fax 617-536-8573

### Österreichisches Generalkonsulat
15 School Street
Boston, MA 02108
Tel. 617-227-3131

### Schweizer Generalkonsulat
3 Center Plaza
Cambridge, MA 02138
Tel 617-876-3076

## Einreise- und Zollbestimmungen

Zur Einreise genügt der gültige Paß. Zollfrei eingeführt werden dürfen neben Dingen für den persönlichen Bedarf 200 Zigaretten oder 50 Zigarren oder 2 kg Tabak sowie 1 l Spirituosen. Rot sehen die Zöllner nur, wenn frische Lebensmittel oder Pflanzen im Reisegepäck sind. Die Angst vor Viren in Ihrem Reiseproviant wird den Zöllner veranlassen, Apfel und Käsebrot zu konfiszieren.

# Elektrizität

Die Stromspannung beträgt 110 Volt – mitgebrachte elektrische Geräte funktionieren nur mit Adapter.

# Essen und Trinken

Wer bislang das Vorurteil gepflegt hat, in der Neuen Welt gäbe es alles, nur keine Eßkultur, wird freudig überrascht sein: Im kultivierten Neu-England findet man phantastische Restaurants, die den internationalen Vergleich nicht zu scheuen brauchen. In den Städten macht sich dabei die Völkervielfalt inspirierend bemerkbar. Einwanderer aus aller Welt eröffnen Lokale, verkaufen Gewürze und regen auch die heimischen Köche an: Die Dominanz der britischen Küche, die zum berechtigt schlechten Ruf der Kochkünste der Amerikaner geführt hat, wurde in den letzten Jahrzehnten gebrochen. Es wird experimentiert, und das Ergebnis ist erfreulich.

Das – manchmal übertriebene – Gesundheitsbewußtsein tut das Seine: Man ißt gut, leicht und vollwertig, wenn auch die meisten Europäer Salz vermissen werden. Das wird, ebenso wie das Cholesterin, verteufelt.

Was die Preise betrifft, so wird man nur in Gourmettempeln tief in die Tasche greifen müssen. In kleinen Restaurants ißt man teilweise billiger als bei uns.

In guten Restaurants empfiehlt es sich vorzubestellen. Wo man keinen Tisch bestellen kann, muß man mit Wartezeiten rechnen. Gehen Sie also nicht erst zum Essen, wenn Ihnen der Magen schon heraushängt; man muß manchmal 30 bis 40 Minuten warten, bis ein Tisch frei wird. Lokale der gehobenen Klasse verlangen gepflegte Kleidung, das heißt Krawatte und Jackett bei Männern, keine Jeans und Turnschuhe bei Männern und Frauen.

Beim Betreten eines Restaurants wartet man darauf, daß Host oder Hostess einem einen Tisch zuweisen. Die meisten Lokale haben Raucher- und Nichtrauchersektionen. Hat man gegessen, so ist es nicht üblich, sitzenzubleiben und nur noch Wein oder Bier zu trinken. Durch die diskret präsentierte Rechnung wird man dazu aufgefordert, den Tisch zu räumen – die nächsten Gäste warten schon.

In Amerika ist es nicht üblich, getrennt zu zahlen. Man erhält eine Rechnung pro Tisch, die unter Freunden gewöhnlich geteilt wird. Amerikanern würden denjenigen für knickrig halten, der erbsenzählerisch genau ausrechnet, was der einzelne konsumiert hat.

Beim Zahlen rundet man nicht auf; man läßt die 15–20% tip extra auf dem Tisch liegen. Dieses Bedienungsgeld ist der Lohn des Kellners, nicht ein Zubrot, wie bei uns. Die Preise auf der Karte sind keine Inklusivpreise. Seien Sie also bitte nicht knausrig. Nur bei schlechtem Service ist es angebracht, weniger als 15% zu geben.

Zum Essen trinkt man neuerdings auch in Amerika Wein; der beste kommt aus Kalifornien. Mit einem Chardonnay liegt man immer richtig. Das Bier, das aus den Großbrauereien wie etwa Miller, Budweiser, Pabst kommt, macht Europäer nicht glücklich. In den letzten Jahren wurden aber immer mehr kleine Brauereien gegründet, die deutlich bessere Qualität liefern. Fragen Sie nach local brews oder gehen Sie in eines der Lokale, die direkt in den Gasträumen brauen. Nicht alle Lokale besitzen eine Lizenz zum Alkoholausschank, und im puritanischen Neu-England gibt es etliche sogenannte dry counties, in denen Alkoholisches weder verkauft noch ausgeschenkt werden darf. Deshalb muß man den Abend aber nicht trocken verbringen: Die meisten Wirte haben nichts dagegen, wenn man sich – notfalls im feuchten Nachbarort – Bier oder Wein kauft und zum Abendessen mitbringt. Der Wirt steuert den Korkenzieher und die Gläser bei.

## ■ Kulinarischer Sprachführer

| | |
|---|---|
| catch of the day | fangfrischer Fisch |
| doggy bag | Tüte zum Mitnehmen der Reste |
| entree | Hauptgang |
| health food | Reformkost |
| menu | Speisekarte |
| order | Bestellung |
| please wait to be seated | bitte warten Sie, bis Ihnen ein Platz zugewiesen wird |
| special of the day | Tagesgericht |
| waiter | Ober |
| waitress | weibliche Bedienung |

### Frühstück

| | |
|---|---|
| bacon | Speck |
| blueberry muffin | Blaubeertörtchen |
| cereal | Cornflakes etc. |
| french toast | Toast (in Ei gebacken) |
| ham | Schinken |
| hash browns | Bratkartoffeln |
| juice | Saft |
| maplesyrup | Ahornsirup |
| oatmeal | Haferflocken |
| pancakes | Pfannkuchen |
| sausages | Würstchen |
| whipped cream | Schlagsahne |
| donut | eine Art Schmalzgebäck |
| How would you like your eggs? | Wie möchten Sie Ihre Eier? |
| scrambled eggs | Rührei |
| sunny side up | Spiegelei |
| poached egg | das, was unserem Frühstücksei am nächsten kommt |
| over easy | Spiegelei beidseitig gebraten |
| boiled egg | hartes Ei |

### Abendessen

| | |
|---|---|
| baked potato | Ofenkartoffel |
| barbeque (BBQ) | Barbecue |
| bass | Barsch |
| beef | Rindfleisch |
| chicken | Hühnchen |
| clam chowder | gebundene Kartoffelsuppe mit Muschelfleisch |
| clams | Muscheln |
| cod | Kabeljau |
| corn | Mais |
| duck | Ente |
| flounder | Flunder |
| fried | in Fett gebacken |
| haddock | Schellfisch |
| halibut | Heilbutt |
| lamb chop | Lammkotelett |
| lobster | Hummer |

| mackerel | Makrele |
| mashed potatoes | Kartoffelpüree |
| meat | Fleisch |
| mussels | Miesmuscheln |
| noodles | Nudeln |
| oysters | Austern |
| pork chop | Schweinekotelett |
| prawns | Riesengarnelen-schwänze |
| prime rib | vom Stück geschnit-tene Rinderbraten-scheibe |
| rice | Reis |
| scallops | Jakobsmuscheln |
| seafood | Meeresfrüchte |
| shellfish | Schalentiere |
| shrimps | Krabben |
| snapper | Blaufisch |
| sole | Seezunge |
| sour cream | Crème fraîche |
| swordfish | Schwertfisch |
| trout | Forelle |
| vegetables | Gemüse |
| gravy | Bratensauce |

**Zubereitungen**

| broiled | gekocht/gegrillt |
| deep fried | fritiert (meist mit Panade) |
| rare | ziemlich roh |
| medium rare | innen rot |
| medium | innen rosig |
| stuffed | gefüllt |
| well done | durchgebraten |

**Bezahlen**

| May I have the cheque please? | Ich möchte zahlen. |
| Do you accept traveler cheques? | Nehmen Sie Reise-schecks? |
| Will it be cash or credit card? | Bezahlen Sie bar oder mit Kreditkarte? |

## Feste und Feiertage

Banken, Behörden und Büros halten sich an die gesetzlichen Feiertage, Geschäfte nicht immer.
Neujahr: 1. Januar
Martin Luther Kings Geburtstag: 3. Montag im Januar

President's Day: 3. Montag im Februar
Fast Day: letzter Montag im April, nur in New Hampshire
Patriot's Day: Montag, der dem 19. April am nächsten liegt, nur in Massachusetts
Memorial Day: letzter Montag im Mai
Independence Day: 4. Juli
Labor Day: 1. Montag im September
Columbus Day: 2. Montag im Oktober
Veteran's Day: 11. 11.
Thanksgiving: 3. Donnerstag im November
Weihnachten: 25. 12.

Jeder Ort, jede Region, jede Jahreszeit hat ihre eigenen Feste: In Vermont, New Hampshire und Maine zum Beispiel feiert man die Ahornzuckerernte, im Sommer finden überall auf dem Land Musik- und Theaterveranstaltungen statt, zur Erntezeit gibt es Country Fairs, bei denen die größten Kürbisse und die ergiebigsten Kühe prämiert werden. Besonders viel ist zur Zeit der Foliage los, bei der ein ›Oktoberfest‹ das nächste jagt. Die Fremdenverkehrsämter veröffentlichen alljährlich Broschüren, in denen die vielen lokalen Feste der einzelnen Regionen aufgeführt sind.

## Geld und Banken

Kreditkarten und Dollarreiseschecks machen den Weg zu Banken oder Wechselstuben unnötig und das Leben einfach. Lassen Sie sich Ihre Reisechecks in kleiner Stückelung geben – Sie können damit sogar im Supermarkt zahlen.

Bei den Dollarnoten ist Vorsicht geboten – sie sehen alle gleich aus. Bei Münzen unterscheidet man *quarters* (25 Cents), *dimes* (10 Cents) und *nickels* (5 Cents). Gebraucht werden sie zum Telefonieren oder Busfahren.

Lassen Sie Eurocheques und Landeswährung daheim. Eurocheques werden nicht angenommen, europäische Währung umzutauschen ist teuer und problematisch.

# Gesundheit

Gesundheitliche Gefahren hat nur zu befürchten, wer sich in die Natur begibt. Da lauern die Zecken, die in den letzten Jahrzehnten immer mehr zum Problem in Neu-England wurden. Die Borreliose, die sie übertragen, heißt in den USA *Lyme Desease,* benannt nach dem gleichnamigen Ort in Connecticut. Die in Europa erhältliche FSME-Impfung hilft nicht, wer vorhat, längere Zeit in den Wäldern Neuenglands zu verbringen, kann sich in den USA impfen lassen. Der beste Schutz aber ist, sich nach jeder Wanderung gründlich abzusuchen, denn die Zecken brauchen rund 24 Stunden bis sie stechen. Entdeckt man Symptome, wie einen geröteten Ring um den Stich oder leichte grippale Infekte, sollte man sofort einen Arzt aufsuchen. Die Krankheit ist im frühen Stadium einfach mit Antibiotika zu behandeln.

Eine weitere Gefahr birgt die Pflanzenwelt: Überall in der Region wächst der dreiblättrige *Poison Ivy,* der bei Berührung Ausschläge und Juckreiz vervorruft. Wie die Pflanze aussieht, erfährt man in den Büros der Ranger, es hängen auch in anderen Info-Stellen Abbildungen aus.

# Karten

ADAC-Mitglieder erhalten gegen Vorlage ihres Mitgliedsausweises in allen Büros des amerikanischen Automobilclubs AAA Karten der amerikanischen Staaten umsonst. Empfehlenswert sind die auch in Europa erhältlichen Straßenkarten von Rand McNally.

# Kinder

Neu-England mit seinen verhältnismäßig kurzen Reisewegen zwischen den einzelnen Sehenswürdigkeiten ist ein ideales Reiseziel für Familien, die die USA als sehr kinderfreundliches Land erleben werden: In allen Mittelklasselokalen gibt es Hochstühle und Kindermenüs, in den Hotels auf Wunsch Kinderbetten, in den Raststätten

an den Highways und in den Museen findet man Wickelräume. Viele Städte haben spezielle Museen für Kinder, nahezu jedes Museum bietet Ausstellungen, wo es den Kleinen erlaubt ist, Objekte anzufassen oder Räume, in denen sie spielen können.

## ■ Aquarien

Die Aquarien in Boston (s. S. 272) und Mystic (s. S. 291) bieten spektakuläre Einblicke in die Unterwasserwelt. Kinder können Seesterne, Krabben und andere Meerestiere berühren. Interessant ist auch: **Mount Desert Ocearium,** Southwest Harbor, Maine, bei der Clark Point Rd.; im Sommer Mo–Sa 9–17 Uhr.

## ■ Freilichtmuseen

Von den Freilichtmuseen sind besonders Sturbridge Village (s. S. 297), Plimoth (s. S. 297), Mystic (s. S. 291) und Shelburne (s. S. 220f.) für Kinder interessant. Sie sind didaktisch sehr gut aufgebaut und haben besondere Angebote für die Kleinen: Spielplätze, Kutschfahrten und Bootsfahrten, usw.

## ■ Museen

In Neu-England gibt es drei speziell für Kinder eingerichtete, sehenswerte Museen:
**Boston: Children's Museum of Boston,** 300 Congress St.; Sept.–Mai Di–So 10–17 Uhr, Fr bis 21 Uhr, Juni–Aug. Mo–Do 10–19, Fr 10–21, Sa, So 10–17 Uhr.
**Portland: Children's Museum of Maine,** 142 Free St.; im Sommer Mo–Sa 10–17 Uhr, So 12–17 Uhr, sonst Mi–Sa 10–17 Uhr, So 12–17 Uhr.
**Portsmouth: Children's Museum of Portsmouth,** 280 Marcy St.; im Sommer Mo–Sa 10–17 Uhr, So 13–17 Uhr, sonst Di–Sa 10–17 Uhr.

## ■ Zoo

Ein sehr hübscher kleiner Tierpark liegt im Roger Williams Park in Providence, Rhode Island: **Roger Williams Park Zoo;** im Sommer Mo–Fr 9–17, Sa, So 9–18 Uhr, im Winter nur bis 16 Uhr.

## Lesetips

**Alice Herdan-Zuckmayer:** Die Farm in den grünen Bergen, Frankfurt 1977. Erfahrungen aus den Emigrationsjahren, die Alice mit ihrem Mann Carl Zuckmayer in Vermont verbrachte.
**John Irving:** Owen Meany, Zürich 1990. Eine Jugend in New Hampshire, eine Freundschaft – eingebunden in ein halbes Jahrhundert amerikanischer Gegenwartsgeschichte.
**Janwillem de Wetering:** Massaker in Maine, Reinbek bei Hamburg, 1979. Krimi des holländischen Kultautors, der in Maine lebt und die Atmosphäre der Region wunderbar einfängt.

## Maße, Gewichte und Temperaturen

### Hohlmaße
1 pint (pt.) – 0,473 l
1 quart (qt.) – 0,946 l
1 gallon (gal.) – 3,785 l

### Längenmaße
1 inch (in. – 2,54 cm
1 foot (ft.) – 30,48 cm
1 yard (yd) – 0,91 m
1 mile (mi.) – 1,609 km

### Gewichte
1 ounce (oz.) – 28,35 g
1 pound (lb.) – 453,6 g

**Temperaturen** mißt man in Fahrenheit (°F). Fahrenheit werden in °Celsius umgerechnet, indem man 32 abzieht, mit 5 multipliziert und dann durch 9 teilt.

## National- und Naturparks

In Neu-England gibt es nur einen im Landesvergleich kleinen Nationalpark: Acadia in Maine. Jeder Staat hat aber eine ganze Reihe von State Parks, in denen man wandern, schwimmen, zelten und picknicken kann.

Informationen über die Fremdenverkehrsämter (s. S. 307), unter www.nps.gov und folgende Organisationen:

### ■ … in Massachusetts
**Department of Environmental Management,** Division of Forests and Parks, 100 Cambridge St., Boston, MA 02202, Tel. 617-727-3159

### ■ … in New Hampshire
**Division of Parks and Recreation,** Box 856, Concord, NH 03302, Tel. 603/271-3254

### ■ … in Maine
**Acadia National Park,** Box 177, Bar Harbor, ME 04609, Tel. 207-288-3338
**Bureau of Parks and Recreation,** State House St. 22, Augusta, ME 04333, Tel. 207-287-3821

## Notfälle

Die Notrufnummer ist einheitlich im ganzen Land: 911.

## Öffnungszeiten

Gesetzliche Öffnungszeiten für Geschäfte gibt es in den USA zwar nicht, die Läden sind aber auf dem Land in der Regel nur zwischen 9 und 18 Uhr geöffnet. Anders ist es in touristischen Ballungszentren, da nutzt man schon mal die Abendstunden, um noch ein Hütchen oder T-Shirt an Frau, Mann und Kind zu bringen. In der Nacht sind nur wenige Läden in den Großstädten rund um die Uhr geöffnet. Banken sind von 9 bis 16 Uhr geöffnet, manche auch am Samstag vormittag.

## Post

Die Post Offices sind in staatlicher Hand und dementsprechend langsam im Service. Sie haben von 8 bis 17 Uhr geöffnet. Luftpost bis 14 Gramm kostet 50 Cents und ist mindestens fünf Tage nach Europa unterwegs, eine Postkarte frankiert man mit 40 Cents. Wer größere Einkäufe getätigt hat, schickt die Waren per Schiffspost (Surface Mail) heim und wartet sechs bis neun Wochen darauf.

## Preisniveau

Im Vergleich mit anderen US-amerikanischen Regionen ist Neu-England ein teures Reiseziel. Vor allem während der Hochsaison, an der Küste im Sommer und überall während der Foliage im Herbst, steigen die Übernachtungspreise kräftig. Generell ist es immer günstiger, Hotels bereits in Deutschland über Veranstalter zu buchen, die aber meist nur Kontingente in Hotels größerer Städte haben. Motelketten, wie Days Inn (www.daysinn.com), bieten günstigere Alternativen zu den meist sehr teuren Country Inns und Bed and Breakfasts.

ADAC-Mitglieder können sparen, indem sie beim Club die »Show Your Card & Save« des AAA anfordern (kostenlos!). An dem Programm nehmen verschiedene Museen und Hotels teil, die Ermäßigungen gewähren, wenn man diese Karte vorzeigt. Gegen Gebühr erhält man vom ADAC auch die beiden Tourbooks ( Connecticut, Massachusetts, Rhode Island und New Hampshire, Maine, Vermont), in denen alle Partner aufgeführt sind, die an der Aktion teilnehmen.

Beim Essen spart man, wenn man in den Fast Food Restaurants einkehrt. Dort gibt es immer Sonderaktionen, zum Beispiel komplette Frühstücksangebote, die sehr günstig sind. Besser und ebenfalls preiswert kann man sich ernähren, indem man sich eine Picknick-Grundausrüstung und einen Sack Holzkohle zulegt. In allen Parks findet man Picknick-Tische und sehr oft stehen dort auch Grillvorrichtungen, die man kostenlos benützen kann. Fisch, Hühnchen oder Steaks erhält man günstig im Supermarkt.

## Rauchen

Raucher sind bedauernswerte Menschen in Amerika: Nicht nur, daß sie sozial unten durch sind, es gibt auch kaum Gelegenheit, in der Öffentlichkeit zu rauchen. In öffentlichen Gebäuden ist es verboten, in Lokalen findet man oft, aber nicht immer Raucherecken, meist muß man sich an die Bar zurückziehen, um dem Laster zu frönen. Fragen Sie auf jeden Fall, wenn Sie sich nicht sicher sind, ob blauer Dunst erwünscht ist – es gibt eine ganze Reihe militanter Nichtraucher!

## Reisezeit und Kleidung

Die besten Reisemonate sind April bis Oktober, wobei es im Frühjahr und Herbst im Norden ziemlich kalt sein kann. Die amerikanischen Schulferien gehen von Memorial Day (letzter Montag im Mai) bis Labor Day (erster Montag im September), und diese Kernzeit definiert auch den Sommer – vorher und nachher sind viele touristische Attraktionen geschlossen, außer in Orten, die den Foliage-Tourismus anziehen. Die Foliage findet, soweit sich ein Naturereignis zeitlich festlegen läßt, Ende September/Anfang Oktober statt, wobei die Farbwelle im kälteren Norden beginnt und den Süden erst später erreicht.

Unabhängig von der Witterung sollte man beim Kofferpacken folgendes beachten: Man kann sich in Amerika zwar ausgesprochen leger kleiden, wer aber geschäftlich unterwegs ist oder in gute Hotels und Restaurants gehen will, muß entsprechend angezogen sein. Also Krawatte und Jackett für die Herren, keine Jeans und Turnschuhe für beide Geschlechter.

## Sicherheit

Vorsicht ist nur in den Städten geboten, im ländlichen Neu-England ist es noch immer üblich, Haus- und Autotüren unverschlossen zu lassen. Wer länger unterwegs ist und täglich das Quartier wechselt, kann Gepäck ruhigen Gewissens über Nacht im

– verschlossenen – Kofferraum lassen und nur eine kleine Tasche mit dem Bedarf für eine Nacht mit ins Hotel nehmen.

## Souvenirs

Wer den Lieben zu Hause eine Freude machen und etwas verschenken will, das nicht im Regal verstaubt, decke sich mit Maple Syrup ein: Der ist landestypisch und läßt sich oral vernichten. Sehr schöne, aber auch sehr teure Souvenirs sind Shrimshaws und Nantucket Lighthouse Baskets. Generell sind die diversen Museum Shops wahre Fundgruben für schöne Mitbringsel, denn dort werden in der Regel geschmackvolle kunsthandwerkliche Produkte feilgeboten.

## Strände

Die schönsten Strände Neu-Englands findet man auf Cape Cod und den Inseln Martha's Vineyard und Nantucket. Viele Strände verfügen nur über eine begrenzte Zahl von Parkplätzen, man muß also sehr früh kommen.

### ■ Cape Cod
Die beeindruckendste Strand- und Dünenlandschaft wurde als Cape Cod National Seashore unter Naturschutz gestellt. Dünen, Klippen, Marschland und Kiefernwald charakterisieren das 11 000 Hektar große Naturschutzgebiet. Hier, an der dem Atlantik zugewandten Seite des Cape, sind die Wellen so rauh, daß sich nur versierte Surfer ins Wasser wagen, auf der gegenüberliegenden, der Bucht zugewandten Seite hingegen findet man weite, flache Sandstrände, die auch für Kinder geeignet sind. Badesaison Ende Mai bis September.

### ■ Martha's Vineyard
Chappaquiddick Island, die Insel, die durch den tragischen Unfall, in den Edward Kennedy verwickelt war, traurige Berühmtheit erlangte, grenzt östlich an Martha's Vineyard und ist über eine alle paar Minuten verkehrende Autofähre zu erreichen. Auf der Ostseite der Insel liegen das Cape

Pogue Wildlife Refuge und die Wasque Reservation, zwei ineinander übergehende, einsame Sandstrände. Vogelliebhaber finden hier ihr Paradies. Badesaison Juni bis September.

Gay Head Beach liegt zu Füßen der bunten Lehmfelsen an der Südwestspitze von Martha's Vineyard bei Gay Head. Man erreicht ihn nur zu Fuß, das Auto läßt man am Parkplatz in Gay Head stehen. Der Sandstrand erstreckt sich über Kilometer, wenn man ein uneinsehbares Fleckchen findet, kann man hier sogar die Hüllen fallen lassen – sonst tut man das nicht in Neu-England! Badezeit Juni bis September.

### ■ Nantucket
An der Südküste der Insel erstrecken sich weite Sandstrände. Zu den beliebtesten, aber trotzdem nicht überfüllten, zählen Cisco Beach (ideal für Surfer) und Surfside Beach. Das Wasser ist hier kälter als an der Küste des Festlandes. Badezeit Juni (für Eisbären), Juli, August, September für andere.

### ■ Rhode Island
Watch Hill Beach liegt bei der hübschen kleinen Stadt Watch Hill. Es ist ein kleiner Strand, an seinem Eingang steht eines der älteten Karussells der USA, das seit 1850 in Betrieb ist. Badezeit Mai bis September.

### ■ Maine
Zu den besten Sandstränden Maines zählen Ogunquit Beach bei Ogunquit und Popham Beach bei Phippsburg. Ogunquit Beach ist überlaufener, ruhigere Fleckchen findet man, wenn man sich von den Motels wegbewegt. Popham Beach liegt abgelegener und ist nie überfüllt. Allerdings ist das Wasser in Maine kalt. Badezeit Ende Juli bis September.

## Telefonieren

Generell ist Telefonieren preiswerter als bei uns, außer man ruft vom Hotel aus an – da muß man mit bis zu 300 % Aufschlag rechnen. Dies läßt sich mit einer Telefonkarte einer der großen Gesellschaften (etwa Sprint, AT & T oder MCI) umgehen. Man läßt sich im Hotel oder von der öffentlichen Telefonzelle aus mit der entsprechenden Gesellschaft verbinden und findet die Gebühr für das Gespräch zu Hause auf der Abrechnung. Das macht auch das Telefonieren in die Heimat einfacher – öffentliche Telefone verschlucken eine Menge *quarters.* Deutschland erreichen Sie mit der Vorwahl 011-49, Österreich mit 011-43 und die Schweiz mit 011-41.

Wie Sie mit Ihrem Handy in Neu-England telefonieren können, erfahren Sie bei Ihrem Anbieter.

## Trinkgeld

Viele der Angestellten im Hotel und alle Kellner leben vom Trinkgeld, seien Sie also nicht knausrig. Im Hotel erhält der Gepäckträger 1 $ pro Koffer oder Tasche, der Boy, der das Taxi ruft oder das Auto aus der Garage bringt, bekommt ebenfalls 1 $. In B & Bs ist es nicht üblich, *tip* zu geben. Taxifahrer bekommen wie Kellner mindestens 15 % des Rechnungsbetrages.

## Unterkunft

Vom Luxushotel bis zu einfachen Motels findet man in Neu-England alles, auch die großen Hotelketten, wie Best Western und Sheraton, sind vertreten und bieten verläßliche Qualität.

### ■ Motels
Eine Übernachtung im Motel ist oft eine kostengünstige Alternative zum Hotelaufenthalt. Informationen im Internet unter:
www.super8.com
www.daysinn.com
www.econolodge.com
www.rodewayinn.com

### ■ Jugendherbergen
Informationen über Jugendherbergen in Neu-England: www.hostels.com

### ■ Country Inns und Bed and Breakfast
Am individuellsten übernachtet man in den Country Inns, das sind Landgasthöfe (Achtung: Nicht alles, was sich Inn nennt, ist auch ein gemütlicher Gasthof!), und in den Bed-and-Breakfast-Unterkünften. Letztere sind meist von Pärchen geführt, bieten, je nach Kochkunst der Besitzer, gute bis ausgezeichnete Mahlzeiten zum Frühstück und vermitteln persönliche Atmosphäre. Manche haben nur ein paar Zimmer, manchmal ohne Privatbad, was für Amerikaner so entsetzlich ist, daß die Räume mit Gemeinschaftsbad im Preis immer deutlich unter denen mit Bad liegen. In den B & Bs kommt man sofort in Kontakt mit den Besitzern, erhält gute Tips, wo man essen oder wandern kann, und lernt beim Tee oder Frühstück auch die anderen Gäste kennen – eine ideale Möglichkeit also, Land und Leuten näher zu kommen. B & Bs gibt es in Städten und auf dem Land, meist sind sie in wunderschönen historischen Häusern untergebracht, immer mit Liebe und manchmal mit Liebe zum Kitsch dekoriert. Preislich variieren sie stark, als Regel läßt sich sagen, daß sie eher im mittleren und oberen Preisniveau anzusiedeln sind. Informationen:
www.countryinn.com
www.bedandbreakfast.com

### ■ Camping
Vor allem die ländlichen Neu-Englandstaaten New Hampshire, Vermont und Maine sind ideal für Touren mit dem Wohnmobil oder Zelt. Plätze für Zelte oder Wohnmobile findet man in den meisten State Parks und im Acadia National Park. Sie sind sehr viel großzügiger ausgestattet als in Europa. So gehört meist ein Tisch und ein Grill zu jedem Platz, so daß man sich abends sein Essen auf dem Feuer brutzeln kann. Staatlich betriebene Campingplätze sind grundsätzlich preiswerter als private. Letztere können bis zu 30 $ die Nacht kosten, haben dafür aber auch mehr zu bieten. Für Wohnmobile findet man dort *full hook-ups,* also Anschlüsse für Wasser, Strom und Abwasser. Im Juli, August und zur Zeit der ›Foliage‹ sind die Camp-

grounds häufig überfüllt. Bei der Orientierung helfen die Campingführer von Woodall's oder Rand McNally. Informationen über die Campmöglichkeiten erhält man bei den Fremdenverkehrsämtern der einzelnen Staaten (s. S. 307), im Internet unter www.gocampingamerica.com. Die nationale Campgroundkette KOA, die im Mittleren Westen und im Westen stark vertreten ist, unterhält auch Plätze in Neu-England. Den Katalog, der alle mit genauer Anreise auflistet, erhält man bei: **KOA,** P. O. Box 30558, Billings, MT 59114, www.koa.com In Deutschland kann man Reservierungen auf KOA-Plätzen über die gebührenfreie Fax-Nummer 01 30-81 74 23 vornehmen.

## Verhalten als Tourist

Gleich ob im Straßenverkehr, in der Fußgängerzone oder im Supermarkt – Amerikaner sind immer höflich. Es wird nicht gerempelt, gestoßen, man drängt sich nicht vor. Wenn man an jemandem vorbeigehen möchte und ihm dabei auch nur entfernt zu nahe kommt, ist immer ein »excuse me« angebracht, das der oder die andere mit einem »excuse me« beantworten wird.

Ebenfalls zum festen Bestandteil amerikanischer Höflichkeit gehört, daß man sich vorstellt, zum Beispiel, wenn man in einem B & B mit fremden Menschen am Frühstückstisch sitzt. Das geschieht per Vornamen und mit der Angabe, wo man herkommt – ein Gespräch ergibt sich damit von selbst. Es würde keinem Amerikaner einfallen, sauertöpfisch in einer Runde zu sitzen, ohne Kontakt mit seinem Nachbarn aufzunehmen und seinen Namen zu nennen, wie es ihm andererseits auch fremd ist, sich in einem Lokal zu Unbekannten an den Tisch zu setzen. Bei der Begrüßung und beim Vorstellen gehört ein »nice to meet you« und ein Lächeln zum guten Ton. Dieses Lächeln hat nichts mit der Oberflächlichkeit zu tun, die man den Amerikanern so gerne und ungerechtfertigt unterstellt, es ist einfach ein Zeichen kultureller Unterschiede: In Mitteleuropa schenkt man es Freunden, in Amerika signalisiert es Freundlichkeit. Probieren Sie's mal, es tut nicht weh!

Vermeiden Sie es, sich in große politische Diskussionen zu verstricken und ihr Gastgeberland zu kritisieren. In Amerika gilt der Grundsatz, daß jeder seine politische und vor allem religiöse Meinung haben darf und keiner den anderen missionieren sollte. Biertischdiskussionen sind nicht üblich.

## Verkehrsmittel

In Neu-England gibt es Flugverbindungen zwischen den größeren Städten, einige sind mit dem Zug zu erreichen, Buslinien verbinden größere und kleinere Orte. Nur – für den Touristen, der auch versteckte Winkel kennenlernen und Seitenstraßen befahren will, ist das Auto das einzige Verkehrsmittel, das ihm die Region wirklich nahebringt. Ein öffentliches Verkehrssystem, das auch abgelegene Orte versorgt, gibt es in den USA nicht.

Den Mietwagen reserviert man am besten schon zu Hause. Allerdings sollte man ihn erst für die Zeit buchen, wenn man den Besuch Bostons hinter sich hat und die Überlandtour antreten will: In der Stadt ist der Wagen nur ein kostspieliger Klotz am Bein: Parken ist sehr teuer – die Hotels verlangen bis zu 20$ pro Nacht –, Parkplätze sind rar und man braucht in der Stadt wirklich kein Auto, da Boston über ein ausgezeichnetes U-Bahn-System verfügt.

Mit der Fähre oder dem Flugzeug erreicht man die Inseln Martha's Vineyard und Nantucket. Bei der Frage, ob man das Auto mit auf die Fähre nimmt oder auf den Inseln ganz auf es verzichtet und fliegt, sollte man bedenken: Mietwagen sind auf den Inseln extrem teuer, es kann ökonomisch sinnvoller sein, mit dem Auto überzusetzen. Auf Nantucket braucht man nicht unbedingt ein Auto – man kann die Insel auch auf einer Bustour oder mit dem Rad kennenlernen. In Martha's Vineyard sind die Entfernungen größer. Wer die ganze Insel per Stahlroß kennenlernen will, braucht Zeit und eine gute Kondition. Wer sich damit begnügt, nur die drei größeren

Städte und die dazwischenliegenden
Strände zu erradeln, kann den Mietwagen
hingegen auf einem der bewachten Parkplätze auf Cape Cod lassen. Die Fährunter-
nehmen unterhalten einen Busservice, der
einen vom Boot zum Parkplatz bringt.

## Zeit

Die Differenz zur Mitteleuropäischen Zeit
beträgt minus sechs Stunden.

## Zeitungen

Neben dem Boston Globe, der besten Zeitung Neu-Englands und einer der besten
des Landes, gibt es eine Unzahl lokaler
Blätter, die sich aber kaum mit internationaler Politik beschäftigen. Für Nachrichten
von zu Hause ist man daher auf deutsch-
sprachige Blätter angewiesen, die man
aber nur in den großen Städten und an einigen wenigen International Newsstands
bekommt.

Archiv für Kunst und Geschichte, Berlin:
S. 53, 54, 56, 57, 59, 62, 64, 81, 83, 129,

Michael Baytoff/Das Fotoarchiv, Essen:
S. 63

Eberhard Grames/Bilderberg, Hamburg:
S. 110, 113, 156

Michael Hannwacker, München:    S.22, 72,
99, 100, 118/119, 159, 168, 169, 172, 175,
180, 183

Christian Heeb/Look, München:    S. 7, 10,
16, 17, 30, 32/33 (oben), 36, 70, 73, 78
(oben), 78 (unten), 88, 93, 132, 154,
170/171, 174, 176, 179, 197, 204/205,
218, 221, 225, 226/227, 230/231, 233,
239, 250, 252, 255, 256, 257, 258/259,
262

Andreas Hub/Laif, Köln    Umschlaginnenklappe, 137

Günter Karl, Laif/Köln:    S. 11, 32/33
(unten), 38, 147, 201, 198

Bob Krist/Das Fotoarchiv, Essen:
S. 9

Knut Müller/Das Fotoarchiv, Essen:
S. 152/153

Jose F. Poblete, Oberursel:    S. 6, 18, 44,
46, 49, 82, 97, 102, 104/105, 108/109,
116, 124, 139, 163, 190/191, 207, 237

Achim Sperber/Das Fotoarchiv, Essen:
S. 215

Martin Thomas, Aachen:    Titelbild,
Umschlagrückseite, S. 8, 13, 15, 25,
28/29, 71, 76, 87, 94, 95, 117, 120, 125,
126/127, 130, 137, 142, 145, 150,
160/161, 164/165, 188, 189, 194, 202/203,
210, 212/213, 216, 239, 240, 242, 243,
244/245, 246, 248/249

Fred Ward/Das Fotoarchiv, Essen:
S. 185

Ron Watts/Das Fotoarchiv, Essen:
S. 217

# Register

Register

321

# DUMONT

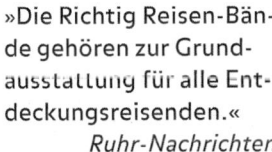

# DUMONT

### Der Spanische Jakobsweg

*Dietrich Höllhuber · Werner Schäfke*
*Landschaft, Geschichte und Kunst auf dem Weg nach Santiago de Compostela*

### Toscana

*Klaus Zimmermanns*
*Das Hügelland und die historischen Stadtzentren*

### Mexiko

*Wolfgang Gockel*
*Das zentrale Hochland und Yucatán – Von den Stätten der Maya und Azteken zu barocken Kirchen und Konventen*

Der Klassiker – neu in Form: »Man sieht nur, was man weiß« – wer gründlich informiert reisen will, greift seit Jahren aus gutem Grund zu den DUMONT Kunst-Reiseführern. Seit 1968 setzen die DUMONT Kunst-Reiseführer Maßstäbe mit sorgfältig recherchierten Informationen von erfahrenen Autoren. Die neue Gestaltung ist übersichtlicher – die Qualität ist geblieben.

»…brillante Fotografien, detaillierte Zeichnungen und farbige Karten machen den neuen zu einem würdigen Nachfolger des alten Kunst-Reiseführers. Wer ihn benutzt, wird keinen zusätzlichen Museumsführer oder Ortsplan brauchen. Der gelbe Teil mit reisepraktischen Tipps wurde ausgeweitet.«     *Die Zeit*

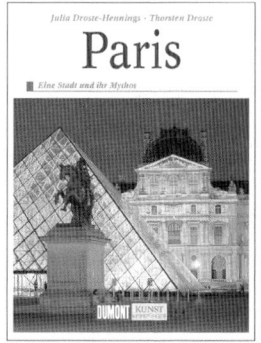

### Paris

*Julia Droste-Hennings · Thorsten Droste*
*Eine Stadt und ihr Mythos*

### China

*Anke Kausch*
*Die klassische Reise – Kaiser- und Gartenstädte, Heilige Berge und Boomtowns*

### Oberbayern

*Lydia L. Dewiel*
*Kunst und Landschaft zwischen Altmühltal und Alpen Mit Rundgängen durch die Landeshauptstadt München*

Weitere Informationen über die Titel der Reihe DUMONT Kunst-Reiseführer erhalten Sie bei Ihrem Buchhändler oder beim
DUMONT Buchverlag · Postfach 10 10 45 · 50450 Köln · www.dumontverlag.de

# DUMONT
## REISE-TASCHENBÜCHER

»Was den DUMONT-Leuten gelungen ist: Trotz der Kürze steckt in diesen Büchern genügend Würze. Immer wieder sind unerwartete Informationen zu finden, nicht trocken eingestreut, sondern lebhaft geschrieben... Diese Mischung aus journalistisch aufgearbeiteten Hintergrundinformationen, Erzählung und die ungewöhnlichen Blickwinkel, die nicht nur bei den Farb- und Schwarzweißfotos gewählt wurden – diese Mischung macht's. Eine sympathische Reiseführer-Reihe.«

*Südwestfunk*

»Zur Konzeption der Reihe gehören zahlreiche, lebendig beschriebene Exkurse im allgemeinen landeskundlichen Teil wie im praktischen Reiseteil. Diese Exkurse vertiefen zentrale Themen und sollen so zu einem abgerundeten Verständnis des Reiselandes führen.« *Main Echo*

Titelbild: Lexington Green bei Boston
Umschlaginnenklappe: Old State House, Boston
Umschlagrückseite: Hubble Light House in York, Massachusetts

**Über die Autorin:** *Christine Metzger,* geboren 1953 in Miesbach/Obb. Nach dem Studium in München Tätigkeit als Redakteurin und Lektorin in verschiedenen Verlagen in München und Köln. Lebt und arbeitet als freie Journalistin in München. Zahlreiche Buchveröffentlichungen zum Thema USA sowie Beiträge im Rundfunk sowie in verschiedenen Zeitungen und Reisezeitschriften.

*Für Lynn und Adam,*
*ohne deren Hilfe das Buch nie zustande gekommen wäre*

Die Deutsche Bibliothek — CIP-Einheitsaufnahme

**Metzger, Christine:**
USA, Neu-England / Christine Metzger. - Köln : DuMont, 2001
(Richtig Reisen)
ISBN 3-7701-5594-7

© DuMont Buchverlag
1. Auflage 2001
Alle Rechte vorbehalten
Satz und Druck: Rasch, Bramsche
Buchbinderische Verarbeitung: Bramscher Buchbinder Betriebe

Printed in Germany   ISBN 3-7701-5594-7